©2000 i2 Technologies, Inc.

value²

e-Marketplace-Lösungen von i2 haben insgesamt bereits über 16 Milliarden Euro an messbarem, wirtschaftlichen Mehrwert geschaffen, für weltweit über 950 Unternehmen. Durch Senkung der Herstellungskosten, Einsparung in Lagerbeständen, beschleunigten Marktzugang, erhöhte Liefertermintreue und die Schaffung elektronischer Märkte. Nur eine umfassende B2B-Lösung, die Marketplace-to-Marketplace–Kollaboration ermöglicht, die gesamte Supply Chain koordiniert und optimiert und reichhaltige Content-Management-Instrumente bietet, macht solche Ergebnisse möglich. Das ist Value² Interessiert? Rufen Sie uns an: +49 (0)89 46 23 770. Die i2-Niederlassung in Ihrer Nähe finden Sie unter www.i2.com.

i2

Business Computing

Bücher und neue Medien aus der Reihe Business Computing verknüpfen aktuelles Wissen aus der Informationstechnologie mit Fragestellungen aus dem Management. Sie richten sich insbesondere an IT-Verantwortliche in Unternehmen und Organisationen sowie an Berater und IT-Dozenten.

In der Reihe sind bisher erschienen:

SAP, Arbeit, Management
von AFOS

Steigerung der Performance von Informatikprozessen
von Martin Brogli

Qualitätssoftware durch Kundenorientierung
von Georg Herzwurm, Sixten Schockert und Werner Mellis

Modernes Projektmanagement
von Erik Wischnewski

Projektmanagement für das Bauwesen
von Erik Wischnewski

Projektmanagement interaktiv
von Gerda M. Süß und Dieter Eschlbeck

Elektronische Kundenintegration
von André R. Probst und Dieter Wenger

Moderne Organisationskonzeptionen
von Helmut Wittlage

SAP® R/3® im Mittelstand
von Olaf Jacob und Hans-Jürgen Uhink

Unternehmenserfolg im Internet
von Frank Lampe

Electronic Commerce
von Markus Deutsch

Client/Server
von Wolfhard von Thienen

Computer Based Marketing
von Hajo Hippner, Matthias Meyer und Klaus D. Wilde (Hrsg.)

Handbuch Data Mining im Marketing
von Hajo Hippner, Ulrich Küsters, Matthias Meyer und Klaus D. Wilde (Hrsg.)

Dispositionsparameter von SAP® R/3-PP®
von Jörg Dittrich, Peter Mertens und Michael Hau

Marketing und Electronic Commerce
von Frank Lampe

Projektkompass SAP®
von AFOS und Andreas Blume

Projektleitfaden Internetpraxis
von Michael E. Sträubig

Telemarketing
von Dirk Bauer

Existenzgründung im Internet
von Christoph Ludewig

Joint Requirements Engineering
von Georg Herzwurm

Controlling von Projekten mit SAP R/3®
von Stefan Röger, Frank Morelli und Antonio del Mondo

Silicon Valley – Made in Germany
von Christoph Ludewig, Dirk Buschmann und Nicolai Oliver Herbrand

Data Mining im praktischen Einsatz
von Paul Alpar und Joachim Niedereichholz (Hrsg.)

Die E-Commerce Studie
von Karsten Gareis, Werner Korte und Markus Deutsch

Supply Chain Management
von Oliver Lawrenz, Knut Hildebrand, Michael Nenninger und Thomas Hillek

B2B-Erfolg durch eMarkets
von Michael Nenninger und Oliver Lawrenz

Vieweg

Michael Nenninger
Oliver Lawrenz

B2B-Erfolg durch eMarkets

Best Practice: Von der Beschaffung über eProcurement zum Net Market Maker

Die Deutsche Bibliothek – CIP-Einheitsaufnahme
Ein Titeldatensatz für diese Publikation ist bei
Der Deutschen Bibliothek erhältlich.

SAP®, SAP R/2®, SAP R/3® ABAP/4®, SAPaccess®, SAPoffice®, SAPmail®, SAP-EDI®, SAP Business Workflow®., SAP ArchiveLink® sind eingetragene Warenzeichen der SAP Aktiengesellschaft Systeme, Anwendungen, Produkte in der Datenverarbeitung, Neurottstr. 16, D-69190 Walldorf. Die Autoren bedanken sich für die freundliche Genehmigung der SAP Aktiengesellschaft, die genannten Warenzeichen im Rahmen des vorliegenden Titels zu verwenden. Die SAP AG ist jedoch nicht Herausgeberin des vorliegenden Titels oder sonst dafür presserechtlich verantwortlich.

1. Auflage Juni 2001

Alle Rechte vorbehalten
© Friedr. Vieweg & Sohn Verlagsgesellschaft mbH, Braunschweig/Wiesbaden, 2001

Der Verlag Vieweg ist ein Unternehmen der Fachverlagsgruppe BertelsmannSpringer.
www.vieweg.de
vieweg@bertelsmann.de

Das Werk einschließlich aller seiner Teile ist urheberrechtlich geschützt. Jede Verwertung außerhalb der engen Grenzen des Urheberrechtsgesetzes ist ohne Zustimmung des Verlags unzulässig und strafbar. Das gilt insbesondere für Vervielfältigungen, Übersetzungen, Mikroverfilmungen und die Einspeicherung und Verarbeitung in elektronischen Systemen.

Gedruckt auf säurefreiem und chlorfrei gebleichtem Papier

Die Wiedergabe von Gebrauchsnamen, Handelsnamen, Warenbezeichnungen usw. in diesem Werk berechtigt auch ohne besondere Kennzeichnung nicht zu der Annahme, dass solche Namen im Sinne der Warenzeichen- und Markenschutz-Gesetzgebung als frei zu betrachten wären und daher von jedermann benutzt werden dürften.

Konzeption und Layout des Umschlags: Ulrike Weigel, www.CorporateDesignGroup.de
Druck und buchbinderische Verarbeitung: Lengericher Handelsdruckerei, Lengerich
Printed in Germany

ISBN 3-528-05760-2

Vorwort

Nach dem Internet- und eMarket-Boom Ende 1999 und Anfang 2000 mussten zahlreiche Firmen sowohl aus der New als auch der Old Economy ihre eBusines-Strategie und häufig sogar ihre gesamte Geschäftsstrategie auf Ein- und Verkaufsseite neu ausrichten. Dies betraf Unternehmen aus nahezu allen Branchen.

Dieses Buch soll eBusiness-Strategien aufzeigen und darüber hinaus eine Ebene tiefer gehen, indem Konzepte und Implementierungsstrategien und -beispiele detailliert aufgezeigt werden.

Bewusst haben wir Wert auf zahlreiche Praxisbeispiele gelegt und versucht, neben einem Branchenmix auch eine ausgewogene Mischung von New und Old Economy-Fallstudien zu geben.

Nach einem Einführungsabschnitt folgt der Abschnitt Konzept und Architektur von eMarkets, welcher in verschiedenen Beiträgen den Bogen über verschiedene eMarket-Philosophien & -Architekturen über erfolgskritische Themen wie Content Management bis hin zu integrierten Fulfillment- und eServices spannt. Ein Abschnitt mit Anbieterbeiträgen rundet diese Sichtweise ab, bevor im letzten Abschnitt unterschiedlichste Fallbeispiele gegeben werden.

Dieses Buch entstand in der für eMarkets erfolgskritischen Zeit von Ende 2000 bis Frühjahr 2001. Besonderen Dank möchten wir neben den Autoren, die in dieser sehr turbulenten Zeit dennoch Ruhe fanden, ihre Gedanken in einen Artikel zu gießen, Nicole Wilbert und Antje Doerbeck aussprechen, ohne deren intensive Unterstützung dieses Buch nicht denkbar gewesen wäre.

Dieses Buch steht im inhaltlichen Zusammenhang mit unserer Vorgängerpuplikation Supply Chain Management, welches demnächst in der 2. Auflage erscheint. Die Komplexität der Geschäftsprozesse, die zwischenbetriebliche Vernetzung sowie der Trend zu vertikalen Netzen führen beide Themen zusammen.

München, im Mai 2001	Köln, im Mai 2001
Michael Nenninger	Oliver Lawrenz
nenninger@b2b-erfolg.com	l@wrenz.de

SIEMENS

Boost Your Business

Kaum ein Bereich ist heute einem so starken Wandel unterzogen, wie die Industrie.
Wer hier auch weiterhin erfolgreich am Markt agieren will, muss schnell und flexibel sein. Genau darauf ist unser Angebot ausgelegt: Mit einer Datenaufbereitung von der Feld- bis zur Managementebene und der Einbeziehung kundenspezifischer E-Business-Lösungen schaffen wir unseren Kunden eine solide Grundlage für fundierte unternehmerische Entscheidungen. So können Sie Prozesse optimieren um Kosten zu senken und Ihre Produktion flexibler zu gestalten – oder die Kommunikation, den Betrieb von IT-Infrastruktur und die IT-Landschaft verbessern. Sie sind in der Lage sich neue Märkte, Absatzmöglichkeiten und Vertriebswege zu erschließen – oder einfach mit raschen Umsetzungserfolgen Ihre Wettbewerbsposition dauerhaft zu stärken.

Sprechen Sie mit uns!
Wir vereinen IT-Kompetenz und Branchen Know-how in der Prozess- und Fertigungsindustrie, sowie in Infrastrukturanlagen zu einem Angebot, das Ihnen die Zukunft sichert.

Mehr Info über Siemens IT Plant Solutions: www.itmation.de

**Industrial Solutions and Services
Your Success is Our Goal**

Inhaltsverzeichnis

 Vorwort der Herausgeber V

Abschnitt I: Einführung und B2B-Strategien

1 Von eProcurement zu eMarkets – eine Einführung 1
 Einleitung 1
 eProcurement bei der Beschaffung in heutigen Unternehmen 1
 Historie B2B-Markt 1
 Beschaffungsansätze im Internetzeitalter 2
 Beschaffungsbereiche 3
 Bedarfseinkauf (MRO-Beschaffung) 5
 Beschaffung von Investitionsgütern 12
 Beschaffung von Direktmaterialien 15
 Vom eProcurement zu eMarkets 16
 Sourcing-Strategien 16
 Definition 17
 Netzwerkeffekt 17
 Konsolidierung 18
 Strategische Potenziale 18
 Operative Potenziale 19
 Gewinnpotenziale 19
 Entstehungsmodelle von eMarkets 20
 eMarket-Typen 22
 New oder Old Economy? 22
 Horizontal/Vertical 22
 Offene versus geschlossene eMarkets 23
 Buyer– oder Seller-driven eMarkets 25
 Synchrone versus asynchrone eMarket-Szenarien 25
 Fazit 26
 eMarket-Modelle 27

Inhaltsverzeichnis

	Business Modelle von eMarkets	30
	Der Weg zum erfolgreichen Net Market Maker	32
	Enable	34
	Build	36
	Technologie/Standards	36
	Run	37
	Net Improve (manage/coach)	40
	eServices	40
	Ausblick	42
2	Prognosen, Potenziale und Typen von Online-Marktplätzen	43
	Einführung	43
	Potenziale von eMarkets	43
	Einspar- und Marktpotenziale durch eMarkets aus Branchensicht	47
	Entstehung verschiedener Marktplatztypen	53
	Fazit	57
3	Aufbau und Entwicklung von eMarketplaces unter Berücksichtigung von Integrations- und Make or Buy-Aspekten	59
	eMarketplaces als integraler Bestandteil von Geschäftsbeziehungen	59
	Integration als Schlüssel zum Erfolg	60
	Akzelerator Beratungsunternehmen	63
	Projektablauf aus Sicht eines Marktplatzbetreibers	65

Abschnitt II: B2B-Modelle und eServices

4	Dynamische Ecosysteme: Ein praktischer Ansatz zur Entwicklung von eMarkets	75
	Das Internet als neue Handlungsoption	75
	Dynamische Ecosysteme: Das Neue richtig nutzen	76
	B2B-Ecosysteme	81
	Vorgehenskonzept	85
5	Businessplan für B2B-eMarkets: Integriertes Finanzplanungsmodell und Erfolgsfaktoren	89
	Zusammenfassung	89
	Businessplan als Grundlage für die Investitionsentscheidung	89

	Einbindung in einem Partner-Netzwerk	90
	Top-down-Planung: Marktanteile und Marktopportunities	92
	Bottom-up-Planung	94
	Elemente eines integrierten Planungsmodells	94
	Revenuemodell	96
	Erfolgsfaktoren	98
	Absatz-/Umsatzplanung	99
	Kostenplanung	120
	Plan-Ergebnisrechnung	123
	Plan-Bilanz	126
	Plan-Investitionen	128
	Kapitalflussrechnung	128
	Key Figures Financials	129
	Ausblick	130
6	Reverse Auctions gelangen im Unternehmenseinkauf zur Reife	131
	Einführung	131
	Was sind Reverse Auctions?	131
	Internet-Ausschreibungen	132
	Erfahrungen mit Beschaffungsauktionen	133
	Auktions-Grundtypen und ihre Anwendung	136
	Reverse Auctions und Forward Auctions	136
	Bundle-Auctions und Cherry-picking-Auctions	137
	Scorecard- und Parametric-Auctions	137
	Power-Auctions	138
	Der richtige Einsatz der Reverse Auction	139
	a. Vorteile durch Auktionen	139
	b. Auktionierbarkeit	142
	Maßnahmen, die die Auktionierbarkeit verbessern bzw. herstellen	143
	Eingliederung von Reverse Auctions in den Einkauf des Unternehmens	149
	Die verschiedenen Modelle	149
	Auktionsdienstleister: Premium- oder Basic-Auktion	149

Inhaltsverzeichnis

	Reverse Auctions als ASP-Modell (Application Service Provider)	150
	Erwerb einer Goodex-Lizenz	151
	Die Bedeutung der „Connectivity"	152
7	Die Anbindung von Lieferanten an elektronische Marktplätze	153
	Abstract	153
	Einführung	153
	Die Bedeutung von qualitativ hochwertigem Content für elektronische Marktplätze	154
	Das Global Trading Web (GTW)	155
	Aktivierung der Lieferanten bei der Einführung von Marktplatzprojekten	156
	Darstellung des Gesamtzusammenhangs	156
	Überblick über die Lieferanten-Aktivierung	157
	Die Auswahl der Lieferanten	158
	Die Entwicklung einer Lieferantenaktivierungs-Strategie und deren operative Umsetzung	159
	Die technischen Integrationsmöglichkeiten	160
	Content Mangement	161
	Projekterfahrungen bei der Einführung von Marktplätzen	161
	Einführung	161
	Die Auswahl der Lieferanten	163
	Fazit	166
8	Die Aufgabe eines marktplatzorientierten Catalog Content Managements	169
	Abstract	169
	Einleitung	170
	Vom Excel-File zum Katalog	172
	Datendefinition	173
	Transformation & Aggregierung	173
	Normalisierung & Rationalisierung	174
	Kategorisierung	175
	Datenverifizierung (Staging)	179
	Anreicherung der Daten	180

	Herausforderung an das Katalogmanagement	182
	Catalog Content Aggregierung	183
	Updatefähigkeit	184
	Präsenz auf mehreren Marktplätzen	184
	Verschiedene Klassifizierungsmodelle	185
	Katalogtools	185
	Technische Entwicklung – Ausblick	187
	Content Engines	187
	Punch-Out – Zugriff auf den Katalog eines Onlineshops	187
	Dynamische Daten	188
9	Sicherheitsaspekte als kritischer Erfolgsfaktor auf B2B-eMarkets	191
	Abstract	191
	Relevanz des Themas	191
	Überblick über die Dimensionen und Bereiche der Sicherheit	192
	Rechtliche Sicherheit	193
	Technische Umsetzung der Sicherheit	194
	Ausfallsicherheit der Systeme	197
	Wie definiert man „Hochverfügbarkeit"?	197
	Datenhaltung und Verteilung	199
	Integration der verschiedenen Techniken in eine B2B-Plattform	199
10	eServices als kritischer Erfolgsfaktor für eMarkets	201
	Von Services zu eServices	202
	Das Businessmodell	205
	eServices als Value driver	205
	Ausblick eServices	205
11	Die Bedeutung von logistischen Services für eMarkets am Beispiel Escrow	207
	Die Einleitung – Die Ausgangssituation	207
	Die Formen des elektronischen Handels	208
	Die Transaktionslücken	210
	Die Herausforderungen an die Logistik	211
	Die logistischen Lösungsansätze	214

Inhaltsverzeichnis

		Ein integrativer Lösungsansatz	216
		Die Landed Cost-Kalkulation:	219
		Was ist zu beachten?	219
		Das Beispiel Escrow als zukunftsweisende Logistikvariante	221
		Die Zusammenfassung – Der Ausblick	223
12		eFinance, eInsurance und eMarkets	225
		Anforderungen von eMarkets an eFinance- und eInsurance-Lösungen	225
		eFinance und eInsurance in der Wertschöpfungskette	226
		eFinance- und eInsurance-Produkte	229
		Synergien zu anderen eMarkets-Anforderungen	230
13		Zahlungsabwicklung als Erfolgsfaktor für eMarkets	233
		Mit einem Klick zum elektronischen Handel	233
		Relevanz der Zahlungsabwicklung	233
		Risikominimierung der Lieferanten als kritischer Erfolgsfaktor	236
		Zug um Zug von der Liquidität entfernen?	237
		Risiken des Käufers	238
		Lösungsansätze zur Attraktivitätssteigerung von eMarkets	238
		Folglich	240

Abschnitt III: B2B-Anbietermodelle und Architekturen

14	Das eProcurement und Marktplatzsystem von Ariba	241
	Die „Alte Welt": Konventionelle, unternehmensspezifische Handelsmodelle („Legacy-Modelle")	241
	Ineffizienz im Beschaffungsprozess	241
	Ineffizienz in der Versorgungskette	242
	Ineffizienz der Handelsdienstleistungen	242
	Die „Neue Welt"	243
	Neue Anforderungen für den Erfolg im B2B-eCommerce	245
	Die Ariba B2B Commerce-Plattform: Die Geschäftslösung für das Internet-Zeitalter	246
	Ariba B2B Commerce	247
	Ariba Buyer	247

	Ariba Marketplace	249
	Ariba Dynamic Trade	250
	Ariba B2B Collaboration	250
	Ariba B2B Commerce Services	251
	Ariba Directory & Interoperability Services	252
	Ariba Order Management Services	252
	Ariba Online Payment Services	253
	Ariba Logistics & Fulfillment Services	253
	Ariba Supplier & Content Services	253
	Ariba Sourcing & Liquidation Services	253
	BMW – Aribas erster Kunde in Deutschland	254
	Ausblick – „The way forward"	255
15	i2s TradeMatrix – intelligente Marktplatzlösungen	257
	Einführung	257
	Next Generation Marketplaces	259
	FreightMatrix	262
	Cordiem (MyAircraft/AirNewCo)	262
	eGateMatrix	263
	IT-Dienstleistungen	263
	iStarXchange	264
	Volkswagen	264
	Lösungsüberblick TradeMatrix	269
16	Oracle – B2B smarter	271
	Einleitung	271
	Webauftritt	272
	Internet-Beschaffung	273
	Internet-Marktplatz	275
	Internet Supply Chain Management	278
	Internet-basierte Produktentwicklung	282
	Praxisbeispiele	283
	GlobalNetXchange	284

	Covisint	284
	Aeroxchange	285
	Zusammenfassung und Ausblick	285
17	Many Markets, One Source – das Marktplatz-Konzept von Commerce One	287
	Elektronische Marktplätze: für jedes Unternehmen das richtige Konzept	287
	Das Marktplatzkonzept von Commerce One: „Many-to-One-to-Many"	288
	Technologie der Commerce One-Lösung	292
	MarketSite Operational Environment	293
	Vom „Public Exchange" zum „Private Exchange" – ein Fazit	299

Abschnitt IV: B2B-Best Practises

Best Practice: Bär

18	Vom Kataloghändler zum Informationspartner – strategische Positionierung des Handelshauses BÄR im eCommerce	301
	eCommerce – unternehmensübergreifende Prozessveränderung	301
	Der Handel als Koordinator zwischen Angebot und Nachfrage	302
	Strukturen und Funktionen von Marktplätzen	305
	BÄR – Wertbestimmung betrieblicher Kompetenzen	309
	Fazit und Ausblick	310

Best Practice: Covisint

19	Covisint – Accelerating the pace of business	313
	Einführung	313
	Wie kam es zu Covisint?	313
	Warum ist Covisint sinnvoll?	315
	Was macht B2B so erfolgreich?	316
	Covisint – mehr als eine Einkaufsplattform	317
	Produktentwicklung	319
	Supply Chain Management	320
	Beschaffung	321
	Was folgt daraus?	323

Best Practice: BMW Group

20	Erfolgreiche Implementierung von eProcurement im Technischen Einkauf der BMW Group	325
	Ausgangssituation	325
	Die Idee	325
	Motivation	326
	Bedeutung des Projektes	326
	Betriebswirtschaftlicher Nutzen	326
	Prozessorientierte Maßnahmen	326
	Kosteneffekte durch eProcurement	328
	Das eProcurement-Projekt MeRCUR	330
	Ziele des Projektes MeRCUR	330
	Anforderungen an ein Standardprodukt	330
	Kategorien der Softwareanbieter	331
	Bewertungskriterien zur Auswahl des eProcurement-Systems	331
	Ausgewähltes eProcurement-System	332
	IT-Lösung und Architekturdarstellung	332
	Innovationsleistung des Projektes aus technologischer Sicht	332
	Systemplattform	333
	Authentifizierung und Autorisierung der Nutzer	333
	Risiken, Schutzaspekte	334
	Verschlüsselung	334
	Zukunftssicherheit	334
	Projektablauf und Projektorganisation	335
	Zeitrahmen und Scope	335
	Projektsstatus MeRCUR und Einkaufssystem SpeedBuy	335
	Unterstützung durch das Management	335
	Projektmanagement	336
	Ergebnis und Lessons Le@rned	336

Best Practice: Bayer/Elemica

21	Der mit dem Gorilla tanzt – Bayer – engagiert in Gründung und Aufbau von ELEMICA	339
	Einführung	339
	ELEMICA im Bayer eBusiness-Konzept	340
	Gorilla.com – ein überzeugendes Geschäftsmodell	342
	Ein Lösungsangebot entlang der gesamten Supply Chain	346
	e-4PL™ – ein Marktplatz mit integrierter Logistiklösung	348
	Die ERP-Anbindung als Herzstück der Problemlösung	351
	Seit der Gründung: Projektablauf und Erfolgsfaktoren	352
	ELEMICA – ein Baustein in Bayers eBusiness-Strategie	354

Best Practice: AkzoNobel

22	„Just do it!"	357
	Einführung	357
	AkzoNobel	357
	Das ASAP-Projekt	358
	eProcurement	358
	Definition des Piloten	359
	Zielsetzung	359
	Der Pilot	360
	Definition der Anwendungsbereiche	361
	Supplier Adoption	361
	Installation und Customizing der Software	363
	Anbindung an die ERP-Systeme der Kunden	363
	Anbindung an die Transaktionsplattform	364
	Theorie und Praxis	364
	Lessons learned	365
	Die Zukunft	366

Best Practice: allocation.net

23 allocation.net – die eBusiness-Plattform für den industriellen Mittelstand 367
    Ausgangsbasis und Vision 367
    Funktionen und Value Added Services 369
    Übersicht 369
    Logistik 370
    Finanzdienstleistungen 371
    Net-SCM – Network Supply Chain Management 373
    Vorteile für Ein- und Verkäufer 374
    Private Marktplätze – Buy-Site und Sell-Site 374
    E2E – Exchange-to-Exchange 376
    Technische Realisierung 378
    Projektablauf und Erfahrungen 379
    Projektablauf 379
    Erfahrungen 380

Best Practice: Huber+Suhner, Conextrade, Swisscom

24 Kommunikationstechnik – Effizienzpotenziale durch eProcurement
    Outsourcing: Fallstudie einer ASP eProcurement-Lösung bei
    Huber+Suhner über den conextrade eMarktplatz
    (Swisscom/Conextrade, Huber+Suhner) 383
    Einführung 383
    Hohe Erwartungen beim Kunden Huber+Suhner 383
    Optimierungspotenzial durch eine ASP eProcurement-Lösung 384
    Elektronische Märkte zur Unterstützung von Einkaufsgemeinschaften 387
    Lösungsansatz und Erkenntnisse von conextrade 388
    Ausblick 395

Best Practice: Siemens

25 Anlagenbau – Lösungen, nicht Produkte 397
    Einführung 397
    Elektronische Plattformen im Anlagenbau 398
    Strategien zur Komplexitätsreduktion 398

Unterstützung mehrerer Wertschöpfungsstufen 399

Marktpositionierung: „Vertical" vs. „Horizontal" 404

Strategische Implikationen 405

Modularisierung von Leistungen – vom Aggregator zum Spezialisten 405

Value Networking – vom Partnerverbund zur Allianz 405

Online Collaboration – Transparenz in Prozessen und Projekten 406

Fazit 407

Best Practice: ecement

26 ecement.com: Eine Fallstudie 409

Die Gelegenheit zur Wertschöpfung 409

Der Start 409

Warum baut man einen Beschaffungsmarktplatz für die Zementindustrie auf? 410

Frühe Planung und Entwicklung 413

Erste Transaktionen 416

Was sind die Schlüsselfragen, die wir seit der Markteinführung gelernt haben? 419

Wissen ist kritisch 422

Vollintegrierte Lösungen brauchen länger 422

Neutralität und Unabhängigkeit 423

Partner, Kontakte und Ratschläge 423

Marken und Marketing 423

Der First-Mover-Vorteil ist nicht alles 424

Kultur 424

Das heutige Geschäft 425

Eine Zukunftsvision 425

Best Practice: ClickPlastics

27 Kosten sparen beim Rohstoffeinkauf im Internet 427

Ausgangssituation 427

Der eMarketplace und die Kunststoffindustrie 427

Anforderungen an einen eMarketplace 429

	Business Model	429
	Positionierung	429
	Systemelemente	429
	Zusatzausstattung	431
	Preismodell	431
	Vermarktungsstrategie	431
	Marketing Approach	431
	Kommunikation	433
	Technologieentscheidung/Architekturdarstellung	434
	Technologieentscheidung	434
	Architekturdarstellung (Infrastruktur und Software-Ausstattung)	435
	Status Quo	436
	Ausblick	437

Best Practice: Smartmission

28	Der Gesundheitsmarkt und eCommerce	439
	Einführung	439
	Der Gesundheitsmarkt in Deutschland	439
	Eignung für elektronische Marktplätze	440
	Die speziellen Bedürfnisse und die Chancen im Gesundheitsmarkt	441
	smartmission – die Lösung im Gesundheitswesen	441
	Smartmission-Hintergrund	441
	smartmission Business Modell	443
	Kritische Erfolgsfaktoren	446
	Ausblick	448

Abschnitt V: Ausblick

29	Ausblick in die B2B-Welt von morgen	451
	Einführung	451
	Peer-to-Peer (P2P)-Systeme	451
	Konvergenz von eMarket- und Supply Chain-Systemen	452
	Next Generation eServices	453
	Virtuelle Unternehmen und Meta-Netzwerke	453
	Anforderungen an das Management	454
	Herausforderungen	454
A	Autorenverzeichnis	457
I	Index	471

1 Von eProcurement zu eMarkets – eine Einführung

Oliver Lawrenz, Michael Nenninger

Einleitung

In diesem Einführungskapitel wird der Rahmen der B2B-Entwicklung und Konzepte in der eProcurement- und eMarket-Praxis abgesteckt. Es wird die Evolution vom eProcurement zu eMarkets und die Auswirkungen neuer Modelle auf Unternehmen und Unternehmensnetzwerke beschrieben. Im Vordergrund steht dabei die Darstellung als Überblick, bei der an jeweiliger Stelle auf detaillierte Ausführungen zu den einzelnen Themen in späteren Kapiteln hingewiesen wird.

Der Ausblick wird am Ende des Buches anhand eines eigenen kurzen Beitrags gegeben.

eProcurement bei der Beschaffung in heutigen Unternehmen

Historie B2B-Markt

Der B2B-Markt unterlag in den letzten Jahren einer turbulenten Entwicklung. War noch vor drei Jahren Kern der Diskussion Relaunch der Homepage oder einen ersten elektronischen Shop einzurichten, so haben sich heute die Anforderungen und Merkmale grundlegend geändert. Online Shops gaben zwar anfangs die ausschlaggebende Stimulation und Richtung auch für den B2B-Handel, wurden jedoch schnell als der unattraktivere Weg in den Hintergrund gedrängt. In der Zeit, als die meisten Unternehmen planten, Shops/Portale einzurichten, wurde den Einkäufern sehr schnell bewusst, dass dies für ihre Bedürfnisse im B2B-Segment nicht die befriedigende Lösung darstellt. Kein Einkauf hatte Interesse, eine Unzahl an Shops „abzusurfen", nach geeigneten Produkten in zahllosen Sites zu suchen und damit eine höhere Ineffizienz als zuvor zu erreichen.

Dieser Misslage wurden sich auch erste Softwareanbieter bewusst und es entstand in den Jahren 1997/98 ein regelrechter Boom an neuen Applikationen für die elektronische Beschaffung (im Folgenden wird der gängige Begriff eProcurement verwendet). Die Idee war einfach, der elektronische Katalog des Shops wurde im Einkauf reverse in Form eines Multilieferantenkatalogs eingesetzt.

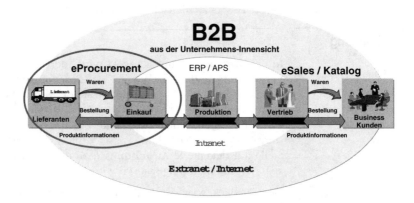

Bild 1   B2B aus der Unternehmens-Innensicht

Große Unternehmen begannen aufgrund ihrer Einkaufsmacht, bestehende und neue Lieferanten aufzufordern, ihre Waren und Dienstleistungen in die jeweiligen Formate der Multilieferantenkataloge einzustellen. Erweiterungen in Richtung von Workflow-Komponenten, Berechtigungskonzepten und Reporting-Funktionen brachten neue Anwendungen auf den Markt. Das B2B-Thema wird seitdem primär durch einkaufsgetriebene Lösungen dominiert.

Bevor auf die Entwicklung von eProcurement bis hin zu eMarkets näher eingegangen wird, soll daher die heutige Beschaffungssituation in Verbindung mit den eProcurement-Potenzialen diskutiert werden.

Beschaffungsansätze im Internetzeitalter

Von den dynamischen Marktverhältnissen, die heute alle Unternehmen zur permanenten Sicherung und Steigerung der eigenen Wettbewerbsfähigkeit zwingen, ist zunehmend auch die Beschaffung stärker betroffen. Vielfach wurde sie bislang von den Verantwortlichen neben Vertrieb und Rechnungswesen als rein operative Funktion im Unternehmen wahrgenommen. Auf Basis neuer Technologien besteht heute die Möglichkeit, durch marktorientierte Beschaffungsstrategien zum einen den Einkauf vom operativen Geschäft zu entlasten, zum anderen einen enorm positiven Beitrag zum Unternehmensergebnis beizusteuern. Marktorientierte Beschaffungsstrategien zeichnen sich vor allem durch Merkmale wie vereinfachte Verfahren bei gleichzeitiger Eliminierung von nicht wertschöpfenden Aktivitäten und Senkung der Kosten aus.[1]

eProcurement liefert in diesem Zusammenhang primär eine durchgängige Neugestaltung der Prozesse, die zusätzliche neue Potenziale ermöglichen, bei gleichzeitiger Optimierung der bestehenden Beschaffungsstrategien.

Beschaffungsbereiche

Die Beschaffung lässt sich nicht für alle Gütergruppen[2] gleichförmig abwickeln. Jede Beschaffungsstrategie erfordert eine andere operative Abwicklung, an der sich wiederum der jeweils geeignete EP-Lösungsansatz orientiert. Somit existieren auch für verschiedene Gütergruppen unterschiedliche EP-Lösungen, für die in diesem Abschnitt in Anlehnung an die bereits zitierte KPMG-eProcurement-Studie ein Klassifizierungsrahmen dargestellt wird.

Da die Beschaffung in Abhängigkeit von den zu beschaffenden Gütern unterschiedlich organisiert wird, muss bei der Einführung von eProcurement-Systemen zunächst eine eingehende Analyse des Beschaffungsportfolios durchgeführt werden. Die klassische Gütergruppierung nach dem ABC-Schema ist für diesen Zweck nicht ausreichend. Deshalb entwickelte KPMG eine Analysemethode, bei der die in einem Unternehmen insgesamt beschafften Güter anhand der Kriterien *strategische Bedeutung* und *Automatisierungspotenzial* unterteilt werden. Diese beiden Kriterien er-

---

[1] Vgl. Electronic Procurement – Neue Beschaffungsstrategien durch Desktop Purchasing Systeme – M. Nenninger, KPMG Consulting 1999 (www.kpmg.de)

[2] Darunter werden hier generell Waren *und* Dienstleistungen verstanden.

lauben eine effektive Einteilung für den Zweck der Einführung von EP-Lösungen.

Für das erste Kriterium, die strategische Bedeutung einer Gütergruppe, kann zunächst auf die ABC-Klassifizierung zurückgegriffen werden. Hier werden Güter entsprechend ihres Wert-/ Mengen-Verhältnisses eingeordnet. Güter mit hoher strategischer Bedeutung haben beispielsweise eine große Schnittmenge mit den so genannten A-Gütern.

Als zweites Kriterium sollte das Automatisierungspotenzial einer gegebenen Gütergruppe untersucht werden. Dieses leitet sich aus den spezifischen Beschaffungsprozessen ab und gliedert sich auf in die Faktoren Komplexität des Prozesses, dessen Standardisierungsgrad und die Beschaffungshäufigkeit in Verbindung mit der Güterspezifität.

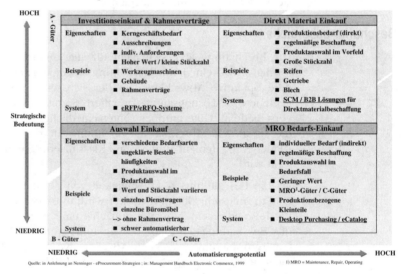

Bild 2   Klassifizierung Güterklassen für eProcurement Affinität

Wenn man die in einem Unternehmen beschafften Güter in einer Matrix entlang der beiden Differenzierungsachsen "Strategische Bedeutung und Automatisierungspotential" aufträgt, kann man vier Beschaffungsgüterfelder mit sehr unterschiedlichen Charakteristika identifizieren. Im Einzelnen definiert man geeigneterweise den *Investitionseinkauf „Kapitalbildung" (inkl. Rahmenverträ-*

ge) und den Direktmaterialeinkauf *„Ausfallminimierung"* für Güter mit hoher strategischer Bedeutung. Für Güter mit geringerer strategischer Bedeutung werden die Felder *Auswahleinkauf „Konditionenmanagement"* und MRO[3]-*Bedarfseinkauf „Standardisierung"* definiert.

Im Wesentlichen sind heute drei eProcurement-Lösungsansätze, entsprechend der drei Kategorien mit Systemlösungspotenzial aus Bild 2 darstellbar:

- eCatalog/Desktop Purchasing für Bedarfseinkauf im MRO-Bereich
- eRFQ/Ausschreibungen & Auktionen für Investitionsgüter und Rahmenverträge
- B2B Supply Chain Management-Lösungen für Direktmaterialeinkauf

Bedarfseinkauf (MRO-Beschaffung)

Die ersten eProcurement-Systeme wurden zunächst mit der Zielsetzung entwickelt, den bislang weitgehend nicht automatisierten MRO-Beschaffungsprozess zu optimieren. Beispiele für MRO-Güter sind Werkzeuge, Bürobedarf, IT, Dienstreisen und Ersatzteile, also explizit Waren *und* Dienstleistungen.[4]

eProcurement-Systeme werden im MRO-Bereich speziell dazu eingesetzt, jene Beschaffungsprozesse elektronisch zu unterstützen und abzubilden, die den folgenden Kriterien genügen:

- Die beschafften Güter haben einen geringen materiellen Wert und eine für die Investitionspolitik des Unternehmens geringe strategische Bedeutung.
- Die Bestellfrequenz ist hoch, aber unregelmäßig.
- Viele Bedarfsträger im Unternehmen initiieren Beschaffungsprozesse.
- Für viele Gütergruppen werden Artikel verschiedener Hersteller nachgefragt.

---

[3] MRO-Güter: Maintenance, Repair und Operations (Instandhaltung, Reparaturen und Operatives Geschäft)

[4] Häufig wird diese Gruppe auch als C-Güter oder indirekte Güter spezifiziert, wobei jedoch diese Abgrenzungen unscharf definiert sind.

- Jeder Mitarbeiter soll zwar einen eigenen, dezentralen Zugang zur Beschaffung besitzen, jedoch nicht frei und individuell Güter bestellen können. Es gilt oft, komplexe Berechtigungsverfahren zu berücksichtigen.

In der Beschaffung derartiger Güter gilt es vor allem, die überproportional hohen Transaktionskosten zu senken. Derzeit werden in deutschen Unternehmen fast ein Drittel der indirekten Güter außerhalb formeller Prozesse beschafft, wodurch die Transaktionskosten gegenüber der regulären Prozessabwicklung um bis zu 30 % ansteigen. Aber auch bei Befolgung der Beschaffungsrichtlinien verursachen die Prozesse unverhältnismäßig hohe Kosten. Mehrere Studien und viele Projekte belegen, dass die Prozesskosten bei konventioneller MRO-Güterbeschaffung oftmals weit über 200 DM für einen Bestellvorgang liegen, unabhängig von der Höhe des beschafften Gutes. Der Wert des Gutes liegt dabei im Schnitt deutlich unter den durch den Prozess verursachten Kosten. Hohe Transaktionskosten werden primär durch aufwendige Genehmigungsverfahren und ineffiziente Prozesse erzeugt.

Neben hohen Prozesskosten führen vor allem die vielen Medienbrüche, unklare Beschaffungswege und unmotiviertes Beschaffungsverhalten zusätzlich zu ineffizienten Beschaffungsprozessen.

Der traditionelle Bestellprozess dauert aufgrund der Ineffizienz häufig mehrere Tage, Liegezeiten in der Genehmigungsprozedur sind dabei vorprogrammiert. In diesem Umfeld treten als Hauptkostenverursacher Ausnahmesituationen gegenüber dem normalen Prozess auf:

Typische Beispiele für Ausnahmen im MRO-Prozess
Fehler bei Bestellausfüllung (Beschreibung passt nicht zu Art.)
Rückfragen während Genehmigung (z.B. Fax nicht leserlich)
Keine Genehmigung erzeugt alternative Bestellung
Fehler bei Bestellung (z.B. Fax kaputt, Toner leer, etc.)
Artikel durch EK ergänzen, die nicht im aktuellen Sortiment verfügbar sind
Preisaktualisierungen
Rückfragen durch Lieferanten (z.B. Fax nicht leserlich)
Rückkopplung wg. fehlender Verfügbarkeit erzeugt Lieferantenwechsel oder alternatives Produkt oder OK für Warten
Änderung des Bedarfs

Reklamationen: Falsche Lieferung durch Kommunikationsfehler
Fehlende Teillieferungen
Einzelrechnungen für jede Bestellung anstelle Sammelrechnungen
Extraaufwand durch Bestellungen außerhalb der Rahmenverträge – Maverik Buying (u.a. Kontierungen neu)
Liegezeiten beispielsweise bei Genehmigung erzeugen zusätzlichen Aufwand durch Rückfragen, Verlust von Unterlagen, Bedarfsänderungen etc.

Den Gesamtprozess stellt Bild 3 dar, die gestrichelten Linien stellen Beispiele für Rückkopplungen aufgrund oben beschriebener Ausnahmen bzw. Fehler dar.

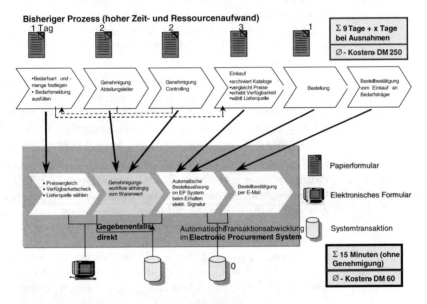

Bild 3   **Prozesskosteneinsparung bei eProcurement**

Beim eProcurement erfolgt die Verbesserung des Prozesses insbesondere durch die Dezentralisierung und die elektronisch unterstützte Standardisierung des Beschaffungsprozesses. Dadurch, dass die Lieferantenkataloge über das Intranet kostenminimal zur Verfügung stehen, hat jeder berechtigte Mitarbeiter Zugang zu einer für seine Zwecke ausreichend großen, aber überschaubaren Menge von Informationen. Die Bestellung wird direkt vom Bedarfsträger erzeugt. Überschreitet der Bestellwert die Berechtigung, wird entsprechend *vordefinierter Regeln (z.B. ein Budget)*, automatisch ein *elektronisches Genehmigungsverfahren* ausgelöst. Nach elektronischer Genehmigung der Bestellung durch den Zuständigen wird diese an den Lieferanten direkt weitergeleitet und die Bestellung wird mit den relevanten Informationen automatisch im *Enterprise Resource Planning (ERP)-System* verknüpft.

Die Aktualität der Daten und der Preise ist über ein eProcurement-System jederzeit gegeben. Auch werden Medienbrüche und somit zeit- und kostenintensive Übertragungsfehler vermieden. Workflowkomponenten und Berechtigungskonzepte ermöglichen den stromlinienförmigen Ablauf der Prozesse, die in definierten Fällen nur noch vom Bedarfsträger selbst manuell angefasst werden.

Dadurch wird ein hocheffizienter Informationsfluss gewährleistet, redundante Informationen werden gar nicht erst gesammelt. Schnelle und in definierten Grenzen eigenverantwortliche Beschaffung kann zudem zu einer Verbesserung des Unternehmensklimas bzw. der Mitarbeiterzufriedenheit beitragen.[5]

Den zweiten wesentlichen Kostenverursacher stellt neben der Prozessineffizienz vor allem das Maverik Buying dar. Durch die fehlende Standardisierung des Prozesses und des damit einhergehenden schwierigen Controllings einer einheitlichen Beschaffungsstrategie entstehen neben den hohen Prozesskosten zusätzlich Kosten für teurere Beschaffungen außerhalb der Rahmenverträge. Durch diesen Effekt des so genannten Maverik Buyings werden eine Vielzahl an Beschaffungen außerhalb der vom Einkauf definierten strategischen Lieferantenverträgen getätigt.

Das *Maverik Buying* hat verschiedene Ursachen:

- Festgelegte Beschaffungsleitlinien sind für den Bedarfsträger zu kompliziert oder zeitraubend; oder sie sind ihm häufig schlicht unbekannt.

---

[5] Vgl. Michael Nenninger – Wettbewerbsvorteile durch eProcurement; in: Management Handbuch Electronic Commerce, 1999

- Die tatsächlich sehr hohen Transaktionskosten, die durch einen ausgelösten Beschaffungsprozess kumuliert auftreten, werden vom einzelnen Mitarbeiter unterschätzt.
- Die Präferenzen bezüglich der Lieferanten, die vom Zentraleinkauf anhand von Preisen und Lieferkonditionen ausgewählt werden, werden vom Bedarfsträger ignoriert, da er sofortige Verfügbarkeit oder bestimmte Markenartikel als wichtigste Kriterien ansieht.

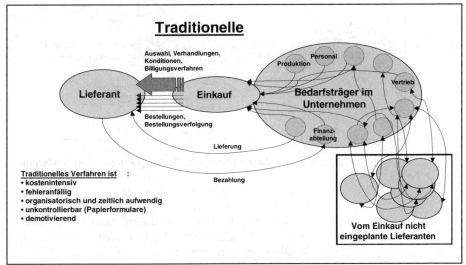

Bild 4   Traditionelle Beschaffung

Häufig werden die Einkaufskonditionen der Rahmenverträge gar nicht erreicht. Weiterer Schaden entsteht durch Käufe vermeintlich günstiger Waren, wie PC oder Handy bei lokalen Discount-Anbietern, da wesentlich höhere Folgekosten in der Wartung und Gewährleistung (Total Cost of Ownership) nicht berücksichtigt werden. Zusätzlich werden durch fehlendes Einkaufsvolumen bei den strategischen Lieferanten schlechtere Konditionen erreicht.

Durch MRO-eProcurement -Systeme wird ein einheitlicher Beschaffungsprozess definiert, der kein Ausnahmeverhalten mehr zulässt. Der Bedarfsträger bestellt direkt selbst ausschließlich über den im Intranet abgelegten elektronischen Katalog. Hierzu sind umfassende Reorganisationsmaßnahmen unabdingbar.

Bild 5 liefert eine Übersicht der Merkmale des neuen Prozesses aus Sicht des Bedarfsträgers.

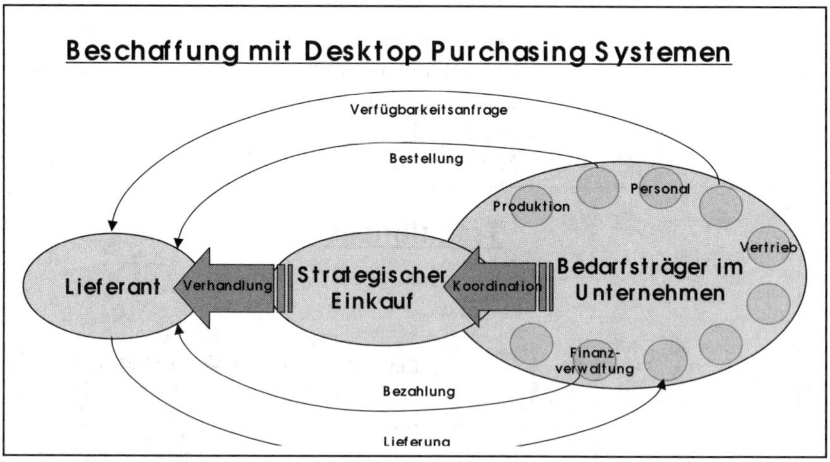

Bild 5   Beschaffung mit Desktop Purchasing Systemen

Neben den Prozessoptimierungen erhält vor allem der Einkauf aufgrund von mehr Transparenz und höherer Informationsqualität verbesserte Entscheidungsgrundlagen. Aus diesem Grund stellen Reporting- und Controlling-Funktionalitäten mittlerweile wesentliche Elemente von eProcurement-Systemen dar. Alleine Einsparungen durch eine verbesserte Lieferantenstrategie und Lieferantenmanagement liefern in MRO-eProcurement-Projekten zwischen 20 und 40% des ROI.

Der ROI liegt aufgrund der schnell erreichbaren Verbesserungspotenziale in der Regel unter einem Jahr. Erfolgreiche Best Practice-Beispiele zeigen, dass eine Senkung der überproportional hohen Transaktionskosten alleine in der MRO-Güter-Beschaffung um bis zu 80 % erreicht wird. Es ist somit nicht verwunderlich, dass eProcurement-Projekte heute auf der Projektliste bei den meisten Unternehmen ganz oben stehen.

EP-Systemeigenschaften für MRO-Beschaffung:

Ein eProcurement-System muss zwei komplementäre Aufgaben erfüllen. Zum einen müssen Beschaffungsprozesse dezentral gestaltet werden, wobei Funktionalitäten für den einzelnen Bedarfsträger optimal ergonomisch anzulegen sind. Zum anderen sind ausreichend umfassende Funktionalitäten bereitzustellen, damit das eProcurement-System auf komplexe Beschaffungsprozesse individuell angepasst werden kann.

Um dem ersten Punkt gerecht zu werden, benötigt ein eProcurement-System die folgenden beiden Kernkomponenten: Einen

- **Multi-Lieferanten-Katalog,**

der hierarchisch organisiert und, um Wartungsaufwand zu minimieren, vorausschauend geplant werden sollte. Außerdem ein

- **Benutzer-Front-End,**

das möglichst intuitiv und ergonomisch zu gestalten ist, um von jedem Mitarbeiter mit minimaler Schulung bedient werden zu können. Das Benutzer-Front-End, eine graphische Oberfläche, stellt dem einzelnen Bedarfsträger Funktionalitäten wie Warenverfolgung und Warenkorb zur Verfügung.

Für die Abbildung komplexer Beschaffungsvorgänge benötigt das System darüber hinaus auch ein umfangreiches logisches Regelwerk. Hier sind die individuellen Legitimationsprozesse und Berechtigungskonzepte abgebildet und die Kommunikation mit bereits vorhandenen Systemen, z.B. ERP-Systemen, ist hier realisiert. Dieses Regelwerk sollte für unvorhergesehene Situationen auch kontinuierlich neu konfigurierbar sein. Auf diese Funktionen beziehen sich folgende Kernkomponenten von eProcurement-Systemen, deren Interaktion in Bild 6 gezeigt wird:

- **Workflow-/Berechtigungskonzepte**
- **Administration** und **Reporting**
- **Interfaces** zu ERP-Systemen

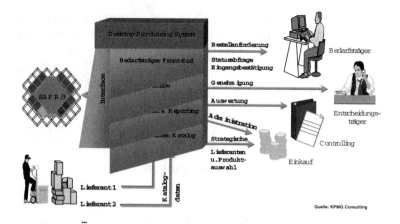

Bild 6   Komponenten eines eProcurement-Systems für MRO-Beschaffung

In der nächsten Generation von eProcurement-Systemen, die sehr stark durch den Trend der eMarkets geprägt ist, geht es vor allem um die Ergänzung und Integration weiterer eBusiness Services und Funktionalitäten (z.B. Zahlung, Logistik, Customer Care, Factoring etc.).

Beschaffung von Investitionsgütern

Die Beschaffung von Investitionsgütern ist im Vergleich zur MRO-Beschaffung wesentlich schwieriger zu automatisieren. Die zu beschaffenden Güter sind meist komplex und mit hohen Ausgaben verbunden, damit wird auch der gesamte Beschaffungsprozess sehr komplex und nur schwer standardisierbar.

Seit vielen Jahren wird im Bereich der Investitionsgüter nach Lösungen gesucht, die Prozesse der Ausschreibung, Bewertung und Verhandlung zu vereinfachen. Neben Einzelbestellungen für Investitionsgüter gilt der weitgehend gleiche Prozess für Ausschreibungsverfahren von Rahmenverträgen.

Die erste internetbasierte Lösung wurde bereits Mitte der 90er von GE Lighthouse in Auftrag gegeben. Das TPN Post (Trade Processing Network) galt lange als einzige laufende Anwendung für den Ausschreibungsbereich komplexer und investiver Güter. Mittlerweile werden Lösungen am Markt zunehmend breiter von Anbietern und Anwendern entwickelt und eingesetzt, um einzelne Stufen des Prozesses zu unterstützen.

Bei der Automation stehen weniger die Optimierung der Bestell-Logistik und Zahlungsabwicklungstransaktionen im Vordergrund, wie dies im im MRO-Bereich der Fall ist, als die verbesserte Unterstützung des Ausschreibungs- und Bewertungsprozesses (vgl. Bild 7 Phase 2).

Die Hauptziele in dieser Phase sind:

- Beschleunigung des Ausschreibungsverfahrens
- Vereinfachte Ansprache der Lieferanten
- Erzeugung von mehr Wettbewerb zur Senkung der Preise
- Verbesserte Vergleichbarkeit der Angebote
- Reduzierung von Kommunikationsfehlern und redundanten Informationspools
- Verbesserte Unterstützung der Verhandlung
- Verbesserte Auswahl des geeigneten Lieferanten und qualitativ bessere Lieferanten
- Reduzierung der Nachverhandlungen aufgrund von Change Requests

Im Rahmen der Angebotsverhandlung wird zusätzlich geprüft, inwieweit Ausschreibungspreisverhandlungen auktionierbar sind. Durch diese Vereinfachung des Verhandlungsprozesses werden neben der erheblichen Zeitersparnis zusätzliche Preisvorteile (je nach Intensität des Wettbewerbs) möglich: In einzelnen Gütersegmenten bis zu 30 %, im Schnitt sind es ca. 2-6 % gegenüber herkömmlichen Verhandlungen.

Der Ablauf von Auktionen und elektronische Ausschreibungen und deren Nutzenpotenziale werden umfassend im Beitrag Wolfram Mueller/Dr. Marcus Windhaus sowie Mathias Miedreich dargestellt.

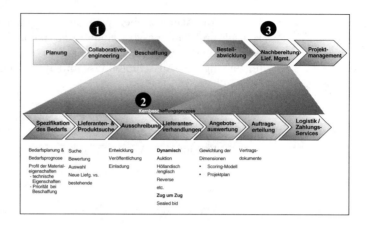

Bild 7　Ausschreibungsprozess mit vor- und nachgelagerten Phasen

In einem nächsten Schritt wird die Automation der vor- und nachgelagerten Prozesse der Ausschreibung durch eProcurement angestrebt (Vergleiche Felder 1 und 3 in Bild 7). Hierbei geht es zunächst um die elektronische Unterstützung der Zusammenarbeit im Vorfeld einer Ausschreibung, was bis hin zum F&E-Prozess reichen kann (Phase 1). Unter dem Schlagwort Collaboration Engineering wird die Integration eines Planungs- und Entwicklungsprozesses für beispielsweise die Entwicklung einer Maschine oder eines Bauprojektes mit strategischen Partnern auf einer gemeinsamen Internet-basierten Plattform verstanden.

In ähnlicher Weise greift das Thema Collaboration nach der Vergabe einer Ausschreibung, im Rahmen der gemeinsamen Projektabwicklung (Phase 3). Hier werden ebenfalls Aufgaben, Planungen und Abläufe über eine gemeinsam genutzte Plattform unterstützt. Ausführlich wird im Beitrag von Mathias Miedreich das Thema Collaboration, Ausschreibung und Projektmanagement und deren Unterstützung durch B2B-Plattformen anhand des Beispiels Anlagenbau dargestellt.

Der Nutzen solcher collaborativer Plattformen liegt vor allem im Bereich:

- Prozesskostenersparnis durch Synchronisation der Prozesse zwischen Lieferant und Kunde
- Wiederverwertbarkeit von Informationen und Daten über den gesamten Beziehungsprozess bis zur Projektumsetzung bzw. erneuten Zusammenarbeit

- Effizienzsteigerung durch extrem verbesserte Projektdokumentation und -kommunikation sowie verbesserte Koordination der Projekte
- Indirekte Effizienzsteigerung durch Verkürzung der Projektlaufzeit, gesteigerte Qualität und Projektkostenreduktion/Budgeteinhaltung.

Beschaffung von Direktmaterialien

Die elektronische Unterstützung der Beschaffung von Direktmaterialien ist kein neues Konzept, denn schon seit längerer Zeit werden EDI-Systeme vor allem in der produktionsnahen, direkten Beschaffung bei der Stücklistenfertigung eingesetzt.

Die aufwendige Integration, mangelnde Funktionalität und Skalierbarkeit, insbesondere jedoch die fehlende Unterstützung dynamischer, teilweise ad hoc ablaufender Beziehungen verhinderten bislang die erfolgreiche Ausbreitung von EDI-Systemen.

Erst die auf TCP-/IP-Basis laufenden flexiblen und nutzerfreundlicheren Systeme liefern mit verbesserten Technologiekonzepten, Standards und vor allem mehr Funktionalitäten eine Chance für weitere Automationspotenziale.

Der Prozess an sich bleibt jedoch nach vor sehr komplex, steht hierbei doch nicht die Bestellung oder Verhandlung, wie bei den vorherigen beiden Bereichen, im Vordergrund, sondern vor allem die Planung und Steuerung der Materialflüsse. Den wesentlichen Erfolgsfaktor stellt hierbei ein übergreifendes Supply Chain Management mit den Komponenten Konfiguration, Planung und Simulation dar.

Hierbei wird deutlich, dass es zu einer starken Verschmelzung der eProcurement- und der Supply Chain Management-Ansätze kommt, die weit über die Automation der operativen Beschaffung im Sinne klassischer EDI-Systeme hinausgeht.[6]

Erste Anbieter wie i2 und SAP/Commerce One kombinieren die Ansätze der Planung und Durchführung der Beschaffung von Direktmaterialien in ihren Lösungen (vgl. entsprechende Beiträge in diesem Buch).

---

[6] Für eine vertiefende Darstellung des eSCM sei an dieser Stelle auf folgendes Buch hingewiesen: **Supply Chain Management** – Strategien, Konzepte und Erfahrungen auf dem Weg zu eBusiness-Networks, Lawrenz/Hildebrand/Nenninger, 2001, 2. Auflage

Die wesentlichsten Effekte bei der Direktmaterialbeschaffung lassen sich durch verbesserte Planung erzielen. Vor allem die Erhöhung der Transparenz der Produkt-, Informations- und Warenströme über die gesamte Supply Chain führt zu einer Verbesserung der Planung mit folgenden Auswirkungen:

- Verringerung der Bestände
- Verbesserung des Servicegrades
- Reduzierung der Supply Chain-Kosten
- Verkürzung der Durchlaufzeiten

Die Nutzenpotenziale neben der Verbesserung der Planung liegen in den bereits weiter oben beschriebenen Verbesserungen der Abwicklungsprozesse (Senkung der Transaktions- und Akquisitionskosten) und im Bereich Collaboration (u.a. Effizienzerhöhung in der Entwicklung, verbesserte Abstimmung und Reaktionszeiten).

Vom eProcurement zu eMarkets

Sourcing-Strategien

Sourcing-, also Beschaffungs-Strategien haben ebenfalls in Abhängigkeit der Märkte und Warengruppen in den letzten Jahren ein Vielzahl von Richtungswechseln hinter sich. Die Strategie ist im Wesentlichen abhängig vom Volumen, der Bedeutung der Lieferanten und der Beschaffungsmarktkomplexität. EP-Systeme können hinsichtlich dieser Dimension relativ flexibel eingesetzt werden. Allerdings ist die Ausprägung der Lieferantenstrategie bei der Implementierung von EP-Systemen durchaus sehr erfolgsrelevant.

Beispielsweise kann die Anzahl der vorhandenen Lieferanten durch deren Fähigkeit, einen elektronischen Katalog zur Verfügung zu stellen, im MRO-Bereich beträchtlich eingeschränkt werden. Es geht in der Regel um vergleichbare Produkte, Hauptunterscheidungsmerkmal ist der Preis, und der senkt sich bekanntlich, je höher das Beschaffungsvolumen konzentriert ist.

Bei Investitionsgütern bzw. der Ausschreibung von Rahmenverträgen für ein Bedarfsmaterial besteht aufgrund der verschiedenartigen Leistungsdarstellungen und der damit verbundenen Preisdifferenzen eher der umgekehrte Anspruch, möglichst viele

Anbieter zu erreichen. Erst durch die Senkung der Transaktionskosten im Ausschreibungsprozess und neu eingesetzte Mechanismen wie die Reverse Auction (vgl. Beitrag von Wolfram Mueller/Dr. Marcus Windhaus) ist es jedoch wirtschaftlich sinnvoll geworden, die Anzahl an Bietern stark zu erhöhen.

An dieser Stelle wird ein erster Vorteil in der Evolution vom eProcurement zu eMarkets deutlich. So kann das Suchen und Bewerten von neuen Lieferanten in neuen Regionen über eMarkets zukünftig online mit einem Bruchteil des bisher notwendigen Aufwands abgewickelt werden. Große eMarket-Plattformen ziehen dabei Lieferanten weitgehend von alleine an (Effekt der kritischen Masse) und auf Basis neuer Dienstleistungen wie Online-Zertifizierung von Lieferanten, Online-Bewertung von Qualitätsmerkmalen einzelner Lieferanten durch Kunden etc. wird der Selektions- und Bewertungsprozess erheblich vereinfacht.

Definition

Unter elektronischen Märkten, kurz *eMarkets*, versteht man vom Marktbetreiber organisierte, virtuelle Handelsräume über das Internet. Im Kern unterstützen und koordinieren sie die Markttransaktionen während aller Handelsphasen (Information / Anbahnung, Vereinbarung / Vertrag, Abwicklung / Leistung, Post-Sales).

Netzwerkeffekt

Mehrwert der eMarkets entsteht vor allem durch den Netzwerkeffekt. Aus Sicht der Lieferanten ist es vorteilhaft, ihren Porduktkatalog nicht in zahlreiche Multilieferantenkataloge ihrer Kunden zu integrieren, sondern lediglich in einzelne wenige eMarkets, an denen dann wiederum die Lieferanten angeschlossen sind. Somit reduziert sich die Anzahl der potenziellen Beziehungen von einer n:m Beziehung zu einer n:1:m Beziehung.

Peer-to-Peer: n : m **Netzwerkeffekt: n : 1 : m**

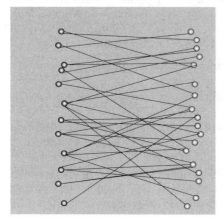 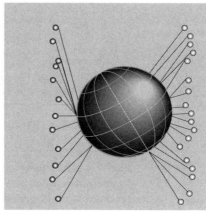

Bild 8   Netzwerkeffekt

Die oben aufgeführten Nutzeneffekte der eProcurement-Systeme werden also durch den des Netzwerkeffektes erweitert.

Konsolidierung

Der Vorteil durch den Netzwerkeffekt, der dadurch entsteht, dass durch die Einschaltung eines Intermediärs – in diesem Fall der eMarket – die Anzahl der potenziellen Beziehungen von vormals n:m nun auf ein n:1:m-Prinzip reduziert, wird ggfs. dadurch in Frage gestellt, dass x eMarkets entstehen, es sich also in Wirklichkeit um x(n:1:m) Beziehungen handelt. In diesem Zusammenhang ist auch der Konsolidierungstrend (eMarkets schließen sich zusammen bzw. werden aufgekauft) zu sehen.

Die Evolution der elektronischen Procurement-Systeme und Ausschreibungsplattform zu einer elektronische Marktplatz-Plattform hat wesentliche Erfolgspotenziale:

Strategische Potenziale

- Höhere kritische Masse, neue Reichweite und damit die Chance, das Preissenkungspotenzial von heute 3 % langfristig weiter zu steigern

- Aufbau einer Community, die weiteren Mehrwert in allen Bereichen der Zusammenarbeit abbilden kann

- Imageeffekte
- Marktführerschaft in sich lieberalisierendem Markt, bevor andere internationale Player das Feld dominieren

Operative Potenziale

- Weitere Prozesskostenersparnisse entstehen durch neue Services in Verbindung mit den bereits durch eProcurement unterstützten Prozessen, die sich erst ab einer kritischen Masse an Teilnehmern und Transaktionen rentieren und führen zu weiteren Prozesskostenersparnissen
- Neue Automationspotenziale zusätzlicher Prozesse ausserhalb des klassischen eProcurements durch integrierte neue Applikationen, z.B. im Bereich Collaboration und Projektmanagement
- Bessere Informationsdichte, -transparenz und Qualität
- Einfachere Gewinnung von Lieferanten durch Steigerung der lieferantenseitigen Nutzenpotenziale durch eine höhere kritischen Masse

Gewinnpotenziale

- Verteilung der Gesamtinvestitionen für den weiteren Ausbau der Plattform auf mehrere Investoren
- Verteilung der laufenden Kosten (Betrieb, Marketing, etc.) auf alle Investoren
- Generierung von zusätzlichem Gewinn durch Aufbau eines profitablen Geschäftsmodells. Über eintritts-, periodische, fixe und leistungsabhängige Gebühren werden Leistungen der Plattform an neue Teilnehmer vertrieben.

Von eProcurement zu eMarkets – eine Einführung

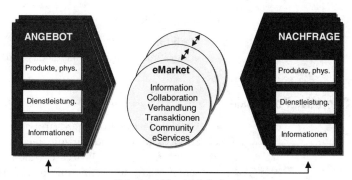

Teilnehmer können identisch sein

Zusätzliche Nutzenpotenziale in der Beschaffung durch eMarkets
- Schnelleres Ereichen der kritischen Masse an Transaktionen
- eMarkets senken zusätzlich Service- und Transaktionskosten
- Kostenersparnis beim Aufbau/Betrieb neuer eServices (Logistik, Zahlung, Zoll etc.)
- Verbesserte Informationsqualität und neue Business Communities of Interest
- eMarkets liefern verbesserte Basis für durchgängige eSupply Chain
- eMarkets liefern Plattform für Collaboration und Projektmanagement

Bild 9   Nutzenpotenziale eMarkets

Entstehungsmodelle von eMarkets

In welchen Industrien bilden sich vorwiegend eMarkets?

Warum bilden sich – abgesehen von dem oben genannten Netzwerkeffekt - heute überhaupt eMarkets? Sind die ERP-Planungssysteme und moderne Supply Chain Management-Systeme heute nicht in der Lage, die vorliegenden Bedarfe abzubilden?

(e)Markets bilden sich an nahezu allen Stufen der Wertschöpfungskette (Supply Chain) aus unterschiedlichen Motivationen heraus. So gibt es eMarkets für Logistikdienstleistungen ebenso wie für chemische Produkte oder komplexe Dienstleistungen. Selbst im Bereich der Automobilwirtschaft, die traditionellerweise über eine hohe IT-Durchdringung verfügt, oligopolistisch strukturiert ist, bilden sich eMarkets. Die Motivation sind meistens Kosteneinsparungspotanziale im Prozesskostenumfeld (s.u.).

Die Gründe für das Entstehen dieser eMarkets sind zahlreich: Die Form eines Marktes eignet sich zum Beispiel dann, wenn ad-hoc-Bedarfe befriedigt werden müssen, sie kaum planbar und damit vorhersehbar sind oder deren Bedarfsdeckung sich durch

Vorhalten der entsprechenden Dienstleistungen und Güter als nicht wirtschaftlich erweisen würde.

In zahlreichen Studien wurden die Faktoren, warum sich eMarket bilden, untersucht. Im Folgenden wird auf die wichtigsten Faktoren kurz eingegangen:

Fragmentierung

Insbesondere bei fragmentierten Industrien eignet sich das Bilden von eMarkets, um so die allgemeine Transparenz über Marktteilnehmer, Produkte und Konditionen zu erhöhen sowie die Prozessgeschwindigkeit zu erhöhen. Fragmentierte Industrien zeichnen sich meist durch eine große Anzahl von Wirtschaftspartnern aus.

Änderungshäufigkeit

eMarkets eignen sich insbesondere dann, wenn die Änderungshäufigkeit besonders hoch ist, also wenn sich Preisinformationen, Informationen bzgl. der Verfügbarkeit und Produktinformationen häufig ändern und der Lieferant dies online und zu möglichst wenig Destinationen (eMarkets) aktualisieren muss.

Medium Internet

eMarkets bieten sich auch an, wenn das multimediale Medium Internet / Web zu Einsparungspotenzialen führt, also dann, wenn – neben der Änderungshäufigkeit – Zeichnungen, Klang, dreidimensionale Bilder etc. zur Produktbeschreibung notwendig und hilfreich sind oder wenn es sich um klassifizierbare Produkte mit Variantenbildung und hoher Spezifikationsinformationsbedarfs handelt, so zum Beispiel in der IT-/Elektronik-Industrie.

Ad-hoc-Bedarf

Es gibt Bedarfssituationen, die nicht planbar und kaum antizipierbar, also vorplanbar sind. Daraus ergeben sich ad-hoc-Bedarfe. Eine Bevorratung zur Verhinderung eines ad-hoc-Bedarfs ist meistens ökonomisch nicht sinnvoll. Genau in diesen Fällen bilden sich Märkte. Manchmal ist es sogar im Hinblick auf langfristige Erfolge sinnvoller, in Engpasssituationen Materialien direkt vom Wettbewerb einzukaufen, als das Kundenbedürfnis nicht zu befriedigen.

Verderblichkeit

Immer dann, wenn Güter oder Preise verderblich sind (Lebensmittel, Speicherchips), macht eine langfristige Planung häufig keinen Sinn, da sich entscheidende Planungsparameter grundlegend ändern. Genau hier eignet sich die Form von eMarkets.

eMarket-Typen

New oder Old Economy?

Bei der Betrachtung der einzelnen Betreiber von eMarkets stehen in den letzten Monaten insbesondere die Konzerne und Industriekonsortien („Consortia of Bricks and Mortar" – kurz „CoBaMs") im Vordergrund. Dabei erkennt man auch unterschiedliche Entwicklungsstufen bei Marktplätzen, da Unternehmen aus der „Old Economy" zunächst ihre bisherigen Geschäftsbeziehungen in den Online-Handel transformieren, um anschließend vermehrt anonyme Geschäftsbeziehungen über die Plattform aufnehmen zu können. Diese Reihenfolge ergibt sich häufig vor allem deswegen, weil bei bisherigen, bereits etablierten Geschäftsbeziehungen Fulfillmentfunktionalitäten (Transport, Versicherung, Verzollung, Akkreditivabwicklung) in den vorhandenen („Old Economy")-Systemen abgebildet sind, Handel also möglich ist. Bei vielen eMarkets entsteht hier eine Prozesslücke, da diese eMarkets kaum Unterstützung bei der Abwicklung der assoziierten Prozessschritte des Fulfillments anbieten können. Hinsichtlich ihrer Charakteristika beim Auf- und Ausbau von eMarkets kann man die folgenden vier Betreibersegmente bilden:

- Old Economy Hersteller (Verkauf, Einkauf)
- Traditionelle Zwischen-/Großhändler
- New Economy Startups
- „Influential Net Market Makers" (Telekommunikations-Unternehmen, Banken, Versicherungen, Energieversorger)

Horizontal/Vertical

eMarkets werden – analog der Klassifizierungsmethodik der Güterklassen für die Eignung von eProcurement-Systemen – danach unterschieden, ob es sich bei den darauf zu handelnden Gütern um C-Teile oder MRO-Materalien handelt, die gar nicht oder nur bedingt/indirekt in den Produktionsprozess eingehen, oder um so genannte Direktmaterialien, die direkt in den Produktionsprozess eingehen und insofern häufig produktionskritisch und branchenspezifisch sind.

Je nachdem spricht man im ersten Fall von horizontalen eMarkets und im letzteren Fall von vertikalen eMarkets.

Die Qualität dieser beiden eMarkettypen ist sehr unterschiedlich, bei MRO handelt es sich um so genannte „clickable Products", also Produkte, die relativ einfach in einem elektronischen Katalog zur Vergügung gestellt werden können und deren Beschaffungsrisiko recht gering ist. Der Bedarf an zusätzlichen integrierten eMarket-Services ist vergleichsweise gering, da sich die Marktteilnehmer häufig kennen und so die sekundären Prozessschritte wie Logistik, Finanz etc. schon eingespielt sind oder gar durch ERP-Systeme automatisiert sind; der Global Reach ist ebenfalls gering, da es sich häufig nicht lohnt, MRO-Materialen von weit entfernten Destinationen zu beschaffen. Bei Direct Goods muss neben branchenspezifischen Besonderheiten insbesondere die Integration in ERP-Systeme, besonders in die Materialbedarfsplanung gegeben sein. Darüber hinaus spielen Aspekte wie Verfügbarkeit und Demand Forecast eine besondere Rolle.

Anders hingegen ist es bei eMarkets, die MRO-Güter als Handelsware einkaufen und diese Handelsware weiterverkaufen. Zwar handelt es sich prinzipiell um die gleiche Warengruppe, das Beschaffungsverhalten ist aber grundsätzlich unterschiedlich, da beim Einkauf von Handelsware in großen Bestellmengen geordert wird und sich somit ggfs. auch ein Global Sourcing lohnt.

Offene versus geschlossene eMarkets

eMarkets können außerdem nach ihrem Öffnungsgrad unterschieden werden. Handelt es sich um eine geschlossene „Gemeinschaft" (Business Community), dann wird von privaten eMarkets gesprochen. Dies ist häufig der Fall, wenn es um eMarkets geht, die Direct Materials handeln, also um vertikale eMarkets. Diese vertikalen eMarkets werden auch als vertikale Portale oder kurz Vortals oder als Exchanges bezeichnet. Anderenfalls handelt es sich um offene bzw. öffentliche Portale bzw. eMarkets.

Der Name „Exchange" wird in der Fachdiskussion häufig so verwendet, dass der eMarket – also der „Exchange – im Wesentlichen für Kommunikationszwecke genutzt wird, weniger für das Auffinden neuer Bezugsquellen oder das Integrieren von Fulfillmentleistungen aus den Bereichen Logistik oder Finance. Dies hängt vor allem damit zusammen, dass sich die einzelnen Wirtschaftspartner untereinander kennen, sich also schon Geschäftsbeziehungen etabliert haben und somit die Fulfillmentabwicklung bereits weitgehend gelöst ist (entweder in ERP-Systemen oder in Form von Abwicklungs-Know-how in den entsprechenden Abteilungen). Man spricht von privaten oder geschlossenen Exchanges.

Die Qualität dieser beiden eMarkettypen (offen und geschlossen) ist also sehr unterschiedlich. So ist der Bedarf an integrierten Zusatzdienstleistungen bei offenen eMarkets sehr hoch, da sich die Marktteilnehmer im Gegensatz zu vertikalen eMarkets häufig noch nicht kennen und so der Bedarf an Risk Management, Logistikdienstleistungen und Finanzdienstleistungen vergleichsweise hoch ist.

Ein Beispiel für eine Evolution von einem Exchange zu einem eMarket ist GNX. Diese Gesellschaft ist ein joint-venture von Sears, Carrefour und Metro, die als Einkaufsplatzform dieser Unternehmen dient. In einem ersten Schritt nutzen zwar die eigentlich im Wettbewerb stehenden einkaufenden Unternehmen die gleiche Plattform, allerdings werden lediglich die jeweils etablierten Geschäftsbeziehungen abgebildet. Das bedeutet, dass zum Beispiel Metro über diesen eMarket lediglich auf ihre „eigenen" Lieferanten zugreift. Das Gleiche gilt im Hinblick auf die zugelassenen einkaufenden Unternehmen. Nur die drei Gründerfirmen werden als einkaufende Unternehmen auf den eMarket geschaltet. Diese Struktur ist somit eher als vertikales Netz denn als Marktplatz zu bezeichnen. Der eMarket dient im ersten Schritt lediglich als Kommunikationsplattform zum Austausch von Angebot und Bestellungen. In einem weiteren Schritt ist geplant, den Marktplatz im Innenverhältnis zu öffnen. Somit kann dann die Metro auf Lieferanten von Sears „zugreifen" und umgekehrt. In einem dritten Schritt wird dann auch die Lieferantenbasis erweitert sowie weiteren einkaufenden Unternehmen erlaubt, sich diesem eMarket anzuschließen. Erst diese Öffnung lässt aus einem vertikalen Netz einen eMarket im engeren Sinne entstehen.

In einem weiteren Schritt werden Überlegungen angestellt, Einkaufsprozesse und -abwicklungen für dritte Unternehmen zu übernehmen. In diesem Fall handelt es sich um ein Business Process Outsourcing.

Buyer- oder Seller-driven eMarkets

Ein weiteres Unterscheidungskriterium zur Differenzierung von eMarkets ist die Frage, ob der eMarket Buyer- oder Seller-getrieben ist.

So sind viele MRO-eMarkets zum Beispiel Einkäufer-getrieben (buyer-driven). Wenige große Einkaufsorganisationen „zwingen" aufgrund ihrer Marktmacht die Lieferanten dazu, ihr Sortiment in Form von elektronischen Katalogen in eProcurement- oder eMarket-Systemen einzubringen.

In anderen Fällen geht die Motivation von Lieferantenseite aus. Häufig möchten Lieferanten ihrerseits Industriestandards setzen, bevor dies der Kunde oder der Wettbewerb tut. Dies ist insbesondere bei oligopolistischen Strukturen zu beobachten, zum Beispiel im Automotive Aftermarket-Bereich oder in der rohstoffnahen Industrie, zum Beispiel der Baustoffzulieferindustrie.

Synchrone versus asynchrone eMarket-Szenarien

Zur Zeit eMarkets anhand ihrer eProcurement-Prozesse unterscheiden:

EProcurement-orientierte eMarket-Beschaffung (Synchrone Bestellabwicklung)

In diesem Fall routet der Beschaffer entweder von einem eProcurement/Desktop Purchasing System oder einem ERP-System heraus auf den eMarket oder aber der Beschaffer meldet sich browserbasiert und ohne ein vorgeschaltetes Anwendungssystem an dem eMarket an. Innerhalb der Onlineverbindung sucht der Beschaffer „selbständig", also manuell, durch den Multilieferantenkatalog, vergleicht Konditionen, Verfügbarkeit und weitere relevante Merkmale (Incoterms, Zahlungsbedingungen, Qualität etc.). Im Idealfall werden während dieser Anbahnungsphase weitere Informationen und Dienstleistungen online in diesem Bestellprozess angeboten, wie zum Beispiel Finanzierungs-, Versicherungs- und Logistikdienstleistungen. Danach entscheidet sich der Beschaffer online/synchron bezüglich der Bestellung.

Markt- und agentenbasierte eMarket-Beschaffung (asynchrone Bestellabwickung)

Aufgrund der Beschaffungsrhythmen, die durch die Business Intelligence (ERP-Systeme, SCM-Systeme oder Erfahrung) vorliegen, können bestimmte Bedarfe auch mittelfristig und asynchron in einem eMarket platziert werden. Dies ist zum Beispiel bei der rhythmischen Disposition oder bei Rahmenverträgen mit Abrufen gegeben. In diesem Fall stellen Beschaffer ihr Gesuch auf dem Marktplatz ein. Das Angebot der Lieferanten liegt in Form eines elektronischen Katalogs vor. Elektronische Agentensysteme versuchen dann, Angebot und Nachfrage in Einklang zu bringen (zu „matchen"). Nachdem ein Suchagent auf Basis der Produktbeschreibung die richtigen Angebote findet, sorgt ein weiterer Agent für das Matching von Lieferterminen, Konditionen wie Preis, aber auch Incoterms und Zahlungsbedingungen sowie in deren Abhängigkeit entsprechende, etwaig entstehende Angebote, welche den Bedarf an Transport, Transportversicherung, Finanzierung etc. decken. Hier gibt es also eine Fülle von eigenen elektronischen Agenten, die Angebote je nach parametrisierter Suchstrategie und -gewichtung analysieren. Häufige Parametrisierungen lassen einen Agenten ein bestimmtes Produkt suchen, und sobald der Preis unter eine bestimmte Grenze fällt, bestellt der Agent entweder automatisch (eCommerce = Silent Commerce) oder sendet vorher eine Information in den Maileingangskorb des Beschaffers. Agenten können sehr wohl in der Lage sein, Angebote anderer eMarkets zu durchsuchen. Dies kann sich sowohl auf das zu beschaffende Produkt beziehen (primäre eMarkets) als auch auf Angebote von unterstützenden (sekundären) Dienstleistungen aus dem Bereich eFinance und eLogistic. Dies sind die ersten Beispiele für eMarket zu eMarket (M2M)-Integration, die sichtbaren Grenzen der Marktplätze verschwinden zunehmend. Da die Performance der Suchagenten vom Angebot der entsprechenden Marktplätze abhängt, zum Beispiel dem Angebot (der „liquidity") auf einem Logistikmarktplatz, werden sich solch M2M-Integrationen wohl häufig dann anbieten, wenn der anbietende eMarket und dessen Angebot und Lieferanten (zum Beispiel Spediteure) hinreichend gut bekannt sind. Dies ist wahrscheinlich insbesondere bei geschlossenen eMarkets und bei vertikalen Netzen (Vortals) der Fall, die auch als Exchanges bezeichnet werden. Deshalb ist neben dem M2M auch der Begriff Exchange-to-Exchange (E2E) geläufig.

Fazit

Heute existieren noch kaum Beispiele für erfolgreiche M2M-Abwicklungen. Dies hängt wohl insbesondere damit zusammen, dass vielen eMarkets die kritische Transaktionsmasse fehlt, die „Liquidity" noch nicht gegeben ist, also noch nicht genügend

Geschäft läuft. Dies führt bei den auf Zusatzdienstleistungen und auf Fulfillment spezialisierten eMarkets zu weniger Nachfrage und somit weniger Angebot. Umgekehrt fehlt somit das Angebot auf diesen spezialisierten eMarkets, was das Geschäft der nachfragenden eMarkets hemmt.

Vielleicht werden die Anbieter von Fulfillmentdienstleistungen, die direkt mit eMarkets verbunden werden können, als value-added eService-Anbieter enorm an Bedeutung gewinnen. Diese Anbieter können zwar zur Klasse der Application Service Provider gezählt werden, bieten in Wirklichkeit aber ein Business Process Outsourcing an, da sie die Abwicklung ganzer Prozessschritte übernehmen.

Welche der beiden Formen sich durchsetzen wird, ist heute kaum absehbar.

eMarket-Modelle

Zurzeit ist es schwierig, ein allgemeines Architekturmodell oder gar ein Referenzmodell für eMarket-Prozesse aufzuzeigen. Dies bleibt in diesem Buch den jeweiligen Anbietern von eMarket-Systemen vorbehalten.

Generell besteht ein eMarket aus einem Multilieferantenkatalog sowie einer Transaktionsschicht, welche meist auf XML-Basis die entsprechenden Geschäftsdokumente wie z.B. Bestellungen routet. Außerdem besteht eine spezielle Verbindung für Lieferanten, welche die Update-Fähigkeit ihrer Kataloge sichert.

Die Einkäufer können via Browser oder eProcurement-Systeme auf den eMarket zugreifen.

Allerdings entsteht häufig eine Lücke in der Prozessabwicklung, da assoziierte Prozessschritte aus den Fulfillmentbereichen eLogistik und eFinance häufig nicht abgedeckt werden. Möchte ein Einkäufer auf einem eMarket beispielsweise einen Einkauf mit einem Geschäftspartner tätigen, zu dem sein Unternehmen noch keine Wirtschaftsbeziehung aufgebaut hat, so fehlen Informationen über Im-/Exportbestimmungen, diverse Versicherungsleistungen sowie Informationen über den Transport.

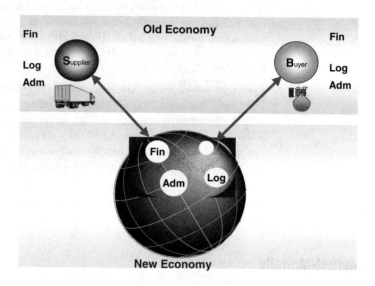

Bild 10   Prozesslücken bei eMarkets

Die entstehenden Lücken können vom eMarket-Anbieter, von anderen auf assoziierte Prozesse spezialisierte eMarkets (z.B. Logistikmarktplätze) oder Anbietern von Fulfillment eServices geschlossen werden.

Eine Systematik dazu liefert das folgende Bild:

(e)Services und Architektur

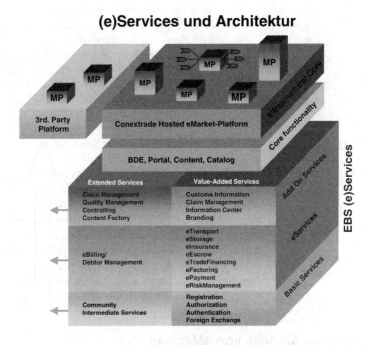

Bild 11 eMarket-Architektur und eServices am Beispiel der EBS

Unterhalb der eMarket-Plattform liegen diese assoziierten Services bzw. Funktionalitäten. Sie können in zwei Dimensionen unterteilt werden:

- Unterscheidung in extended und value-added Services:

  Extended Services erweitern die Funktionalität der Plattform, während value-added Services einen Mehrwert aus assoziierten Prozessschritten liefern – häufig durch Einbezug entsprechender Partner

- Unterscheidung nach Basic, Add-on und eServices.

  Basic Services erweitern und verbessern die Grundfunktionalitäten einer eMarket-Plattform, z.B. aus den Bereichen technische Sicherheit, Portalfunktionalität oder Registrierung. Add-on Services liefern Dienstleistungen, die „hinzugefügt" werden, aber im Gegensatz zu eServices nicht vollautomatisiert in die Prozesse des eMarket integriert werden können. Beispiele sind Controlling Services oder Procurement Services wie z.B. Dienstleistungen bei der Vertragsgestaltung. eServices zeichnen sich dadurch aus, dass sie vollautomatisiert in der Plattform ablaufen können. Ein Beispiel im Fall der Bonitätsauskunft wäre das automatisierte Rating neuer Geschäftspartner durch entsprechend integrierte Institute, Unternehmen und Datenbanken sowie die daraus resultierenden unterschiedlichen Prozessabläufe auf dem eMarket.

Mehrwert-Services

Mehrwert entsteht immer dann, wenn die Prozesskette zwischen Supplier und Buyer unterbrochen werden kann und so Mehrwertleistungen integriert werden können. Leider lässt sich die Prozesskette nicht beliebig unterbrechen, so zum Beispiel bei end-to-end-kodierten Dienstleistungen wie im Fall der P-Card, bei der Daten verschlüsselt zwischen Buyer und Supplier ausgetauscht werden und nur von diesen eingesehen werden können. Der Intermediär, zum Beispiel ein eMarket, kann auf diese end-to-end-verschlüsselten Daten nicht reagieren.

Business Modelle von eMarkets

eMarkets sollen mehr sein als Transaktionsplattformen. Sie bieten Mehrwert aus den Bereichen Information, Aggregation, Fulfillment Services, Collaboration, Prozessoptimierung, Werbung u.v.m. Dementsprechend komplex können die zu Grunde liegenden Geschäftsmodelle ausgeprägt sein. Die meisten eMarkets verfolgen ein hybrides Modell mit Ertragsquellen aus den unterschiedlichsten Dienstleistungsarten.

Partnermodell

Das Business Modell ist von den unterschiedlichen eMarkettypen abhängig. Die generellen Ertragsquellen und -arten sind allerdings im Wesentlichen die gleichen.

Als Ertragsquellen kommen Lieferant, Einkäufer sowie assoziierte Unternehmen wie Fulfillmentunternehmen in Frage.

Die unterschiedlichen Ertragsarten reichen von Gebühren für das Hosting über eMarket Access zu Einmalgebühren für das Aufschalten von Leistungen bis hin zu transaktionabhängigen Gebühren pro Transaktion oder Transaktionswert.

Die unterschiedlichsten Partnerarten und Dienstleister agieren im Umfeld von eMarkets. Das folgende Bild liefert einen Überblick über Partnerarten:

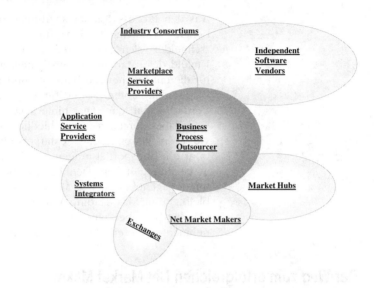

Bild 12   Partnerarten im Umfeld von eMarkets

Nutzenpotenziale von eMarkets

Aus der obigen Diskussion können nun Nutzenpotenziale zusammengefasst werden.

- Nutzenpotenziale für Supplier

  eMarkets eröffnen einen neuen Vertriebskanal und erweitern die geografische Reichweite. Insbesondere Kosten für die Auftragsabwicklung und die Kundenbetreuung können durch eMarkets nachhaltig reduziert werden.

- Nutzenpotenziale für Buyer

  Nutzenpotenziale entstehen durch Prozesskosteneinsparungen, durch Teilautomatisierungen, geringere Beschaffungskosten, reduzierte Lagerhaltung. Der Beschaffungsprozess wird gleichzeitig erleichtert und strukturiert. Der einzelne Anwender erhält mehr Handlungs- und Entscheidungsmacht („Empowerment of the User"), und es entsteht gleichzeitig erhöhte Transparenz des Beschaffungsprozesses, Maverik-Buying wird vermieden.

- Nutzenpotenziale für Betreiber und Serviceanbieter

    Aus den Prozesskosteneinsparungen der oben beschriebenen Win-Win-Situation für Buyer und Supplier „schneidet" sich der Betreiber und Serviceanbieter im Umfeld der eMarkets ein Stückchen ab. Somit stellt sich für die entsprechenden Betreiber und Serviceanbieter ein Cross-Selling-Potenzial und für Serviceanbieter ein neuer Vertriebskanal dar. Die hinterlegten Geschäftsmodelle sind dabei durchaus unterschiedlich. So kann beispielsweise ein Betreiber eines eMarkets eine Vermittlungsgebühr für Transportleistungen den Buyern oder Suppliern in Rechnung stellen. Denkbar ist auch, dass diese Leistung gegenüber den eMarket-Teilnehmern kostenlos bleibt, somit das Trading Volume erhöht und dass der eMarket-Betreiber eine Provision vom Fulfillmentunternehmen, in diesem Beispiel vom Spediteur, erhält.

Der Weg zum erfolgreichen Net Market Maker

eMarket-Projekte stellen extrem komplexe, investitionsintensive und anspruchsvolle Projekte dar. Es geht nicht primär um die Gestaltung einer neuen Informationssystemplattform, sondern um den Neuaufbau eines komplex vernetzten Serviceunternehmens.

Hierfür ist es unumgänglich, einen sorgfältigen strategischen Planungsprozess und eine detaillierte operative Umsetzungsplanung aufzusetzen, um langfristig erfolgreich zu sein.

Im Folgenden wird hierzu ein kybernetisches Business to Business-Modell für eMarkets beschrieben, was in Verbindung mit kritischen Erfolgsfaktoren Unterstützung für Entscheidungsprozesse liefert.

Im Wesentlichen stellt eine sich beständig erneuernde Abfolge der Phasen enabling, build, run und net improve die Kernphilosophie dar.

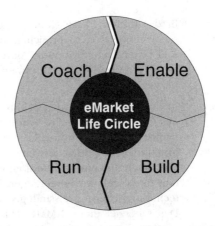

Bild 13   Kybernetisches B2B-Modell eines eMarket

eMarkets werden in einer ersten enabling-Phase initiiert und beplant, und vor allem wird hier die Finanzierbarkeit und Machbarkeit geprüft. Hierbei stehen Branchenerfahrungen, das Geschäftsmodell, die Finanzierung und das Servicemodell im Mittelpunkt.

Die Umsetzung erfolgt in der Buildphase. In dieser Phase werden die Geschäftsprozesse, die IT-Architektur sowie die technologische Infrastruktur aufgesetzt und implementiert.

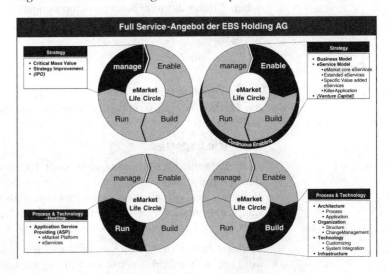

Bild 14:   4 Phasen-Modell eines Full Service Providers

In der dritten Phase (Run) geht es um das Betreiben des Geschäftsmodells (u.a. Erreichen der kritischen Masse, Einkäufer- und Lieferantengewinnung, Marketing) und den technologischen Betrieb der eMarket-Plattformen und der eServices des Marktplatzes.

In der vierten Phase des Zyklus (Net Improve) steht der Ausbau des Geschäftsmodells im Vordergrund. eMarkets sind extrem dynamische Gebilde in hochkomplexen Netzwerken. Diese müssen funktionieren, primär aus einer kooperativen Sicht, nicht zuletzt aber auch aus einer technologischen Sicht, die die erstere abbilden muss. eMarkets unterliegen in diesem Umfeld einem hohem technologischen, preisstrategischen und funktionalen Wandel. Das Oberziel eines NMM stellt das Erreichen und Halten der notwendigen kritischen Masse dar. Hierfür bedarf es einer beständigen Weiterentwicklung und damit verbundenen Neuausrichtung des Geschäfts- und Servicemodells. Im Idealfall können in der vierten Phase durch ständige Verbesserung neue Geschäftsmöglichkeiten und -potenziale generiert werden, so dass sich der Zyklus schließt und wieder in der Enabling-Phase eine Neuausrichtung des Geschäftsmodells erfolgt.

Die Inhalte der Phasen und Aufgaben beim Aufbau und Betrieb eines eMarkets werden ausführlich im Beitrag von Claudia Engelhardt/Markus Fichtinger diskutiert. Die hier dargestellten kritischen Erfolgsfaktoren liefern Grundwerte, die bei der Planung für den **B2B-Erfolg durch eMarkets** berücksichtigt werden müssen.

Enable

In der Enabling Phase wird das B2B-Projekt initiiert, beplant und die Machbarkeit aus wettbewerbsorientierter und wirtschaftlicher Sicht geprüft.

Industrie Expertise

Den wesentlichsten Erfolgsfaktor stellt die Industrie Expertise dar. Grundvoraussetzung ist ein umfassendes Know-how der Branche, der spezifischen Teilnehmer und Prozesse, um überhaupt eine marktrelevante oder gar -beherrschende Stellung mit dem Marktplatz erreichen zu können.

Markterfahrung und -beziehungen alleine reichen jedoch nicht aus, um im wettberbsintensiven Umfeld erfolgreich zu sein. Vor allem der Zugriff auf Einkaufsmacht und -potenzial, die als enabler den eMarket voranbringen, ist wesentlich. Bei der Bildung von konsortialen eMarkets mit eigener Einkaufsmacht wird ein effektiver Wachstum jedoch nur durch Realisierung einer neutralen Plattform und Service-Organisation erreicht (siehe Neutralität).

Um die Industrie Expertise zu gewährleisten, muss für die Geschäftsmodellentwicklung der richtige Mix an Know how-Trägern und Manager Profilen an Bord sein. **Personalplanung und -beschaffung** sind in diesem neuen Gebiet grundlegend, über alle Phasen ein wesentlicher Erfolgsfaktor. Neue Skills, wie Business Development und Alliance Management von Netzwerken, Marketing und Consulting für Lieferanten, Aufbau von komplexen Service Provider Revenuemodellen etc. sind häufig nicht adhoc verfügbar und müssen daher im engen Personalmarkt rechtzeitig akquiriert werden.

Ebenso entscheidet bei einem schnellen internationalen Roll Out der Einsatz von international erfahrenen B2B-Managern über Erfolg oder Misserfolg.

Business Modell: eMarkets stellen grundlegend neue Geschäftsmodelle dar und unterscheiden sich hierdurch wesentlich von einem eProcurement-Projekt. Nicht die Beschaffung oder das Angebotsmanagement stehen als Ziel im Mittelpunkt, sondern das Providergeschäft für eine elektronische Handelsplattform. Hierzu müssen idealerweise eine neue Organisation, dedizierte Revenuemodelle, Service Levels, Billingsystems, Contentservices, etc. aufgebaut und gemanagt werden. Mit dem anspruchsvollen Thema des geeigneten Revenuemodells (Varianten aus Access-, Setup- und Transaction Fees gekoppelt mit Third Party Service-Verrechnungen), das sowohl zum Erfolg als auch zum Misserfolg vor allem in Verbindung mit der Liquidität führen kann, befasst sich ausführlich der Beitrag von Klaus Groß.

Aufgrund des komplex vernetzten Geschäftsmodells und einem späten Return on Investment (ROI) (anders als bei eProcurement-Projekten) ist die Finanzierungsplanung bei Beachtung einer langfristig ausreichenden **Liquidität** von wesentlicher Bedeutung. eMarkets haben einen anfangs langsam wachsenden und zeitlich nach hinten verschoben Return on Investment aufgrund eines häufig verwendeten Mixes aus festen und variablen (zeit-/ und mengenabhängigen) Nutzerentgelten. Letztere stellen sich erst nach einer bestimmten Wachstumsperiode, die sich insbesondere auf Basis des Erreichens der kritischen Masse misst (siehe unten), ein. Setzt man jedoch den Anteil fixer Nutzergebühren frühzeitig hoch, so erhöht man automatisch auch die

Eintrittshürde für neue Teilnehmer und erschwert hierdurch das Erreichen der kritischen Masse.

Build

Neutralität: Viele consortiale eMarkets starten als Abteilung/Bereich eines Herstellers (z.B. Cheops von Metallgesellschaft oder GM Exchange, heute Covisint). Erst nach einer Lernkurve wurde den Unternehmen bewusst, wie wichtig eine rechtlich selbständige und neutrale Organisation als Net Market Maker ist. Nur so finden sich weitere Einkaufsorganisationen (häufig aus dem Wettbewerbsumfeld, insbesondere wegen des identischen Lieferantenzielmarktes) als Kunden für den eMarket in genügendem Umfang ein. Dies motiviert wiederum weitere Lieferanten, ihre Leistungen ebenfalls bei genügend großem Abnahmepotenzial auf dem eMarket anzubieten. Somit stellt die Neutralität ebenfalls eine wichtige Grundbedingung für die Erreichung der kritischen Masse dar (eine Ausnahme hierzu bilden nur Private Exchanges).

Eine eigene neutral ausgerichtete Legal Entity ist daher unumgänglich für ein erfolgreiches eMarket-Geschäftsmodell.

Start up-eMarkets erfüllen diesen Punkt von vornherein, müssen aber dafür auf das Einbringen eines eigenen Einkaufspotenzials als „Startkapital" zur Erreichung der kritischen Masse verzichten. Sie brauchen daher von Beginn an mehr Marketing und finanzielles Startkapital zur erfolgreichen Marktdurchdringung.

Speed:

Time to market war im Jahr 2000 der Wettbewerbfaktor Nummer eins bei den eMarkets. War man der zweite oder dritte Vertikale einer Branche, so brachte das empfindliche Wettbewerbsnachteile. Für den schnellen Aufbau ist es unabdingbar, externe Ressourcen einzusetzen. Der Beitrag von Claudia Engelhardt, Markus Fichtinger liefert eine gute Übersichtung über den Einsatz von Dienstleistern. Neben der Nutzung externer Unterstützung ist vor allem eine eigene schlanke Organisation wichtig.

Technologie/Standards

Die technologische Plattform eines eMarkets stellt keine isolierte Insel dar, sondern muss schon in der ersten Aufbaustufe mit einer Vielzahl von anderen Applikationen kommunizieren. Neben der Integration mit den ERP- und eProcurement-Systemen der Einkaufsorganisation und den Katalog- und ERP-Systemen der

Lieferanten sind vor allem auch die Service Applikationen von Drittanbietern aus dem Finanz-, Logistik-, Content- oder Versicherungsbereich wichtig. EMarket-Plattformen sind somit hochgradig vernetzt. Sie müssen dies über verschiedene Prozessebenen, Branchenmodelle, Katalogformen und Industriestandards beherrschen, um umfassende Automationspotenziale, Transaktionskosteneinsparungen und Prozessoptimierungen allen Teilnehmern zu liefern. Dies kann langfristig weder auf Basis von Eigenentwicklungen noch auf Basis von Nischenlösungen mit regionaler Bedeutung erfolgen. eMarkets müssen sich mehr und mehr international ausrichten und müssen daher Technologieanbieter nutzen, die in der Lage sind, internationale (de facto) Standards zu schaffen bzw. zu unterstützen. Daher wurden in diesem Buch in einem eigenen Abschnitt die derzeit global führenden Anbieter (Ariba, Commerce One, i2, Oracle) und deren Lösungsansätze berücksichtigt, die langfristig die hohen Anforderungen an globale B2B-Plattformen unterstützen können.[7]

Die nächste Generation eMarkets wird eine Vernetzung der e-Markets zu Metamarkets (auch Exchange2Exchange) im Sinne einer globalen B2B-Infrastruktur darstellen, ähnlich einem weltumspannenden Telefonnetz mit verschiedenen Providern, bei dem einzelne eMarkets als Hubs funktionieren. Commerce One hat als erster Anbieter mit dem GTW (vgl. Beitrag von Sabine Liesiki) ein solches Netzwerk aufgebaut.

Run

Erzeugung Kritische Masse: Für das Wachsen und Überleben eines eMarkets braucht es ausreichende und passende aufeinandertreffende Angebots-Nachfrage-Transaktionen. Diese müssen zu Wiederholungsgeschäften und zum Aufbau von andauernden Geschäftsbeziehungen und damit zum konstanten, idealerweise überproportionalen Wachstum der eMarket-Transaktionen führen.

Trusted Party: eMarket-Transaktionen beinhalten häufig sehr vertrauliche Informationen mit beispielsweise Einkaufskonditionen und Vertragsbedingungen. Hier wird vom eMarket-Betreiber,

---

[7] SAP als weiterer globaler Anbieter im B2B Markt hat sich im Juni 2000 in das Commerce One Lager eingekauft und nutzt heute deren Marketsite Plattform als Technologie Basis.

der als Service Provider die Geschäftsabwicklung übernimmt, eine Vertraulichkeit erwartet, die dieser umfassend und fortlaufend vorweisen muss.

Outsourcing/ASP

Make or Buy-Strategien haben in alle Phasen des eMarket-Zyklus hohe strategische Bedeutung. Die Nutzung externer Ressourcen stellt sich besonders unter dem Ansatz time to market als erfolgskritisch heraus. Neben den bereits erwähnten Make or Buy-Strategien beim Aufbau und dem Service-Betrieb sei hier noch einmal besonders auf Varianten im technischen Betrieb hingewiesen. Der populäre, aber noch sehr junge Ansatz des Application Service Providers (ASP) stellt im Gegensatz zum ISP (der Infrastrukturleistung bereitstellt) das Hosting von Applikationen an. So können ganze eProcurement- oder eMarket-Applikationen zunehmend über solche ASPs technologisch betrieben werden. Anbieter, wie z.B. Commerce One, SAP und Oracle bieten spezielle ASP-Lösungen ihrer B2B-Software an.

Vorteile lassen sich durch den kostengünstigen und verteilten Zugang über das Internet realisieren. Unternehmer ersparen sich den Investitionsaufwand für Software, haben eine verbesserte Kostenverteilung und sparen sich den Aufbau zusätzlichen Personals. Vor allem haben sie keinen Pflege- und Wartungsaufwand, erhalten skalierbare Lösungen und sparen Zeit für einen schnellen Markteintritt.

ASP-Ansätze sind im Bereich komplexer B2B-Lösungen noch sehr jung. Erste Ansätze zum Thema eProcurement-ASP fahren z.B. die Swisscom Tochter Conextrade (vgl. auch Beitrag von Roland Klüber/Guido Rabel/Dr. Stephan Hofstetter) sowie die Deutsche Telekom oder Airplus. Das Hosting ganzer eMarket-Applikationen befindet sich hingegen heute noch im Pilotstadium.

Grundsätzlich sollten aber vor allem aus finanztechnischer und zeitkritischer Sicht ASP-Modelle mit in Überlegungen einbezogen werden, stellt doch der technologische Betrieb selten die Kernkompetenz eines eMarket-Unternehmens dar.

Neben dem Hosting der eMarket- und eProcurement-Applikationen werden in der nächsten Generation von ASP-Modellen vor allem ganze eService-Applikationen verteilt gehostet. Die ASP-Modelle erweitern sich zu Business Service Provider-Modellen, bei denen der Dienstleister umfassende Prozessleistungen wie die Logistikabwicklung, Factoring, Content Management oder Billing für eMarkets übernimmt. Hier werden erweiterte Netzwerke etabliert und neue Dynamiken erzeugt.

Brand & Marketing

In der Enabling Phase wurde schon die Bedeutung der Marktstellung des Net Market Makers bzw. die dessen Partner und Gesellschafter dargestellt. Aufgrund der Neutralitätsanforderung wurde bereits auf die Notwendigkeit einer eigenen Unternehmung für das eMarket-Geschäft von consortialen eMarkets hingewiesen. GM Exchange konnte alleine nicht erfolgreich sein; damit Wettbewerber auf die Plattformen gingen, musste mit den neuen Partnern auch ein neuer Brand entwickelt werden. In diesem Fall war es Covisint. Um diese neue Marke und die Leistungen, das Image in den globalen Automotive-Markt zu bringen, ist eine erhebliche Marketinganstrengung notwendig. Vor allem in Richtung der Lieferanten ist es wesentlich, die Ernsthaftigkeit, die Erfolgswahrscheinlichkeit und das Marktpotenzial des neuen eMarkets zu verkaufen (vgl. Beitrag von Martina Gerst). In Branchen wie z.B. der Chemiebranche haben sich sehr schnell mehr als 40 eMarket-Initiativen herausgebildet und damit sowohl bei Lieferanten als auch bei interessierten Einkaufsorganisationen zur völligen Verwirrung geführt. Neue Schwergewichte, wie z.B. Elemica, die sich als größter eMarket in der Chemischen Industrie behaupten wollen, müssen hier erhebliche Investitionen in das Marketing einstellen (vgl. auch Beitrag von Henning Schwinum). Erfolgversprechende eMarkets stellen ca. 20-40 % ihres Investitionsvolumen in das Thema Marketing ein.

Darüber hinaus ist es wesentlich, die gesamte Plattform in ihrer Darstellung und Handhabung so einfach wie möglich zu halten, um im Rahmen der Marketingaktivitäten hohe und schnelle Akzeptanz zu erzeugen. Hierbei sind in gewissem Sinne Kreativität und Innovation erfolgsentscheidend. Im intensiven Wettbewerbsumfeld entscheiden **Killerapplikationen**, die dem Anbieter einen häufig nur kleinen, aber entscheidenden Zusatznutzen liefern, über den Erfolg oder Misserfolg. Sabre von American Airlines oder das Online banking, das letztendlich T-Online zum Akzeptanz-Durchbruch verhalf, sind bekannte Beispiele für solche Applikationen. Jeder eMarket muss für sein Kundenklientel versuchen, in Teilbereichen einen derzeit am Markt noch nicht verfügbaren und schwer kopierbaren Zusatznutzen verschaffen, also mit Hilfe z.B. einzelner Applikationsbestandteile Prozessverbesserungen abbilden, die für Kunden eine ausserordentliche Anziehungskraft bedeuten, obwohl sie nur einen Nebenkriegsschauplatz im Rahmen der Transaktionen, Kataloge, Purchase Orders und Ausschreibungen bedeuten.

Ein Beispiel für eine Killerapplikation im Pharma Markt wäre z.B. die automatische Anmeldung neuer Medikamente über einen Pharma-eMarket bei den nationalen Behörden. Dieser heute noch recht zeitaufwändige, aber wettbewerbskritische Prozess lässt sich in Einzelbereichen gut automatisieren und damit erheblich verkürzen. Eine Pharma-Plattform, die einen solchen Dienst (der eher einen Nebeneffekt zum eigentlichen B2B-Handel darstellt) anbietet, hat einen klaren USP mit Hilfe einer Killerapplikation geschaffen.

Net Improve (manage/coach)

Network & Alliances

Eng in Verbindung mit dem Thema Marketing steht das Thema Alliances und Partner Network. Auch hier sind erhebliche Marketinganstrengungen notwendig, um die richtigen enabling-Partner zu gewinnen und das gesamte Netzwerk aus Einkäufern, Lieferanten, Serviceanbietern und Promotoren zu einem erfolgreichen funktionierenden Organismus auszubauen.

Der Effekt des Co-opetition tritt bei eMarkets zunehmend stärker auf. Viele Wettbewerber rücken bei der Nutzung der gleichen Plattform näher zusammen, um Allianzen zur gemeinsamen Leistungserstellung insbesondere im Bereich neuer eServices zu bilden.

eServices

Die technologische Unterstützung der Netzwerke erfolgt nicht alleine auf Basis der B2B-Plattform, sondern zunehmend durch eine Vielzahl neuer eService-Applikationen, die in die eMarket-Plattform integriert sind/werden.

Der Begriff eServices ist in den letzten zwei Jahren sehr stark von vielfältigen Interpretationen geprägt worden. Oben wurde eine generelle Definition geliefert, weitere Beiträge von Oliver Lawrenz/Marc Possekel/Miro Vidosevic sowie Marc Possekel sowie Thomas Kutzli sowie Daniel Messinger/Roman Strand befassen sich intensiv mit diesem Thema, welches die Autoren als einen der entscheidenden Wettbewerbserfolgsfaktoren der next Generation eMarkets ansehen. Galt es bisher, valide time to market Business-Modelle mit den richtigen Partnern an den Markt zu bringen, um schnell genug die kritische Masse zu erreichen, bevor die Liquidität versiegt, wird zukünftig der Markt im Rahmen der bereits beschriebenen Konsolidierung vor allem durch einen extrem starken Verdrängungswettbewerb beherrscht werden. eMarkets funktionieren wie Blumen. Sie werden derzeit beständig von einer wechselnden Schar an Bienen besucht, die auch viele andere Blumen anfliegen. Geht einer Blume der Blütenstaub aus (oder der Logistik der Support z.B.: die Bonitätsprüfung fehlt), wird sie nicht mehr angeflogen. Unternehmen werden immer auf das Leistungsangebot der eMarkets achten und danach auswählen. Der „USP thru better Performance" wird durch den Erfolg der eServices bestimmt. Die nächste Generation von eMarkets wird neben der Abwicklung der reinen Bestellung vor allem vielfältige weitere Transaktionen und Services liefern müssen, um sich im intensiver werdenden Wettbewerb durchzusetzen. Bei der zu erwartenden Konsolidierung von eMarkets werden insbesondere diejenigen überleben, die es schaffen, durch die entsprechenden eServices einen Mehrwert durch eine höhere Abdeckung an kritischen Geschäftsprozessen zu generieren und damit einen höheren Effektivitätsgrad und einen verkürzten ROI für alle Beteiligten zu erreichen. Erst eine umfassende Abdeckung von zwischenbetrieblichen Geschäftsprozessen rechtfertigt langfristig die hohen Investitionskosten für Lieferanten, Einkäufer und Betreiber.

Nicht zuletzt sind neben diesen Kernerfolgsfaktoren je nach spezifischer Projekt- und Marktsituation weitere Erfolgsfaktoren, die rechtzeitige Internationalisierung wichtig. Im Rahmen dieser Aufzählung können jedoch nur Hinweise für ein erstes Verständnis gegeben werden, welch komplexe Thematik eMarkets darstellen. Sie versprechen zukünftig eine neue Ökonomie, neue Profitquellen und verbesserte Wettbewerbssituationen und Netzwerkprozesse, der Aufwand dorthin darf jedoch nicht unterschätzt zu werden.

Viele der hier dargestellten Erfolgsfaktoren erscheinen auch als selbstverständlich, werden sie doch abstrakt gesehen bei traditionellen Geschäften großteils äquivalent angewendet. Die dynamische Entwicklung hat in den letzten Jahren jedoch viele Unternehmen die Bedeutung dieser Felder aus den Augen verlieren lassen. Hausaufgaben strategischer Planung wurden außer Acht gelassen. Der derzeitige Niedergang ganzer eMarket-Generationen war vorprogrammiert, und viele weitere Plattformen werden noch in den Abgrund folgen (vgl. im folgenden Beitrag die Prognosen für die Konsolidierung der eMarkets).

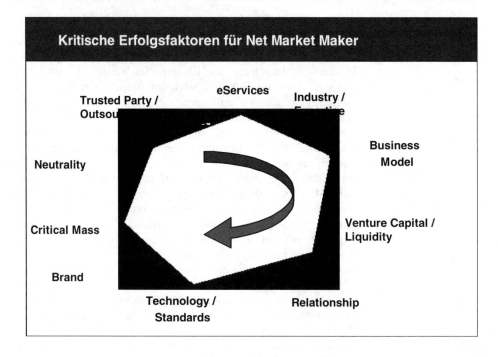

Bild 15   Kritische Erfolgsfaktoren

Ausblick

Der Ausblick dieses Beitrags wird nach Darstellung der übrigen Artikel am Ende des Buches in einem gesonderten Beitrag gegeben.

2 Prognosen, Potenziale und Typen von Online-Marktplätzen

Carola Iksal, Michael Gassner

Einführung

Bisher wurde im vorangegangenen Kapitel das Thema der Entwicklung und Funktionen von eMarkets betrachtet. Das folgende Kapitel widmet sich nun der Betrachtung der Marktentwicklung aus Sicht der Marktanalyse. Eine kritische Untersuchung von Marktprognosen und Potenzialen der B2B-Geschäfte steht im Vordergrund. Im Besonderen interessieren die Fragestellungen:

- Welche Größenordnungen von Marktplätzen sind wirklich realistisch?
- Wo liegen die Chancen der einzelnen Branchen?
- Welche Typen von Marktplätzen haben sich bis heute herauskristallisiert?

In den folgenden Abschnitten werden allgemeine Prognosen bedeutender Marktforschungsinstitute kritisch hinterfragt. Darüber hinaus werden grundlegende Merkmale für die Brancheneignung aufgezeigt, die Voraussetzung für einen erfolgreichen Marktplatz sind. Schließlich werden verschiedene Marktplatztypen dargestellt, die sich bis heute entwickelt haben. Dabei erfolgt eine Einteilung der diversen Typen in ein spezifisches Schema.

Potenziale von eMarkets

Derzeit existieren diverse Untersuchungen von Marktforschungsinstituten, die sich mit den Schätzungen der weiteren Entwicklung von B2B-Geschäftsprozessabwicklungen über eMarkets befassen.

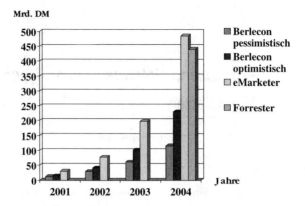

Quelle: Berlecon (optimistisches Szenario und pessimistischers Szenario, eMarketer, Forrester, 1 $=2,10 DM)

Bild 16   Prognosen B2B-Transaktionsvolumen

Wie aus der Gegenüberstellung der Ergebnisse ersichtlich ist, weichen die Schätzungen der verschiedenen Marktforschungsinstitute erheblich voneinander ab.

Sieht das Marktforschungsinstitut eMarketer einem Transaktionsvolumen von 485 Mrd. DM im Jahre 2004 entgegen, so belaufen sich die Schätzungen lt. Berlecon Research, vorsichtig betrachtet, auf einem Transaktionsvolumen von ca. 110 Mrd. DM, also einem Viertel dessen, was eMarketer und auch Forrester (440 Mrd. DM) prognostizieren.

Einig sind sich die verschiedenen Institute in der Aussage, dass die Akzeptanz von Marktplätzen heute noch relativ gering ist. In den eMarkets wird aber ein riesiges Potenzial gesehen, welches in den kommenden Jahren von den Unternehmen ausgeschöpft werden wird.

Kann jedoch ein Wachstum in der Höhe, wie es von den Marktforschungsinstituten prognostiziert wird, in den nächsten Jahren wirklich realisiert werden? Auf den ersten Blick scheinen die prognostizierten Werte recht optimistisch zu sein.

Im Bild 17 werden die Schätzungen der verschiedenen Marktforschungsinstitute ins Verhältnis zu den Prognosen für das Bruttoinlandsprodukt gesetzt.

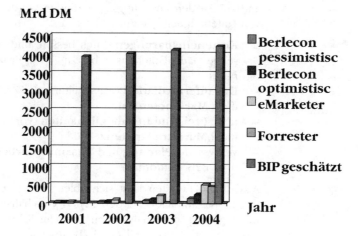

Quellen:

Berlecon, eMarketer Stat. Bundesamt,
1999 mit Wachstumsrate + 2,5 % p.a., 1$=2,10

Bild 17   Bruttoinlandsprodukt vs. B2B-Transaktionsvolumina

Dabei relativieren sich die auf den ersten Blick hoch erscheinenden Schätzwerte der Institute Forrester und eMarketer.

Es wird ersichtlich, dass im Jahr 2004 in Bezug zum Bruttoinlandsprodukt (BIP) zwischen 3-11 % der Wirtschaftsleistung über eMarkets abgewickelt werden. Durchschnittlich betrachtet, entspricht das ca. 7 % des BIPs. Dieser Anteil zeigt, dass sich ein bemerkenswerter Wandel in der Art, Geschäfte abzuschließen, vollziehen wird.

Für Europa geht das Investmentbankhaus Schroder Salomon Smith Barney in seiner Studie von einem Transaktionsvolumen von ca. 890 Mrd. Euro (1740 Mrd. DM) im Jahr 2005 aus. Dies entspricht 7,8 % der für das Jahr 2005 geschätzten europäischen Wirtschaftsleistung und stimmt damit in etwa mit dem Durchschnitt der Prognosen für Deutschland überein. Der stärkste Zuwachs wird für Europa im Jahr 2003 erwartet. Dieser Trend wird von Forrester bestätigt.

Was sind nun die Beweggründe für diese Entwicklung? Warum wird sich kurzfristig die Art der Geschäftsabwicklung so deutlich ändern? Zu den gewichtigsten Gründen wurden in Befragungen von Unternehmen genannt:

- **Kosteneinsparungen** durch bessere und schnellere Prozesse (je nach Güterklasse bis zu 70 % Prozesskosteneinsparung)
- **Des-Intermediation** (Ausschaltung des Zwischenhandels)
- neue **Marktpotenziale**
- neue **Preisfindungsmöglichkeiten** (vor allem Auktionen)
- mehr **Markttransparenz**
- verbesserte **Planung** und **Zusammenarbeit** (Collaboration) über B2B-Plattformen

Aus diesen Punkten lässt sich ableiten, dass Großunternehmen das größte Interesse an den neuen Geschäftsarten hegen. Dies bestätigt auch die Analyse von Schroder Salomon Smith Barney, wonach der Hauptanteil des B2B-Geschäftes auf Großunternehmen entfällt. Die Old Economy ist also, nach Umsatzzahlen betrachtet, führend in der Entwicklung des B2B-Geschäftes.

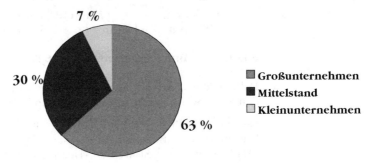

Quelle: Schroder Salomon Smith Barney

Bild 18   **B2B-Umsatz 2005 in Europa nach Firmengröße**

Fast alle Marktforschungsinstitute bestätigen den Vorsprung der Großunternehmen. So wird belegt, dass ca. 40-50 % der Großunternehmen bereits Erfahrung mit Marktplätzen gemacht haben, im mittelständigen Sektor hingegen nur 15-20 %.[8]

Der Vorsprung der Großunternehmen im B2B-Geschäft erklärt u.a. auch die Aussage von Berlecon Research, dass einige weni-

---

[8] Vgl. dazu die Studien von Putz & Partner, KPMG zusammen mit dem Arbeitgeberverband (BDA), DIHT und mediamit.

ge große Marktplätze entstehen werden und eine Reihe von Nischen zu besetzen sind. Daraus ergibt sich die Zahl von 721 „langfristig unterstützter Marktplätze" im Jahr 2004 in Deutschland. Die Zahl der großvolumigen Marktplätze wird deutlich darunter liegen.

Die Spannweiten bzgl. der geschätzten Anzahl von Marktplätzen sind, wie bei den Prognosen zu den Transaktionsvolumina, sehr weit gefasst. Man kann jedoch davon ausgehen, dass pro Branche nur wenig bedeutende und große Marktplätze aufgebaut werden und für die spezifischen Bedürfnisse einzelner Teilbranchen ein Vielfaches an speziellen, weniger umsatzstarken eMarkets gegründet wird.

Die Marktplätze, die als groß bezeichnet werden können, befinden sich noch im Aufbau. Sie werden aufgrund des realen Geschäfts, das sie auf den Marktplatz einbringen, dominierend sein.

Viele Nischen sind bereits heute besetzt und zeigen sich auch in den zahllosen Börsen und Auktionshäusern für Überschussgüter und Gebrauchtmaschinen. In diesen speziellen Segmenten werden bereits seit Jahren reale Umsätze erzielt (z.B. Surplex, ProXchange, Goindustry u.v.m.). Weltweit hat der Markt für Überschussgüter eine Größenordnung von rund 250 Mrd. DM, davon sollen lt. AMR Research in den USA bereits knapp 50 Mrd. DM, also 20 %, via Internet gehandelt werden. Forrester sieht in diesem Bereich einen großen Nutzen von Marktplätzen für kleine und mittelständige Unternehmen.

Insgesamt scheint also für alle Unternehmensgrößen Potenzial durch die Nutzung von B2B-Geschäften ausschöpfbar zu sein. Wie sieht jedoch die Verteilung der neuen Marktpotenziale auf die verschiedenen Branchen aus? Welche Branche wird am stärksten von den Veränderungen betroffen sein? Wo wird in welcher Branche mit dem B2B-Geschäft gestartet? Wie viel kann im Bereich der MRO-Güter (Maintenance, Repair, Operations = Instandhaltung, Reparatur, Betrieb) eingespart werden und welche Potenziale ergeben sich beim Absatz?

Einspar- und Marktpotenziale durch eMarkets aus Branchensicht

Marktplätze führen die reale Wirtschaft ein Stück näher an das Modell eines perfekten Marktes heran. Ausgehend von der Modelltheorie lassen sich verschiedene Ansatzpunkte ableiten, die einen Marktplatz interessant machen.

Für die Branchen gelten folgende Merkmale, die sie besonders geeignet machen:

- Je stärker die Fragmentierung eines eMarkets, desto stärker der Nutzen eines eMarkets zur Steigerung der Markttransparenz.
- Je schlechter die Planbarkeit der Nachfrage, desto wertvoller die Vernetzung vieler Teilnehmer.
- Je höher die Transaktionsanzahl und je tiefer die Wertschöpfungskette, desto höher die Attraktivität eines eMarkets für die Branche.

Bei den Produkten, die auf einem Marktplatz gehandelt werden, spielen folgende Faktoren eine Rolle:

- Eine homogene Produktpalette erleichtert den Handel über eMarkets.
- Für Produkte mit hoher Umschlagshäufigkeit sowie geringen Margen sind Marktplätze ideal.
- „Verderblichkeit" der Produkte, kurze Lebenszyklen, die einen schnellen Absatz erfordern, profitieren besonders von eMarkets.

Branchen mit stark kundenspezifischen Produkten, hohem Erklärungsbedarf und geringer Umschlagshäufigkeit scheinen demnach für die Absatzseite von B2B-Marktplätze zunächst wenig interessant zu sein. Diese werden allerdings deutliche Kostenvorteile bei der Beschaffung erzielen können und sich im ersten Schritt von dieser Seite dem Trend annähern.

Umgekehrt werden Produkte, die für Kataloge kategorisiert werden können, in hohem Maße auf Marktplätzen vertreten sein, denn dort befinden sich in hoher Anzahl die entsprechenden Kunden, die diese Produkte nachfragen.

Die Historie der Gründung von Marktplätzen wurde von Berlecon Research untersucht. Dabei zeigen sich drei Entwicklungsschritte bei der Gründung von eMarkets in Deutschland, unterteilt nach den verschiedenen Branchen:

1. Als erste wurden die Branchen „Land-/Forstwirtschaft, Fischerei, Blumen", „Medizinischer Bedarf/Gesundheitswesen" sowie „Lebens- und Genussmittel" auf Marktplätzen aktiv.
2. Relativ früh engagierten sich dann „Groß-/ Einzelhandel, Import/Export", „Elektronik/Elektrik-Komponenten" und Labor-/Messtechnik".

3. Seit 1999/2000 schließlich werden verstärkt Marktplätze in den Bereichen „Allgemeine Beschaffung", „Bau" sowie „Büroausstattung/C-Artikel" gegründet.

Branchen in der dritten Entwicklungsstufe wie „Beschaffung" und „C-Artikel" sind, streng genommen, keine Branchenbezeichnungen. Vielmehr sind diese Bereiche für verschiedene Branchen geeignet und werden auch als horizontale Märkte bezeichnet, in Abgrenzung zu vertikalen Marktplätzen, die branchenspezifisch gestaltet sind.

Bei dieser empirischen Auswertung der Berlecon Marktplatzdatenbank wird die beginnende Differenzierung von eMarkets sowie deren Entstehung in Teilen einer Hauptbranche erkennbar: So ist z.B. Labor- und Messtechnik der Medizintechnik untergeordnet und diese wiederum der Elektroindustrie im weitesten Sinne. Die besondere Bedarfssituation führte jedoch bereits zu einer Vielzahl von Gründungen in diesem speziellen Segment.

Folgende Branchen werden vom B2B-Panel von Berlecon und VDI-Nachrichten identifiziert, die derzeit in den B2B-eCommerce investieren:

- Finanzdienstleister,
- Autoindustrie,
- Einzelhandel und
- Telekommunikation.

Das Thema B2B-eCommerce ist lt. Berlecon in den Branchen

- verarbeitendes Gewerbe,
- öffentliche Hand sowie
- Baugewerbe

noch ausbaufähig.

Erste Schätzungen bezüglich der Größenordnung von Einsparpotenzialen auf Marktplätzen und deren Auswirkungen auf den Gewinn stellt die Studie von Schroder Salomon Smith Barney dar. Besonders interessant ist die Einschätzung, welche Veränderungen am Ergebnis in den jeweiligen Branchen möglich sind. Viele Unternehmen sind sich dieses zentralen Punktes nicht bewusst, wie eine Umfrage der Universität Witten Herdecke zeigte.

Durch reine Prozessveränderungen werden Ergebnissteigerungen von ein bis über zwei Prozent erzielt werden können. Einsparungen bei einzelnen Prozessschritten liegen demnach bei bis zu 15 % im Branchendurchschnitt.

Prognosen, Potenziale und Typen von Online-Marktplätzen

	Luftfahrt und Verteidigung	Automobilindustrie	Chemie	Bau	Konsumgüterindustrie	Elektronik	Energie	Lebensmittel
Annahmen B2B Einsparpotenziale (Gewinn- und Verlustrechnung)								
Produktionsgüter	3%	3%	3%	3%	3%	3%	3%	3%
MRO	10%	10%	10%	10%	10%	10%	10%	10%
- Personalkosten	1%	1%	1%	1%	1%	1%	1%	1%
Materialausgaben	15%	15%	15%	15%	15%	15%	15%	15%
- Personalkosten	10%	10%	10%	10%	10%	10%	10%	10%
Abschreibung	0%	0%	0%	0%	0%	0%	0%	0%
Bilanz								
Betriebskapital	20%	20%	20%	20%	20%	20%	20%	20%
Technische Anlagegüter	0%	0%	0%	0%	0%	0%	0%	0%
B2B Esp. Prod.-güter	1,4%	1,7%	1,5%	1,1%	1,8%	1,0%	1,7%	1,2%
MRO	0,5%	0,5%	0,8%	2,0%	0,7%	1,4%	0,8%	0,5%
- Personalkosten	0,2%	0,1%	0,1%	0,2%	0,1%	0,3%	0,1%	0,1%
Materialausgaben	0,6%	1,2%	1,2%	0,5%	0,6%	0,8%	1,2%	2,3%
- Personalkosten	0,9%	0,8%	0,9%	0,3%	0,9%	1,1%	0,4%	1,7%
Abschreibung	0,0%	0,0%	0,0%	0,0%	0,0%	0,0%	0,0%	0,0%
Gesamt	3,7%	4,3%	4,5%	4,0%	4,1%	4,5%	4,2%	5,7%
Verteilung der Esp.[9] (%)								
Kunden	40%	40%	40%	40%	40%	40%	40%	40%
B2B Serviceunternehmen	20%	20%	20%	20%	20%	20%	20%	20%
Lieferkette	40%	40%	40%	40%	40%	40%	40%	40%
Total	100%	100%	100%	100%	100%	100%	100%	100%
Zusammenfassung Lieferkette								
EBIT[10] Verbesserung	3,7%	4,3%	4,5%	4,0%	4,1%	4,5%	4,2%	5,7%
Anteil der Lieferkette	40,0%	40,0%	40,0%	40,0%	40,0%	40,0%	40,0%	40,0%
Anteilige EBIT Verbesserung	1,5%	1,7%	1,8%	1,6%	1,6%	1,8%	1,7%	2,3%
Verkauf/EBIT (vor B2B Esp.)	5,2%	4,2%	10,0%	15,0%	5,6%	6,4%	7,8%	10,8%
Verkauf/EBIT (inkl.B2B Esp.)	6,7%	5,9%	11,8%	16,6%	7,3%	8,2%	9,5%	13,0%
Kapitalumschlagshäufigkeit (Vor B2B Esp.)	0,7	0,8	0,8	0,8	1,5	0,8	0,8	1,3
Verkauf/CE (inkl. B2B Esp.)	0,7	0,8	0,8	0,8	1,6	0,8	0,8	1,3
ROIC[11] (vor B2B Esp.)	3,4%	3,4%	8,3%	12,1%	8,7%	5,1%	6,5%	13,8%
ROIC (inkl. B2B Esp.)	4,5%	4,8%	10,0%	13,7%	11,3%	6,8%	7,9%	17,1%
ROIC Verbesserung	**1,1%**	**1,4%**	**1,7%**	**1,6%**	**2,6%**	**1,6%**	**1,4%**	**3,3%**

---

[9] Esp. = Einsparung

[10] EBIT: Earning Before Interest and Tax (Gewinn vor Zins und Steuern)

[11] ROIC: Return on Invested Capital (Rendite auf das eingesetzte Kapital)

Prognosen, Potenziale und Typen von Online-Marktplätzen

Gesundheit	Industrielle Fertigung	Metalle	Papier	Pharma	Telekom-munikation	Transport Luftweg	Transport See	Versorger	Gesamt
Annahmen B2B Einsparpotenziale (Gewinn- und Verlustrechnung)									
3%	3%	3%	3%	3%	3%	3%	3%	3%	3%
10%	10%	10%	10%	10%	10%	10%	10%	10%	10%
1%	1%	1%	1%	1%	1%	1%	1%	1%	1%
15%	15,0%	15,0%	15,0%	15,0%	15,0%	15,0%	15,0%	15,0%	15,0%
10%	10,0%	10,0%	10,0%	10,0%	10,0%	10,0%	10,0%	10,0%	10,0%
0%	0,0%	0,0%	0,0%	0,0%	0,0%	0,0%	0,0%	0,0%	0,0%
20%	20,0%	20,0%	20,0%	20,0%	20,0%	20,0%	20,0%	20,0%	20,0%
0%	0,0%	0,0%	0,0%	0,0%	0,0%	0,0%	0,0%	0,0%	0,0%
0,9%	1,2%	1,6%	1,3%	0,2%	0,3%	1,0%	0,6%	1,6%	1,4%
0,3%	0,5%	1,0%	1,0%	0,1%	0,4%	0,4%	0,3%	1,1%	0,8%
0,2%	0,2%	0,1%	0,1%	0,1%	0,2%	0,3%	0,5%	0,1%	0,1%
1,8%	0,8%	0,8%	1,5%	2,3%	1,2%	0,7%	0,4%	1,5%	1,1%
1,4%	1,3%	1,0%	0,5%	0,9%	1,9%	1,1%	0,6%	1,0%	1,1%
0,0%	0,0%	0,0%	0,0%	0,0%	0,0%	0,0%	0,0%	0,0%	0,0%
4,5%	4,0%	4,4%	4,4%	3,5%	4,0%	3,5%	2,3%	5,3%	4,4%
40%	40%	40%	40%	40%	40%	40%	40%	40%	40%
20%	20%	20%	20%	20%	20%	20%	20%	20%	20%
40%	40%	40%	40%	40%	40%	40%	40%	40%	40%
100%	100%	100%	100%	100%	100%	100%	100%	100%	100%
4,5%	4,0%	4,4%	4,4%	3,5%	4,0%	3,5%	2,3%	5,3%	4,4%
40,0%	40,0%	40,0%	40,0%	40,0%	40,0%	40,0%	40,0%	40,0%	40,0%
1,8%	1,6%	1,8%	1,8%	1,4%	1,6%	1,4%	0,9%	2,1%	1,8%
6,1%	9,9%	7,0%	12,0%	25,2%	19,7%	5,8%	9,4%	5,0%	8,6%
7,9%	11,5%	8,8%	13,8%	26,6%	21,3%	7,2%	10,3%	7,1%	10,3%
0,7	0,9	0,9	0,9	0,6	0,3	0,8	0,9	0,7	0,8
0,7	0,9	0,9	0,9	0,6	0,3	0,8	0,9	0,7	0,8
4,4%	8,5%	6,1%	10,8%	14,9%	6,1%	4,6%	8,6%	3,3%	6,8%
5,7%	10,3%	7,9%	12,6%	16,4%	6,6%	5,6%	9,6%	4,7%	8,3%
1,4%	**1,7%**	**1,8%**	**1,7%**	**1,5%**	**0,5%**	**1,1%**	**1,0%**	**1,4%**	**1,5%**

Prognosen, Potenziale und Typen von Online-Marktplätzen

Gemäß einer Studie von Boston Consulting wird sich der B2B-eCommerce jedoch am stärksten in den Branchen Einzelhandel, Fahrzeugbau, Konsumgüter und Chemie entwickeln. Die beiden Spitzenbranchen gehören bereits heute zu den größten Investoren.

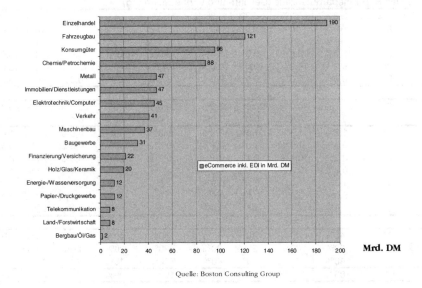

Quelle: Boston Consulting Group

Bild 19   **Branchenumsätze B2B-eCommerce inkl. EDI im Jahre 2003**

Entstehung verschiedener Marktplatztypen

Die Marktplätze unterschiedlichster Branchen können durch verschiedenste Betreibermodelle realisiert werden. Die meisten Marktplätze sind heutzutage entweder von neutraler Seite betrieben oder von den Herstellern initiiert.

Herstellergetriebene Marktplätze

Stand zu Beginn der Marktplatzentwicklung das Thema eProcurement, so haben sich mittlerweile weitere Typen von Marktplätzen entwickelt. Heute sind bereits neben reinen eProcurement-Lösungen start-up-eMarkets, private Exchanges und Marktplätze von Konsortien vertreten. Ebenso finden sich Ansätze zu integrierten Services und Lösungen zu Exchanges-to-Exchanges in der Entwicklung.

Die verschiedenen Typen sind Ausdruck eines dynamischen Marktprozesses, der unvermeidlich von Versuch und Irrtum begleitet wird. Daher wird auch auf die anstehende Konsolidierungsphase bei Marktplätzen mehrfach in der Presse und von Marktforschern hingewiesen.

Konsortien

Dabei ist zu beachten, dass Konsortien nichts an der grundsätzlichen Bedeutung von eMarkets ändern; sie verändern nur das Erscheinungsbild. Durch ihre Gründung werden viele Marktplätze in Deutschland schließen, da diese Konsortien automatisch die kritische Masse durch ihr hohes Einkaufsvolumen erreichen und so andere eMarket-Typen verdrängen können.

Private Exchanges

Private Marktplätze[12] (private exchanges), die sich dadurch kennzeichnen, dass sie erweiterte eProcurement-Funktionalitäten beinhalten, die auch hochwertige Güter bearbeiten können und ggf. dynamische Preisbildung ermöglichen, stehen in Konkurrenz zu den Konsortien.[13] Sie zeichnen sich dadurch aus, dass ein

---

[12] Der Sprachgebrauch zu private exchanges ist nicht einheitlich, insbesondere die Abgrenzung zu Procurement-Systemen bleibt unscharf in der Fachdiskussion.

[13] Vgl. dazu AMR Research.

Großunternehmen einen Marktplatz aufbaut, an dem andere Hersteller nicht beteiligt sind. Ein bekanntes Beispiel dafür ist z.B. VW. Dieser private Marktplatz erreicht eine Mrd. Euro Umsatz.[14] Covisint, als jüngstes klassisches Beispiel für ein Industriekonsortium, schafft es derzeit auf zunächst 100 durchgeführte Auktionen mit einem Umsatz von 350 Millionen US Dollar. Der zeitliche Vorsprung von VW lässt einen direkten Vergleich nicht zu.

private Exchanges/Konsortien

Genereller Vorteil der privaten Marktplätze ist die schnelle Reaktionsfähigkeit. Allerdings trägt das Unternehmen, das den Marktplatz aufbaut, die gesamten Kosten selbst. Industriekonsortien hingegen verteilen die Gesamtkosten auf mehrere beteiligte Unternehmen, müssen jedoch das zeitliche Problem der Koordination und Abstimmung in Kauf nehmen. Somit steht dem Kostenblock die schnellere Reaktionsfähigkeit entgegen, was bisher zugunsten der privaten Marktplätze und damit der Reaktionsfähigkeit entschieden wurde. Dennoch geht Forrester davon aus, dass 200 Konsortien weltweit überleben werden.

Der Ausleseprozess der Marktplatztypen konzentriert sich nicht nur auf die bisher skizzierten Grundtypen von Marktplätzen. Ein Beispiel für ein gescheitertes „Mischmodell" ist der Marktplatz von Dell (USA). Dort wurden nicht nur Lieferanten angeschlossen, sondern es sollten auch interaktive Geschäfte zwischen diesen stattfinden. Nach vier Monaten musste dieses „Hybridmodell" mangels qualifizierter und interessierter Teilnehmer eingestellt werden.

Als weiteres Beispiel sei der offene Einkaufsmarktplatz (private exchange) von Bayer in Deutschland – Chemplorer – genannt. Eine Reihe von Mitbewerbern hat als Industriekonsortium den Marktplatz „cc markets" gegründet. Beide Marktplätze fusionieren und stellen damit ein Beispiel für einen Wechsel einer private exchange zu einem Industriekonsortium.

Neutrale Marktplätze – „Third Parties"

Bei den bisher beschriebenen Marktplatztypen handelt es sich nicht um herstellerorientierte, sondern um neutrale eMarkets. Neutrale Marktplätze, auch „Third Partys" genannt, können in verschiedene Kategorien eingeteilt werden.

---

[14] Bericht in der Financial Times Deutschland vom 07. März 2001

1. Start up-Marktplätze

Start up-Marktplätze legten den Grundstein für eMarkets. Häufig wurden sie von Unternehmensberatern mit Venture Capital gegründet. In diesem Segment wird die stärkste Konsolidierung zu erwarten sein. Es können zwei Arten von start up-Marktplätzen unterschieden werden:

- Reine start up-Marktplätze. Hierzu gehören z.B. smart mission oder click plastics.

- Die andere Art kennzeichnet die Verschmelzung der start up-Marktplätze mit der Old Economy. Hier fand die bekannteste Fusion zwischen dem reinen start up Goodax, mit starkem operativen Geschäft und X-Market von der Deutschen Telekom statt. Beide Auktionshäuser legten ihr Geschäft zusammen. Ein weiteres Beispiel wäre Mercateo, die von e-on gekauft wurden.

Es ist zu erwarten, dass sich weitere erfolgreiche start ups der Old Economy anschließen werden. Unternehmen, die nicht eine solche Bindung eingehen, haben trotz hoher IT-Integration und Bekanntheitsgrad größtenteils keine Überlebensmöglichkeit. Dies zeigte die Nachricht aus den USA über die Schließung von Chemdex und Promedix. Beides waren bekannte und umsatzstarke Marktplätze, jedoch ohne Rückhalt in der Old Economy.

2. „Influential Net Market Makers"

In diese Kategorie fallen start up-Unternehmen, die aus einem Umfeld mit Kapital, Kundennetzwerk und Managementerfahrung kommen und in einen branchenfremden Bereich zwecks Diversifikation eintreten. Hierzu gehören Banken, Versicherungen und Energieunternehmen. Beispiele sind Marktplätze wie allago der Dresdner Bank oder emaro der Deutschen Bank, quibiq der BW Bank oder Conextrade der Swisscom.

3. Klassische Händler

Großhändler sind von ihrer Position her besonders geeignet, einen Marktplatz zu gründen, da sie bereits alle relevanten und notwendigen Geschäftskontakte im Tagesgeschäft betreuen. Kämen ihnen die Hersteller zuvor, könnten sie ganz aus ihrer Vermittlerrolle gedrängt werden.

Bislang werden Marktplätze noch nicht intensiv von Händlern gegründet. Es wird jedoch mit einem starken Zuwachs gerechnet sowie damit, dass erste Hersteller-Marktplätze zu Verdrängungseffekten im Großhandelsbereich führen.

In der derzeitigen Entwicklungsphase sind die Serviceleistungen der Zwischenhändler noch nicht auf Marktplätzen abgebildet. Die zunehmende Prozesskostensenkung durch Marktplätze, insbesondere durch die Integration von Finanz- und Logistikdienstleistungen, wird in den kommenden zwei Jahren die Zwischenhändler stark motivieren, über neue Konzepte und Geschäftsmodelle nachzudenken.

Die erfolgreichsten Beispiele für einen Händler-Marktplatz kommen aus den USA: Die Firma Grainger hat sich vom Zwischenhändler zum Kataloglieferanten für Marktplätze gewandelt. Im amerikanischen Pharmaziebereich übernimmt Sciquest die Rolle eines Großhändlers, die sich als start up-Unternehmen gründete.

Modell\Merkmale	Käuferseite (Hersteller)			Neutrale Parteien (Third Party)				Verkäuferseite (Lieferanten)	
Betreiber	eProcurement (1 Unternehmen kauft ein)	private exchanges (1 Unternehmen ist Betreiber, dynamische Preisbildung möglich)	Industriekonsortien von Käufern	Start Ups	Influential Net Market Makers (Banken, Versicherer, Versorger)	Klassische Händler	Industriekonsortien (verkäuferorientiert)	B2B Online-Shops
Architektur	1:m	1:m, n:m	n:m	n:1:m	n:1:m	n:1:m	n:m	n:1
Beispiele horizontal	DaimlerChrysler (Einkauf von C-Teilen)	Industrialweb (Siemens)	./.	Mondus, cacontent, Goodex	Allago (Dresdner Bank), Mercateo (Eon), Conextrade (Swisscom), quibiq (BW Bank)	Grainger (MRO Katalog), NetBid (u.a. Angermann Auktion KG)	./.	Viking direkt
Beispiele vertikal	Internet-EDI	VW	GNX, Covisint, e-cement, cc-chemplorer, CPGmarket, Mercadium	Sciquest, Sourcingparts, Tel2BMarket.net	Clickplastics, Water2Water	GEHE	SupplyOn (Zulieferer industrie Automobil), Omnexus, Healthcare Exchange	Dell
	Procurement-Lösung		Marktplatzlösung					Shop-Lösung

Quelle: EBS Praxisreport, BCG B2B-E-Commerce in Deutschland, Eigenanalysen

Bild 20   Typologie von B2B-Lösungen

Fazit

Die gesamte Wirtschaft wird zunehmend auf eBusiness umgestellt. Der größte Wachstumsschub soll im Jahr 2003 stattfinden, wobei im Jahr darauf erst knapp ein Zehntel der Wirtschaftsleistung über Marktplätze gehandelt werden wird. Einige Branchen sind Vorreiter wie Fahrzeugbau, Chemie und Handel, wobei auch die anderen Branchen erhebliche Einsparungs- und Absatzpotenziale haben. Die Zahl vertikaler branchenorientierter Marktplätze nimmt zu.

Wie in jeder unternehmerischen Bewegung gibt es Vorstöße und Konsolidierungsphasen, was zu einer Vielzahl von Marktplatzgründungen, Fusionen und auch Schließungen führen wird.

Die stärksten Marktplätze sind von Natur her jene Marktplätze, die von Industriekonsortien gegründet werden. Die Umsätze werden jedoch erst nach einer längeren Anlaufphase aufgebaut werden.

Dies lässt auch weiter genug Raum für Nischenanbieter außerhalb der Großindustrie, welche die spezifischen Bedürfnisse des Mittelstandes berücksichtigen.

Zitierte Studien:

Berlecon Research, B2B-Marktplätze in Deutschland, Juli 2000.

Berlecon/VDI, B2B-Trend-Panel, in: VDI Nachrichten v. 16.3.2001, Nr. 11.

Boston Consulting Group, B2B-E-Commerce in Deutschland, August 2000.

DIHT/mediamit, E-Business in Deutschland, Herbst 2000.

EBS Holding AG, Praxisreport Q4, Dezember 2000.

eMarketer, The eEurope Report, Oktober 2000.

eMarketer, The eCommerce: B2B Report, Februar 2001.

Forrester, B2B-Marktplätze im Härtetest, Januar 2001.

KPMG, Die Wertschöpfungskette des eBusiness, Oktober 2000.

KPMG/BDA, eBusiness in der deutschen Wirtschaft,

Putz & Partner/Net-Business, Investitionserfolg im e-Business, Februar 2001.

Schroder Salomon Smith Barney, B2B@Europe.com, Oktober 2000.

Universität Witten-Herdecke / Wirtschaftswoche/ Accenture, Old Economy auf der Überholspur, März 2001.

BME, B2B-Marktplatzführer, Jahr 2000/2001

3 Aufbau und Entwicklung von eMarketplaces unter Berücksichtigung von Integrations- und Make or Buy-Aspekten

Claudia Engelhardt, Markus Fichtinger

eMarketplaces als integraler Bestandteil von Geschäftsbeziehungen

In den letzten 15 Jahren haben Unternehmen in den Auf- und Ausbau ihrer Informationstechnologie investiert. Im Vordergrund stand die Optimierung und Automation von unternehmensinternen wertschöpfenden (Produktion) und unterstützenden (Finanz- und Rechnungswesen) Prozessen. Diese Systeme und Plattformen erscheinen aufgrund ihres Fokus auf interne Prozesse aus Effizienzgesichtspunkten ausgereizt.

Die Entwicklung des Internets und insbesondere die Entstehung von eMarketplaces revolutioniert tiefgreifend bestehende Geschäftsbeziehungen und stellt diese optimierten internen wieder in Frage. Jedoch existiert eine große Bandbreite bei dem Verständnis, auf welchem Weg sich Potenziale, wie Kosteneinsparungen und Effizienzsteigerungen, über einen eMarketplace realisieren lassen. Einigkeit besteht aber darin, dass rechtzeitig und mit der erforderlichen Geschwindigkeit gehandelt werden muss, um mit den Entwicklungen Schritt zu halten und nicht den Anschluss zu verlieren.

Nachfolgend soll unter einem eMarketplace eine virtuelle Plattform im Internet verstanden werden, die Kommunikations- und Informationstechnologien zum Informationsaustausch und Handeln von Gütern und Dienstleistungen nutzt und die Zusammenarbeit zwischen Unternehmen auf eine gemeinsame Basis stellt. Die Möglichkeiten reichen von der Nutzung zusätzlicher Kommunikationsformen über die parallele Bedienung unterschiedlicher Ein- bzw. Verkaufskanäle bis hin zur Integration der gesamten Supply- bzw. DemandChain. Bestehende Geschäftsprozesse werden neu definiert und es ergeben sich für Unternehmen völlig neue Geschäftsmodelle.

Integration als Schlüssel zum Erfolg

Damit sich eMarketplaces zu einer festen Größe für das Management von Geschäftsbeziehungen zwischen Unternehmen entwickeln können, muss man sich vergegenwärtigen, welche Beteiligten, neben Käufern und Verkäufern, bei der Entstehung und Entwicklung eines eMarketplaces zusammenspielen.

Es lassen sich solche Projekte meist nicht ohne zusätzliche Investoren und weitere Partner, wie z.B. Hardware- bzw. Softwarehäusern, realisieren. Die Mitarbeiter der teilnehmenden Unternehmen stellen die eigentlichen Nutzer einer Plattform dar, die in Beziehung zu Mitarbeitern ihrer Kunden- und Lieferantenunternehmen stehen. Je nach Ausrichtung des Produkt- und Serviceportfolios eines eMarketplace sind unterschiedliche Dienstleister zur Abwicklung und Unterstützung von Geschäftsbeziehungen involviert.

Gleichzeitig umfasst die Realisierung einer virtuellen Plattform Aktionsfelder, die über die Aufstellung eines Geschäftsmodells hinausgehen:

- Finanzierung & Kosten
- Service & Leistungen
- Ressourcen & Know How
- Organisation & Prozesse
- Technologien

Beziehungsmatrix eines eMarketplace

Durch die Kombination von Beteiligten und Aktionsfeldern rund um einen eMarketplace entsteht ein komplexes Beziehungs- und Aufgabennetzwerk, in dem jeder Mitwirkende spezifische Vorstellungen und Anforderungen hat. Dabei können sich Interessensüberschneidungen ergeben, da z.B. ein Teilnehmer eines eMarketplace parallel, je nach Geschäftsmodell, Lieferant und Teilhaber ist bzw. werden kann.

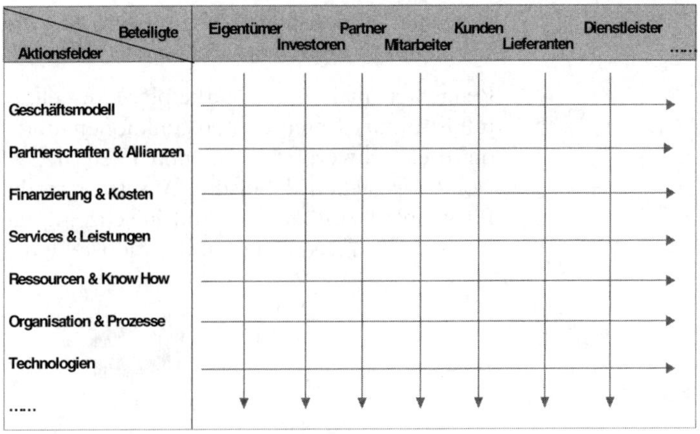

Bild 21   Beziehungsmatrix eines eMarketplace

Ebenso lässt sich kein Aufgabenfeld isoliert betrachten. Es spielen immer wieder Teile anderer Bereiche eine Rolle, so dass ein dynamisches Spannungsfeld zwischen Beteiligten und Aktionsfeldern entsteht:

Verdeutlichen lässt sich die hieraus resultierende Komplexität anhand folgender möglicher Integrationsfragen:

- Identifikation und Definition der Kernmarktplatzprozesse und ihre Unterstützung durch Systeme und Applikationen.
- Abstimmung von Standards und Schnittstellen für den Informations- und Datenaustausch.
- Einbindung von Inbound- und Outbound-Systemen und -Prozessen der Marktteilnehmer
- Regelung der Hoheit über Informationen und Daten.

Integrationsmanagement

Es ergibt sich eine Vielzahl von Beziehungen und Interdependenzen zwischen Teilnehmern und einem Betreiber, die zu erkennen und von Beginn an zu verzahnen sind. Dabei entstehen insbesondere bei Infrastruktur, Applikationen und Prozessen zahlreiche Koordinations- und Integrationserfordernisse, die die Unternehmen vor die Herausforderung stellen, gemeinsam Lösungen zu entwickeln. Dies setzt aber eine veränderte Denkweise bei der Zusammenarbeit zwischen Geschäftspartnern, Kunden, Lieferanten und auch Wettbewerbern voraus. Nur mit Hilfe eines umfassenden Integrationsmanagements ist es möglich, die einzelnen Aktionsfelder zu erfassen und die individuellen Zielsetzungen abzugrenzen und zu koordinieren.

Betrachtet man ein eMarketplace-Modell, lassen sich mit IT-Infrastruktur, Unternehmensfunktionen und Teilnehmerintegration drei Schwerpunkte identifizieren. Dot.Com, Dot.Corp und Dot.Ramp stellen dabei drei Ansätze dar, die einen spezifischen Blickwinkel ermöglichen und gleichzeitig das komplexe Zusammenspiel von Beteiligten und Aktionsfeldern greifbar gestalten:

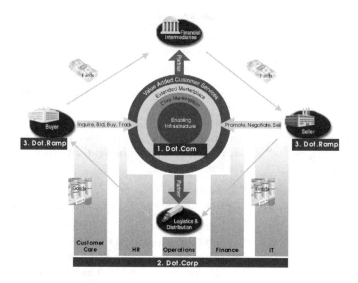

Bild 22: Ansatz der KPMG Consulting AG

- Dot.Com

Im Mittelpunkt von Dot.Com steht der Auf- und Ausbau einer skalierbaren und flexiblen Infrastruktur und Architektur. Darauf aufbauend lassen sich die einzubettenden Marktplatz-Funktionalitäten identifizieren, auswählen und implementieren, die eine einfache Integration weiterer Applikationen und eine nahtlose Verbindung von Teilnehmersystemen erlauben.

- Dot.Corp

Marktplätze entstehen meist in einer Start-Up-Atmosphäre, in der die betriebswirtschaftlichen Zusammenhänge und Abläufe oft im Hintergrund stehen. Dot.Corp unterstützt Unternehmen beim betriebswirtschaftlichen Aufbau eines eMarketplace. Dabei steht die Entwicklung einer Aufbau- und Ablauforganisation und ihrer spezifischen Geschäftsprozesse im Zentrum. Beides ist für den Betrieb eines Marktplatzes und die Kommunikation zu den Teilnehmern erforderlich.

- Dot.Ramp

Die Integration von Teilnehmern und Services in einen Marktplatz, das On Boarding, fasst Dot.Ramp zusammen. Für einen Betreiber steht eine generelle und einfache Integrationsbasis und -methodik im Vordergrund, die im Spannungsfeld zwischen einem schnellen Geschäftserfolg und einer qualitativen und sicheren Verbindung von Teilnehmern steht. Ein teilnehmendes Unternehmen strebt die Verknüpfung seiner unternehmensspezifischen Systeme und Prozesse oder Services mit dem Marktplatz an. Im Rahmen von Dot.Ramp werden mit System Integration, Prozess Integration und Change Management die technischen und prozessrelevanten Voraussetzungen bei Teilnehmern, Serviceprovidern und dem Marktplatzbetreiber geschaffen.

Akzelerator Beratungsunternehmen

Die Überschrift, die ein eMarketplace-Projekt trägt, ist Time-to-Market. Durch Projektlaufzeiten auf Monatsbasis steht ein solches Vorhaben von Anfang an unter einem hohen Zeitdruck. Dies impliziert, dass die Entscheidungsspielräume wesentlich kürzer sind als bei einem klassischen Projekt. Durch die enge Verbindung von Technologien und Prozessen stellt fast jede Entscheidung einen kritischen Schritt dar, dessen Folgen sich nachträglich nur schwer korrigieren lassen. Beispielsweise zieht sich die Protokollierung von einzelnen Transaktionen eines Teilnehmers quer durch einen eMarketplace. Zur Unterstützung dieser Aufgabe können verschiedene Softwarealternativen eingesetzt werden, die aber Prozessabläufe bei einem Betreiber wie Teilnehmer unterschiedlich stark beeinflussen. Damit tangiert diese Entscheidung gleichzeitig Teilbereiche innerhalb jedes einzelnen Ansatzes von Dot.Com, Dot.Corp und Dot.Ramp.

Unternehmen haben jeweils eine Sichtweise, die, berechtigterweise, nur ihre eigenen Aspekte berücksichtigt. Eine übergreifende Betrachtung des gesamten Beziehungs- und Aufgabennetzwerks fällt aus diesem Grund schwer, weshalb Beratungen als außenstehende Dritte eine wichtige Integrationsrolle übernehmen können. Sie sind innerhalb eines eMarketplace-Projekts eine unabhängige und neutrale Instanz, die eine Balance zwischen den einzelnen Zielen und Problemfeldern herstellen. Die vom neutralen Berater übernommenen Moderations-, Coaching- und Program-Managementaktivitäten haben das Ziel, eine Win-Win-Situation unter den Beteiligten zu schaffen. Unterstützt wird dies durch die projektbezogene Sichtweise der Beratungsunternehmen, die auf folgenden wesentlichen Kernelementen beruht:

- Zeit-, Budget- und Qualitätsorientierung
- Branchen-, Prozess- und Technologieexpertise
- Erfahrung im Management von komplexen Projekten
- Skalierbar- und Verfügbarkeit der erforderlichen Ressourcen

Nur mit Hilfe eines erfahrenen Projektmanagementteams lassen sich die unterschiedlichen Fragenstellungen der jeweigen Branche und ihre Interdependenzen steuern und Risiken minimieren. Der Einsatz von standardisierten Lösungen und Methodiken innerhalb einzelner Aufgabenfelder unterstützt eine schnelle Umsetzung und stellt sicher, dass der Fokus auf individuelle Problembereiche jedes Beteiligten gelenkt wird. Gerade im Bereich der Internet-Technologien existiert eine Vielzahl von Systemen und Werkzeugen, für die einzelne Unternehmen erst technische und personelle Ressourcen aufbauen müssen. Durch den Einsatz einer Beratung stehen diese Lösungen und jeweils dafür ausgebildete Spezialisten flexibel und kurzfristig zur Verfügung. Partnerschaften zu Hard- und Softwareunternehmen multiplizieren zusätzlich den Zugriff auf unterschiedlichste Services und Dienstleistungen. Aus diesem Pool von Informationen und Erfahrungen stellen Beratungsunternehmen Best Practice-Lösungen bereit, die schnell bei einem Unternehmen umsetzbar sind und innerhalb der Zeitgrenzen als entscheidende Beschleuniger bei einem e-Marketplace-Projekt wirken können.

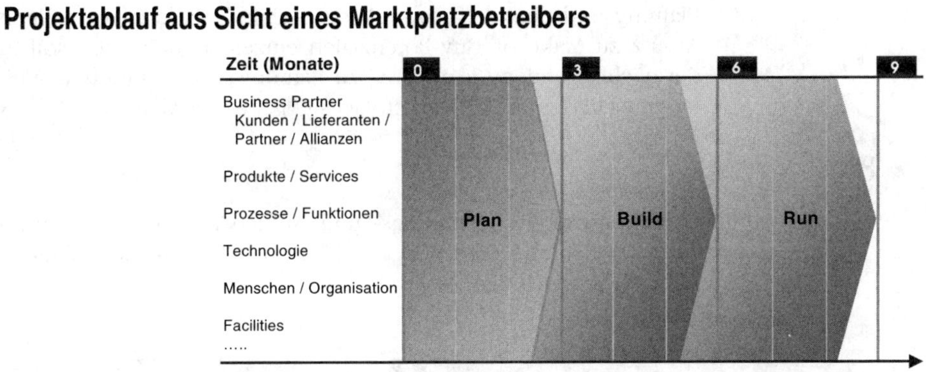

Projektablauf aus Sicht eines Marktplatzbetreibers

Bild 23   Case Study – Wesentliche Elemente beim Projektablauf

„Think big – start small" muss das Motto für einen eMarketplace sein. Mit Hilfe eines straffen und integrativen Ansatzes werden mit Plan, Build und Run die drei Hauptphasen fließend verbunden. Frühzeitig sind innerhalb eines Rahmens alle wesentlichen Aktionsfelder und gleichzeitig die Anforderungen der verschiedenen Beteiligten zu berücksichtigen und einzugliedern.

Die Koordination der Business Partner, hierbei insbesondere die Partner und Allianzen, bleibt bei der Planung und Entwicklung eines eMarketplaces ein stetiges Element. Über die Produkt- und Servicepalette als ein wichtiger Bestandteil des Geschäftsmodells zeigt sich die Leistungsfähigkeit eines Marktplatzes, die nach außen das entscheidende Differenzierungskriterium ist.

Parallel ist ein gleichgewichtiges Augenmerk auf Technologien und Prozesse/Funktionen zu legen. Diese Elemente müssen innerhalb einer Organisation arrangiert und fortlaufend mit passenden Spezialisten besetzt werden. Im Zeitablauf eines eMarketplace-Aufbaus entstehen unterschiedliche Aufgabenerweiterungen und -verschiebungen, die flexibel in die ersten Strukturen zu integrieren sind. Dabei müssen schon von Beginn an geeignete Räume für das Wachstum des Marktplatzunternehmens und seiner Organisation geplant und geschaffen werden.

Durch die Kombination von Zeitdruck und Kosteneffizienz bei einem eMarketplace-Projekt steht ein Marktplatzbetreiber in jeder Phase vor der Entscheidung, welche Aufgaben besser selbst bzw. von außen, durch einen passenden Partner, erbracht werden können. Make or Buy ist damit ein zentrales Leitthema bei der

Aufbau und Entwicklung von eMarketplaces

Planung und dem Auf- bzw. Ausbau eines eMarketplaces. Einen Ansatz zu Make or Buy-Potenzialen einzelner Aktivitäten soll in der nachfolgenden Case Study zur Planung, Umsetzung und Weiterentwicklung eines eMarketplaces gegeben werden.

Plan

Dem kompletten Beziehungs- und Aufgabennetzwerk ist innerhalb der Planung eine erste Struktur zu geben, in der folgende Aktivitäten wesentlich sind:

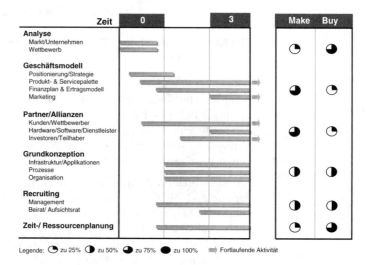

Bild 24: Case Study – Wesentliche Aktivitäten der Plan-Phase

Grundlage einer Planung muss eine Analyse der Systemelemente und ihrer Umwelt unter Bezugnahme der Spielregeln der New Economy sein. Die Hauptbereiche bilden eine Markt-, Wettbewerbs- und Unternehmensanalyse. Dadurch ergibt sich ein umfassendes Bild der Startsituation bzw. Voraussetzungen für einen eMarketplace, dessen mögliche Entwicklungspotenziale zu bewerten sind. Diese Leistungen lassen sich schnell und gezielt von einem außenstehenden Partner erbringen und geben dem Marktplatzbetreiber die Grundlagen für die Entwicklung seines Geschäftsmodells. Darin werden insbesondere die zukünftigen Kernkompetenzen festgelegt, weshalb dies in der Regel durch das Managementteam des Betreibers erstellt wird.

Je neutraler ein Marktplatz ausgelegt sein soll, desto umfangreicher gestaltet sich eine Planungsphase. Insbesondere die Eigentümer- und Partnerstruktur bedarf einer intensiven und frühzeitigen Vorbereitung. In Gesprächen mit zukünftigen Partnern kann sich etwa eine erste Eingrenzung in Bezug auf die eingesetzte Technologie ergeben, deren Vor- und Nachteile oftmals unter Einbezug von externem Know how abzuleiten sind. Erfahrungen mit den verschiedensten Technologien und übergreifende Kenntnisse der jeweiligen Branche und ihrer potenziellen Teilnehmer sind entscheidende Faktoren, die von Beratungen unterstützend in dieser Phase einfließen.

Um die Anbahnung und Abstimmung zwischen einzelnen Partnern zu beschleunigen, werden sie und ihre Leistungen durch einen definierten Zeitplan eingebunden und verpflichtet, was für die folgende Aufbauphase von ausschlaggebender Bedeutung ist. Ein stabiles Managementteam muss eine klare Vision festlegen und diese gegenüber allen Beteiligten und Partnern fortlaufend kommunizieren. Ebenso ist von Anfang an ein evtl. globaler Charakter eines elektronischen Marktplatzes zu beachten, der später Einfluss auf allen drei Ebenen, Infrastruktur, Applikationen und Prozesse, hat. Banale Punkte, wie unterschiedliche Zeitzonen, Sprachen und Währungen, können eine große Hürde für einen Marktplatz bedeuten, werden sie nicht frühzeitig berücksichtigt. Ebenso sind rechtliche wie steuerrechtliche Aspekte, z.B. Vertragsgestaltung, Service Level Agreements und Steuersysteme, schon innerhalb der Planungsphase einzubeziehen.

In der Zeit- und Ressourcenplanung werden sämtliche Aktivitätsfelder eingeplant. Dabei müssen Erfahrungen aus dem Management von komplexen Projekten direkt einfließen, um eine straffe und fortlaufende Umsetzung gewährleisten zu können.

Build

Ein Marktplatzbetreiber hat insbesondere zwei Zielsetzungen für die Startphase: Einerseits wird eine schnelle Eröffnung angestrebt, um einen „First-Mover-Advantage" auszunutzen, andererseits muss ein Marktplatz eine robuste und gleichzeitig einfache Struktur besitzen, damit er für potenzielle Teilnehmer attraktiv ist und zielstrebig ausgebaut werden kann.

Es ergeben sich für die Build Phase mit Organisation & Prozesse, Infrastruktur & Architektur und Teilnehmer-Integration drei parallel zu koordinierende Aktivitätsfelder:

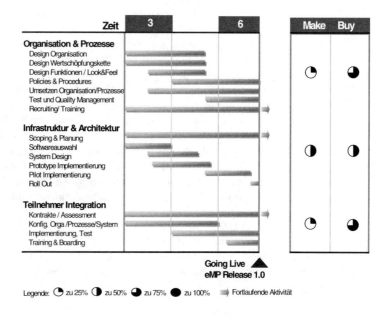

Bild 25: Case Study – Wesentliche Aktivitäten der Build-Phase

Infrastruktur und Architektur

Die oben genannten Anforderungen lassen sich durch einen IT-Architektur-Fahrplan (vgl. Dot.Com in Bild 22) unterstützen, der von Beginn an einen zielgerichteten Auf- und Ausbau eines eMarketplace gewährleistet. Den Kernpunkt bildet eine Infrastruktur, auf der stufenweise Funktionalitäten für die Marktteilnehmer zur Verfügung gestellt werden. Schrittweise erfolgen Erweiterungen, die letztlich ein Management kundenorientierter Geschäftsprozesse ermöglichen.

Innerhalb jeder einzelnen Aufbaustufe muss gezielt die Frage beantwortet werden, ob und wie neue Funktionalitäten und Applikationen in die gegebene und weiter geplante Architekturlandschaft passen. Mit jeder Ergänzung der technologischen Basis ergeben sich ähnliche Fragestellungen, wie z.B. die Erweiterung von Datenstrukturen, wo Daten-Definitionen bereits eingeführter Systeme und Applikationen berücksichtigt werden müssen.

Aus diesem Grund spielen Designkriterien und Schnittstellenmanagement eine entscheidende Rolle und beeinflussen die weiteren Wachstumsmöglichkeiten. Um dies sicherzustellen, ist es erforderlich, das gesamte, geplante Technologiespektrum in unterschiedliche Sektoren einzuteilen, die jeweils einen bestimmten Funktionsbereich abdecken (vgl. Dot.Com in Bild 22). Durch diese Systematik, bei der umfassende Kenntnisse und Erfahrungen mit ständig neuen Technologien erforderlich sind, wachsen teilweise voneinander getrennt angegangene Bereiche, wie z.B. Supply Chain Management und Customer Relationship Management, gezielt zusammen.

Organisation und Prozesse

Nicht alle Abläufe lassen sich auf einem Marktplatz digitalisieren. Um marktplatzspezifische Geschäftsprozesse abwickeln zu können, ist eine betriebswirtschaftliche Grundlage zu entwickeln, die systemgestützt und organisatorisch umgesetzt wird. Dazu ist eine Wertschöpfungskette mit primären und sekundären Funktionen aufzubauen, in der spezifische Organisationseinheiten institutionalisiert werden. Funktionen, wie Marketing, Human Resources und Customer Relations, definieren ihren eigenen Aufgabenbereich, der u.a. eine abteilungsspezifische Organisationsstruktur, Budgetierung und Personalauswahl umfasst. Parallel sind charakteristische Geschäftsprozesse und daraus resultierende Arbeitsergebnisse zu erstellen, die in Abstimmung mit den Organisationseinheiten ausgearbeitet werden müssen. Um eine schnelle Handlungsfähigkeit des neuen Unternehmens zu sichern, können Berater in die jeweiligen, notwendigen Organisationsrollen schlüpfen. Sie entwickeln bzw. übernehmen die operativen Aufgaben, die dann schrittweise an die neuen Mitarbeiter des eMarketplace Unternehmens übergeben werden.

Teilnehmer-Integration

Mit dem Aufbau eines eMarketplace ist elementar die Integration von Teilnehmern bzw. Servicedienstleistern erforderlich. Indem beispielsweise ein abnehmerzentrierter Marktplatz einen zusätzlichen Käufer gewinnt, können sich automatisch „On Boardingbedarfe" der bevorzugten Lieferanten dieses Unternehmens ergeben. Es wird deutlich, dass sich der Integrationsaufwand schnell vervielfacht, je mehr Teilnehmer gleichzeitig an einen eMarketplace anzuschließen sind. Die einzelnen Unternehmenseinheiten benötigen für diese Aktivitäten ein gemeinsames und abgestimmtes Vorgehen. Dazu sollte die Integration von Geschäftspartnern in einer eigenen Organisationseinheit verankert werden. Im Rahmen der Contract Phase werden insbesondere die Rolle und das Nutzerprofil eines Teilnehmers definiert. Darüber hinaus muss sich eine gemeinsame Vertrauensbasis bilden, die eine essentielle Voraussetzung für spätere elektronische Transaktionen ist. Der Informations- und Datenaustausch wird in mehreren Assessment-Runden mit jedem Teilnehmer festgelegt. Dabei erfolgt auch eine Identifikation und Definition von eindeutigen Prozessübergängen. Standardisierte Schnittstellen zu den Marktplatz-Systemen bekommen eine besondere Bedeutung, um On Boarding-Aufwände zu reduzieren. Gerade hierbei treffen verschiedenste „traditionelle" Systeme auf Teilnehmerseite mit neuen Technologien des eMarketplace zusammen. Die Integration der unterschiedlichen Systeme kann durch externe Spezialisten unterstützt werden, die mit beiden Seiten gleichermaßen vertraut sind.

Run

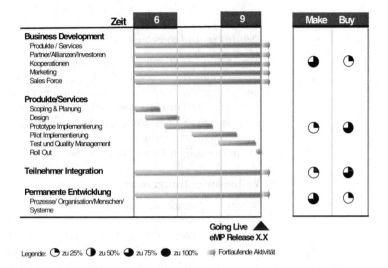

Bild 26 Case Study – Wesentliche Aktivitäten der Run-Phase

Nach der Aufbauphase ist es notwendig, das erforderliche Wachstum auf allen Ebenen von Dot.Com, Dot.Corp und Dot.Ramp gleichermaßen sicherzustellen. Dabei sind vier wesentliche Aktivitätsfelder zu beachten:

Business Development

Die Leistungsfähigkeit und damit Attraktivität eines eMarketplace zeigt sich insbesondere in den angebotenen Produkten und Services. Sie sind strategisch weiterzuentwickeln, so dass sich schrittweise ein ausgewogenes Portfolio ergibt. Die Kommunikation der Produkt- und Servicepalette erfolgt durch ein abgestimmtes Marketing und eine aufzubauende Sales Force.

Im Rahmen des Business Development ergeben sich immer wieder Kooperationsfragestellungen. Beispielsweise müssen zur Abdeckung von Services, die nicht zu den Kernkompetenzen des eMarketplace gehören, passende Partner gefunden werden. Weitere zentrale Aufgabe ist das Management der Partner, Allianzen und Investoren, die Weiterentwicklung des Marktplatzes sowie die strategische Positionierung. Je neutraler eine Plattform sein soll, desto intensiver ist bei jedem neuen Teilnehmer, Partner und auch Investor zu prüfen, ob die Neutralität des Betreibers gegenüber seinen Teilnehmern immer noch gewährleistet ist. Hier können erhebliche interne wie externe Aufwände entstehen.

Produkte und Services

Ein laufendes IT-orientiertes Scoping und Planning übernimmt die strategischen Vorgaben vom Business Development. Die zu integrierenden Funktionalitäten werden identifiziert und priorisiert. Das Design bis zum Roll Out erfolgt innerhalb eines kurzen Prozesses, der sich auf einer 3-Monatsbasis wiederholt. Hierbei kann kurzfristig einsetzbares, externes Know-how unterstützen, die notwendigen Entwicklungen on time umzusetzen.

Teilnehmer-Integration

Schon während des Aufbaus eines eMarketplace wird der Grundstein für eine einfache und flexible Teilnehmeranbindung gelegt und bleibt ein zentrales Element für das weitere Wachstum. Dabei erfordert die Integration eines Teilnehmers auf Prozess- und Systemebene immer eine individuelle Betrachtung. Gleichzeitig handelt es sich um eine zeitlich befristete Aufgabe. Aus diesem Grund sollten hier erfahrene Spezialisten eingesetzt werden, die mit den jeweiligen Systemen und Technologien vertraut sind, um eine schnelle Integration zu gewährleisten. Parallel muss sich ein kontinuierlicher Informations- und Kommunikationsfluss zwischen dem Betreiber und seinen Teilnehmern institutionalisieren.

Permanente Entwicklung

Die Erweiterung der Funktionspalette und das Ansteigen der Teilnehmerzahl bewirken konsequenterweise Anpassungserfordernisse für einen eMarketplace selbst. Zu Beginn definierte Prozesse verändern sich beim Übergang von der Aufbau- zur Wachstumsphase. Neue Produkte und Services eines eMarketplaces bedingen, dass die einzelnen Unternehmenseinheiten des Marktplatzunternehmens andere oder zusätzliche Aufgaben bekommen. Es ergibt sich die Notwendigkeit, Prozesse zu überprüfen, anzupassen und neue zu entwickeln, was auch eine Anpassung der sie unterstützenden Systeme auslöst. Gleichzeitig haben die einzelnen Organisationseinheiten selbst Entwicklungsanforderungen an ihre eigenen Systeme, um ihre fachspezifischen Aufgaben abwickeln zu können. Eine Überprüfung und Konsolidierung der ersten Ergebnisse aus der Aufbauphase muss im Gesamtzusammenhang von Organisation, Prozessen und Systemen erfolgen.

Fazit

eMarketplaces stehen zwar erst am Anfang ihrer Entwicklung, werden sich aber zu einem festen Bestandteil im Beziehungsmanagement zwischen Unternehmen entwickeln. Wenn sich bei den teilnehmenden Unternehmen elektronische Beschaffungs- bzw. Verkaufsprozesse über eMarketplaces etabliert haben, wird eine permanente Weiterentwicklung von Marktplatzfunktionen und -services erwartet.

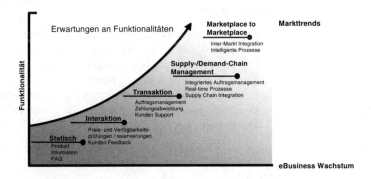

Bild 27: Funktionserwartungen

Stehen zuerst Content und Transaktionen wie Auftragsmanagement und Zahlungsabwicklung im Vordergrund, werden Teilnehmer verstärkt eine vollständige Integration ihrer Supply bzw. Demand Chain erfordern.

Dabei gewinnen zunehmend die beiden Bereiche Supply Chain Management und Customer Relationship Management an Bedeutung: Für die Optimierung von Beschaffungs- und Planungsprozessen von Unternehmen in Bezug zu ihren Lieferanten muss die jeweilige Beziehungskette über die einzelnen Systemgrenzen hinweg erweitert werden. Gleichzeitig sind Interaktion und Feedback der jeweiligen Beteiligten kritische Elemente in einer Kundenbeziehung, die ebenso nahtlos bei einem Einsatz eines eMarketplaces zu integrieren sind. Unternehmen stehen vor der Herausforderung, die bestehenden Face-to-Face-Beziehungen auf eine neue, elektronisch basierte Ebene zu übertragen, wollen sie in Zukunft weiter wettbewerbsfähig bleiben.

In einer ersten Konsolidierungsphase zeichnen sich mit Public (horizontale und vertikale eMarketplaces) und Private Exchanges zwei grundsätzliche Ausrichtungen von eMarketplaces ab, die jede auf ihre Weise die Komplexität von eMarketplace-gesteuerten Geschäftsbeziehungen zu beherrschen versuchen. Trotz dieser ersten Tendenzen bleiben zwei Kernaspekte bestehen:

Auf einem Marktplatz steht eine generelle, aber gleichzeitig tiefe Connectivity der Technologien und Prozesse im Mittelpunkt. Hingegen erfordert die Vorbereitung und Integration eines teilnehmenden Unternehmens in einen eMarketplace immer eine individuelle Betrachtung.

Je mehr kollaborative Funktionen sich über eMarketplaces abbilden lassen, um so wichtiger ist die Flexibilität und Anpassbarkeit für Marktplatzbetreiber, Teilnehmer und Serviceprovider. Diese Herausforderung an das Management von Geschäftsbeziehungen in einem Umfeld sich ständig weiter entwickelnder Technologien lässt sich am besten durch eine zielgerichtete Kombination und Bündelung interner wie externer Ressourcen und Know-how umsetzen.

4 Dynamische Ecosysteme: Ein praktischer Ansatz zur Entwicklung von eMarkets

Rainer Degen, Reinald Wolffs

Das Internet als neue Handlungsoption

Wundern Sie sich nicht, wenn Sie eines Tages eine Lieferung vom Lieferanten X zugestellt bekommen und einen Tag später eine weitere Sendung des gleichen Ersatzteils vom Lieferanten Y. Die zweite Bestellung haben Sie in keiner Weise anders gehandhabt als die erste. Das liegt dann an eServices. eServices schaffen dynamische web-basierte Beziehungen zwischen Kunden und Lieferanten. Dabei „werben" eServices für ihre Leistung auf dem Netz, führen „Vertragsverhandlungen" über den Umfang der zu erledigenden Aufgabe und überwachen ihren Einsatz während der Leistungserbringung. eServices bringen sich selbst in komplexere Services ein. Kunden und Lieferanten gehen dynamisch Geschäftsbeziehungen ein, die bisher noch nicht existierten. Ist die Leistung erbracht, wird gemäß Vereinbarung abgerechnet.

Noch ist es nicht ganz so weit. Fakt ist, dass in der heutigen Wirtschaft kein Geschäft für sich allein existiert. Die Fokussierung auf Kerngeschäfte, das Outsourcing von Fertigungs- und Logistikprozessen und die Entstehung neuer, internet-basierter Geschäftsmodelle führen zu einer hohen gegenseitigen Abhängigkeit mit großen Vorteilen für alle Beteiligten in der Wertschöpfungskette. Ziel ist es, trotz großer Unsicherheiten in Bezug auf die künftige Marktentwicklung, Kostenvorteile zu realisieren, das Risiko von Angebots- und Nachfrageschwankungen zu reduzieren und neue Marktchancen zu nutzen. Funktionierende und im Idealfall „dynamische" Netzwerke von Geschäftspartnern bilden dafür die beste Basis. Die jeweils Besten arbeiten zusammen, um mit ihrer gemeinsamen Leistung am Markt erfolgreich zu sein.

Die Internet-Ökonomie beschleunigt und erleichtert diese Entwicklung. Während in der Vergangenheit Lieferantenbeziehungen und Partnerschaften zwischen Unternehmen statisch waren, werden sie mit dem Internet zunehmend dynamisch. Diese „dynamischen Ecosysteme" prägen die künftige Entwicklung und lösen das traditionelle Denken in Branchen allmählich ab. Unternehmen arbeiten internet-unterstützt zusammen, in der Produktentwicklung, in Produktion und Logistik, im Vertrieb und im Kunden-Service. Teilnehmer in diesen Netzwerken sind nicht nur die traditionellen Zulieferer, sondern in gleicher Weise eine Vielzahl von Dienstleistern aus Transportindustrie, Finanzwirtschaft, Handel und die Kunden selbst.

Man kann sich zwar entscheiden, nichts zu tun und abzuwarten, bis sich der Sturm bzw. die Internet-Hysterie beruhigt hat und die Konturen wieder klarer werden. Wer das Internet jedoch als eine weitere Handlungsoption versteht, möchte jetzt eine Vorstellung von den Möglichkeiten für das eigene Unternehmen zum jetzigen Zeitpunkt erhalten. Ein gangbarer Weg, zu einer internet-geprägten Vorstellung der Zukunft des Unternehmens zu kommen, ist die Modellierung eines Ecosystems, des Lebensraums.

Dynamische Ecosysteme: Das Neue richtig nutzen

Value Web, Value Chain Management, Aggregationen, Value Collaboration Networks, Ecosysteme. Der Begriffe gibt es viele, gemeint ist immer das Gleiche: Teilnehmen in Wertschöpfungsgemeinschaften unter Nutzung des Internets. Der im Folgenden verwendete Begriff Ecosystem symbolisiert die Vielfalt, die Dynamik und die Unberechenbarkeit, die im Internet steckt. eMarkets bilden die Plattform für neue Geschäftschancen. Dynamische Ecosysteme sind Denkmodelle, die über eMarkets hinausgehen. Sie liefern umfassende Klarheit über Marktstrukturen und Teilnehmer.

Ecosysteme zeichnen sich durch zwei herausragende Eigenschaften aus:

Ecosysteme sind lebende Gebilde, deren unabhängige Teile zusammenarbeiten.

Ecosysteme entwickeln sich stetig weiter. Diejenigen Teile, die sich schnell anpassen können und deren Grundausstattung auf Flexibilität aufbaut, überleben.

Unternehmen im Zusammenspiel mit ihren Kunden und Partnern lassen sich in der Art und Weise der Zusammenarbeit ebenfalls als Ecosysteme bezeichnen. Die Teilnehmer mit ihren Leistungen sind recht unterschiedlich, zusammen schaffen sie Werte für Individuen und Unternehmen. Dabei können Ecosysteme die Effizienz nachhaltig steigern oder neue Umsatzströme erzeugen, z.B. durch vereinheitlichte und vereinfachte Kommunikation und unmittelbare globale Verfügbarkeit, beispielsweise durch den neuen Internet-Vertriebskanal und durch zusätzliche Services.

eServices sind die Domestiken in dynamischen Ecosystemen. Sie machen Werbung für die eigene Leistung, verhandeln Angebote und rechnen nach erbrachter Lieferung gemäß Vereinbarung ab.

Diese eFulfillment-Lösung bildet eine elektronische Supply Chain für das Ersatzteil-Management ab. Der Gerätehersteller erhält einen Kundenauftrag, der an den Teilehersteller weitergegeben wird. Dieser übernimmt das komplette Bestandsmanagement für die Ersatzteile und beliefert den Endkunden direkt. Die Lösung stellt einen abgesicherten Supply Chain-Marktplatz dar, im dem sich mehrere Lieferanten und Service-Anbieter um die Aufträge und das Fulfillment bewerben.

Die Beschaffung von Ersatzteilen kann auf Grund von unvollständigen Versorgungsketten und sich ständig ändernden Beständen sehr zeit- und personalintensiv sein. Eine eFulfillment-Lösung hat gegenüber der Standard-Versorgungskette bei Ersatzteilen erhebliche Vorteile. Die Auftragsbearbeitung erfolgt in Echtzeit. Aufträge, die beim Hersteller eingehen, gelangen innerhalb von Sekunden zum Lieferanten. Dadurch kann der Lieferant seine Bestände noch weiter optimieren – bei gleichzeitig verkürzten Lieferzeiten.

eServices platzieren die Anfrage des Kunden gleichzeitig bei mehreren Teilelieferanten und Logistik-Dienstleistern. Die Auswahl eines Lieferanten und Dienstleisters kann nach unterschiedlichen Kriterien erfolgen, wie z.B. gleichmäßige Auslastung der Teilelieferanten, aktuelle Lieferfähigkeit, geplanter Lieferzeitpunkt, Preis etc.

Bild 28 zeigt ein Ecosystem, das einen eFulfillment-Marktplatz als Kern enthält.

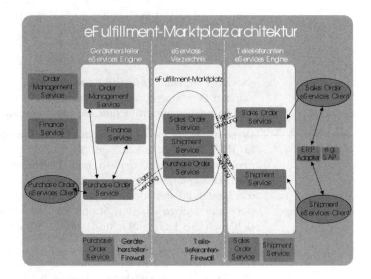

Bild 28: eFulfillment-Marktplatzarchitektur

Folgendes passiert, wenn eine Bestellung ausgelöst wird:

Ein eService Client nimmt die Bestellung entgegen, sucht einen Purchase Order Service und sendet die Bestelldetaildaten in XML-Format.

Der Purchase Order Service entdeckt den Sales Order Service des Lieferanten – welcher im eServices-Verzeichnis wirbt – und sendet die Purchase Order XML-Daten.

Der Sales Order Service kommuniziert mit dem ERP-System des Lieferanten via ERP-Adapter und sendet die Bestätigung oder die Ablehnung des Auftrags.

Der Purchase Order Service erhält nun vom Sales Order Service des Lieferanten die aktuellen Daten und aktualisiert den Auftrag.

Während der Ausführung aktualisiert der Shipment Service ähnlich zu Schritt 4 den Auftrag mit Sendungsereignissen.

Die Architektur und der Prozessfluss zeigen einen Käufer und einen Lieferanten. In einem dynamischen Ecosystem partizipieren jedoch eine Vielzahl von Käufern und Lieferanten in diesem Marktplatz.

Ein Lieferant, der sich dem Marktplatz anschließt, tritt unmittelbar mit den anderen Lieferanten in Wettbewerb. Mit anderen Worten: Die Auftraggeber können dynamisch einen neuen Lieferanten oder einen neuen Service-Anbieter für die Auftragsausführung entdecken. Eingebaute Sicherheitsmechanismen schützen die Marktplatzteilnehmer vor Eindringlingen.

Bezugsrahmen für die eigene Rolle schaffen

Mit dem Ecosystem-Ansatz lässt sich ein Bild des eigenen ökonomischen Lebensraums und der eigenen Beiträge zeichnen. Es gibt Auskunft über:
- die eigene Position in einem Modell der Zukunft,
- die optimale Kombination von alten Stärken und neuen Chancen,
- die Wahrnehmung des Kunden in seiner kompletten Bedarfsstruktur,
- die Ausrichtung der gesamten Wertschöpfung auf den Kunden.

Das „Stand-alone"-Unternehmen war gestern. Der darin vorherrschende Denkansatz war, dass Unternehmen die limitierten Wünsche und Bedürfnisse ihrer Kunden allein zufriedenstellen müssen. Fertigungstiefe war erfolgskritisch, z.B. kam es vor, dass bei der Herstellung von Motoren für die herzustellenden Maschinen die Ankerwicklungen der Motoren selbst angefertigt wurden.

Heute dagegen haben sich die Unternehmen zu Allianzen und Partnerschaften zusammengeschlossen, entstanden häufig aus der Notwendigkeit, mit neuen Produkten und Services schneller am Markt zu sein oder einfach Leistungen außerhalb der Kernkompetenz aus dem Unternehmen herauszulösen.

Mit der Internet-Ökonomie und dem Entstehen von eMarkets kommt jetzt eine neue Qualität in die Kollaboration: Die Wiederentdeckung des Kunden als Orientierung und Ziel aller gemeinsamen Anstrengungen. Es geht darum, nicht nur die expliziten Bedürfnisse der Kunden zu befriedigen, sondern die impliziten, nicht ausgesprochenen Anforderungen „personalisierter" Kunden zu verstehen. Der Dialog in „Communities", aktuelle Information, die allen Beteiligten via Web gleichzeitig zur Verfügung steht, oder auch der experimentelle Umgang mit neuen Leistungsangeboten („einfach mal etwas probieren") sind Formen, um die impliziten Bedürfnisse der Kunden zu erfassen und umzusetzen.

Die Entwicklung neuer Geschäftsstrategien findet so im Dialog mit Kunden und Partnern statt.

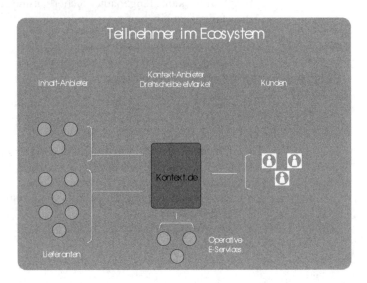

Bild 29: Teilnehmer im Ecosystem

In einem typischen Ecosystem finden sich folgende Teilnehmer und Mitgestalter[15]:

Kunden: nehmen nicht nur Leistungen in Anspruch, sondern gestalten und formen die Entwicklung des Ecosystems aktiv mit. Tun das auch deshalb, weil ihr Input auf fruchtbaren Boden fällt.

Kontext-Anbieter: Die „Pole Position", weil sie die direkte Schnittstelle zum Kunden darstellt. Stellt den Nährboden bereit, auf dem sich die Teilnehmer treffen. Der Kontext-Anbieter – häufig der eMarket oder die Kollaborationsplattform - examiniert die Bedarfsstruktur des Kunden und fügt sich nahtlos in dessen gesamte Wertschöpfungskette ein. Was die Partner angeht, so steht Qualität vor Quantität. Der Kontext-Anbieter schafft das Regelwerk für das Zusammenleben. Er entfacht die Kommunikation

---

[15] Don Tapscott, David Ticoll, Alex Lowy, *Digital Capital*, Harvard Business School Press, Boston, Massachusetts, 2000

zwischen den Beteiligten. Er setzt zentrale Ansprechpartner (Hosts) ein und entwickelt Repräsentanten auf der Kundenseite, die eng mit dem Host zusammenarbeiten. Der Kundenvertreter hilft Neuen beim Kennenlernen des Ecosystems und beantwortet Fragen. Der Kontext-Anbieter kann trotz dieser Schlüsselposition nicht verhindern, dass das Ecosystem – einmal angestoßen – Zug um Zug in sich selbst Teile der Strategieentwicklung übernimmt.

Inhalt-Anbieter: Sie liefern die Güter und Dienstleistungen respektive eServices, die den Kunden in der Urbestimmung weiterbringen.

Unterstützende Dienste: Unterstützen die betriebswirtschaftliche Abwicklung. Dazu gehören alle geschäftlichen Transaktionen, Fulfillment Services wie Logistik, Zahlungsabwicklung, Registrieren von neuen Mitgliedern, Sicherheit etc.

Infrastruktur und Technologie: Liefern die Infrastruktur, Kommunikation, Betrieb, stellen die Verfügbarkeit sicher.

Kontext-Anbieter benutzen als Kulminationspunkt ihres Ecosystems Portale im Internet. Wie Ecosysteme aussehen, zeigen die folgenden Beispiele:

B2B-Ecosysteme

Unternehmen einer Industrie haben ähnliche „Supply Chains" (z.B. in der Elektronikindustrie). Nicht selten kooperieren sie mit denselben Unternehmen. Unternehmen haben begonnen, sich mit potenziellen Wettbewerbern und Partnern zusammenzutun, um Abwicklungsprozesse zu harmonisieren und die Nachfrage zu bündeln.

Beispiel: Kollaboration

Spin Circuit ist ein Ecosystem für Engineering-Dienstleistungen im Entwicklungsumfeld von elektronischen Schaltungen. Entwicklungsingenieure, Komponenten-Lieferanten und die Auftragshersteller treffen sich dort. Das Ergebnis ist eine nachhaltige Verbesserung des time-to-market und die Sicherheit von aktuellen Informationen über neueste Komponenten für die Designer. Die ersten 20 % der Designphase entscheiden über 80 % der Gesamtkosten. Spin Circuit versorgt deshalb die Designer mit aktuellsten Informationen und Werkzeugen, die sie brauchen, um die besseren Produkt-Designs früh in der Entwicklungsphase zu machen. Spin Circuit stellt dazu als Kontext-Anbieter u.a. eine Online-Datenbank mit über 1 Million Elektronik-Komponenten bereit, die unmittelbar in das Design übernommen werden können – unabhängig von dem jeweiligen Entwicklungssystem. Der Designer benutzt entweder sein eigenes Entwicklungssystem, oder er verwendet das System von Spin Circuit, oder er lässt das Design über einen von Spin Circuit vermittelten Designer erstellen. Um die Teile herstellen zu lassen, kann sich der Kunde mit Hilfe von Spin Circuit Angebote von mehreren Anbietern einholen und den Auftrag einstellen.

Beispiel: Marktplatz

Unternehmen, deren Angebot aus Dienstleistungen besteht, sind besonders dazu geeignet, ihr Angebot in einem internet-unterstützten Ecosystem zusammenzufassen und verfügbar zu machen. In der Fertigungsindustrie entwickeln sich zur Zeit – gesteuert aus der Unternehmenslogistik – Logistik-Ecosysteme mit einem eMarket als zentralem Steuerungsinstrument.

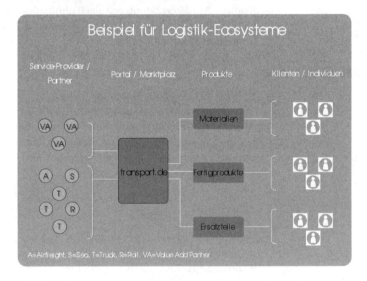

Bild 30   Beispiel für Logistik-Ecosysteme

Logistik-Ecosysteme koordinieren für den Kunden entlang der Wertschöpfungskette sämtliche Anforderungen an Transport und Logistik. Der unternehmens-interne Logistik- und Transportbereich positioniert sich als Kontext-Anbieter zwischen den Konzernkunden, den Transport-Service-Providern und sonstigen Dienstleistern. Der Kontext-Anbieter bietet dem Kunden Service-Komponenten entlang der gesamten Prozesskette. Neben dem eigentlichen Transport kann der Kunde alle zusätzlich erforderlichen Dienste in Anspruch nehmen. Mehrwertdienste sind Abholung, Verpackung, Zwischenlagerung, Verzollung, Versandscheinerstellung, Frachtenprüfung.

Der Kunde erhält einen Service zur Analyse der Transportaufträge, aus denen sich Strategien für zukünftige Optimierungen im Gesamtkontext über den eigentlichen Transport hinaus ableiten lassen.

Für den Kunden bedeutet das eine enorme Zeitersparnis durch Erledigung aller Aufgaben rund um die Logistik an einer Stelle. Die Verfügbarkeit rund um die Uhr gibt dem Kunden die Möglichkeit, auch außerhalb der Geschäftszeiten, Aufträge zu platzieren.

Der Kontext-Anbieter stellt für den Kunden einen neutralen Vermittler zu den unterschiedlichen Leistungserbringern dar. Dabei managt der Kontext-Anbieter die unter der Oberfläche bestehende Komplexität. Beim Verfolgen von Transportaufträgen über mehrere Service-Provider fasst der Kontext-Anbieter die Sendungsereignisse einheitlich und vereinfacht an einer Stelle zusammen. Vorteil für alle Beteiligte: kein zusätzlicher Aufwand durch das Erlernen unterschiedlicher Tracking-Systeme.

Der Kunde stellt sich die auf dem Marktplatz zur Verfügung gestellten Services nach seinem Bedarf zusammen. Es ist dem Kunden auch möglich, Services in seiner gewohnten Web-Umgebung zu aktivieren. Die Identität des eMarkets bleibt im Hintergrund.

Das gesamte Ecosystem ist so auf den Kunden ausgerichtet, dass die vom Kunden ausgelöste Anforderung die gesamte Wertschöpfungskette zur gleichen Zeit erreicht. Alle Beteiligten beginnen mit der Lösung ihres Teils der Aufgabe nahezu zeitgleich.

Beispiel: Private Exchange

Das Modell des Ecosystems besitzt ordnende Kraft. Das lässt sich sehr gut an einem Fallbeispiel aus dem Bereich Einkauf von Produktionsmaterialien erläutern. Die hier dargestellte Situation findet sich bei vielen großen Unternehmen mit diversifizierten Aktivitäten wieder, insbesondere in der Elektronik- und Hightech-Branche, aber auch im Automobilbau.

Das Outsourcing von Fertigungsaktivitäten in den vergangenen Jahren hat vielen Unternehmen massive Kostenvorteile gebracht, aber auch neue Nachteile. Die Transparenz über die Lieferkette ist sehr eingeschränkt, Mengenvorteile in der Beschaffung gingen verloren, die unternehmensweite Verwendung einer definierten Anzahl bevorzugter Teile ist nur schwer durchsetzbar. In Industrien mit schnellen Produktlebenszyklen und stark schwankender Nachfrage nach einzelnen Produkten kommt erschwerend hinzu, dass häufige „Change Orders" viel manuellen Aufwand erzeugen und bei ihrem Lauf durch die Lieferkette zu viel Zeit beanspruchen.

Das Ziel jedes Beschaffungs- und Supply Chain-Managers ist es, eine hohe Liefersicherheit bei gleichzeitig möglichst niedrigen Gesamtkosten zu erreichen, trotz der beschriebenen Dynamik des Umfelds. Eine Lösung bieten so genannte Private Exchanges. Das ist die eher technologische Seite. Die konzeptionelle Seite ist, dass sich alle Teilnehmer eines bestimmten, „privaten" Supply Chain-Ecosystems über gemeinsame, web-fähige Prozesse verbinden – zum Nutzen aller.

HP nutzt Private Exchanges für bestimmte Materialgruppen, auf die die oben beschriebene Situation zutrifft. Das lässt sich an einem vergleichsweise nebensächlichen Teil, dem HP Logo auf Druckern oder PCs gut veranschaulichen. Pro Monat werden etwa sechs Millionen Stück benötigt – von HP-Divisions, von weltweit verteilten Contract Manufacturers sowie von Logistik-Dienstleistern, die ebenfalls einfache Endmontage- und Verpackungsaufgaben wahrnehmen. Wie nicht anders zu erwarten, sind im Laufe der Zeit eine Vielzahl unterschiedlicher HP Logos entwickelt, von den Fertigungsbereichen beschafft und von vielen Lieferanten geliefert worden – mit vergleichsweise hohen Kosten und mit Lieferproblemen bei kurzfristigen Bedarfsschwankungen.

Mit einer „Private Exchange" als Drehscheibe für die weit über 100 beteiligten Hersteller und Lieferanten wurde diese Situation innerhalb von nur 6 Monaten radikal verändert. Ein globales HP-Team hat nun Transparenz über die weltweite Versorgungssituation und kann den gesamten Prozess managen, vom Design der Logos über die Bedarfsplanung bis zur Versorgung der Montagewerke und Logistik-Dienstleister. Im ersten Schritt wurde die Teilevielfalt auf eine Handvoll reduziert, die von nur noch zwei Lieferanten bezogen werden. Das bewirkte eine deutliche direkte Kostensenkung und eine verbesserte Versorgungssicherheit, da jeweils eine größere Anzahl von Abnehmern nun gleiche Teile verwendet. Wichtiger jedoch ist, dass sich die Reaktionszeiten in der Bestellabwicklung signifikant verkürzen ließen. Früher führten Batch-Abläufe oder manuelle Eingriffe zu vielen Zeitverzögerungen in der Kette Kundenbestellung – Bestellung beim Lieferanten – Auftrags- und Terminbestätigung vom Lieferanten. Potenziert wurde dieses Problem durch viele kurzfristige Auftragsänderungen (Change Orders). Heute laufen diese Prozesse automatisiert über die Private Exchange und sorgen für eine zeitnahe gegenseitige Information aller Beteiligten. Im Übrigen ermöglicht die hohe Transparenz durch die Private Exchange klare Leistungsmessungen, sowohl in Bezug auf Lieferanten als auch auf die nun einheitlichen Prozesse.

Das Ergebnis ist für alle Beteiligten positiv. Die Endabnehmer und die Fertigungsbereiche haben eine deutlich erhöhte Versorgungssicherheit, die Transaktionskosten wurden massiv reduziert, für HP haben sich die direkten Materialkosten verringert und die Lieferanten haben signifikant niedrigere Herstellkosten durch geringere Teilevielfalt und größere Mengen.

Wenn die entsprechende flexible Infrastruktur vorhanden ist, lässt sich das Konzept der Private Exchange ebenso auf komplexere Situationen ausdehnen, wo neben den direkten Lieferanten auch die Vorlieferanten miteinbezogen werden. Am Beispiel Plastikmaterialien wird das deutlich. Der direkte Lieferant fertigt Komponenten, die Plastikteile beinhalten, sein Zulieferer wiederum kauft Granulate bei einem Chemie Unternehmen. Der Betreiber der Private Exchange managt als Agent die gesamte Lieferkette und nutzt die Mengenaggregation über eine Reihe von Komponentenfertigern und firmen-internen Abnehmern zu Kostenvorteilen für sich, aber auch für die beteiligten Vorlieferanten. Das funktioniert natürlich nur, wenn durch diese Private Exchange eine Nachfragemacht entsteht, die größer ist als die der einzelnen Lieferanten. Aber das ist – neben der Automatisierung von Transaktionen untereinander – der Sinn der Sache.

Vorgehenskonzept

Dynamische Ecosysteme lassen sich als Modell der B2B-Wirklichkeit beschreiben. Der Ausgangspunkt sind die heutigen Geschäftsbeziehungen zwischen den Unternehmen, das Objekt der Neugier ist die Zukunft mit eMarkets. Wie gelangt man nun zu einem Verständnis dieser Zukunft und zur Ableitung von Handlungsoptionen für die Gegenwart?

Man benötigt einen methodischen Ansatz, Kreativität und die Fähigkeit, sich neue Szenarien aus Sicht der unterschiedlichen Teilnehmer eines B2B-Ecosystems anzusehen. Im Folgenden soll ein grober Abriss eines methodischen Ansatzes vorgestellt werden.

Eine einfache grafische Skizze veranschaulicht das heutige Ecosystem:

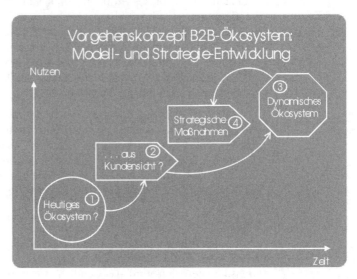

Bild 31   **Vorgehenskonzept B2B-Ecosystem: Modell- und Strategie-Entwicklung**

Im ersten Schritt wird das heutige Beziehungsgeflecht, in dem das Unternehmen steht, beschrieben. Wer sind die Kunden, die die heutigen Leistungen nachfragen, nutzen und bezahlen? Welche externen Dienstleister tragen zur Gestaltung der eigenen Leistung bei – z.B. Zulieferer, Finanz- und Logistik-Dienstleister oder Händler? Worin liegt die Wertschöpfung des eigenen Unternehmens, in der eigenen Wahrnehmung und in der der Kunden? Ergänzend bietet sich ein Vergleich mit den derzeitigen Wettbewerbern an. Was machen sie gleich, worin unterscheiden sie sich? Was bestimmt heute wesentlich den Erfolg am Markt?

Der zweite Schritt dient dazu, die heutige B2B-Welt aus der Kundenperspektive zu betrachten. Nun ist es nicht immer ganz einfach, klar zu bestimmen, wer der Kunde ist. Aus praktischen Gründen empfiehlt es sich, den als Kunden zu betrachten, der die bezogene Leistung direkt für seine eigene Leistungserstellung

(Geschäftskunde) oder zum eigenen Gebrauch oder Verbrauch (Konsumkunde) benötigt. Im Falle eines Geschäftskunden ist das also nicht die Einkaufsabteilung, sondern z.B. der Konstrukteur, der Montageleiter oder der Techniker im Kundendienst.

Was braucht dieser Kunde nun wirklich und welche Anforderungen stellt er z.B. an Lieferzuverlässigkeit, Qualität und Schnelligkeit? Was macht sein Leben einfacher und erspart ihm Zeit oder Ärger? Und was ist es, was er immer schon haben wollte, aber noch nie bekommen hat? Das sind alles altbekannte Fragen. Viele blieben bisher leider unbeantwortet.

Wie findet man nun Antworten? Zunächst ist es wichtig, das direkte Gespräch mit den Kunden zu suchen und unvoreingenommen zu fragen und zuzuhören. Erfahrungsgemäß nimmt die Ernsthaftigkeit zu, wenn man sich dann in die Schuhe des Kunden stellt und überlegt, welcher alternative Anbieter in der Lage sein könnte, genau diese (neuen?) Anforderungen zu erfüllen – und unterstellt, dass er das tatsächlich schafft.

Einem kundenorientierten, einfallsreichen Unternehmer bietet das Internet die Chance, ganz neue Antworten zu finden und mit B2B-Konzepten – gekoppelt mit einer verbesserten Standardisierung von Leistungen – Kostenvorteile zu schaffen. Es lohnt sich also, diesen Fragen ernsthaft nachzugehen, selbst wenn es in der „alten Welt" keine revolutionär neuen Antworten gibt. Diese entstehen möglicherweise mit dem nächsten Schritt.

Im dritten Schritt entsteht ein Bild der Zukunft in der das eigene Unternehmen als Initiator oder wesentlicher Teilnehmer eines eMarkets „sein" dynamisches Ecosystem selbst mitgestaltet. Diese Zukunft mag in sehr schnelllebigen Branchen in 12 Monaten liegen, in eher traditionellen Industrien sind vielleicht 24 bis 36 Monate ein angemessener Zeitsprung. Da das Internet auch vor vermeintlich langsamen Industrien keinen Halt macht, empfiehlt es sich nicht, einen längeren Zeitraum zu wählen.

Nun ist Kreativität gefragt. Wie kann die Rolle des eigenen Unternehmens aussehen, wenn es der Partner seiner Kunden werden will? Oder bieten sich über eMarkets jetzt vielleicht ganz andere Kunden an, z.B. weil Outsourcing das Umfeld verändert? Welche Marktveränderungen können selbst mitgestaltet werden, auf welche muss sich das Unternehmen einstellen? Was ist der Wert der eigenen Leistungen für die Kunden, aber auch für die eingebundenen Partner? Worin liegt die Flexibilität, neue Kundenanforderungen schnell und mit neuen Lösungen zu erfüllen?

Hier ist es sinnvoll, möglichst anschaulich vorzugehen und, beginnend mit der Entwicklungsgeschichte der letzten fünf Jahre, auf großen Wand-Charts ein Bild der Zukunft zu entwerfen. So entsteht eine Art „Mind Map" der Zukunft, mit dem eigenen Unternehmen als Drehscheibe und eMarkets als Plattform für die dynamische Kombination von eigenen und Partner-Leistungen zum bestmöglichen Kundennutzen. Und natürlich so, dass dadurch alle Teilnehmer des Ecosystems profitieren, denn das ist die Voraussetzung für die Lebensfähigkeit des Ganzen. Wichtig ist im Übrigen nicht, dass dieses Bild der Zukunft „stimmt", wichtig ist, dass es die Dynamik abbildet und die Fähigkeit des Unternehmens, mit dieser Dynamik umzugehen.

Nun beginnt mit dem vierten Schritt der schwierige Teil: Der Sprung zurück in das Heute und die Notwendigkeit, die entscheidenden Schritte in diese Zukunft zu planen und anzugehen. Das ist der eigentlich evolutionäre oder gar revolutionäre Akt; das fordernde, hektische und erfolgreiche Tagesgeschäft nicht als Ausrede zu nehmen, einfach so weiterzumachen, sondern wirkliche Veränderungen einzuleiten. Da beweist sich dann die Überzeugungskraft der eigenen Zukunftsvision und die Tatkraft des Managements. Die oben genannten Beispiele zeigen, wie erste, überschaubare Schritte in eMarkets aussehen können.

5 Businessplan für B2B-eMarkets: Integriertes Finanzplanungsmodell und Erfolgsfaktoren

Klaus Groß, info@klausgross.com

Zusammenfassung

Der Warenhandel von Unternehmen untereinander (Business-to-Business, B2B) wird zukünftig mehr und mehr auf das Internet verlagert. Elektronische B2B-Marktplätze werden einen beträchtlichen Teil dieses Handels an sich ziehen. Auch wenn die Anzahl der entstehenden Marktplätze noch zu Beginn des vergangenen Jahres überschätzt wurde, ist sich die Fachpresse über ein immenses Potenzial an Transaktionsvolumen über B2B-eMarkets einig. Zur Vorbereitung der Investitionsentscheidung wurde das nachfolgend vorgestellte Planungsmodell für einen B2B-Marktplatz entwickelt, mit dem eine qualifizierte Absatz- und Finanzplanung erstellt werden kann.

Zum Einstieg in die Businessplanung wird ein Top-down-Ansatz vorgeschlagen, der das Umsatzvolumen des eMarkets aus dem Marktpotenzial des betreffenden Teilmarktes ableitet. Der detaillierte Businessplan wird mit Hilfe eines Bottom-up-Ansatzes auf Basis der angebotenen Services erstellt. Das für eMarkets spezifische Kernstück des Businessplans ist eine detaillierte Absatz- und Umsatzplanung, die die Akquisition der agierenden Unternehmen, Buyer und Supplier und die Entwicklung der Transaktionen des Marktplatzes berücksichtigt.

Die Value- und Cost-Driver des Modells und die Planungszusammenhänge der benötigten Teilpläne werden standardisiert aufgezeigt. Das Modell ist gleichermaßen geeignet für die Planung vertikaler wie auch für die horizontaler B2B-Markets.

Businessplan als Grundlage für die Investitionsentscheidung

Zu Beginn dieses Jahres wurde die Anzahl der entstehenden B2B-Marktplätze noch sehr euphorisch gesehen. Gartner Group rechnete für das Jahr 2002 mit weltweit 7.500 Marktplätzen (Berlecon-Studie „Virtuelle Vermittler", Oktober 2000), Berlecon prognostizierte die Anzahl der Marktplätze für Deutschland im Jahr 2002 auf etwa 600-800. In Studien neueren Datums wurden die Prognosen über die Anzahl der Marktplätze erheblich reduziert. Nach Einschätzung von Boston Consulting gibt es bis zum Jahr 2003 nur Platz für ca. 60-100 in Deutschland gegründete virtuelle Marktplätze mit einem Handelsvolumen von mindestens 1,5 Mrd. DM (Internet World vom 23.08.2000: „Keine Chance für Internet-Marktplätze"). Da heute in Deutschland lt. Boston Consulting bereits 130 Marktplätze gezählt werden (Berlecon: 231), wird sich die Zahl der eMarkets konsolidieren. Dieser Trend wird durch die Entwicklung in USA bestätigt: der US-Betreiber Ventro gab Anfang Dezember 2000 überraschend die Schließung seiner Marktplätze Chemdex und Promedix bekannt, nachdem keine Übernahmeinteressenten für diese eMarkets zu finden waren.

Gleichzeitig herrscht jedoch Übereinstimmung, dass das Volumen auf den Marktplätzen, die sich durchgesetzt haben, stark ansteigen wird. So reichen die Schätzungen für den Wert der über B2B-Marktplätze gehandelten Güter (Transaktionsvolumen, „Trading Value") in Deutschland für 2001 von 20 – 113 Mrd USD, die bis zum Jahr 2004 auf 290 – 550 Mrd. USD ansteigen werden. Für Europa werden Transaktionsvolumen von 900 – 2.300 Mrd. USD genannt, wobei nicht immer deutlich zwischen Handelsvolumen von Unternehmen untereinander über Internet (B2B-E-Commerce) und dem Handelsvolumen über elektronische Märkte differenziert wird.

Unstrittig ist, dass sich das enorme Marktpotenzial der B2B-Marktplätze zukünftig wenige große Player untereinander aufteilen werden. Umso wichtiger ist es, die Wirtschaftlichkeit des geplanten Geschäftsmodells mit einem geeigneten Business-Planungsmodell unter Beweis zu stellen. Das vorliegende integrierte Planungsmodell wurde als Standard für einen B2B-Marktplatz entwickelt, mit dessen Hilfe Investitionsentscheidungen beim Aufbau des eMarktes unterstützt werden. Da jedes Geschäftsmodell spezifische Besonderheiten aufweist, kann das Finanzplanungsmodell nur eine Basis für individuelle Anpassungen darstellen.

Einbindung in einem Partner-Netzwerk

Der wichtigste Erfolgsfaktor für einen elektronischen Marktplatz ist das schnelle Erreichen einer kritischen Masse an Transaktionsanzahl und Transaktionsvolumen. Da sich nahezu in jeder Branche gleichzeitig mehrere Wettbewerber in Position bringen, ist die kritische Masse mit zeitlichem Vorsprung zu den Wettbewerbern zu erreichen, um eine marktführende Stellung zu erlangen. Zur Erreichung dieses Ziels muss sich der Marktplatz auf seine Core Competences konzentrieren: möglichst schnell ein großes, vielfältiges, gut strukturiertes und aufgearbeitetes Angebot (Content) auf den Marktplatz zu bringen, um damit ausreichendes Transaktionsvolumen zu erzeugen.

Für die Lösung von nahezu allen anderen Problemstellungen bieten spezielle Businesspartner ihre Hilfestellung in allen Lebenszyklusphasen an, sei es in der Konzeptionsphase, der Aufbauphase bis hin zum operativen Betrieb.

Partner eines eMarkets sind (beispielhaft): Consultants in der Strategie- und Konzeptionsphase, ein B2B-Plattform-Lieferant (z. B. Commerce One, Ariba, Oracle, i2), Outsourcing-Partner oder Business-Service Provider für ein maßgeschneidertes Serviceangebot und deren Fulfillmentpartner (Logistiker, Versicherungen).

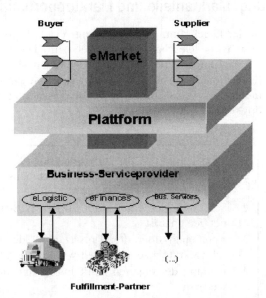

Bild 32   Mögliche Partner eines B2B-eMarkets

Alle beteiligten Partner dieses Netzwerks stehen in einem Vertragsverhältnis zueinander. Die entsprechenden Dienstleistungsverträge sehen häufig leistungs- bzw. transaktionsbezogene Entgelte vor. Das Revenue-Modell der Commerce One beinhaltet neben Lizenzzahlungen des Plattform-Betreibers (Marketsite) auch die Abführung eines prozentualen Anteils derjenigen Umsätze an Commerce One, die unmittelbar oder mittelbar mit ihrer Software erzielt werden. Ob diese umsatzabhängigen direkten Kosten in analoger Weise an den Marktplatzbetreiber, beziehungsweise vom Marktplatzbetreiber an seine Kunden (Buyer/Supplier) weiterberechnet werden, hängt vom Preismodell des Marketsite-Betreibers bzw. des Marktplatzbetreibers ab. Andere Preismodelle arbeiten mit variablen Vergütungen auf Basis der gehandelten Transaktionswerte (z. B. Ariba). Mit einem Revenue-Sharing-Modell auf verschiedenen Ebenen ist der wirtschaftliche Erfolg der Partner aneinander geknüpft und somit voneinander abhängig. Existieren aufgrund der vertraglichen Vereinbarungen Revenue-Sharing-Modelle, so sind sie in der Kostenplanung des Businessmodells entsprechend abzubilden.

Top-down-Planung: Marktanteile und Marktopportunities

In der Regel kann in der Planungsphase des eMarkets nicht auf bestehende Geschäftsbeziehungen zurückgegriffen werden, die ein Einbringen von Transaktionsvolumen sicherstellen würden. Es bietet sich an, in diesen Fällen eine erste grobe Planung einer möglichen Transaktions- und Umsatzplanung mit einem Top-down-Ansatz zu erstellen.

Planungsschritte der Top-down-Planung
1. Bestimmung des Transaktionsvolumens des relevanten Gesamtmarktes
2. Schätzung des Anteils, der für den B2B-Handel im Internet geeignet ist
3. Annahmen über den Umsatzanteil, der über elektronische Marktplätze gehandelt wird
4. Planung der eigenen Marktanteile und der von Wettbewerbern
5. Planung der angestrebten Service-Fee (Prozent vom gesamten Transaktionsvolumen)
6. Ermittlung des Umsatzes des eMarkets (top-down)

Der erste Schritt der Top-down-Planung besteht in der Erfassung des relevanten Gesamtmarktes. Dieser besteht aus dem Wert der in diesem Gesamtmarkt zwischen Unternehmen gehandelten Güter und Dienstleistungen (Transaktionsvolumen, Trading Value). Datenquellen sind Statistische Ämter und Branchenveröffentlichungen.

Von dem so quantifizierten Gesamtmarkt ist in der Regel nur ein bestimmter Teil für den Handel über das Internet geeignet. Gründe können sein, dass ein Teil der Produkte aufgrund ihrer Komplexität der Beratungsintensität weiterhin über traditionelle Vertriebskanäle angeboten werden muss. Eine weitere Eingrenzung des Warenhandels im Internet ist in der Hinsicht vorzunehmen, ob die elektronische Auftragsvergabe direkt zwischen den Unternehmen („peer-to-peer", z. B. per XML/Web-EDI) oder über einen elektronischen Markt zustande kommt.

Häufig wird bei der Veröffentlichung von Transaktionswerten im Internet keine eindeutige Definition des Inhalts einer veröffentlichten Zahl gegeben. Prognosen über Transaktionsvolumen im Internet sind kritisch zu hinterfragen, ob der Gesamtumsatz B2B/B2C oder nur B2B gemeint ist, bei Letzterem kann sowohl der direkte Handel von Unternehmen im Internet („peer-to-peer") als auch der Handel über B2B-Marktplätze beinhaltet sein.

Bei der Planung der eigenen Marktanteile ist zu beachten, dass auch noch nicht existente Wettbewerber kurzfristig mit ähnlichen Geschäftsmodellen in den Markt eintreten können. Aus den für eMarkets relevanten Branchenumsätzen und dem eigenen Marktanteil kann das Potenzial des eMarkets an Transaktionsvolumen ermittelt werden.

In Abhängigkeit vom Umfang und der Komplexität der angebotenen Dienstleistungen kann der eMarket im Schnitt mit Service-Fees in Höhe von 0,5 % bis etwa 2 % des Transaktionsvolumens rechnen.

Der mit diesem Top-down-Ansatz ermittelte Umsatz des eMarkets kann keine alleinige Grundlage für die Umsatzplanung des Businessplans sein. Jedoch kann damit die in einem späteren Planungsschritt durchgeführte Bottom-up-Planung, die auf einer detaillierten Absatz- und Preisplanung basiert, auf Plausibilität überprüft werden.

Bottom-up-Planung

Elemente eines integrierten Planungsmodells

Ausgangspunkt und Kernstück des Planungsmodells ist die Absatz- und Mengenplanung, die in Verbindung mit der Preisplanung zur Umsatzplanung führt. Die darauf aufbauenden finanziellen Teilpläne sind: Ergebnisrechnung, Bilanz, Investitionen und Kapitalflussrechnung.

Während die finanziellen Teilpläne nur inhaltlich, nicht aber strukturell gegenüber Planungsmodellen anderer Businesspläne angepasst wurden, wurde die **Absatz-, Mengen-, Preis- und Umsatzplanung** spezifisch für das Geschäftsmodell eines B2B-Markets erstellt. Die wesentlichen Parameter, die zum Umsatz führen, werden im nachfolgenden Kapitel als Erfolgsfaktoren oder „Value Drivers" beschrieben. Für jede Revenueart wurde ein eigenes Planungsblatt entwickelt, aus dem der Algorithmus zur Ermittlung des Umsatzes ersichtlich ist. In die Umsatzplanung wurde auch die Planung von direkten Kosten integriert, d. h. Abführungen bzw. Revenue-Sharing mit Plattform-Lieferant und Business Service-Provider.

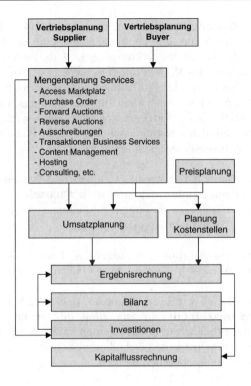

Bild 33 Teilpläne des integrierten Planungsmodells

Als Basis für die **Kostenplanung** wurden geeignete Profit-/ Costcenter und Kostenarten definiert. Die Kostenarten werden differenziert nach Kostenstellen geplant, jeweils in einem eigenen Planungssheet. Zur Reduzierung der Modellkomplexität wurden keine sekundären Kostenstellen gebildet.

Die **finanziellen Teilpläne** sind miteinander verknüpft. Die Ergebnisrechnung greift auf die Umsatzplanung und die Kostenplanung zu. Die Investitionsplanung, die sich aus der Absatz- und Mengenplanung ableitet, wird parallel zur Plan-Ergebnisrechnung erstellt. Die Plan-Bilanz benötigt Ergebnisrechnung und Investitionsplanung als Input. Der letzte Teilplan in Bezug auf den Planungsablauf ist die Kapitalflussrechnung, die ohne manuellen Eingriff anhand von Ergebnisrechnung, Bilanz und Investitionsplan erstellt wird.

Als **Planungszeitraum** wurde ein fünfjähriger Planungshorizont gewählt. Spätestens ab dem vierten Jahr ist abschätzbar, wann die Pay-back-Periode erreicht sein wird. Es hat sich bei der Anwendung des Modells auf verschiedene Marktplätze gezeigt, dass der Nachweis der Profitabilität spätestens nach dem dritten Jahr erfolgen muss. Nach dem fünften Planungsjahr kann das Plan-Ergebniss linear fortentwickelt werden, da nach diesem Zeitraum eine auf Planungsprämissen basierende Planung keine größere Planungszuverlässigkeit mehr bringt.

Die Planung von Absatz, Mengen- und Preisen wurde über den gesamten Planungszeitraum nach **Quartalen** erstellt. Die finanziellen Teilpläne sind im ersten Planungsjahr quartalsbezogen, ab dem zweiten Jahr jahresbezogen.

Die Basiswährung des Modells ist Euro €, die Zahlenbeispiele wurden meist in Tausend Euro (T€) angegeben.

Das Modell wurde so aufgebaut, dass es nahtlos in ein **Controlling-Instrument** zur Steuerung des operativen Geschäfts im Kurzfristbereich überführt werden kann. Hierzu muss der Finanzteil in einem zweiten Detaillierungsschritt lediglich auf Monatsbasis heruntergebrochen werden.

Revenuemodell

Der standardisierte Marktplatz, der in diesem Planungsmodell abgebildet wurde, bietet folgende Services an:

Servicearten des Planungsmodells
- ➢ Katalogbestellungen (Purchase Orders)
- ➢ Auktionen (Forward Auction, Reverse Auction)
- ➢ Ausschreibungen (RFP/RFQ)
- ➢ Integrierte Business-Services (Payment, Logistic, Insurance, u. a.)
- ➢ Content Management
- ➢ Hosting eProcurement
- ➢ Consulting (Professional Services)

Weitere Services wie Pre-Sales-Services (Community-, Informationsservices), die die Attraktivität des Marktplatzes für Buyer und Supplier steigern, gehören zum Standard-Angebot eines eMarkets, sie sind in der Regel in der Access-Fee enthalten und wurden nicht explizit in diese Planungsmodell aufgenommen. Für andere Services aus dem Post-Sales-Bereich, die Buyern und Suppliern durch Datenbank-Auswertungen Entscheidungshilfen liefern, werden derzeit noch Revenuemodelle entwickelt und in das Modell integriert.

Die Services des Marktplatzes können auf verschiedene Weise den Kunden in Rechnung gestellt werden. Die zur Zeit häufigsten Abrechnungsarten sind:

Revenue-Modelle von eMarkets

- Setup/Initial Fees (Einmalgebühren)
- Subscription Fees, Mitgliedsgebühren (periodische Gebühren)
- transaktionsbezogene Gebühren
  - mengenbezogene Transaktionsgebühren
  - wertbezogene Provisionen
- Hostinggebühren
- Aufwandsbezogene Fakturierung (z. B. Manntage)

Die genannten Abrechnungsmodelle wurden in etlichen Veröffentlichungen ausreichend erläutert. Die Tendenz scheint dahin zu gehen, dass die Bedeutung von wertabhängigen Transaktionsgebühren in Zukunft abnehmen wird. Obwohl gerade diese elektronischen Marktplätze für kleine und mittlere Unternehmen (KMU) interessant machen, werden die Unternehmen mit zunehmender Einkaufsaktivität andere Grundlagen der Kostenbelastung fordern. Daher werden zeit- und größenbezogene Gebührenmodelle zunehmen, wie z. B. eine feste Mitgliedsgebühr pro Monat/Jahr, die durchaus abhängig von bestimmten Größenkriterien des teilnehmenden Unternehmens sein kann (z. B. Anzahl der angeschlossenen Einkäufer, Netzbelastungen etc.).

Erfolgsfaktoren

Die **Erfolgsfaktoren ("Value Drivers")** des eMarket-Planungsmodells sind die kritischen Stellgrößen, durch deren Veränderung sich ein besonderer Einfluss auf das geplante Ergebnis ergibt. Diese Faktoren sind für jeden Service dezidiert zu planen. Die wichtigsten Erfolgsfaktoren sind:

> **Erfolgsfaktoren**
> ➢ Anzahl Buyer
> ➢ Anzahl Supplier
> ➢ Anzahl Kataloge/Anzahl Katalogeinträge
> ➢ Anzahl Transaktionen
> ➢ Ø Transaktionsvolumen pro Transaktion ("Trading Value")
> ➢ Preis der Services

Die Kunden des Marktplatzes sind **Käufer (Buyer)** und **Verkäufer (Supplier)**. Die Trennung dieser beiden Kundengruppen ist allerdings nicht überschneidungsfrei, da ein Unternehmen sowohl als Käufer wie auch als Verkäufer auf dem Marktplatz auftreten kann. Von der Anzahl der Buyer und Supplier sind die Umsätze aus Setup Fee und den periodischen Subscription Fees abhängig.

Die **Anzahl der Kataloge** und der angebotenen Artikel (**Katalogeinträge**, unter Berücksichtigung von unterschiedlichen Artikelausprägungen und Mengenbündelungen) bilden das Angebot des Marktplatzes **(Content)**. Dieses wird in der Regel in einem Gesamtkatalog abgebildet, aus dem den Buyern Auszüge mit den für sie relevanten Preisinformationen zur Verfügung gestellt werden.

Content, der in guter Qualität und Quantität zur Verfügung steht, führt letztlich zu **Bestelltransaktionen** (Purchase Orders), aus denen über transaktionsabhängige Gebühren der Marktplatz Umsätze generiert. Aber auch Ausschreibungen führen zu Transaktionen, die entsprechend fakturiert werden können. Auktionen werden meist über das **Transaktionsvolumen** abgerechnet.

Absatz-/Umsatzplanung

Vertriebsplanung

Die auf dem Marktplatz agierenden Unternehmen, Buyer (Käufer) und Supplier (Verkäufer), wurden in **Größenkategorien** eingeteilt. Es liegt die Annahme zugrunde, dass Unternehmen unterschiedlicher Größe in anderer Weise auf dem Marktplatz agieren (z. B. beim Ø Transaktionsvolumen pro Transaktion, Teilnahme an Auktionen). Es besteht somit die Möglichkeit, das Planungsmodell genauer auf die Zielkundengruppe des Marktplatzes einzustellen. Das Planungsmodell klassifiziert Buyer und Supplier in vier Größenklassen: Großunternehmen (XXL), große mittelständische Unternehmen (XL), mittlere Unternehmen (M) und Kleinunternehmen (S). Die Einteilung wurde wie folgt vorgenommen:

Kategorie	Umsatz von /bis (T)	Durchschnitts-Umsatz (T)
XXL Großunternehmen	> 50.000	100.000
XL große mittelständische Unternehmen	25.000 - 50.000	37.500
M kleine mittelständische Unternehmen	2.500 – 25.000	13.750
S Kleinunternehmen	< 2.500	1.250

In das Planungsmodell wird die **Anzahl der Buyer**, die von der Vertriebsplanung vorgegeben wird, für jedes Quartal des Planungszeitraum manuell eingegeben (siehe Tabelle 1a). Eine nur jahresbezogene Planung wäre im Hinblick auf die Entwicklung der Einkaufstätigkeit auf dem elektronischen Marktplatz im Zeitablauf zu ungenau. Im untenstehenden Auszug aus dem Planungsmodell wird das Jahr 2001 in einer quartalsweisen Entwicklung wiedergegeben, aus Platzgründen werden von den Jahren 2002 – 2005 nur die Summen pro Jahr angezeigt. Aus dem relevanten Branchenmarkt werden bis zum Jahr 2005 400 Buyer akquiriert, hauptsächlich in den Kategorien XL, M und S.

Tabelle 1a	Vertriebsplanung Buyer							
	2001 Q I	2001 Q II	2001 Q III	2001 Q IV	2001 gesamt	2002 gesamt	2003 gesamt	2004 gesamt	2005 gesamt

1.a.1. Adressierbare Buyer
Anzahl Buyer gesamt

	Q I	Q II	Q III	Q IV	2001 gesamt	2002 gesamt	2003 gesamt	2004 gesamt	2005 gesamt
XXL	0	0	0	1	1	2	2	2	2
XL	2	3	7	12	12	49	60	68	76
M	2	4	9	12	12	48	70	90	110
S	2	5	11	18	18	64	116	164	212
Summe	6	12	27	43	43	163	248	324	400

Bild 34   Tabelle 1a Vertriebsplanung Buyer

Die **Anzahl der Supplier** wird als prozentualer Anteil einer maximalen Anzahl an Suppliern abgeleitet, die für den Marktplatz akquiriert werden kann. Diese maximale Anzahl Supplier leitet sich aus der Anzahl Buyer ab. Das Modell geht von der konservativen Annahme aus, dass das Akquisitionspotenzial durchschnittlich bei 2,5 Suppliern pro Buyer liegt, so dass bei 400 Buyern der Content von maximal 1.000 Suppliern gewonnen wird. Die Ramp-up-Planung erfolgt quartalsweise. Im Zahlenbeispiel wurde unterstellt, dass das Supplier-Potenzial zu 40 % ausgeschöpft werden kann. Im Jahr 2005 sind somit die Kataloge von 1.000 Suppliern auf dem Marktplatz eingestellt. Für die Content-Planung ist von Bedeutung, wie viele Artikel pro Katalog eines Suppliers eingetragen sind. Im Beispiel sind dies im Durchschnitt 1.500 Artikel pro XXL-Supplier, 1.000 Artikel für XL-Supplier, jeweils 500 bzw. 50 Artikel für einen M-/S-Supplier. Am Ende des Jahres 2005 werden im Gesamtkatalog des eMarkets 280.000 Artikel geführt.

Tabelle 1b	Vertriebsplanung Supplier/Content								
		2001				2001	2002	2003	2004	2005
		Q I	Q II	Q III	Q IV	gesamt	gesamt	gesamt	gesamt	gesamt
1.b.1. Anzahl Supplier										
Steigerungsrate Akquisition Supplier										
XXL	50	1%	2%	3%	4%	4%	10%	25%	35%	40%
XL	150	1%	2%	3%	4%	4%	10%	25%	35%	40%
M	800	1%	2%	3%	4%	4%	10%	25%	35%	40%
S	1.500	1%	2%	3%	4%	4%	10%	25%	35%	40%
Anzahl Supplier gesamt										
XXL		0	1	1	2	2	5	12	17	20
XL		1	3	4	6	6	15	37	52	60
M		8	16	24	32	32	80	200	280	320
S		15	30	45	60	60	150	375	525	600
Summe		24	50	74	100	100	250	624	874	1.000
Anzahl neue Supplier										
XXL		0	1	0	1	2	3	7	5	3
XL		1	2	1	2	6	9	22	15	8
M		8	8	8	8	32	48	120	80	40
S		15	15	15	15	60	90	225	150	75
Summe		24	26	24	26	100	150	374	250	126
1.b.2. Anzahl Artikel pro Supplier										
		Anzahl Artikel pro Supplier								
XXL		1.500								
XL		1.000								
M		500								
S		50								
1.b.3. Anzahl Artikel										
XXL		0	1.500	1.500	3.000	3.000	7.500	18.000	25.500	30.000
XL		1.000	3.000	4.000	6.000	6.000	15.000	37.000	52.000	60.000
M		4.000	8.000	12.000	16.000	16.000	40.000	100.000	140.000	160.000
S		750	1.500	2.250	3.000	3.000	7.500	18.750	26.250	30.000
Summe		5.750	14.000	19.750	28.000	28.000	70.000	173.750	243.750	280.000

Bild 35   Tabelle 1b Vertriebsplanung Supplier Content

Preisplanung

Das Pricing des Planungsmodells richtet sich nach dem weiter oben beschriebenen Revenue Modell für eMarkets. In der hier dargestellten Grundversion wird eine Subscription Fee für den Zugang zum Marktplatz erhoben, die in Anspruch genommenen Services werden darüber hinaus einzeln fakturiert. Lediglich bei den integrierten Business-Services ist ein „Packaging" als Beispiel für eine Sevicebündelung vorgesehen.

Die Preise, die im Planungsmodell für die Dienstleistungen des eMarkets angesetzt wurden, orientieren sich an den zur Zeit marktüblichen Preisen und Revenuemodellen verschiedener Anbieter. Sie sind aber exemplarisch zu verstehen und stellen keine Preisbasis für Verhandlungen dar. Im Zeitablauf ist eine Preisreduzierung aufgrund steigenden Konkurrenzdrucks und Größendegressionseffekten der Anbieter geplant, die Preise wurden im Modell um zehn Prozent pro Jahr reduziert.

Access Marktplatz

Mit einer Subscription Fee bzw. „Mitgliedsbeitrag" lässt sich ein eMarket in der Regel den Zugang eines Buyers bzw. Suppliers auf den Marktplatz vergüten. Diese Umsatzart stellen für ihn „sichere", d. h. transaktionsunabhängige Erlöse dar. Value Drivers des Access sind die Anzahl der Buyer und Supplier sowie der Preis für den Marktplatzzugang.

In dem Zahlenbeispiel (vgl. Tabelle 2) erzielt der Marktplatz Umsätze aus Access in Höhe von rd. 1,7 Mio € (2001) bis 11,7 Mio € (2005). Dies sind 43 % bzw. 41 % des Gesamtumsatzes. Als direkte Kosten wurde ein Revenue Sharing von 20 % des Umsatzes mit dem Plattform-Lieferanten aufgenommen. Für das Revenue Sharing gilt das Gleiche wie für wertbezogene Provisionen: Auf Dauer wird ein Revenue Sharing mit dem Plattform-Lieferant nicht bei jeder Umsatzart durchzusetzen sein, insbesondere, wenn sich der Marktplatz etabliert und eine entsprechende Größenordnung erreicht hat.

Tabelle 2   Access Marktplatz

	2001 Q I	2001 Q II	2001 Q III	2001 Q IV	2001 gesamt	2002 gesamt	2003 gesamt	2004 gesamt	2005 gesamt
2.1. Anzahl Buyer/Supplier									
Buyer									
XXL	0	0	0	1	1	2	2	2	2
XL	2	3	7	12	12	49	60	68	76
M	2	4	9	12	12	48	70	90	110
S	2	5	11	18	18	64	116	164	212
Summe	6	12	27	43	43	163	248	324	400
Supplier									
XXL	0	1	1	2	2	5	12	17	20
XL	1	3	4	6	6	15	37	52	60
M	8	16	24	32	32	80	200	280	320
S	15	30	45	60	60	150	375	525	600
Summe	24	50	74	100	100	250	624	874	1.000
2.2. Preismodell Access									
Setup-Fee									
XXL T€	25,0	25,0	25,0	25,0	25,0	22,5	20,3	18,2	16,4
XL T€	10,0	10,0	10,0	10,0	10,0	9,0	8,1	7,3	6,6
M T€	5,0	5,0	5,0	5,0	5,0	4,5	4,1	3,7	3,3
S T€	2,0	2,0	2,0	2,0	2,0	1,8	1,6	1,5	1,3
Access-Fee									
XXL T€	20,0	20,0	20,0	20,0	20,0	18,0	16,2	14,6	13,1
XL T€	8,0	8,0	8,0	8,0	8,0	7,2	6,5	5,8	5,3
M T€	4,0	4,0	4,0	4,0	4,0	3,6	3,2	2,9	2,6
S T€	1,5	1,5	1,5	1,5	1,5	1,4	1,2	1,1	1,0
	10%	Faktor jährliche Preisreduzierung							
2.3. Umsatz Access (T€)									
XXL	0,0	45,0	20,0	110,0	175,0	486,0	903,2	1.111,8	1.151,3
XL	54,0	78,0	138,0	214,0	484,0	1.767,6	2.502,9	2.779,5	2.845,5
M	90,0	130,0	197,0	231,0	648,0	1.789,2	3.429,5	4.272,0	4.515,9
S	59,5	88,5	126,0	161,0	435,0	1.116,9	2.365,4	3.010,5	3.216,3
Summe	203,5	341,5	481,0	716,0	1.742,0	5.159,7	9.201,0	11.173,7	11.728,9
2.4. Direkte Kosten Access									
Setup Fee (€) einmalig					0,0	0,0	0,0	0,0	0,0
Subscription Fee (€) € pro Quartal	0,0	0,0	0,0	0,0					
Transaction Fee (€) € pro Transaktion	€ 0,00	€ 0,00	€ 0,00	€ 0,00	€ 0,00	€ 0,00	€ 0,00	€ 0,00	€ 0,00
Revenue Share %-Umsatz	20,0%	20,0%	20,0%	20,0%	20,0%	20,0%	20,0%	20,0%	20,0%
Direkte Kosten (T€)									
Setup Fee (€)	0,0				0,0	0,0	0,0	0,0	0,0
Subscription Fee (€)	0,0	0,0	0,0	0,0	0,0	0,0	0,0	0,0	0,0
Transaction Fee (€)	0,0	0,0	0,0	0,0	0,0	0,0	0,0	0,0	0,0
Revenue Share	40,7	68,3	96,2	143,2	348,4	1.031,9	1.840,2	2.234,7	2.345,8
Summe	40,7	68,3	96,2	143,2	348,4	1.031,9	1.840,2	2.234,7	2.345,8
in %-Umsatz	20,0%	20,0%	20,0%	20,0%	20,0%	20,0%	20,0%	20,0%	20,0%
2.5 Deckungsbeitrag Access									
Umsatz (T€)	203,5	341,5	481,0	716,0	1.742,0	5.159,7	9.201,0	11.173,7	11.728,9
Direkte Kosten (T€)	-40,7	-68,3	-96,2	-143,2	-348,4	-1.031,9	-1.840,2	-2.234,7	-2.345,8
Deckungsbeitrag (T€)	162,8	273,2	384,8	572,8	1.393,6	4.127,8	7.360,8	8.939,0	9.383,1
in %-Umsatz	80,0%	80,0%	80,0%	80,0%	80,0%	80,0%	80,0%	80,0%	80,0%

Bild 36   Tabelle 2 Access Marktplatz

Katalogbestellungen (Purchase Orders)

Katalogbestellung, Auktionen und Ausschreibungen sind die Möglichkeiten, über die im Modell Warenbestellungen möglich sind. Im Durchschnitt der fünf Jahre werden im Zahlenbeispiel über Katalogbestellungen rund 50 % des Transaktionsvolumens („Trading Value") abgewickelt.

Der Einkauf eines Buyers über die Kataloge des eMarkets wird als prozentualer Anteil aus dem gesamten Einkaufsvolumen des Buyers abgeleitet. Als Prämissen müssen verschiedene Annahmen getroffen werden. Die erste Annahme betrifft den durchschnittlichen Umsatz der Buyer pro Größenkategorie. Der durchschnittliche Umsatz eines Buyers der Kategorie XXL beträgt 100.000 T€ im Jahr, die weiteren Durchschnittsumsätze sind: 37.500 T€ (XL-Buyer), 13.750 T€ (M-Buyer) und 1.250 T€ (S-Buyer). Da die Transaktionen nach direkten und indirekten Gütern geplant werden, müssen Annahmen über den durchschnittlichen Materialeinsatz pro Materialart getroffen werden. Für direkte Güter wird durchschnittlich 30 % des Umsatzes aufgewandt, für indirekte Güter 20 %. Zu planen sind weiterhin die prozentualen Anteile des Einkaufsvolumens, die die Buyer über den eMarket beziehen. Diese Anteile steigen pro Quartal, sie beginnen bei 3 % (direkte Güter) bzw. 5 % (indirekte Güter) für der erste Planungsjahr und erreichen im Jahr 5 12 % bzw. 20 %. Das prozentuale Einkaufsvolumen kann differenziert für jede Größenkategorie der Buyer festgelegt werden.

Die Anzahl der Katalog-Bestellungen/Purchase Orders errechnet sich aus dem Einkaufsvolumen über den Marktplatz, der durch die durchschnittlichen Bestellwerte pro Katalog-Bestellung dividiert wird. Letzteren liegen Branchenerfahrungen bzw. Befragungen von Pilotkunden zu Grunde. In diesem Fall wurde angenommen, dass der durchschnittliche Bestellwert bei direkten Gütern zwischen 7,5 T€ (S-Buyer) und 20,0 T€ (XL-Buyer) liegt. Für indirekte Materialien wurde einheitlich ein Bestellwert von 200 € unterstellt.

Die Transaktionen eines Buyers sind abhängig von der Dauer (Anzahl Quartale) seiner Zugehörigkeit zum Marktplatz. Bei der Errechnung der Transaktionen eines Quartals wurde folgender Algorithmus angewendet: Jeder neue Buyer beginnt mit Anschluss an den Marktplatz bei Q1 bezüglich seines Anteils Katalogbestellung am Einkaufvolumen, dieses steigt von Quartal zu Quartal. Die 1.594 Transaktionen an indirekten Gütern, die in Q II des Jahres 2001 von XL-Buyern veranlasst werden, setzen sich zusammen aus: 5 % des Einkaufsvolumens Indirektgüter von einem neuen XL-Buyer aus Q II und 6 % des Volumens von zwei

XL-Buyern aus Q I. Diese Rechnung zieht sich analog durch sämtliche 25 Planungsquartale durch.

In Tabelle 3a können die Rechenschritte für das erste Jahr nachvollzogen werden. Die nachfolgenden Jahre werden nur als Jahressummen gezeigt, die Planung basiert aber ebenfalls auf Quartalen. Im Jahr 2001 werden 20.601 Transaktionen aus Katalog-Bestellungen ausgeführt, für die weiteren Jahre sind dies 145.707 (2002), 314.058 (2003), 490.950 (2004), 686.582 (2005).

Das Transaktionsvolumen („Trading Value"), der Wert der über den Marktplatz gehandelten Waren aus Katalogbestellungen ergibt sich als Multiplikation aus der Anzahl Transaktionen und den durchschnittlichen Bestellwerten pro Transaktion. Das Transaktionsvolumen steigt von rd. 4,0 Mio € im Jahr 2001 bis auf rd. 250 Mio € im Jahr 2005. In diesen Werten sind noch nicht die Volumina enthalten, die über Auktionen und Ausschreibungen gehandelt werden. Das Transaktionsvolumen bildet nach diesem Modell allerdings keine Basis für die Berechnung der Katalogbestellungen.

Im Folgenden:

Bild 37   Tabellen 3a Anzahl Katalogbestellungen

Tabelle 3a Anzahl Katalogbestellungen/Purchase Orders

	2001 Q I	Q II	Q III	Q IV	2001 gesamt	2002 gesamt	2003 gesamt	2004 gesamt	2005 gesamt
3.a.1. Anzahl neue Buyer									
XXL	0	0	0	1	1	1	0	0	0
XL	2	1	4	5	12	37	11	8	8
M	2	2	5	3	12	36	22	20	20
S	2	3	6	7	18	46	52	48	48
Summe	6	6	15	16	43	120	85	76	76

3.a.2. Zusatzangaben Buyer

Anteil Mate am Umsatz	Direkte Güter (A+B-Material)	Indirekte Güter (C-Material)
XXL	30%	20%
XL	30%	20%
M	30%	20%
S	30%	20%

3.a.3. Anteil Katalogbeschaffung über e-Market am gesamten Beschaffungsvolumen (%)

Direkte Güter (A+B-Material)

	Q I	Q II	Q III	Q IV	2001	2002	2003	2004	2005
XXL	3%	3%	4%	4%	4%	7%	9%	11%	12%
XL	3%	3%	4%	4%	4%	7%	9%	11%	12%
M	3%	3%	4%	4%	4%	7%	9%	11%	12%
S	3%	3%	4%	4%	4%	7%	9%	11%	12%

Indirekte Güter (C-Material)

	Q I	Q II	Q III	Q IV	2001	2002	2003	2004	2005
XXL	5%	6%	7%	8%	8%	12%	16%	20%	20%
XL	5%	6%	7%	8%	8%	12%	16%	20%	20%
M	5%	6%	7%	8%	8%	12%	16%	20%	20%
S	5%	6%	7%	8%	8%	12%	16%	20%	20%

3.a.4. Durchschnittlicher Bestellwert pro Katalogbestellung (T€)

Direkte Güter (A+B-Material)

	Q I	Q II	Q III	Q IV	2001	2002	2003	2004	2005
XXL	20,0	20,0	20,0	20,0	20,0	20,0	20,0	20,0	20,0
XL	15,0	15,0	15,0	15,0	15,0	15,0	15,0	15,0	15,0
M	12,5	12,5	12,5	12,5	12,5	12,5	12,5	12,5	12,5
S	7,5	7,5	7,5	7,5	7,5	7,5	7,5	7,5	7,5

Indirekte Güter (C-Material)

	Q I	Q II	Q III	Q IV	2001	2002	2003	2004	2005
XXL	0,2	0,2	0,2	0,2	0,2	0,2	0,2	0,2	0,2
XL	0,2	0,2	0,2	0,2	0,2	0,2	0,2	0,2	0,2
M	0,2	0,2	0,2	0,2	0,2	0,2	0,2	0,2	0,2
S	0,2	0,2	0,2	0,2	0,2	0,2	0,2	0,2	0,2

3.a.5. Anzahl Katalogbestellungen/Purchase Orders

Direkte Güter (A+B-Material)

	Q I	Q II	Q III	Q IV	2001	2002	2003	2004	2005
XXL	0	0	0	11	11	113	180	259	311
XL	11	17	43	73	144	996	2.166	3.429	4.686
M	5	10	24	33	72	448	1.022	1.749	2.572
S	1	2	4	7	14	85	225	426	673
Summe	17	29	71	125	242	1.641	3.593	5.863	8.242

Indirekte Güter (C-Material)

	Q I	Q II	Q III	Q IV	2001	2002	2003	2004	2005
XXL	0	0	0	1.250	1.250	14.000	22.000	30.000	37.750
XL	938	1.594	3.750	6.750	13.031	91.688	199.875	305.250	418.219
M	344	756	1.753	2.578	5.431	34.444	78.238	130.625	192.156
S	31	84	194	338	647	3.934	10.350	19.213	30.216
Summe	1.313	2.434	5.697	10.916	20.359	144.066	310.463	485.088	678.341

Gesamt Katalogbestellungen/Purchase Orders

	Q I	Q II	Q III	Q IV	2001	2002	2003	2004	2005
XXL	0	0	0	1.261	1.261	14.113	22.180	30.259	38.061
XL	949	1.611	3.793	6.823	13.176	92.683	202.041	308.679	422.904
M	349	766	1.777	2.611	5.503	34.892	79.260	132.374	194.729
S	32	86	198	345	661	4.020	10.575	19.638	30.888
Summe	1.329	2.463	5.768	11.040	20.601	145.707	314.056	490.950	686.582

In Tabelle 3b wird der Umsatz aus Purchase Orders errechnet. Der Preis pro Purchase Order beträgt im ersten Jahr 0,80 €, er reduziert sich aufgrund des zu erwartenden Preisverfalls auf 0,53 € im Jahr fünf. Der eMarket generiert aus Transaktionen im Kataloggeschäft Umsätze von 16,5 T€ im ersten Jahr, im fünften Jahr betragen die Umsätze 364 T€.

Nach vorliegendem Kostenmodell sind 20 % der Umsätze des eMakets, die mit Purchase Orders erzielt werden, an den Plattform-Lieferanten abzuführen (Revenue-Sharing, rd. 3 T€ für 2001, 73 T€ für 2005). Nach Abzug der direkten Kosten ergibt sich ein Deckungsbeitrag von 13 T€ für 2001, im Jahr 2005 sind es 291 T€.

Tabelle 3b PURCHASE ORDERS

		2001 Q I	2001 Q II	2001 Q III	2001 Q IV	2001 gesamt	2002 gesamt	2003 gesamt	2004 gesamt	2005 gesamt
3.b.1. Anzahl Transaktionen (Purchase Orders)										
Direkte Güter (A+B-Material)										
XXL		0	0	0	11	11	113	180	259	311
XL		11	17	43	73	144	996	2.166	3.429	4.686
M		5	10	24	33	72	448	1.022	1.749	2.572
S		1	2	4	7	14	85	225	426	673
Summe		17	29	71	125	242	1.641	3.593	5.863	8.242
Indirekte Güter (C-Material)										
XXL		0	0	0	1.250	1.250	14.000	22.000	30.000	37.750
XL		938	1.594	3.750	6.750	13.031	91.688	199.875	305.250	418.219
M		344	756	1.753	2.578	5.431	34.444	78.238	130.625	192.156
S		31	84	194	338	647	3.934	10.350	19.213	30.216
Summe		1.313	2.434	5.697	10.915	20.359	144.066	310.463	485.088	678.341
Gesamt Purchase Orders										
XXL		0	0	0	1.261	1.261	14.113	22.180	30.259	38.061
XL		949	1.611	3.793	6.823	13.176	92.683	202.041	308.679	422.904
M		349	766	1.777	2.611	5.503	34.892	79.260	132.374	194.729
S		32	86	198	345	661	4.020	10.575	19.638	30.888
Summe		1.329	2.463	5.768	11.040	20.601	145.707	314.056	490.950	686.582
3.b.2. Preismodell Purchase Order										
Gebühr pro Transaktion für										
Supplier	€ pro Transaktion	€ 0,80	€ 0,80	€ 0,80	€ 0,80	€ 0,80	€ 0,72	€ 0,65	€ 0,59	€ 0,53
Buyer	€ pro Transaktion	€ 0,00	€ 0,00	€ 0,00	€ 0,00	€ 0,00	€ 0,00	€ 0,00	€ 0,00	€ 0,00
	jährliche Preisreduzierung um 10%									
3.b.3. Umsatz Purchase Orders (T€)										
XXL		0,0	0,0	0,0	1,0	1,0	10,2	14,4	17,9	20,2
XL		0,8	1,3	3,0	5,5	10,5	66,7	131,3	182,1	224,1
M		0,3	0,6	1,4	2,1	4,4	25,1	51,5	78,1	103,2
S		0,0	0,1	0,2	0,3	0,5	2,9	6,9	11,6	16,4
Summe		1,1	2,0	4,6	8,8	16,5	104,9	204,1	289,7	363,9
3.b.4. Direkte Kosten Purchase Orders										
Setup Fee (€)	einmalig					0,0	0,0	0,0	0,0	0,0
Subscription Fee (€)	€ pro Quartal	0,0	0,0	0,0	0,0	0,0	0,0	0,0	0,0	0,0
Transaction Fee (€)	€ pro Transaktion	€ 0,00	€ 0,00	€ 0,00	€ 0,00	€ 0,00	€ 0,00	€ 0,00	€ 0,00	€ 0,00
Revenue Share	%-Umsatz	20,0%	20,0%	20,0%	20,0%	20,0%	20,0%	20,0%	20,0%	20,0%
Direkte Kosten (T€)										
Setup Fee (€)						0,0	0,0	0,0	0,0	0,0
Subscription Fee (€)		0,0	0,0	0,0	0,0	0,0	0,0	0,0	0,0	0,0
Transaction Fee (€)		0,0	0,0	0,0	0,0	0,0	0,0	0,0	0,0	0,0
Revenue Share		0,2	0,4	0,9	1,8	3,3	21,0	40,8	57,9	72,8
Summe		0,2	0,4	0,9	1,8	3,3	21,0	40,8	57,9	72,8
in %-Umsatz		20,0%	20,0%	20,0%	20,0%	20,0%	20,0%	20,0%	20,0%	20,0%
3.b.5 Deckungsbeitrag Purchase Orders										
Umsatz (T€)		1,1	2,0	4,6	8,8	16,5	104,9	204,1	289,7	363,9
Direkte Kosten (T€)		-0,2	-0,4	-0,9	-1,8	-3,3	-21,0	-40,8	-57,9	-72,8
Deckungsbeitrag (T€)		0,9	1,6	3,7	7,1	13,2	83,9	163,3	231,7	291,1
in %-Umsatz		80,0%	80,0%	80,0%	80,0%	80,0%	80,0%	80,0%	80,0%	80,0%

Bild 38   Tabelle 3b Purchase Orders

Auktionen, Ausschreibungen

Die Ausprägungen von Auktionen, die heute als Standard in elektronischen Marktplätzen angeboten werden, sind **Forward** und **Reverse Auction**. Die Initiative **einer Forward Auction** geht vom Verkäufer (Supplier) aus, die Zielgruppe kann offen ohne Einschränkung sein oder sich an einen beschränkten Bieterkreis richten. Zielsetzung des Sellers ist es, in einem vorher festgelegten Zeitraum der Laufzeit der Auktion für die angebotenen Waren einen möglichst hohen Preis zu erzielen. Bei der **Reverse Auction** lädt ein Buyer Lieferanten zur Teilnahme an einer Auktion ein. Er möchte für die ausgeschriebenen Waren und Lieferbedingungen einen möglichst günstigen Preis erhalten. Ein herkömmliches **Ausschreibungsverfahren** (RFQ Request for Quotation, RFP Request for Proposal) kann als Sonderfall einer Reverse Auction angesehen werden.

Im Rechenmodell werden die **Forward Auctions** mit einer wertabhängigen Transaktionsgebühr von 3 % (bzw. nach jährlicher Preisreduzierung 2,4 % im Jahr 2005) bepreist, eine weitere Umsatzkomponente ist eine Fixgebühr pro Auktion. Die Anzahl der pro Quartal durchgeführten Forward Auctions wird anhand der Anzahl Supplier geplant. Für jedes Quartal wird ein prozentualer Anteil an aktiven Suppliern (siehe Tabelle 1 b) geplant, die an Auktionen teilnehmen. Weiterhin werden Annahmen über die Anzahl von Auktionen pro Quartal und Supplier, 3 % Kommission auf den durchschnittlichen Waren-/Transaktionswert einer Auktion getroffen. Aus diesen Angaben kann der Umsatz des eMarkets aus Forward Auctions errechnet werden (Details siehe Tabelle 4). Die Umsätze betragen 63 T€ in 2001 bis hin zu 2.962 T€ in 2005.

Als direkte Kosten wurde ein Revenue-Sharing mit dem Lieferanten der Auction-Software in Höhe von 15 % der Marktplatz-Erlöse berücksichtigt.

Tabelle 4	FORWARD AUCTION (Supplier's Auction)								
		Q I	Q II	Q III	Q IV	2001 gesamt	2002 gesamt	2003 gesamt	2004 gesamt	2005 gesamt

		Q I	Q II	Q III	Q IV	2001 gesamt	2002 gesamt	2003 gesamt	2004 gesamt	2005 gesamt
4.1.1. Anteil der Supplier, die Forward Auctions teilnehmen										
XXL		15%	15%	15%	15%	15%	17%	20%	23%	25%
XL		10%	10%	10%	10%	10%	12%	14%	16%	18%
M		7%	7%	7%	7%	7%	8%	9%	10%	10%
S		2%	2%	2%	2%	2%	3%	4%	6%	7%
4.1.2. Anzahl Forward Auctions pro Supplier und Quartal										
XXL		5	5	5	5	5	7	8	10	10
XL		3	3	3	3	3	6	7	8	9
M		2	2	2	2	2	3	4	5	5
S		0	0	0	0	0	0	0	0	0
4.1.3. Anzahl Forward Auctions										
XXL		0	1	1	2	4	17	62	143	191
XL		0	1	1	2	4	32	115	242	372
M		1	2	3	4	10	59	227	504	616
S		0	0	0	0	0	0	0	0	0
Summe		1	4	5	8	18	108	404	889	1.179
4.1.4. Sonstige Annahmen										
Ø Warenwert pro Auktion (T€)		50,0	50,0	50,0	50,0	50,0	50,0	50,0	50,0	50,0
Ø Kommission (%-Warenwert)		3,0%	3,0%	3,0%	3,0%	3,0%	2,8%	2,6%	2,5%	2,4%
Fixgebühr pro Auktion (T€)		2,0	2,0	2,0	2,0	2,0	1,8	1,6	1,5	1,3
4.1.5. Umsatz Forward Auctions (T€)										
XXL		0,0	3,5	3,5	7,0	14,0	54,4	181,0	387,2	479,8
XL		0,0	3,5	3,5	7,0	14,0	102,4	335,8	655,3	934,5
M		3,5	7,0	10,5	14,0	35,0	188,8	662,8	1.364,8	1.547,5
S		0,0	0,0	0,0	0,0	0,0	0,0	0,0	0,0	0,0
Summe		3,5	14,0	17,5	28,0	63,0	345,6	1.179,7	2.407,4	2.961,9
Transaktionswert Forw.Auctions		50,0	200,0	250,0	400,0	900,0	5.400,0	20.200,0	44.450,0	58.950,0
4.2. Direkte Kosten Forward Auction										
Setup Fee (€)	einmalig	50.000,0								
Subscription Fee (€)	€ pro Quartal	0,0	0,0	0,0	0,0	0,0	0,0	0,0	0,0	0,0
Transaction Fee (€)	€ pro Transaktion	€ 0,00	€ 0,00	€ 0,00	€ 0,00	€ 0,00	€ 0,00	€ 0,00	€ 0,00	€ 0,00
Wertabh. Transaction Fee	%-Transaktionswer	0,0%	0,0%	0,0%	0,0%	0,0%	0,0%	0,0%	0,0%	0,0%
Revenue Share	%-Umsatz	15,0%	15,0%	15,0%	15,0%	15,0%	15,0%	15,0%	15,0%	15,0%
Direkte Kosten (T€)										
Setup Fee (€)		50,0				50,0	0,0	0,0	0,0	0,0
Subscription Fee (€)		0,0	0,0	0,0	0,0	0,0	0,0	0,0	0,0	0,0
Revenue Share		0,5	2,1	2,6	4,2	9,5	51,8	177,0	361,1	444,3
Summe		50,5	2,1	2,6	4,2	59,5	51,8	177,0	361,1	444,3
in %-Umsatz		1443,6%	15,0%	15,0%	15,0%	94,4%	15,0%	15,0%	15,0%	15,0%
4.3. DeckungsbeitragForward Auction										
Umsatz (T€)		3,5	14,0	17,5	28,0	63,0	345,6	1.179,7	2.407,4	2.961,9
Direkte Kosten (T€)		-50,5	-2,1	-2,6	-4,2	-59,5	-51,8	-177,0	-361,1	-444,3
Deckungsbeitrag (T€)		-47,0	11,9	14,9	23,8	3,6	293,8	1.002,7	2.046,3	2.517,6
in %-Umsatz		-1343,6%	85,0%	85,0%	85,0%	5,6%	85,0%	85,0%	85,0%	85,0%

Bild 39 Tabelle 4 Forward Auction

Die Ermittlung des Umsatzes der **Reverse Auctions** erfolgt nach dem gleichen Schema wie bei Forward Auctions. Allerdings werden durchschnittliche Warenwerte pro Auktion, die Provisionen und die Fixgebühren pro Auktion differenziert nach Größenklassen der Buyer geplant. Die Umsätze aus Reverse Auction betragen: 129 T€ (2001) und 3.743 T€ (2005).

Tabelle 5a	REVERSE AUCTIONS								
		2001				2001	2002	2003	2004	2005
		Q I	Q II	Q III	Q IV	gesamt	gesamt	gesamt	gesamt	gesamt
5.a.1.1. Anteil der Buyer, die Reverse Auctions nutzen										
XXL		15%	15%	15%	15%	15%	17%	18%	19%	20%
XL		12%	12%	12%	12%	12%	13%	14%	16%	18%
M		6%	6%	6%	6%	6%	7%	8%	9%	10%
S		2%	2%	2%	2%	2%	3%	4%	5%	5%
5.a.1.2. Anzahl Reverse Auctions pro Buyer und Quartal										
XXL		15	15	15	15	15	20	30	40	40
XL		10	10	10	10	10	12	15	20	20
M		6	6	6	6	6	8	8	10	10
S		3	3	3	3	3	4	4	5	5
5.a.1.3. Anzahl Reverse Auction										
XXL		0	0	0	2	2	27	43	61	64
XL		2	4	8	14	29	223	477	832	1.051
M		1	1	3	4	10	81	159	297	410
S		0	0	1	1	2	22	62	146	194
Summe		3	5	12	22	43	353	741	1.336	1.719
5a.1.4. Sonstige Annahmen										
Ø Warenwert pro Auktion (T€)										
XXL		100,0	100,0	100,0	100,0	100,0	100,0	100,0	100,0	100,0
XL		50,0	50,0	50,0	50,0	50,0	50,0	50,0	50,0	50,0
M		35,0	35,0	35,0	35,0	35,0	35,0	35,0	35,0	35,0
S		15,0	15,0	15,0	15,0	15,0	15,0	15,0	15,0	15,0
Ø Kommission (%-Warenwert)										
XXL		2,0%	2,0%	2,0%	2,0%	2,0%	1,8%	1,6%	1,4%	1,3%
XL		2,3%	2,3%	2,3%	2,3%	2,3%	2,1%	1,9%	1,7%	1,5%
M		2,6%	2,6%	2,6%	2,6%	2,6%	2,3%	2,1%	1,9%	1,7%
S		3,0%	3,0%	3,0%	3,0%	3,0%	2,7%	2,4%	2,2%	2,0%
		Faktor jährliche Preisreduzierung				10%				
Fixgebühr pro Auktion (T€)										
XXL		4,0	4,0	4,0	4,0	4,0	3,6	3,2	2,9	2,6
XL		2,0	2,0	2,0	2,0	2,0	1,8	1,6	1,4	1,3
M		1,4	1,4	1,4	1,4	1,4	1,3	1,2	1,1	1,0
S		0,6	0,6	0,6	0,6	0,6	0,5	0,5	0,5	0,5
5.a.1.5. Umsatz Reverse Auctions (T€)										
XXL		0,0	0,0	0,0	13,5	13,5	146,9	207,4	261,4	249,6
XL		7,6	11,3	26,5	45,4	90,7	689,8	1.377,0	2.139,8	2.457,4
M		1,7	3,3	7,5	10,0	22,5	197,1	371,4	633,9	792,7
S		0,1	0,3	0,7	1,1	2,3	29,3	84,9	194,1	243,0
Summe		9,3	15,0	34,6	70,0	128,9	1.063,1	2.040,7	3.229,3	3.742,5
Transaktionswert Reverse Auctions		147,0	234,9	543,3	1.112,4	2.037,6	17.022,2	34.659,0	60.265,0	76.220,0
6.a.2. Direkte Kosten Reverse Auctions										
Setup Fee (€)	einmalig	50.000,0								
Subscription Fee (€)	€ pro Quartal	0,0	0,0	0,0	0,0	0,0	0,0	0,0	0,0	0,0
Transaction Fee (€)	€ pro Transaktion	€ 0,00	€ 0,00	€ 0,00	€ 0,00	€ 0,00	€ 0,00	€ 0,00	€ 0,00	€ 0,00
Wertabh. Transaction Fee	%-Transaktionswert	0,0%	0,0%	0,0%	0,0%	0,0%	0,0%	0,0%	0,0%	0,0%
Revenue Share	%-Umsatz	15,0%	15,0%	15,0%	15,0%	15,0%	15,0%	15,0%	15,0%	15,0%
Direkte Kosten (T€)										
Setup Fee (€)		50,0				50,0	0,0	0,0	0,0	0,0
Subscription Fee (€)		0,0	0,0	0,0	0,0	0,0	0,0	0,0	0,0	0,0
Revenue Share		1,4	2,2	5,2	10,5	19,3	159,5	306,1	484,4	561,4
Summe		51,4	2,2	5,2	10,5	69,3	159,5	306,1	484,4	561,4
in %-Umsatz		549,8%	15,0%	15,0%	15,0%	53,6%	15,0%	15,0%	15,0%	15,0%
5.a.3. Deckungsbeitrag Reverse Auctions										
Umsatz (T€)		9,3	15,0	34,6	70,0	128,9	1.063,1	2.040,7	3.229,3	3.742,6
Direkte Kosten (T€)		-51,4	-2,2	-5,2	-10,5	-69,3	-159,5	-306,1	-484,4	-561,4
Deckungsbeitrag (T€)		-42,1	12,7	29,4	59,5	59,6	903,6	1.734,6	2.744,9	3.181,2
in %-Umsatz		-449,8%	85,0%	85,0%	85,0%	46,2%	85,0%	85,0%	85,0%	85,0%

Bild 40   **Tabelle 5a Reverse Auction**

Eine spezielle Form einer Reverse Auction sind **Ausschreibungen** (RFQ Request for Quotation, RFP Request for Proposal), für die wegen eines unterschiedlichen Preismodells ein eigenes Planungsblatt eingerichtet wurde. Im Unterschied zu Reverse Auctions wird die Versendung der Angebotsaufforderung und die Rücksendung des Angebots über den Marktplatz mit einer Transaktionsgebühr belegt. Auch liegt die Fixgebühr pro Ausschreibung deutlich niedriger als bei der Reverse Auction, da die Ausschreibung im Unterschied zur Reverse Auction nicht von einem Auktionator geplant und überwacht werden muss. Eine wertabhängige Transaktionsgebühr sieht das vorliegende Modell für Ausschreibungen nicht vor, sie kann aber je nach Preismodell des Marktplatzes erhoben werden. Die Umsätze des eMarkets, die mit Ausschreibungen erzielt werden, sind 4 T€ (2001) bzw. 143 € (2005)

Tabelle 5b	AUSSCHREIBUNGEN (RFQ Request for Quotation, RFP Request for Proposal)								
		2001 Q I	2001 Q II	2001 Q III	2001 Q IV	2001 gesamt	2002 gesamt	2003 gesamt	2004 gesamt	2005 gesamt
5.b.1.1. Anteil der Buyer, die Ausschreibungen durchführen										
XXL		15%	15%	15%	15%	15%	17%	20%	23%	25%
XL		10%	10%	10%	10%	10%	12%	14%	16%	18%
M		7%	7%	7%	7%	7%	8%	9%	10%	10%
S		2%	2%	2%	2%	2%	3%	4%	6%	7%
5.b.1.2. Anzahl Ausschreibungen pro Buyer und Quartal										
XXL		15	15	15	15	15	20	25	30	30
XL		10	10	10	10	10	12	15	20	20
M		5	5	5	5	5	8	10	15	15
S		2	2	2	2	2	3	4	5	5
5.b.1.3. Anzahl Ausschreibungen										
XXL		0	0	0	2	2	27	40	55	60
XL		2	3	7	12	24	206	477	632	1.051
M		1	1	3	4	9	92	224	495	615
S		0	0	0	1	1	18	62	175	272
Summe		3	5	11	19	37	342	803	1.557	1.998
5.b.1.4. Sonstige Annahmen Anzahl Angebote pro Ausschreibung										
XXL		12	12	12	12	12	15	15	15	15
XL		10	10	10	10	10	10	10	10	10
M		8	8	8	8	8	8	8	8	8
S		5	5	5	5	5	5	5	5	5
Preismodell Ausschreibungen										
Fixgebühr pro Ausschreibung (€)		€ 100,00	€ 100,00	€ 100,00	€ 100,00	€ 100,00	€ 90,00	€ 81,00	€ 72,90	€ 65,61
Fixgebühr pro Gebot (€)		€ 1,00	€ 1,00	€ 1,00	€ 1,00	€ 1,00	€ 0,90	€ 0,81	€ 0,73	€ 0,66
					Faktor jährliche Preisreduzierung	10%				
5.b.1.5. Umsatz Ausschreibungen (T€)										
XXL		0,0	0,0	0,0	0,3	0,3	2,8	3,7	4,6	4,5
XL		0,2	0,3	0,8	1,3	2,6	20,4	42,5	66,7	75,9
M		0,1	0,2	0,3	0,5	1,0	9,0	19,6	39,0	43,6
S		0,0	0,0	0,0	0,1	0,2	1,5	5,3	13,4	18,7
Summe		0,3	0,5	1,2	2,1	4,1	33,7	71,1	123,7	142,7
Transaktionswert Ausschreibungen		125,7	202,0	466,9	982,8	1.777,4	16.486,0	36.604,9	67.073,0	84.159,0
5.b.2. Direkte Kosten Ausschreibungen										
Setup Fee (€)	einmalig	50.000,0								
Subscription Fee (€)	€ pro Quartal	0,0	0,0	0,0	0,0	0,0	0,0	0,0	0,0	0,0
Transaction Fee (€)	pro Transaktion	€ 0,00	€ 0,00	€ 0,00	€ 0,00	€ 0,00	€ 0,00	€ 0,00	€ 0,00	€ 0,00
Revenue Share	%-Umsatz	15,0%	15,0%	15,0%	15,0%	15,0%	15,0%	15,0%	15,0%	15,0%
Direkte Kosten (T€)										
Setup Fee (€)		50,0				50,0	0,0	0,0	0,0	0,0
Subscription Fee (€)		0,0	0,0	0,0	0,0	0,0	0,0	0,0	0,0	0,0
Transaction Fee (€)		0,0	0,0	0,0	0,0	0,0	0,0	0,0	0,0	0,0
Revenue Share		0,0	0,1	0,2	0,3	0,6	5,1	10,7	18,6	21,4
Summe		50,0	0,1	0,2	0,3	50,6	5,1	10,7	18,6	21,4
in %-Umsatz		16462,4%	15,0%	15,0%	15,0%	1245,4%	15,0%	15,0%	15,0%	15,0%
5.b.3. Deckungsbeitrag Ausschreibungen										
Umsatz (T€)		0,3	0,5	1,2	2,1	4,1	33,7	71,1	123,7	142,7
Direkte Kosten (T€)		-50,0	-0,1	-0,2	-0,3	-50,6	-5,1	-10,7	-18,6	-21,4
Deckungsbeitrag (T€)		-49,7	0,4	1,0	1,8	-46,5	28,6	60,4	105,2	121,3
in %-Umsatz		-16362,4%	85,0%	85,0%	85,0%	-1145,4%	85,0%	85,0%	85,0%	85,0%

Bild 41 Tabelle 5b Ausschreibungen

Integrierte Business Services

Integrierte Business Services sind automatisierte Geschäftsprozesse im Internet, die im Zuge des Bestellvorgangs über den elektronischen Marktplatz angestoßen werden und ohne Systembruch oder manuellen Eingriff abgewickelt werden. Business-Services gehen über die derzeitigen Kernfunktionalitäten der eMarket-Softwarelösungen hinaus, die vor allem Massendatenverarbeitung aller Bestellvorgänge auf dem elektronischen Marktplatz sicherstellen. Von Business Service-Providern wie der EBS Holding AG werden Services wie elektronische Bezahlung (Payment), Logistik (Transport), Zollinformationen (Customs), Kreditversicherung (Risk Management), Electronic Bill Presentment und Debtor Management oder eine komplexe Kombination verschiedener Services wie Treuhandgeschäft (Escrow) für unterschiedliche technische Plattformen angeboten. Der Business Service-Partner bedient sich zur Ausführung der Services vertraglich gebundener Fulfillmentpartner wie beispielsweise Spediteure oder Versicherungen.

Die Berechnung der Business-Services wird in der Tabelle 6 wiedergegeben. Für die Mengenplanung wurde die Nutzung der Business-Services prozentual an die Anzahl der Purchase Orders (vgl. Tabelle 3a) geknüpft. Der Inanspruchnahme der Business Services liegt die Annahme zugrunde, dass kleinere Supplier/Buyer die Services in höherem Maß nachfragen werden als große, weil die Vorteile dieser Services für kleinere Unternehmen tendenziell größer sind. Bei der genannten Kundengruppe sind die Geschäftsprozesse wie Beschaffung, Logistik, Debitorenmanagement, Zahlung weniger gut in deren Systeme integriert und ablauforganisatorisch optimiert als bei Großunternehmen. Daher ist unterstellt, dass in der Anfangsphase nur zwei Prozent der Purchase Orders von XXL-Unternehmen das Business-Service-Package auslösen, bei S-Unternehmen liegt der Anteil bei zehn Prozent. Bei beiden Gruppen steigt der Anteil kontinuierlich, bei XXL-Kunden auf zehn Prozent im Jahr 2005, bei S-Kunden auf 40 %.

Der Umsatz der Business Services setzt sich zusammen aus: Setup-Fee, Subscription-Fee und einer wertabhängigen Transaktionsgebühr. Zur Berechnung der Setup-Fee und der Subscription-Fee wurde die Anzahl der nutzenden Kunden als prozentualer Anteil bezogen auf alle aktiven Kunden geplant. Als Preis der wertabhängigen Transaktionsgebühren wurde ein Pauschalsatz von zwei Prozent des Transaktionsvolumens angesetzt.

Tabelle 6   Business-Service-Package   eTransport, ePayment, eRisk Management

		2001 Q I	2001 Q II	2001 Q III	2001 Q IV	2001 gesamt	2002 gesamt	2003 gesamt	2004 gesamt	2005 gesamt
6.1.1. Anteil der Supplier, die Business-Service-Package nutzen										
XXL		10%	10%	11%	11%	11%	12%	13%	14%	15%
XL		20%	20%	21%	21%	21%	22%	23%	24%	25%
M		30%	30%	31%	31%	31%	32%	33%	34%	35%
S		40%	40%	41%	41%	41%	42%	43%	44%	45%
Anzahl Supplier										
XXL		0	0	0	0	0	1	2	2	3
XL		0	1	1	1	1	3	9	12	15
M		2	5	7	10	10	26	68	95	112
S		6	12	18	25	25	63	161	231	270
Summe		8	18	26	36	36	93	238	340	400
6.1.2. Anteil der Buyer, die Business-Service-Package nutzen										
XXL		15%	15%	16%	16%	16%	17%	18%	19%	20%
XL		20%	21%	22%	22%	22%	25%	28%	31%	35%
M		30%	31%	32%	32%	32%	35%	38%	41%	45%
S		35%	36%	38%	39%	39%	44%	49%	54%	60%
Anzahl Buyer										
XXL		0	0	0	0	0	0	0	0	0
XL		0	1	2	3	3	12	17	21	27
M		1	1	3	4	4	17	27	37	50
S		1	2	4	7	7	28	57	89	127
Summe		2	4	9	14	14	57	101	147	204
6.1.3. Anzahl Purchase Orders, die Business-Service-Package auslösen										
Anteil der Purchase Orders, die Business-Service-Package auslösen										
XXL		2%	2%	3%	3%	3%	5%	6%	8%	10%
XL		5%	6%	7%	7%	7%	10%	13%	16%	20%
M		8%	9%	10%	11%	11%	16%	20%	25%	30%
S		10%	12%	13%	15%	15%	21%	27%	33%	40%
Anzahl Purchase Orders, die Business-Service-Package auslösen										
XXL		0	0	0	37	37	606	1.261	2.277	3.437
XL		47	96	265	477	885	8.832	24.970	47.316	78.589
M		27	68	177	287	559	5.137	14.811	30.352	54.300
S		3	10	25	51	89	768	2.628	6.039	11.421
Summe		77	174	467	852	1.570	15.343	43.690	85.984	147.747
6.1.4. Preismodell										
Setup Fee/Initial Fee Supplier	XXL € einmalig	500,0	500,0	500,0	500,0	500,0	500,0	500,0	500,0	500,0
	XL	250,0	250,0	250,0	250,0	250,0	250,0	250,0	250,0	250,0
	M	150,0	150,0	150,0	150,0	150,0	150,0	150,0	150,0	150,0
	S	100,0	100,0	100,0	100,0	100,0	100,0	100,0	100,0	100,0
Setup Fee/Initial Fee Buyer	XXL € einmalig	500,0	500,0	500,0	500,0	500,0	500,0	500,0	500,0	500,0
	XL	250,0	250,0	250,0	250,0	250,0	250,0	250,0	250,0	250,0
	M	150,0	150,0	150,0	150,0	150,0	150,0	150,0	150,0	150,0
	S	100,0	100,0	100,0	100,0	100,0	100,0	100,0	100,0	100,0
Access/Subscription Fee Supplier	XXL € pro Quartal	500,0	500,0	500,0	500,0	500,0	500,0	500,0	500,0	500,0
	XL	250,0	250,0	250,0	250,0	250,0	250,0	250,0	250,0	250,0
	M	150,0	150,0	150,0	150,0	150,0	150,0	150,0	150,0	150,0
	S	100,0	100,0	100,0	100,0	100,0	100,0	100,0	100,0	100,0
Access/Subscription Fee Buyer	XXL € pro Quartal	500,0	500,0	500,0	500,0	500,0	500,0	500,0	500,0	500,0
	XL	250,0	250,0	250,0	250,0	250,0	250,0	250,0	250,0	250,0
	M	150,0	150,0	150,0	150,0	150,0	150,0	150,0	150,0	150,0
	S	100,0	100,0	100,0	100,0	100,0	100,0	100,0	100,0	100,0
Gebühr pro Transaktion	€ pro TA	€ 0,00	€ 0,00	€ 0,00	€ 0,00	€ 0,00	€ 0,00	€ 0,00	€ 0,00	€ 0,00
Wertabhängige Gebühr	%-Transaktionswert	2,0%	2,0%	2,0%	2,0%	2,0%	2,0%	2,0%	2,0%	2,0%
	jährliche Preisreduzierung					10%				

Tabelle 6 Business Service Package

		2001 Q I	2001 Q II	2001 Q III	2001 Q IV	2001 gesamt	2002 gesamt	2003 gesamt	2004 gesamt	2005 gesamt
6.1.5 Umsätze										
Umsatz SetupFee (T€)										
XXL		0,0	0,0	0,0	0,0	0,0	0,5	0,5	0,0	0,5
XL		0,0	0,5	0,3	0,3	1,0	2,8	2,8	1,8	2,3
M		0,5	0,5	0,6	0,6	2,1	4,4	7,5	5,9	4,5
S		0,7	0,7	0,8	1,0	3,2	5,9	12,7	10,2	7,7
Summe		1,2	1,7	1,7	1,9	6,3	13,5	23,5	17,8	15,0
Umsatz Subscription Fee (T€)										
XXL		0,0	0,0	0,0	0,0	0,0	0,5	2,5	4,0	6,0
XL		0,0	0,5	0,8	1,0	2,3	11,0	22,5	30,5	38,8
M		0,5	0,9	1,5	2,1	5,0	19,2	44,9	70,7	90,6
S		0,7	1,4	2,2	3,2	7,5	27,1	68,6	112,9	147,3
Summe		1,2	2,8	4,5	6,3	14,7	57,8	138,5	218,1	282,7
Umsatz Gebühren pro Transaktion (T€)										
XXL		0,0	0,0	0,0	0,0	0,0	0,0	0,0	0,0	0,0
XL		0,0	0,0	0,0	0,0	0,0	0,0	0,0	0,0	0,0
M		0,0	0,0	0,0	0,0	0,0	0,0	0,0	0,0	0,0
S		0,0	0,0	0,0	0,0	0,0	0,0	0,0	0,0	0,0
Summe		0,0	0,0	0,0	0,0	0,0	0,0	0,0	0,0	0,0
Umsatz TA-Wertabhängige Gebühren (T€)										
XXL		0,0	0,0	0,0	0,3	0,3	4,3	9,3	16,8	24,9
XL		0,4	0,7	2,0	3,4	6,4	63,4	179,2	344,9	572,0
M		0,2	0,5	1,3	2,0	4,0	36,8	106,3	220,1	393,6
S		0,0	0,1	0,2	0,4	0,7	5,5	18,7	43,3	82,0
Summe		0,6	1,3	3,4	6,1	11,4	110,0	313,4	625,2	1.072,5
Umsatz gesamt (T€)										
XXL		0,0	0,0	0,0	0,3	0,3	5,3	12,3	20,8	31,4
XL		0,4	1,7	3,0	4,7	9,7	77,2	204,4	377,2	613,0
M		1,1	1,8	3,4	4,7	11,1	60,3	158,6	296,6	488,7
S		1,4	2,2	3,2	4,6	11,4	38,5	100,0	166,4	237,0
Summe		2,9	5,7	9,5	14,3	32,4	181,3	475,3	861,0	1.370,1
6.2. Direkte Kosten Business-Service-Package										
Setup Fee (€)	einmalig	5.000,0								
Subscription Fee (€)	€ pro Quartal	20.000,0	20.000,0	20.000,0	20.000,0	20.000,0	20.000,0	20.000,0	20.000,0	20.000,0
Transaction Fee (€)	€ pro Transaktion	€ 1,00	€ 1,00	€ 1,00	€ 1,00	€ 1,00	€ 0,90	€ 0,81	€ 0,73	€ 0,68
Wertabh. Transaction Fee	%-Transaktionswert	0,0%	0,0%	0,0%	0,0%	0,0%	0,0%	0,0%	0,0%	0,0%
Revenue Share	%-Umsatz	0,0%	0,0%	0,0%	0,0%	0,0%	0,0%	0,0%	0,0%	0,0%
Direkte Kosten (T€)										
Setup Fee (€)		5,0				5,0	0,0	0,0	0,0	0,0
Subscription Fee (€)		20,0	20,0	20,0	20,0	80,0	80,0	80,0	80,0	80,0
Transaction Fee (€)		0,1	0,2	0,5	0,9	1,6	13,8	35,4	62,7	96,9
Wertabh. Transaction Fee		0,0	0,0	0,0	0,0	0,0	0,0	0,0	0,0	0,0
Revenue Share		0,0	0,0	0,0	0,0	0,0	0,0	0,0	0,0	0,0
Summe		25,1	20,2	20,5	20,9	86,6	93,8	115,4	142,7	176,9
in %-Umsatz		868,0%	353,6%	214,5%	146,1%	267,1%	51,7%	24,3%	16,6%	12,9%
6.3. Deckungsbeitrag Business-Service-Package										
Umsatz (T€)		2,9	5,7	9,5	14,3	32,4	181,3	475,3	861,0	1.370,1
Direkte Kosten (T€)		-25,1	-20,2	-20,5	-20,9	-86,6	-93,8	-115,4	-142,7	-176,9
Deckungsbeitrag (T€)		-22,2	-14,5	-10,9	-6,6	-54,2	87,5	359,9	718,3	1.193,2
in %-Umsatz		-768,0%	-253,6%	-114,5%	-46,1%	-167,1%	48,3%	75,7%	83,4%	87,1%

Bild 42   (fortgesetzt) Tabelle 6 Business Service Package

Als direkte Kosten für das Service-Package sind lt. Modell vom Marktplatz an den Business Service-Provider Subscription-Gebühren für die Nutzung der Software zu zahlen. Weiterhin berechnet der Provider transaktionsabhängige Gebühren von 1,00 € pro Transaktion. Am Beispiel der Business Services zeigen sich anschaulich die unterschiedlichen Preismodelle, die für den Marktplatz und den Business Service-Provider in diesem Planungsmodell unterstellt wurden. Durch eine vorausschauende Mengenplanung und die Wahl eines günstigen Preismodells beim Serviceprovider gelingt es dem Marktplatz, nach einem negativen Deckungsbeitrag im ersten Jahr von –54 T€ im Jahr 2005 einen Deckungsbeitrag von 1.193 T€ zu erzielen, dies entspricht 87 % des Gesamt-Deckungsbeitrags.

Content Mangement

Die Services des Content Managements des Marktplatzes sind: erstmaliges Upload des Katalogs, anschließend die laufende Katalogpflege in Form von Updates. Für das Upload des Katalogs wird eine einmalige Gebühr von allen neuen Lieferanten erhoben, diese wurde in Abhängigkeit von der Größenklasse des Lieferanten festgelegt. Diese Gebühr schließt nicht die Aufbereitung der Artikeldaten in die Formate der Katalogsoftware ein. Die Katalogupdates können in vorliegendem Modell auf zwei Arten abgerechnet werden: einmal über eine Pauschale für jedes Update, unabhängig von der Anzahl der zu ändernden Datensätze. Im Zahlenbeispiel der Tabelle 7 werden dem Lieferanten für ein Update pauschal 30 in Rechnung gestellt. Alternativ kann eine Gebühr für jeden geänderten Datensatz erhoben werden.

Aus dem Content Management resultieren im untenstehenden Beispiel Umsätze in Höhe von 103 T€ (2001) bzw. 1.403 T€ im Jahr 2005.

Um seinen Buyern in kurzer Zeit ein großes Angebotsspektrum zur Verfügung stellen zu können, bietet sich für den eMarket auch die Möglichkeit, auf die Kataloge anderer Märkte zuzugreifen. Den Zugriff auf seine Kataloge lässt sich der fremde Markt entweder in Form einer Einmal-gebühr pro Artikel oder durch Revenue-Sharing der Transaktionsgebühren bei Bestellungen vergüten.

Businessplan für B2B-eMarkets: Integriertes Finanzplanungsmodell / Erfolgsfaktoren

Tabelle 7   Content Management

			2001				2001 gesamt	2002 gesamt	2003 gesamt	2004 gesamt	2005 gesamt
			Q I	Q II	Q III	Q IV					
7.1.1. Anteil der Supplier Content Management											
XXL			100%	100%	100%	100%	100%	100%	100%	100%	100%
XL			100%	100%	100%	100%	100%	100%	100%	100%	100%
M			100%	100%	100%	100%	100%	100%	100%	100%	100%
S			100%	100%	100%	100%	100%	100%	100%	100%	100%
Anzahl Supplier											
XXL			0	1	1	2	2	5	12	17	20
XL			1	3	4	6	6	15	37	52	60
M			8	16	24	32	32	80	200	280	320
S			15	30	45	60	60	150	375	525	600
Summe			24	50	74	100	100	250	624	874	1.000
Anzahl Artikel											
XXL			0	1.500	1.500	3.000	3.000	7.500	18.000	25.500	30.000
XL			1.000	3.000	4.000	6.000	6.000	15.000	37.000	52.000	60.000
M			4.000	8.000	12.000	16.000	16.000	40.000	100.000	140.000	160.000
S			750	1.500	2.250	3.000	3.000	7.500	18.750	26.250	30.000
Summe			5.750	14.000	19.750	28.000	28.000	70.000	173.750	243.750	280.000
7.1.2. Anzahl Updates pro Quartal											
Anzahl Katalog-Updates pro Quartal											
XXL	wöchentlich zweimal		26	26	26	26	26	26	26	26	26
XL	wöchentlich zweimal		26	26	26	26	26	26	26	26	26
M	wöchentlich einmal		13	13	13	13	13	13	13	13	13
S	wöchentlich einmal		13	13	13	13	13	13	13	13	13
Anzahl Artikel-Updates pro Quartal											
XXL	wöchentlich zweimal		5	5	5	5	5	5	5	5	5
XL	wöchentlich zweimal		3	3	3	3	3	3	3	3	3
M	wöchentlich einmal		2	2	2	2	2	2	2	2	2
S	wöchentlich einmal		2	2	2	2	2	2	2	2	2
7.1.3. Preismodell Content											
Setup Fee/Initial (Uploa	XXL	€ einmalig pro Katalog	10.000,0	10.000,0	10.000,0	10.000,0	10.000	9.000	8.100	7.290	6.561
	XL	€ einmalig pro Katalog	8.000,0	8.000,0	8.000,0	8.000,0	8.000	7.200	6.480	5.832	5.249
	M	€ einmalig pro Katalog	5.000,0	5.000,0	5.000,0	5.000,0	5.000	4.500	4.050	3.645	3.281
	S	€ einmalig pro Katalog	3.000,0	3.000,0	3.000,0	3.000,0	3.000	2.700	2.430	2.187	1.968
Update		€ pro Update Katalog pauschal	€ 30,00	€ 30,00	€ 30,00	€ 30,00	€ 30,00	€ 27,00	€ 24,30	€ 21,87	€ 19,68
		€ pro Update Artikel	€ 0,00	€ 0,00	€ 0,00	€ 0,00	€ 0,00	€ 0,00	€ 0,00	€ 0,00	€ 0,00
			Faktor jährliche Preisreduzierung				10%				
7.1.4. Umsatz Content (T€)											
Umsatz Upload											
XXL			0,0	10,0	0,0	10,0	20,0	27,0	56,7	36,5	19,7
XL			8,0	16,0	8,0	16,0	48,0	64,8	142,5	87,5	42,0
M			40,0	40,0	40,0	40,0	160,0	216,0	486,0	291,6	131,2
S			45,0	45,0	45,0	45,0	180,0	243,0	546,8	328,1	147,6
Summe			93,0	111,0	93,0	111,0	408,0	550,8	1.232,0	743,6	340,5
Umsatz Update Katalog pauschal											
XXL			0,0	0,8	0,8	1,6	3,1	9,8	24,5	35,3	38,9
XL			0,8	2,3	3,1	4,7	10,9	31,6	74,5	106,9	117,7
M			3,1	6,2	9,4	12,5	31,2	87,0	199,6	286,6	315,2
S			5,9	11,7	17,6	23,4	58,5	163,2	374,3	537,3	591,1
Summe			9,8	21,1	30,8	42,1	103,7	291,7	673,2	966,1	1.062,9
Umsatz Update Artikel											
XXL			0,0	0,0	0,0	0,0	0,0	0,0	0,0	0,0	0,0
XL			0,0	0,0	0,0	0,0	0,0	0,0	0,0	0,0	0,0
M			0,0	0,0	0,0	0,0	0,0	0,0	0,0	0,0	0,0
S			0,0	0,0	0,0	0,0	0,0	0,0	0,0	0,0	0,0
Summe			0,0	0,0	0,0	0,0	0,0	0,0	0,0	0,0	0,0
Umsatz gesamt											
XXL			0,0	10,8	0,8	11,6	23,1	36,8	81,3	71,7	58,6
XL			8,8	18,3	11,1	20,7	58,9	96,4	217,1	194,4	159,7
M			43,1	46,2	49,4	52,5	191,2	303,0	685,6	578,2	446,5
S			50,9	56,7	62,6	68,4	238,5	406,2	921,1	865,4	738,7
Summe			102,8	132,1	123,8	153,1	511,7	842,5	1.905,2	1.709,7	1.403,4
7.3. Deckungsbeitrag Content (T€)											
Umsatz (T€)			102,8	132,1	123,8	153,1	511,7	842,5	1.905,2	1.709,7	1.403,4
Direkte Kosten (T€)			0,0	0,0	0,0	0,0	0,0	0,0	0,0	0,0	0,0
Deckungsbeitrag (T€)			102,8	132,1	123,8	153,1	511,7	842,5	1.905,2	1.709,7	1.403,4
in %-Umsatz			100,0%	100,0%	100,0%	100,0%	100,0%	100,0%	100,0%	100,0%	100,0%

Bild 43   Tabelle 7 Content Management

Hosting eProcurement

Das Hosting des eProcurements für einen Buyer kann erfolgen, wenn der Marktplatz im Besitz einer Procurement-Lizenz für ausreichend viele User ist. Der eMarket bietet in diesem Fall Buyern userbezogene Rechte für eProcurement über seine eigene Lizenz an. Die Abrechnung dieser Dienstleistung erfolgt über Subscription-Fees, für die erstmalige Einrichtung werden Setup-Fees erhoben. Das Planungsblatt für Hosting findet sich in Tabelle 8. Mit dem Hosting von eProcurement werden im Jahr 2001 Umsätze in Höhe von 760 T€ erzielt, für 2005 beträgt der Wert rd. 5.800 T€.

Tabelle 8 Hosting eProcurement			2001				2001 gesamt	2002 gesamt	2003 gesamt	2004 gesamt	2005 gesamt
			Q I	Q II	Q III	Q IV					
8.1.1. Anzahl gehosteter Kunden											
Anteil Kunden, die Hosting nutzen											
XXL			0%	0%	0%	0%	0%	0%	0%	0%	0%
XL			30%	30%	30%	30%	30%	30%	30%	30%	30%
M			50%	50%	50%	50%	50%	50%	50%	50%	50%
S			0%	0%	0%	0%	0%	0%	0%	0%	0%
Anzahl Kunden (gesamt)											
XXL			0	0	0	0	0	0	0	0	0
XL			1	1	2	4	4	15	18	20	23
M			1	2	5	6	6	24	35	45	55
S			0	0	0	0	0	0	0	0	0
Summe			2	3	7	10	10	39	53	65	78
8.1.2. Preismodell Hosting											
Setup Fee/Initial Fee	XXL	T€ einmalig	50,0	50,0	50,0	50,0	50,0	50,0	50,0	50,0	50,0
	XL		30,0	30,0	30,0	30,0	30,0	30,0	30,0	30,0	30,0
	M		20,0	20,0	20,0	20,0	20,0	20,0	20,0	20,0	20,0
	S		12,0	12,0	12,0	12,0	12,0	12,0	12,0	12,0	12,0
Subscription Fee Supplier	XXL	T€ pro Quartal	50,0	50,0	50,0	50,0	50,0	47,5	45,1	42,9	40,7
	XL		30,0	30,0	30,0	30,0	30,0	28,5	27,1	25,7	24,4
	M		20,0	20,0	20,0	20,0	20,0	19,0	18,1	17,1	16,3
	S		12,0	12,0	12,0	12,0	12,0	11,4	10,8	10,3	9,8
8.1.3. Umsatz Hosting											
Umsatz SetupFee (T€)											
XXL			0,0	0,0	0,0	0,0	0,0	0,0	0,0	0,0	0,0
XL			30,0	0,0	30,0	60,0	120,0	330,0	90,0	60,0	90,0
M			20,0	20,0	60,0	20,0	120,0	360,0	220,0	200,0	200,0
S			0,0	0,0	0,0	0,0	0,0	0,0	0,0	0,0	0,0
Summe			50,0	20,0	90,0	80,0	240,0	690,0	310,0	260,0	290,0
Umsatz Subscription Fee (T€)											
XXL			0,0	0,0	0,0	0,0	0,0	0,0	0,0	0,0	0,0
XL			30,0	30,0	60,0	120,0	240,0	1.225,5	1.841,1	2.006,3	2.150,3
M			20,0	40,0	100,0	120,0	280,0	1.387,0	2.256,3	2.846,5	3.355,8
S			0,0	0,0	0,0	0,0	0,0	0,0	0,0	0,0	0,0
Summe			50,0	70,0	160,0	240,0	520,0	2.612,5	4.097,4	4.852,7	5.506,1
Umsatz Hosting gesamt (T€)											
XXL			0,0	0,0	0,0	0,0	0,0	0,0	0,0	0,0	0,0
XL			60,0	30,0	90,0	180,0	360,0	1.555,5	1.931,1	2.066,3	2.240,3
M			40,0	60,0	160,0	140,0	400,0	1.747,0	2.476,3	3.046,5	3.555,8
S			0,0	0,0	0,0	0,0	0,0	0,0	0,0	0,0	0,0
Summe			100,0	90,0	250,0	320,0	760,0	3.302,5	4.407,4	5.112,7	5.796,1
8.2. Direkte Kosten Hosting											
Revenue Share		%-Umsatz	15,0%	15,0%	15,0%	15,0%	15,0%	15,0%	15,0%	15,0%	15,0%
Direkte Kosten (T€)											
Setup Fee (€)							0,0	0,0	0,0	0,0	0,0
Subscription Fee (€)							0,0	0,0	0,0	0,0	0,0
Transaction Fee (€)							0,0	0,0	0,0	0,0	0,0
Wertabh. Transaction Fee							0,0	0,0	0,0	0,0	0,0
Revenue Share			15,0	13,5	37,5	48,0	114,0	495,4	661,1	766,9	869,4
Summe			15,0	13,5	37,5	48,0	114,0	495,4	661,1	766,9	869,4
in %-Umsatz			15,0%	15,0%	15,0%	15,0%	15,0%	15,0%	15,0%	15,0%	15,0%
8.3. Deckungsbeitrag Hosting											
Umsatz (T€)			100,0	90,0	250,0	320,0	760,0	3.302,5	4.407,4	5.112,7	5.796,1
Direkte Kosten (T€)			-15,0	-13,5	-37,5	-48,0	-114,0	-495,4	-661,1	-766,9	-869,4
Deckungsbeitrag (T€)			85,0	76,5	212,5	272,0	646,0	2.807,1	3.746,2	4.345,8	4.926,7
in %-Umsatz			85,0%	85,0%	85,0%	85,0%	85,0%	85,0%	85,0%	85,0%	85,0%

Bild 44 Tabelle 8 Hosting eProcurement

Sonstige Erlöse

Zu den sonstigen Erlösen zählen im Wesentlichen: Consulting, Werbeerlöse und Sponsoring. In diesem Beispiel wurden Consultingerlöse für Professional Service (PSO) geplant. Zu Beginn des Planungszeitraums sind drei Mitarbeiter im Consulting tätig, die zu je 200 Manntagen im Jahr fakturiert werden können. Bis 2005 steigt die Mitarbeiterzahl auf fünf Personen.

Für Werbeerlöse wurden pauschal 100 T€ angesetzt. Ingesamt betragen die sonstigen Erlöse 760 T€ im ersten Jahr bzw. 1.221 T€ in 2005.

Übersicht Umsätze, Key Figures

Aus der operativen Tätigkeit resultieren folgende Umsätze:

Tabelle 9 Umsatzübersicht

Umsatz (T€)	Q I	Q II	Q III	Q IV	2001 gesamt	2002 gesamt	2003 gesamt	2004 gesamt	2005 gesamt
2. Access	33,5	34,5	481,0	7.60	1.742,0	5.159,7	9.201,0	11.173,2	11.728,9
3. Purchase Orders	,1	7,0	7,6	0,-	16,5	104,9	264,1	208,7	362,8
4. Forward Auctions	,5	1,0	34,2	,--	63,0	346,8	1.195,7	2.407,4	2.061,9
6.a. Reverse Auctions	,2	15,0	13,2	,--	128,9	1.055,1	2.040,7	3.229,3	3.442,8
5.b. Ausschreibungen	,5	,5	9,5	14,-	4,1	70,7	171,8	173,7	143,2
6. eServices	,6	,7	,7	,--	39,4	404,0	475,0	164,0	1.170,1
7. Content	1,2-	12,1	123,8	-58,-	911,7	842,5	1.905,2	1.409,7	1.403,4
8. Hedging	120,-	90,0	250,0	320,0	750,0	3.302,5	4.407,4	5.112,7	5.196,1
9. Sonstige Umsätze	150,-	150,0	19,0	390,0	770,0	905,0	1.210,3	1.215,0	1.321,6
Umsatz gesamt	**813,4**	**790,7**	**1.112,3**	**1.502,3**	**4.018,8**	**12.018,3**	**20.694,6**	**28.123,0**	**28.731,1**

Key Figures

		Q I	Q II	Q III	Q IV	2001 gesamt	2002 gesamt	2003 gesamt	2004 gesamt	2005 gesamt
Anzahl Buyer	#	6	12	27	43	43	163	248	324	400
Anzahl Supplier	#	24	50	74	100	100	250	624	874	1.000
Anzahl Supplier pro Buyer	#	4,0	4,2	2,7	2,3	2,3	1,5	2,5	2,7	2,5
Anzahl Purchase Orders/ Transaktionen	#	1.329	2.463	5.768	11.040	20.601	145.707	314.056	490.950	686.582
Trading Value aus Purchase Orders		498,8	877,8	2.118,1	3.972,8	7.467,5	52.237,5	112.643,4	178.688,8	249.376,6
Trading Value aus Forward Auctions		50,0	200,0	250,0	400,0	900,0	5.400,0	20.200,0	44.450,0	58.950,0
Trading Value aus Reverse Auctions		147,0	234,9	543,3	1.112,4	2.037,6	17.022,2	34.659,0	60.265,0	76.220,0
Trading Value aus Ausschreibungen		125,7	202,0	466,9	982,8	1.777,4	16.486,0	36.604,9	67.073,0	84.159,0
Trading Value gesamt	T€	821,5	1.514,7	3.378,3	6.468,0	12.182,5	91.145,7	204.107,3	350.476,8	468.705,6
%-EK Volumen Buyer über MM am EK-Volumen Buyer gesamt	%	6,3%	7,0%	6,8%	7,0%	7,0%	8,7%	12,4%	17,7%	20,4%
%-VK Volumen Supplier über MM am VK-Volumen Supplier gesamt	%	0,5%	0,3%	0,5%	0,7%	0,7%	1,3%	1,1%	1,2%	1,3%

Bild 45 Tabelle 9 Umsatzübersicht   Bild 46 Die wichtigsten operativen Kennzahlen

Kostenplanung

Die Kostenplanung basiert auf einer Kostenstellen-/ Kostenartenplanung. Für jede Kostenstelle wurde ein eigenes Planungsblatt eingerichtet. Es wurden nur Primärkostenstellen geplant, eine Umlage von Sekundärkostenstellen wurde im Modell aus Komplexitätsgründen nicht vorgesehen. Der **Kostenstellenplan** sieht wie folgt aus:

Kostenstellenplan	
Kostenstellengruppe	**Kostenstelle**
Operative Kostenstellen	Buyer/Supplier Services
	Auction
	Customer Care
	Produktmanagement
	Professional Service
	IT Operation
Vertrieb/Marketing	Vertrieb
	Business Development
	Marketing
Verwaltung	Geschäftsführung/ Verwaltung
	Finanzen, Auftragsbearbeitung

Die Personal- und Sachkostenarten, die für jede Kostenstelle vorgesehen sind, sind aus der untenstehenden Tabelle ersichtlich.

Der wichtigste Kostenfaktor sind die Personalkosten. Die Anzahl der Mitarbeiter kann im ersten Planjahr quartalsweise, in den Jahren 2002 – 2005 jahresbezogen geplant werden. Es stehen acht Gehaltsstufen zur Verfügung. Die Bruttogehälter werden automatisch errechnet, ebenso die Arbeitgeberanteile zur Sozialversicherung. Personalnebenkosten wie Personalbeschaffung und Weiterbildung werden in Abhängigkeit der Neueinstellungen bzw. der Anzahl der Mitarbeiter errechnet, wenn einmalige bzw. monatliche Pauschalen für diese Kostenarten vorgegeben werden.

Auch andere Kostenarten im Sachkostenbereich werden in Abhängigkeit des Personalbestands geplant: Werden entsprechende Monatspauschalen eingetragen, errechnen sich Mietkosten, Reisekosten, Kommunikationskosten, Infrastruktur- und Verwaltungskosten automatisch.

Die o. a. Kostenstellen wurden zu vier Kostenstellengruppen gebündelt (operativ, Marketing, Vertrieb, Verwaltung). Als Beispiel für die Kostenstellenplanung wird unten das Summenblatt für die operativen Kostenstellen gezeigt. Es empfiehlt sich, Kostenarten wie Versicherungen, Gebühren etc. in der Verwaltungs-Kostenstelle „Allgemeiner Geschäftsbetrieb" zu bündeln, da eine Aufteilung auf die anderen Kostenstellen zu einer Scheingenauigkeit führt.

Die hier verwendeten Planungsstrukturen für die Kostenplanung ermöglichen eine unmittelbare Verwendung für Controllingzwecke im Rahmen eines periodischen Soll-Ist-Vergleichs. Die Planungssystematik kann auch für eine kostenträger- oder projektbezogene Planung verwendet werden, da auch Umsätze pro Kostenstelle geplant werden können. In diesem Fall sind Mitarbeiter nicht funktional (z. B. Vertriebsmitarbeiter, Entwickler, Produktmanager), sondern projektbezogen zu planen.

Summe Kostenstellen operativ
Personalkosten

T€		Q I	Q II	Q III	Q IV	2001	2002	2003	2004	2005
UMSATZPLANUNG										
Erlöse PO/Transaktionen		0,0	0,0	0,0	0,0	0,0	0,0	0,0	0,0	0,0
Erlöse eServices		0,0	0,0	0,0	0,0	0,0	0,0	0,0	0,0	0,0
Sonstige Erlöse		0,0	0,0	0,0	0,0	0,0	0,0	0,0	0,0	0,0
UMSATZ GESAMT		**0,0**	**0,0**	**0,0**	**0,0**	**0,0**	**0,0**	**0,0**	**0,0**	**0,0**
KOSTENPLANUNG										
Anzahl Vollzeit-Mitarbeiter	T€									
Board	120	0	0	0	0	0	0	0	0	0
Vice President	90	2	2	2	2	2	2	2	2	2
Director	75	10	10	10	10	10	17	21	22	23
Senior Manager	65	2	2	2	2	2	2	2	2	2
Junior Manager	55	5	5	5	5	5	8	11	14	15
Assistant	45	0	0	0	0	0	0	0	0	0
Staff	40	0	0	0	0	0	0	0	0	0
...	25	0	0	0	0	0	0	0	0	0
Summe Anzahl Vollzeit-Mitarbeiter		**19,0**	**19,0**	**19,0**	**19,0**	**19,0**	**29,0**	**36,0**	**40,0**	**42,0**
Personalzugänge/-abgänge Vollz		19,0	0,0	0,0	0,0	19,0	10,0	7,0	4,0	2,0
Anzahl Teilzeit-Mitarbeiter		0	0	0	0	0	0	0	0	0
Anzahl Aushilfen		0	0	0	0	0	0	0	0	0
Anzahl Mitarbeiter insgesamt		**19,0**	**19,0**	**19,0**	**19,0**	**19,0**	**29,0**	**36,0**	**40,0**	**42,0**
Löhne/Gehälter	T€/									
Vollzeit-Mitarbeiter	Mon.	316,3	316,3	316,3	316,3	1.265,0	1.905,0	2.350,0	2.580,0	2.700,0
Teilzeit-Mitarbeiter	1,5	0,0	0,0	0,0	0,0	0,0	0,0	0,0	0,0	0,0
Aushilfen	2,0	0,0	0,0	0,0	0,0	0,0	0,0	0,0	0,0	0,0
Summe Löhne/Gehälter		**316,3**	**316,3**	**316,3**	**316,3**	**1.265,0**	**1.905,0**	**2.350,0**	**2.580,0**	**2.700,0**
Sozialaufwand (AG-Anteil)										
Vollzeit-Mitarbeiter		48,6	48,6	48,6	48,6	194,3	297,1	370,3	413,8	434,9
Teilzeit-Mitarbeiter		0,0	0,0	0,0	0,0	0,0	0,0	0,0	0,0	0,0
Aushilfen		0,0	0,0	0,0	0,0	0,0	0,0	0,0	0,0	0,0
Summe Sozialaufwand		**48,6**	**48,6**	**48,6**	**48,6**	**194,3**	**297,1**	**370,3**	**413,8**	**434,9**
Personalnebenkosten										
Personalbeschaffung	7,5	142,5	0,0	0,0	0,0	142,5	75,0	52,5	30,0	15,0
Umzugskosten (durchschn.)	2,5	47,5	0,0	0,0	0,0	47,5	25,0	17,5	10,0	5,0
Weiterbildung/Seminare	0,130	7,4	7,4	7,4	7,4	29,6	45,2	56,2	62,4	65,5
Sonstige Personalnebenkosten		0,0	0,0	0,0	0,0	0,0	0,0	0,0	0,0	0,0
Summe PNK		**197,4**	**7,4**	**7,4**	**7,4**	**219,6**	**145,2**	**126,2**	**102,4**	**85,5**
Fremdpersonal		0	0	0	0	0	0	0	0	0
Summe Fremdpersonal	2,0	**0,0**	**0,0**	**0,0**	**0,0**	**0,0**	**0,0**	**0,0**	**0,0**	**0,0**
PERSONALKOSTEN GESAMT		**562,2**	**372,2**	**372,2**	**372,2**	**1.679,0**	**2.347,4**	**2.846,5**	**3.096,2**	**3.220,4**

Bild 47   Summe Kostenstellen operativ – Personalkosten

Summe Kostenstellen operativ Sachkosten										
T€		Q I	Q II	Q III	Q IV	2001	2002	2003	2004	2005
GEBÄUDEMIETEN/RAUMKOSTEN	0,4	22,8	22,8	22,8	22,8	91,2	139,2	172,8	192,0	201,6
MIETE/LEASING B&G		0,0	0,0	0,0	0,0	0,0	0,0	0,0	0,0	0,0
WARTUNG/INSTANDHALTUNG		0,0	0,0	0,0	0,0	0,0	0,0	0,0	0,0	0,0
VERSICHERUNG/GEBÜHREN		0,0	0,0	0,0	0,0	0,0	0,0	0,0	0,0	0,0
Kfz-Kosten										
Anzahl Kfz		0	0	0	0	0	0	0	0	0
Ø Leasingrate	0,5	0,0	0,0	0,0	0,0	0,0	0,0	0,0	0,0	0,0
Ø Versicherungsprämie	0,13	0,0	0,0	0,0	0,0	0,0	0,0	0,0	0,0	0,0
Ø Betriebskosten	0,4	0,0	0,0	0,0	0,0	0,0	0,0	0,0	0,0	0,0
KFZ-KOSTEN		0,0	0,0	0,0	0,0	0,0	0,0	0,0	0,0	0,0
Reisekosten										
Geschäftsführung/Vertrieb	2,5	15,0	15,0	15,0	15,0	60,0	60,0	60,0	60,0	60,0
Mitarbeiter	0,5	25,5	25,5	25,5	25,5	102,0	162,0	204,0	228,0	240,0
REISEKOSTEN		40,5	40,5	40,5	40,5	162,0	222,0	264,0	288,0	300,0
MARKETING/WERBUNG		0,0	0,0	0,0	0,0	0,0	0,0	0,0	0,0	0,0
Kommunikationskosten										
Geschäftsführung/Vertrieb	0,4	2,4	2,4	2,4	2,4	9,6	9,6	9,6	9,6	9,6
Mitarbeiter	0,2	10,2	10,2	10,2	10,2	40,8	64,8	81,6	91,2	96,0
KOMMUNIKATION		12,6	12,6	12,6	12,6	50,4	74,4	91,2	100,8	105,6
Externe Dienstleistungen										
Anzahl Manntage		50,0	50,0	50,0	50,0	200,0	50,0	50,0	50,0	50,0
EXTERNE DIENSTLEITUNGEN	1,0	50,0	50,0	50,0	50,0	200,0	50,0	50,0	50,0	50,0
EDV-Kosten										
Hosting		125,0	125,0	125,0	125,0	500,0	500,0	500,0	500,0	500,0
Access		50,0	50,0	50,0	50,0	200,0	200,0	200,0	200,0	200,0
SW-Wartung		171,0	171,0	171,0	171,0	684,0	684,0	585,0	585,0	630,0
Netzkosten		25,0	25,0	25,0	25,0	100,0	150,0	150,0	200,0	200,0
Sonstige EDV-Kosten		25,0	25,0	25,0	25,0	100,0	150,0	150,0	200,0	200,0
EDV-KOSTEN		396,0	396,0	396,0	396,0	1.584,0	1.684,0	1.585,0	1.685,0	1.730,0
Sonstige Verwaltungskosten										
Verwaltungskosten	0,10	5,7	5,7	5,7	5,7	22,8	34,8	43,2	48,0	50,4
Büro-Infrastrukturkosten	0,25	14,3	14,3	14,3	14,3	57,0	87,0	108,0	120,0	126,0
SONSTIGE VERWALTUNGSKOSTEN		20,0	20,0	20,0	20,0	79,8	121,8	151,2	168,0	176,4
SACHKOSTEN GESAMT		541,8	541,8	541,8	541,8	2.167,4	2.291,4	2.314,2	2.483,8	2.563,6
KOSTEN GESAMT		1.104,1	914,1	914,1	914,1	3.846,4	4.638,8	5.160,7	5.580,0	5.784,0
ERGEBNIS		-1.104,1	-914,1	-914,1	-914,1	-3.846,4	-4.638,8	-5.160,7	-5.580,0	-5.784,0
Kontrolle										

Bild 48   Summe Kostenstellen operativ – Sachkosten

Plan-Ergebnisrechnung

Alle Positionen der Ergebnisrechnung werden von den Teilplänen Umsatzplanung und Kostenplanung übernommen. Die Abschreibungen resultieren aus der Investitionsplanung. Für die Erstellung der Ergebnisrechnung ist keine manuelle Eingabe mehr notwendig. In der Zeile „Steuern" werden im Fall von Verlusten Steuergutschriften nach IAS ergebniswirksam ausgewiesen und in der Bilanz entsprechend aktiviert. Die Steuersätze sind 25,0 % für

Körperschaftsteuer, 5,5 % Solidaritätszuschlag, der Hebesatz der Gewerbeertragsteuer wurde mit 400 % angesetzt.

Das geplante Ergebnis des Marktplatzes ist mit –1.161 T€ im ersten Jahr negativ und verbessert sich bis zum Jahr 2005 auf 8.137 T€.

Ergebnisrechnung

	ERTRAGS- UND AUFWANDSPOSITIONEN	Q I/2001 TEUR	Q II/2001 TEUR	Q III/2001 TEUR	Q IV/2001 TEUR	2001 TEUR	2002 TEUR	2003 TEUR	2004 TEUR	2005 TEUR
0	2. Access	203,5	341,5	481,0	716,0	1.742,0	5.159,7	9.201,0	11.173,7	11.728,9
1	3. Purchase Orders	1,1	2,0	4,6	8,8	16,5	104,9	204,1	289,7	363,9
2	4. Forward Auctions	3,5	14,0	17,5	28,0	63,0	345,6	1.179,7	2.407,4	2.961,9
3	5.a Reverse Auctions	9,3	15,0	34,6	70,0	128,9	1.063,1	2.040,7	3.229,3	3.742,6
4	5.b. Ausschreibungen	0,3	0,5	1,2	2,1	4,1	33,7	71,1	123,7	142,7
5	6. eServices	2,9	5,7	9,5	14,3	32,4	181,3	475,3	861,0	1.370,1
6	7. Content	102,8	132,1	123,8	153,1	511,7	842,5	1.905,2	1.709,7	1.403,4
7	8. Hosting	100,0	90,0	250,0	320,0	760,0	3.302,5	4.407,4	5.112,7	5.796,1
8	9. Sonstige Umsätze	190,0	190,0	190,0	190,0	760,0	985,0	1.210,3	1.215,8	1.221,6
9	**Nettoumsatz/DL-Erlöse**	**613,4**	**790,7**	**1.112,3**	**1.502,3**	**4.018,6**	**12.018,3**	**20.694,6**	**26.123,0**	**28.731,1**
10	2. Access	-40,7	-68,3	-96,2	-143,2	-348,4	-1.031,9	-1.840,2	-2.234,7	-2.345,8
11	3. Purchase Orders	-0,2	-0,4	-0,9	-1,8	-3,3	-21,0	-40,8	-57,9	-72,8
12	4. Forward Auctions	-50,5	-2,1	-2,6	-4,2	-59,5	-51,8	-177,0	-361,1	-444,3
13	5.a. Reverse Auctions	-51,4	-2,2	-5,2	-10,5	-69,3	-159,5	-306,1	-484,4	-561,4
14	5.b. Ausschreibungen	-50,0	-0,1	-0,2	-0,3	-50,6	-5,1	-10,7	-18,6	-21,4
15	6. eServices	-25,1	-20,2	-20,5	-20,9	-86,6	-93,8	-115,4	-142,7	-176,9
16	7. Content	0,0	0,0	0,0	0,0	0,0	0,0	0,0	0,0	0,0
17	8. Hosting	-15,0	-13,5	-37,5	-48,0	-114,0	-495,4	-661,1	-766,9	-869,4
18	9. Sonstige Umsätze	0,0	0,0	0,0	0,0	0,0	0,0	0,0	0,0	0,0
19	**Direkte Kosten**	**-233,0**	**-106,8**	**-163,1**	**-228,8**	**-731,7**	**-1.858,5**	**-3.151,2**	**-4.066,3**	**-4.492,0**
20	**Bruttomarge**	**380,4**	**683,9**	**949,2**	**1.273,5**	**3.287,0**	**10.159,8**	**17.543,3**	**22.056,7**	**24.239,1**
21	sonstige betriebliche Erträge	0,0	0,0	0,0	0,0	0,0	0,0	0,0	0,0	0,0
22	**Gesamtertrag**	**380,4**	**683,9**	**949,2**	**1.273,5**	**3.287,0**	**10.159,8**	**17.543,3**	**22.056,7**	**24.239,1**
23	Operative Kosten	-1.431,1	-1.241,1	-1.241,1	-1.241,1	-5.154,2	-6.001,6	-6.638,7	-5.775,5	-6.028,9
24	Marketingkosten	-228,4	-208,4	-258,4	-258,4	-953,4	-1.445,4	-1.925,4	-1.921,1	-1.916,7
25	Vertriebskosten	-327,4	-237,4	-304,3	-284,3	-1.153,5	-1.596,0	-2.000,0	-2.158,2	-2.129,5
26	Verwaltungskosten	-238,0	-188,0	-188,0	-188,0	-802,2	-820,9	-887,5	-876,7	-876,7
27	sonst. betr. Aufwendungen	0,0	0,0	0,0	0,0	0,0	0,0	0,0	0,0	0,0
29	**Summe Kosten gesamt**	**-2.224,9**	**-1.874,9**	**-1.991,8**	**-1.971,8**	**-8.063,3**	**-9.863,9**	**-11.451,6**	**-10.731,5**	**-10.951,8**
30	**Betriebsergebnis (EBIT)**	**-1.844,5**	**-1.190,9**	**-1.042,6**	**-698,3**	**-4.776,3**	**295,9**	**6.091,7**	**11.325,2**	**13.287,3**
31	Zinsergebnis (+ Ertrag, - Aufwan	-48,8	-48,8	-48,8	-48,8	-195,0	-336,0	-195,0	-78,0	-24,0
32	Finanz-/Beteiligungsergebnis	0,0	0,0	0,0	0,0	0,0	0,0	0,0	0,0	0,0
33	Kursgewinn (+)/-verlust (-)	0,0	0,0	0,0	0,0	0,0	0,0	0,0	0,0	0,0
34	**Erg. der gewöhnl. Geschäftstätig**	**-1.893,2**	**-1.239,7**	**-1.091,4**	**-747,1**	**-4.971,3**	**-40,1**	**5.896,7**	**11.247,2**	**13.263,3**
35	a.o. Ergebnis (+ Ertr., - Aufw.)	0,0	0,0	0,0	0,0	0,0	0,0	0,0	0,0	0,0
36	**Ergebnis vor Steuern**	**-1.893,2**	**-1.239,7**	**-1.091,4**	**-747,1**	**-4.971,3**	**-40,1**	**5.896,7**	**11.247,2**	**13.263,3**
37	Gesamt Steuern	731,7	479,1	421,8	288,7	1.921,4	15,5	-2.279,1	-4.347,0	-5.126,3
38	**Ergebnis nach Steuern**	**-1.161,5**	**-760,5**	**-669,5**	**-458,3**	**-3.049,9**	**-24,6**	**3.617,6**	**6.900,1**	**8.137,0**
39	Fremdanteile am Ergebnis nach	0,0	0,0	0,0	0,0	0,0	0,0	0,0	0,0	0,0
40	**Erg. nach St. und Fremdan**	**-1.161,5**	**-760,5**	**-669,5**	**-458,3**	**-3.049,9**	**-24,6**	**3.617,6**	**6.900,1**	**8.137,0**

Bild 49   Ergebnisrechnung

Detailaufstellung Kosten

AUFWANDSPOSITIONEN	Q I/2001 TEUR	Q II/2001 TEUR	Q III/2001 TEUR	Q IV/2001 TEUR	2001 TEUR	2002 TEUR	2003 TEUR	2004 TEUR	2005 TEUR
42 Personalkosten	-1.043,0	-693,0	-751,2	-731,2	-3.218,4	-4.311,8	-5.116,6	-5.509,3	-5.613,5
43 Gebäudemieten/sonstige Raumkosten	-42,0	-42,0	-44,4	-44,4	-172,8	-254,4	-307,2	-336,0	-345,6
44 Leasing Betr.-/Geschäftsausstattung	0,0	0,0	0,0	0,0	0,0	0,0	0,0	0,0	0,0
45 Wartung/Instandhaltung	0,0	0,0	0,0	0,0	0,0	0,0	0,0	0,0	0,0
46 Versicherungen/Gebühren/Beiträge	-12,0	-12,0	-12,0	-12,0	-48,0	-100,0	-150,0	-150,0	-150,0
47 Kfz-Kosten	-15,5	-15,5	-15,5	-15,5	-61,8	-86,5	-86,5	-86,5	-86,5
48 Reisekosten	-100,5	-100,5	-103,5	-103,5	-408,0	-510,0	-576,0	-612,0	-624,0
49 Werbung/Mailings/Druckkosten	-150,0	-150,0	-200,0	-200,0	-700,0	-1.000,0	-1.500,0	-1.500,0	-1.500,0
50 Akquisitionskosten	0,0	0,0	0,0	0,0	0,0	0,0	0,0	0,0	0,0
51 Kommunikation (Porto/Telefon/Fax)	-25,8	-25,8	-27,0	-27,0	-105,6	-146,4	-172,8	-187,2	-192,0
52 Dienstl. ext. (Honorare, Rechts-/Ber.k)	-62,5	-62,5	-62,5	-62,5	-250,0	-100,0	-100,0	-100,0	-100,0
53 EDV-Kosten	-396,0	-396,0	-396,0	-396,0	-1.584,0	-1.684,0	-1.585,0	-1.685,0	-1.730,0
54 Sonstige Bürokosten	-36,8	-36,8	-38,9	-38,9	-151,2	-222,6	-268,8	-294,0	-302,4
55 Abschreibung/GWG	-340,9	-340,9	-340,9	-340,9	-1.363,5	-1.448,2	-1.588,7	-271,5	-307,8
57 Kapitalerhöhungen/Börseneinführung	0,0	0,0	0,0	0,0	0,0	0,0	0,0	0,0	0,0
58 Dienstleistungen intern/Umlagen	0,0	0,0	0,0	0,0	0,0	0,0	0,0	0,0	0,0
59 sonstige Steuern	0,0	0,0	0,0	0,0	0,0	0,0	0,0	0,0	0,0
60 sonstige betriebliche Aufwendungen	0,0	0,0	0,0	0,0	0,0	0,0	0,0	0,0	0,0
61 Firmenwertabschreibung	0,0	0,0	0,0	0,0	0,0	0,0	0,0	0,0	0,0
62 **Summe Kosten gesamt**	**-2.224,9**	**-1.874,9**	**-1.991,8**	**-1.971,8**	**-8.063,3**	**-9.863,9**	**-11.451,6**	**-10.731,5**	**-10.951,8**

Bild 50   Detailaufstellung Kosten

Plan-Bilanz

BILANZ

AKTIVA	2001 TEUR	%	2002 TEUR	%	2003 TEUR	%	2004 TEUR	%	2005 TEUR	%
A. Anlagevermögen										
I. Immaterielle Vermögensgegenstände	2.333,3	---	1.233,3	-47,1%	233,3	-81,1%	133,3	-42,9%	216,7	62,5%
1 Konzessionen, Schutzrechte, Lizenzen	2.333,3	---	1.233,3	-47,1%	233,3	-81,1%	133,3	-42,9%	216,7	62,5%
2 Geschäfts- oder Firmenwert	0,0	---	0,0	---	0,0	---	0,0	---	0,0	---
3 geleistete Anzahlungen	0,0	---	0,0	---	0,0	---	0,0	---	0,0	---
4 Ingangsetzung Geschäftsbetrieb							0,0	---	0,0	---
II. Sachanlagen	393,7	---	299,5	-23,9%	132,3	-55,8%	99,8	-24,6%	71,7	-28,2%
1 Grundstücke, Bauten auf fremden Grundstüc	0,0	---	0,0	---	0,0	---	0,0	---	0,0	---
2 sonstiges Sachanlagevermögen	393,7	---	299,5	-23,9%	132,3	-55,8%	99,8	-24,6%	71,7	-28,2%
3 Vermietete Anlagengegenstände	0,0	---	0,0	---	0,0	---	0,0	---	0,0	---
III. Finanzanlagen	0,0	---	0,0	---	0,0	---	0,0	---	0,0	---
1 Anteile an verb. Unternehmen	0,0	---	0,0	---	0,0	---	0,0	---	0,0	---
2 Anteile an Beteiligungen	0,0	---	0,0	---	0,0	---	0,0	---	0,0	---
3 Ausleihungen an verbundene Unternehmen	0,0	---	0,0	---	0,0	---	0,0	---	0,0	---
4 Ausleihungen an Beteiligungen	0,0	---	0,0	---	0,0	---	0,0	---	0,0	---
5 sonstige Finanzanlagen	0,0	---	0,0	---	0,0	---	0,0	---	0,0	---
Anlagevermögen gesamt	**2.727,0**	---	**1.532,8**	**-43,8%**	**365,7**	**-76,1%**	**233,2**	**-36,2%**	**288,3**	**23,7%**
B. Umlaufvermögen		---								
I. Vorräte	0,0	---	0,0	---	0,0	---	0,0	---	0,0	---
II. Forderungen und sonst. Verm. gegenst	2.621,4	---	2.315,5	-11,7%	4.200,0	81,4%	5.500,0	31,0%	6.000,0	9,1%
1 Forderungen aus Lieferungen u. Leist.	700,0	---	2.300,0	228,6%	4.200,0	82,6%	5.500,0	31,0%	6.000,0	9,1%
2 Forderungen gegen Gesellschafter	0,0	---	0,0	---	0,0	---	0,0	---	0,0	---
3 Forderungen gegen übrige verb., Untern., B	0,0	---	0,0	---	0,0	---	0,0	---	0,0	---
4 Forderungen gegen Beteiligungen	0,0	---	0,0	---	0,0	---	0,0	---	0,0	---
5 sonstige Vermögensgegenstände	1.921,4	---	15,5	-99,2%	0,0	---	0,0	---	0,0	---
6 Ausstehende Einlage Kapital	0,0	---	0,0	---	0,0	---	0,0	---	0,0	---
III. Rechnungsabgrenzungsposten	0,0	---	0,0	---	0,0	---	0,0	---	0,0	---
davon Forderungen mit Restlaufzeit unter 1 Jah	0,0	---	0,0	---	0,0	---	0,0	---	0,0	---
davon Forderungen mit Restlaufzeit über 1 Jah	0,0	---	0,0	---	0,0	---	0,0	---	0,0	---
davon kurzfristig verzinslich	0,0	---	0,0	---	0,0	---	0,0	---	0,0	---
IV. Wertpapiere	0,0	---	0,0	---	0,0	---	0,0	---	0,0	---
V. Schecks, Kassenbest., Bank-/Postguth.	401,7	---	227,2	-43,4%	427,5	88,2%	5.210,1	---	11.992,0	130,2%
Umlaufvermögen gesamt	**3.023,1**	---	**2.542,7**	**-15,9%**	**4.627,5**	**82,0%**	**10.710,1**	**131,4%**	**17.992,0**	**68,0%**
C. Latente Steuern	0,0	---	0,0	---	0,0	---	0,0	---	0,0	---
D. Nicht durch EK gedeckter Fehlbetrag	0,0	---	0,0	---	0,0	---	0,0	---	0,0	---
AKTIVA GESAMT	**5.750,1**	---	**4.075,5**	**-29,1%**	**4.993,2**	**22,5%**	**10.943,3**	**119,2%**	**18.280,3**	**67,0%**

Bild 51 Bilanz Aktiva

PASSIVA	2001		2002		2003		2004		2005	
	TEUR	%	TEUR	%	TEUR	%	TEUR	%	TEUR	%
A. Eigenkapital										
I. Gezeichnetes Kapital	2.000,0		2.000,0	0,0%	2.000,0	0,0%	2.000,0	0,0%	2.000,0	0,0%
II. Kapitalrücklage	0,0		0,0	---	0,0	---	0,0	---	0,0	---
III. Neubewertungsrücklage	0,0		0,0	---	0,0	---	0,0	---	0,0	---
IV. Gewinnrücklagen	0,0		0,0	---	0,0	---	0,0	---	0,0	---
V. Konsolidierungsausgleichsposten	0,0		0,0	---	0,0	---	0,0	---	0,0	---
VI. Gewinnvortrag/Verlustvortrag	0,0		-3.049,9	---	-3.074,5	0,8%	543,1	-117,7%	7.443,3	
VII. Jahresüberschuß/-fehlbetrag	-3.049,9		-24,6	-99,2%	3.617,6	#######	6.900,1	90,7%	8.137,0	17,9%
VIII. Anteile anderer Gesellschafter			0,0	---	0,0	---	0,0	---	0,0	---
IX. Unterschied aus Währungsumrechnung	0,0		0,0	---	0,0	---	0,0	---	0,0	---
Eigenkapital gesamt	**-1.049,9**		**-1.074,5**	**2,3%**	**2.543,1**	**-336,7%**	**9.443,3**	**271,3%**	**17.580,3**	**86,2%**
B. Eigene Anteile	0,0		0,0	---	0,0	---	0,0	---	0,0	---
C. Rückstellungen										
I. Pensionsrückstellungen u. ä.	0,0		0,0	---	0,0	---	0,0	---	0,0	---
II. Steuerrückstellungen	0,0		0,0	---	0,0	---	0,0	---	0,0	---
III. sonstige Rückstellungen	100,0		200,0	100,0%	350,0	75,0%	400,0	14,3%	400,0	0,0%
davon mit Restlaufzeit über 1 Jahr	0,0		0,0	---	0,0	---	0,0	---	0,0	---
Rückstellungen gesamt	**100,0**		**200,0**	**100,0%**	**350,0**	**75,0%**	**400,0**	**14,3%**	**400,0**	**0,0%**
D. Verbindlichkeiten										
I. Anleihen	0,0		0,0	---	0,0	---	0,0	---	0,0	---
II. Verbindlichkeiten gegenüber Kreditinstituten	0,0		0,0	---	0,0	---	0,0	---	0,0	---
III. Verbindlichkeiten aus Lief. und Leist.	200,0		250,0	25,0%	300,0	20,0%	300,0	0,0%	300,0	0,0%
IV. Verbindlichkeiten gegenüber Gesellschafter	6.500,0		4.700,0	-27,7%	1.800,0	-61,7%	800,0	-55,6%	0,0	---
V. Verbindl. gegenü. übrige verb. Untern. U. Be	0,0		0,0	---	0,0	---	0,0	---	0,0	---
VI. Verbindl. gegenü. Beteiligungen	0,0		0,0	---	0,0	---	0,0	---	0,0	---
VII. sonstige Verbindlichkeiten	0,0		0,0	---	0,0	---	0,0	---	0,0	---
VIII. Einlagen stiller Gesellschafter	0,0		0,0	---	0,0	---	0,0	---	0,0	---
IX. Rechnungsabgrenzungsposten	0,0		0,0	---	0,0	---	0,0	---	0,0	---
davon Verbindl. mit Restlaufzeit unter 1 Jahr	0,0		0,0	---	0,0	---	0,0	---	0,0	---
davon Verbindl. mit Restlaufzeit über 1 Jahr	0,0		0,0	---	0,0	---	0,0	---	0,0	---
davon kurzfristig verzinslich	0,0		0,0	---	0,0	---	0,0	---	0,0	---
Verbindlichkeiten gesamt	**6.700,0**		**4.950,0**	**-26,1%**	**2.100,0**	**-57,6%**	**1.100,0**	**-47,6%**	**300,0**	**-72,7%**
E. Latente Steuern	0,0		0,0	---	0,0	---	0,0	---	0,0	---
PASSIVA GESAMT	**5.750,1**		**4.075,5**	**-29,1%**	**4.993,1**	**22,5%**	**10.943,3**	**119,2%**	**18.280,3**	**67,0%**

Bild 52   Bilanz Passiva

In die Bilanz werden aus anderen Teilplänen übernommen: der Restwert des Anlagevermögens der Planjahre und das Jahresergebnis aus der Ergebnisrechnung. Im Minimum sind der Planbilanz manuell hinzuzufügen: gezeichnetes Kapital, Forderungen/Verbindlichkeiten aus Lieferungen und Leistungen, Rückstellungen und zur Sicherstellung der Finanzierung Darlehen von Gesellschaftern oder Kreditinstituten. Der Ausgleich der Bilanz erfolgt über die Postition „Schecks, Kassenbestand, Bankguthaben".

Plan-Investitionen

Die Investitionen werden separat geplant nach immateriellen Vermögensgegenständen und Sachanlagevermögen.

Investitionen (T)	2001	2002	2003	2004	2005
Software					
- Market Maker	1.800				
- Auction	400				
- RFQ	400				
Sonstige Software	400	100	300	50	300
PSO-Leistungen	500				
Summe Software	**3.500**	**100**	**300**	**50**	**300**
Hardware					
Server	400				
EDV-Ausstattung Mitarbeiter	85	80	55	30	10
Sonstige Betriebs- u. Geschäftsausstattung	105	74	67	59	53
Summe Investitionen	**4.090**	**254**	**422**	**139**	**363**

Innerhalb des Investitions-Planungsmoduls werden auch die Abschreibungen für die Ergebnisrechnung sowie die Restwerte für die Bilanz errechnet.

Kapitalflussrechnung

Als letzter Schritt der Finanzplanung wird die Kapitalflussrechnung erstellt. Es sind keine manuellen Eingaben mehr notwendig, alle benötigten Positionen werden aus Ergebnisrechnung, Bilanz und Investitionsrechnung übernommen. Bereits ab dem zweiten Jahr können aus einem positiven Cashflow Rückzahlungen für das Gesellschafterdarlehen getätigt werden.

KAPITALFLUSSRECHNUNG

	2001	2002	2003	2004	2005
Ergebnis nach Steuern	-3.049,9	-24,6	3.617,6	6.900,1	8.137,0
nicht geldwirksame Posten Erfolgsrechnung	0,0	0,0	0,0	0,0	0,0
+/- Abschreibungen/Zuschreibungen Anlagevermögen	1.363,5	1.448,2	1.588,7	271,5	307,8
+/- Firmenwert-Afa/Afa ingangs. Geschäftsbetr.	0,0	0,0	0,0	0,0	0,0
+/- Veränderung langfristige Rückstellungen	0,0	0,0	0,0	0,0	0,0
Brutto Cash Flow	-1.686,4	1.423,6	5.206,3	7.171,6	8.444,9
Veränderung Working Capital	-2.321,4	455,9	-1.684,5	-1.250,0	-500,0
+/- Veränderung kurzfristiges Umlaufvermögen (inkl. RAP)	-2.621,4	305,9	-1.884,5	-1.300,0	-500,0
+/- Veränderung kurzfristige Verbindlichkeiten (inkl. RAP)	200,0	50,0	50,0	0,0	0,0
+/- Veränderung kurzfristige Rückstellungen	100,0	100,0	150,0	50,0	0,0
Cash Flow aus lfd. Geschäftstätigkeit	-4.007,8	1.879,5	3.521,8	5.921,6	7.944,9
Cash Flow aus Investitionstätigkeit (aus Bilanz)	-4.090,5	-254,0	-421,5	-139,0	-363,0
+ Kapitalerhöhungen	2.000,0	0,0	0,0	0,0	0,0
+/- Veränderung sonstige Eigenkapital-Positionen	0,0	0,0	0,0	0,0	0,0
+/- Veränderung langfristiges Umlaufvermögen	0,0	0,0	0,0	0,0	0,0
+/- Veränderung langfristige Verbindlichkeiten	0,0	0,0	0,0	0,0	0,0
+/- Veränderung Ford./ Verbindlichkeiten Gruppengesellsc	0,0	0,0	0,0	0,0	0,0
+/- Veränderung Ford./ Verbindlichkeiten Gesellschafter	6.500,0	-1.800,0	-2.900,0	-1.000,0	-800,0
Cash Flow aus Finanztätigkeit	8.500,0	-1.800,0	-2.900,0	-1.000,0	-800,0
Gesamtveränderung der Zahlungsmittel	401,7	-174,5	200,3	4.782,6	6.781,9
Kontrollzeile Veränderung Zahlungsmittel lt. Bilanz	401,7	-174,5	200,3	4.782,6	6.781,9

Bild 53   Kapitalflussrechnung

Key Figures Financials

Der Break-even wird des Beispiel-eMarkets wird bereits nach dem zweiten Jahr mit einem nahezu ausgeglichenen Ergebnis erreicht. Die kumulierten Verluste werden im Jahr drei abgebaut. Der Gesellschafter hat im ersten Jahr ein Anfangsinvest von 8,5 Mio € zu tragen, davon 2 Mio€ in das gezeichnete Kapital und 6 Mio € als Gesellschafterdarlehen. Das Darlehen ist im Jahr fünf vollständig getilgt.

Der Unternehmenswert nach der Ertragswertmethode beträgt im Jahr 2001 22,0 Mio € (Zinssatz 19,5 %) Nach dem Discounted Cashflow-Verfahren (DCF) beträgt der Unternehmenswert bezogen auf das Eigenkapital 20,7 Mio €. Beim DCF-Verfahren wurde ein gewichteter Kapitalkostensatz (WAC C) von 15 % angewendet.

Ausblick

Mit dem vorgelegten Planungsmodell ist ein B2B-eMarket-Maker in der Lage, seinen Businessplan als Grundlage für die Investitionsentscheidung abzubilden. Das Modell wird im Rahmen des Business Developments für den Market Maker eingesetzt und ständig den Erfordernissen angepasst.

Der nächste Schritt ist die Entwicklung eines Tools, mit dessen Hilfe Einsparungspotenziale für einen Buyer bzw. Supplier ermittelt werden durch Verlagerung von Einkaufstätigkeiten auf einen elektronischen Marktplatz. Die aufgezeigten Einsparungspotenziale finden sind nicht nur in niedrigeren Wareneinstandskosten, sondern vor allem in niedrigeren Prozesskosten. An einem solchen Modell wird zur Zeit gearbeitet.

Weitere Informationen unter info@klausgross.com.

6 Reverse Auctions gelangen im Unternehmenseinkauf zur Reife

Wolfram Mueller, Dr. Marcus Windhaus

Einführung

Mit Reverse Auctions geht der Einkauf neue Wege. Das Internet als Kommunikationsmedium erlaubt es heute, in Echtzeit Gebote einzuholen und Werte jeder beliebigen Größenordnung zu verhandeln. Dieses Kapitel schildert den Stand der Erfahrungen.

Was sind Reverse Auctions?

Reverse Auctions sind umgekehrt verlaufende Auktionen, in denen sich die Wettbewerber im Verlauf gegenseitig unterbieten. Sie eignen sich für den Einkauf von Waren und Dienstleistungen. Die Auktion wird vom Einkäufer initiiert, die ausgewählten Bieter werden zugelassen und der Beschaffungspreis fällt im Verlauf. Anstelle des Preises können auch andere Größen wie Preis-Leistungs-Verhältnisse, Prozentsätze und Lieferzeiten verhandelt werden.

Hauptmerkmal von Auktionen ist, dass alle Anbieter während des gleichen Zeitraums ihre Gebote abgeben müssen. Ihre Höhe ist für alle Teilnehmer sichtbar, die Bieter selbst bleiben aber anonym. Da diese Preisfindung einen Teil der in der Wirtschaft bisher üblichen, nacheinander verlaufenden verdeckten Preisverhandlungen ersetzt, spricht man von einer neuen „Transparenz" der Preise. Im Gegensatz zu den gleichfalls transparenten Börsenkursen geht es allerdings beim Auktionsergebnis um den einmaligen Preis für einen punktuellen Bedarf, nicht um eine fortlaufende, endlose Preisbildung für ein Produkt mit sehr breiter Nachfrage. Am Ende erhält für jede Position ein Bieter den Zuschlag oder ein Gesamtzuschlag wird erteilt.

Stehen ausreichend viele verkaufswillige Bieter zur Verfügung, treten sie aufgrund der Kombination aus Preistransparenz und zeitlich eng begrenzter Bietemöglichkeit in einen starken Wettbewerb, so dass im Ergebnis niedrigere Preise zu erwarten sind als durch lediglich manuelle Verhandlungsrunden. Grund dafür ist, dass der Aufwand für mehr als drei bis vier Runden im Normalfall so hoch ist, dass man meist auf sie verzichtet. Neben dem durch Simultanität und begrenzte Zeit ausgelösten Verhandlungsdruck spielen die anonym sichtbaren Realgebote eine wesentliche Rolle. Durch sie werden die Bieter sehr viel stärker zum Nachhalten herausgefordert, als in intransparenten, verdeckten Verhandlungen. Die Erfahrung bestätigt, dass sich Bieter durch Vergleichbarkeit und Transparenz ebenso viel stärker herausfordern lassen, wie Sportler viel stärker an ihre Leistungsgrenze gehen, wenn sie in der Arena offen gegeneinander antreten.

	Transparenz	Teilnehmer	Dauer	Zuschlag
Manuelle Verhandlung	nein	beliebig	physisch und mental begrenzt	manuell
Reverse Auction	ja; Einschränkung möglich	zugelassene; freie Teilnahme möglich	0,5 h bis wenige Stunden	automatisch oder manuell
Börse	ja	Agenten; Angebot und Nachfrage frei	fortlaufende Preisfindung	automatisch

Bild 54   **Auktionen und andere Preisfindungsmechanismen**

Neben die durch das Internet ermöglichte Transparenz tritt die Beschränkung der Bietezeit auf 30 Minuten bis einige Stunden. Diese verkürzte „Verhandlungsdauer" spielt auf der Prozesskostenseite eine stark wachsende Rolle.

Es gibt unterschiedliche Auktionstypen, die die jeweiligen Verhandlungsstrategien abbilden. Hierin stehen wiederum wählbare Parameter zur Verfügung. Dieses Repertoire an Einstellmöglichkeiten optimal zu nutzen, ist das Know-how des Auktionsdienstleisters bzw. erfahrenen Einkäufers.

Auktionsdienstleister wie Goodex bieten international bereits seit Anfang des Jahres 2000 Auktionen über das Internet an. Unterschieden wird zwischen reinen Betreibern einer „Selbstbedienungs"-Plattform und beispielsweise Goodex, wo ausgefeilte Auktionsmechanismen aufgrund langjähriger Erfahrung im industriellen Einkauf entstanden sind und die Services rund um die Einkaufsorganisation den Produktschwerpunkt bilden.

Internet-Ausschreibungen

Was für Auktionen gilt, gilt im Wesentlichen auch für Internet-Ausschreibungen. Nur die Bietefristen sind deutlich länger. Sie kommen zum Einsatz, wo komplexe Produkte und Dienstleistungen verhandelt werden, für die aufwändige technische Klärungen oder umfangreiche Kalkulationen notwendig sind. Beispiele: anspruchsvolle Zeichnungsteile, Bauprojekte, Dienstleistungen wie Facility-Management und andere. Transparenz und niedrige Abwicklungskosten stehen auch hier im Vordergrund. Die Kombination aus Ausschreibung für die Vorbereitungszeit und Klärungsphase und anschließender Auktion für die endgültige Preisfindung ist eine effektive Lösung für viele aufwändige Beschaffungsaufgaben in der Welt der immer kürzer werdenden Produktlebenszyklen.

Erfahrungen mit Beschaffungsauktionen

Eine große Zahl von Unternehmen hat bereits seit geraumer Zeit Erfahrungen mit Auktionen gesammelt und sie zur „Best Practice" ihrer Einkaufsstrategie erklärt. Mit umfangreichen Rahmenverträgen sichern sich große Unternehmen kurzfristig Auktionskapazität für Umsätze in mehrstelliger Millionenhöhe.

Die gewonnenen Erfahrungen sind dabei vielfältig: Große Erfolge durch Senkung der Preise auf ein völlig neues Niveau gehören ebenso dazu wie Misserfolge, verursacht durch mangelnde Vorbereitung, uneindeutige Warenspezifikationen, unrealistische Erwartungen aufgrund zu enger Märkte oder Nebenabsprachen.

Je nach Einsatzbereich, Produkt und Beschaffungsmarkt sind Auktionen unterschiedlich geeignet. Die nachstehende Tabelle nennt die bevorzugten.

Festgehalten sei noch, dass insbesondere kartellartige Situationen dann mit Auktionen unterwandert werden können, wenn sich so genannte „Preisbrecher" beteiligen. Gerade in diesen Fällen macht die Transparenz die neue Wettbewerbssituation besonders glaubhaft und führt im Gegensatz zu vom Einkäufer „behaupteten" Preisbrechergeboten zu erstaunlichen unmittelbaren Preissenkungen. Besonders manche sehr konservative Märkte wollen sich daher noch gegen Auktionen schützen.

Mittlerweile existiert ein sehr umfangreiches Wissen über die Voraussetzungen und den Aufbau erfolgreicher Auktionen. Heute prüft der Einkäufer die Bedarfe gezielt auf ihre Auktionseignung und passt Auktionstyp und Einstellungen optimal an Produkte und Marktbedingungen an.

Marktsituation	Einsatzmöglichkeit	Vorteile	Beispiele
„Nachfragemarkt"	Auktionen gut geeignet; hoher Bietedruck durch Transparenz		
„Lieferantenmarkt"	Transparenzvorteil in Einzelfällen; Prozesskostenvorteil im Vordergrund		
Börsennotiertes Gut oder börsenähnlicher Index	möglich nur für Zusatzkostenanteile wie Veredelung, Transport	Teil-Preisreduktion, Prozesskostenreduktion	Sonderlegierungen, Brennstoffe
viele Anbieter, Standard-Massengut	ja; wenn keine Konkurrenz zu börsenähnlichen öffentl. Foren; eingeschränkt bei regionaler Protektion	Preisreduktion, Prozesskostenreduktion	Paletten, Kopierpapier, Basischemikalien
Ausreichend viele Anbieter, keine Knappheit, keine Entwicklungspartnerschaft	ja; ideal für Auktionen	Preisreduktion, Prozesskostenreduktion	Metall-, Kunststoffbearbeitung, Chemikalien
wenige Standardbieter für Standardware bei oligopolistischem Angebot	nur mit einem „Preisbrecher"; sonst manuelles „Pokern" erfolgversprechender	volumenabhängige Preisreduktion	
< 5 Hersteller, Serienprodukt mit Alleinstellung oder strikte Markenbindung	Auktionen nur mit 4-5 Zwischenhändlern bzw. innerhalb eines Projekts mit Zusatzleistungen	Preisreduktion, Prozesskostenreduktion	Steuerungen mit aufwändiger Installation und Programmierung
Privatwirtschaftliches Projektgeschäft, mindestens vier Bieter	Auktionen gut bis sehr gut geeignet	hohe Preisreduktion; hohe Prozesskostenreduktion mit vorgeschalteten Ausschreibungen	Bauprojekte, Anlagenprojekte, komplexe Dienstleistungen
Entwicklungspartnerschaft	sehr gut zur Partnerauswahl	hohe Preis- und Qualifizierungskostenreduktion	Sonderwerkstoffe, Komponenten

Bild 55 Einsatzbereiche für Auktionen

Anfänglich bestehende Missverständnisse über Auktionen wurden in den Unternehmen nach und nach abgebaut. Einige davon sind heute noch verbreitet und sollen deshalb hier geklärt werden:

„Wir haben bereits bestmögliche Preise." „Sicher kann man in unserem Markt mit Auktionen nicht besser einkaufen als mit den Mitteln, die wir bisher eingesetzt haben."

Da Auktionen eine grundsätzlich andere Bietesituation herstellen, eröffnen sie deutlich größere Chancen als manuelle Verhandlungen. Ist der Bedarf gut auktionierbar, dann sind Auktionen grundsätzlich überlegen.

Produktions-Überkapazitäten einzelner Bieter fordern in Auktionen auch die übrigen Teilnehmer zu bisher ungewohnten Zugeständnissen heraus.

„Auktionen bringen erst etwas, wenn sie vollständig in die Unternehmens-EDV integriert sind."

Die umfangreichen Preis- und Prozesskosten-Einsparungen aus Auktionen sind unabhängig von Standort und Anbindung der Plattform. Sie sind unverhältnismäßig viel höher als diejenigen durch direkte Übertragung der Auktionsergebnisse in das unternehmenseigene ERP-System. Natürlich wäre es wünschenswert, die erzielten Auktionsergebnisse sofort in der eigenen EDV zur Verfügung zu haben. Das vierte Kapitel geht auf diese Frage ein.

„Nur einfache Produkte können auktioniert werden."

Dies ist nicht der Fall, denn Auktionierbarkeit ist allein von der Zahl der unabhängigen (nicht oligopolistischen) Anbieter abhängig. Ein Bedarf muss lediglich eindeutig beschreibbar sein, damit alle Teilnehmer auf dieselbe nachgefragte Ware, komplexe Dienstleistung oder dasselbe ausreichend dokumentierte Projekt bieten können. Bei komplexen Gütern sind die Einsparungen überwiegend höher.

„Lieferanten müssen immer vor der Auktion qualifiziert sein."

Dass eine vorab durchgeführte Auktion Qualifizierungskosten sogar senken kann, zeigt ein Beispiel: Auktion mit den interessierten Bietern und automatischer oder manueller Zuschlag unter Vorbehalt der nachträglichen Qualitätsfreigabe in der Reihenfolge der besten Gebote.

„Mit Auktionen lassen sich Preisvergleiche durchführen."

Dies gilt nur sehr eingeschränkt und in wenigen Märkten. Anbieter sind meist nicht bereit, ihre Preisgrenzen zu zeigen, wenn der Umsatz nicht unmittelbar folgt. Internet-Ausschreibungen sind ein geeigneteres Hilfsmittel für den Preisvergleich.

„Der Auktionsdienstleister braucht nicht alle Ziele des Einkäufers zu kennen."

Die Ziele müssen zur richtigen Auswahl des Auktionstyps unbedingt bekannt sein. Nur eine gut vorbereitete Auktion bringt optimalen Erfolg.

Nebenabsprachen

Einzelnen Bietern überlassene kommerzielle oder technische Informationen verhindern die Transparenz der Preisfindung. Wichtig ist, dass allen Beteiligten die dem bisherigen Lieferanten bekannten, versteckten Einsparmöglichkeiten offengelegt werden.

Vorher manuell eingeholte Angebote

Nach der Auktionsankündigung eingeholte manuelle Gebote stellen die Transparenz infrage. Sie suggerieren, dass der Zuschlag außerhalb des transparenten Verfahrens erteilt wird. So sinkt der Bietedruck.

„Jeder kann Auktionen durchführen. Man benötigt lediglich die Software."

Natürlich lässt sich die technische Ablaufsteuerung schnell erlernen. Entscheidend sind jedoch die Prüfung der Auktionsvoraussetzungen, die auktionsgerechte Formulierung des Bedarfs und die optimalen Einstellungen. Erst Einkaufswissen gepaart mit der Kenntnis der Branchenbesonderheiten und breiter Auktionserfahrung stellen sicher, dass das Einkaufsziel erreicht wird.

Nachdem diese Erkenntnisse mehr und mehr Eingang in die Einkaufsabteilungen gefunden haben, wird das Hilfsmittel Reverse Auction zunehmend zielsicherer eingesetzt. Richtig in die Unternehmensabläufe eingebaut, trägt es heute in vielen Firmen dazu bei, das Betriebsergebnis durch Ausnutzung des vollen Gewinnhebels um einen wichtigen Beitrag zu verbessern. Nicht zuletzt im Zuge des breiten Bedeutungsgewinns der Einkaufsabteilungen spielen Werkzeuge wie Auktionen eine immer wichtigere Rolle für die Unternehmen. Sie etablieren sich als reifes Instrument im modernen Einkauf.

Auktions-Grundtypen und ihre Anwendung

Dieser Abschnitt erläutert zum besseren Verständnis die wesentlichen Auktionstypen.

Reverse Auctions und Forward Auctions

Im Einkauf findet die Reverse Auction, bei der die Gebote fallen, weitaus häufiger Anwendung, als die Forward Auction, die für steigende Werte eingesetzt wird. Grund dafür ist, dass die Rechnungsgröße sehr viel häufiger der Preis als beispielsweise ein Rabattsatz ist. Ersatzweise erzeugt die spiegelverkehrte Eingabe nach der Formel „1 minus Rabattsatz" wiederum eine fallende Größe. Die Forward Auction wird im Grundsatz nicht benötigt.

Bundle-Auctions und Cherry-picking-Auctions

Die „klassische" Auktion des Einkaufs ist eine Reverse Bundle-Auction mit einer einzigen Position. Da häufig mehrere Positionen zu beschaffen sind, wurden Bundle- und Cherry-picking-Auctions entwickelt. Während beim Typ Bundle immer alle Positionen von einem einzigen Lieferanten bezogen werden, wurden Cherry-picking-Auctions für die Märkte geschaffen, in denen einzelne Bieter nur Teilbedarfe liefern können oder in bestimmten Positionen besonders günstig sind. Erwartet der Einkäufer von Position zu Position starke Leistungsunterschiede des einzelnen Bieters, wird er eher auf den Vorteil des Bezugs „Alles aus einer Hand" verzichten und die Cherry-picking-Auction wählen.

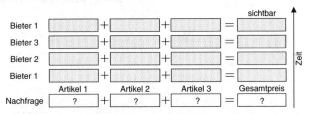

Bild 56 Bundle-Auction mit 3 Artikeln (obligatorisch), Zuschlag automatisch oder manuell

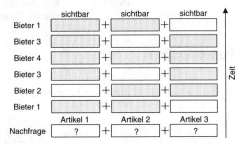

Bild 57 Cherry-picking-Auction mit 3 Artikeln (nicht obligatorisch), Zuschlag automatisch oder manuell

Scorecard- und Parametric-Auctions

Beide sind spezialisierte Formen der Grundtypen Bundle und Cherry-picking. Während bei Scorecard die Gebote kundenseitig bewertet werden, erlauben Parametric-Auctions den Lieferanten, zu ihren Geboten je nach Definition des Einkäufers Liefermengen, Zahlungsfristen oder Ähnliches anzugeben. Einfache Parametric-Auctions sind nur mit manuellem Zuschlag abwickelbar.

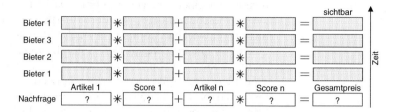

Bild 58 Bundle-Scorecard mit n Artikeln (obligatorisch), Zuschlag automatisch oder manuell

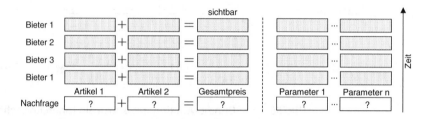

Bild 59 Bundle mit 2 Artikeln und n Parametern (obligatorisch), Zuschlag manuell

Power-Auctions

Power-Auctions erlauben es, Lose mehrerer Abnehmer zur Bedarfsbündelung einzugeben.

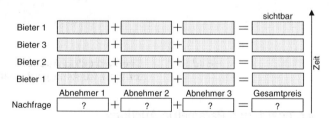

Bild 60 Power-Auction mit 3 Abnehmern (Gebote obligatorisch), Zuschlag automatisch oder manuell

Der richtige Einsatz der Reverse Auction

Übergeordnetes Ziel des Einkaufs ist, einen Bedarf zu möglichst niedrigen Gesamtkosten zu decken. Dazu müssen möglichst viele Teilziele aus Preis, Qualität, Termintreue, Nebenkosten, Flexibilität und Einflussnahme auf den Lieferanten erreicht werden.

Auktionen sind eine Methode, mit deren Hilfe der Einkauf diese Ziele besser erreichen kann. Um tatsächlich optimal einzukaufen, muss jedes Unternehmen die Antwort auf zwei Fragen finden:

a. Welche Vorteile bringen Auktionen bei meinen Bedarfen?

b. Welche dieser Bedarfe sind auktionierbar?

Die folgenden Abschnitte legen grundsätzliche Vorgehensweisen zur Beantwortung dieser Fragen dar. Individuell können jedoch lediglich der Warengruppenspezialist und der erfahrene Auktionator gemeinsam den höchstmöglichen Erfolg sicherstellen.

a. Vorteile durch Auktionen

Vorteile bringt eine Auktion gegenüber anderen Methoden dann, wenn mit Hilfe ihrer Stärken das individuelle Beschaffungsziel in größerem Umfang und/oder schneller erreicht werden kann. Natürlich muss zur Überprüfung dieses Ziel im Einzelnen bekannt sein. In der Formulierung solcher Ziele liegt nach wie vor eine der Hauptaufgaben des Einkaufs.

Vorteil durch Gebotstransparenz

Können unter Berücksichtigung aller wesentlichen Kostenpositionen in einer Auktion ausreichend viele unabhängige (nicht oligopolistische) Bieter in einen starken transparenten Bietewettbewerb treten, so sind im Ergebnis niedrigere Gesamtkosten zu erwarten als aufgrund herkömmlicher manueller Verhandlungsrunden. Dies liegt, wie oben beschrieben, daran, dass die anonym sichtbaren Gebote sehr viel stärker zum Weiterbieten herausfordern.

Tabelle 3 zeigt einige der Spielarten zusammen mit dem Grad des Vorteils der Transparenz.

Die Transparenz wird dann optimal genutzt, wenn der Zuschlag automatisch dem Bestbieter erteilt wird. Der nachträgliche manuelle Zuschlag an einen der besten Bieter bleibt umso machbarer, je wirksamer transparentes Bieten

ist, also je unübersichtlicher das Marktgeschehen für die Lieferanten ist.

Art des Zuschlags	automatisch/ manuell	Vor-/Nachbereitung	Vorteil der Transparenz	Empfehlung
an Bestbieter	automatisch	Vorqualifikation	sehr hoch	ideal
an den Besten in der Reihenfolge der Nachqualifikation	manuell	Nachqualifikation	hoch	Kriterien klar kommunizieren
an einen beliebigen der zwei/drei Besten	manuell	nachträglicher Kommunikationsaufwand	stark steigend mit steigender Bieterzahl	möglichst nur zwei; ggf. Bieterzahl verdeckt halten
an einen beliebigen Bieter	manuell	nachträglicher Kommunikationsaufwand	niedrig	nur in ausgeprägten Käufermärkten

Bild 61   Vorteil der Transparenz nach Art des Zuschlags

Nachteil der Gebotstransparenz

Transparenz ist nachteilig, wenn das Angebot zu klein ist. Im Normalfall beteiligen sich dann weniger als vier bis fünf ernste Wettbewerber an der Auktion.

Tendenziell gilt: Je übersichtlicher das Marktgeschehen für die Lieferanten, desto weniger hilfreich ist transparentes Bieten. Oligopolisten hilft Transparenz sogar, festzustellen, ob ein Preisbrecher mitbietet. Ist dies nicht der Fall, tendieren sie zur Zurückhaltung. Bei Teilnahme eines Preisbrechers jedoch wirkt die Transparenz wieder zum Vorteil des Einkäufers.

Vorteile durch die Gebotsabgabe während des gleichen kurzen Zeitraums

Auf abgegebene Gebote können die Wettbewerber sofort reagieren. Während einer Auktion kann ein Bieter dadurch wesentlich mehr Nachbesserungen abgeben, als dies in manuellen Verhandlungsrunden durchführbar wäre. Der Aufwand für mehrfache manuelle Verhandlungsrunden ist üblicherweise viel zu hoch.

Vorteile durch den verkürzten Verhandlungsprozess

Neben dem Vorteil der Preissenkung wird auch bei wenigen Geboten der Verhandlungsaufwand stark verringert. Lediglich der manuelle Auktionszuschlag an einen der besten Bieter erfordert Einzelgespräche. Das Ergebnis des so verkürzten „Verhandlungsprozesses" wird technisch wie finanziell früher kostensenkend wirksam.

b. Auktionierbarkeit

Auktionierbar bedeutet, dass die Gebotstransparenz für einen Bedarf die wirksamere Lösung ist als verdecktes Bieten. Im Grenzbereich ist der Übergang fließend. Maß für die Auktionierbarkeit ist, wie die Zuschlagsregel gefasst werden kann. *Im Idealfall* soll der leistungsfähigste Teilnehmer der Auktion den Zuschlag dann erhalten, wenn er an die Grenze seiner Leistungsfähigkeit gegangen ist. Dies tut er, wenn ein ausreichend bedeutender Kunde einen ausreichend hohen, eindeutigen Bedarf in einem Nachfragemarkt decken will, indem er im Wettbewerb zu mindestens einem etwa gleich starken Konkurrenten steht.

Bedingungen für die Auktionierbarkeit

Auch jenseits der beschriebenen Idealumstände sind unter folgenden Bedingungen weit bessere Ergebnisse zu erwarten als bei verdeckter Verhandlung:

(1) Die Beschaffungsaufgabe wird auf *ein einziges* Zuschlagskriterium zurückgeführt: Preis, Preis-Leistungs-Verhältnis, Prozentsatz oder auch Gesamt*kosten*.

(2) Es gibt mindestens etwa vier bis fünf, wenn auch ungleich starke Bieter auf den beschriebenen Bedarf.

(3) Der Preis wird im Wesentlichen durch die Nachfrage bestimmt: kein „Lieferantenmarkt".

(4) Der Bedarf ist „interessant"; es gibt keinen Lieferengpass; die Ware wird nicht „zugeteilt".

(5) Keine besondere Abhängigkeit von einem Lieferanten, die nicht unter akzeptablen Zusatzkosten umgangen werden könnte.

(6) Keine langfristige Gebundenheit an den gegenwärtigen Lieferanten.

Die Lieferanten sind immer bestrebt, die Zahl der Unterscheidungsmerkmale zum Wettbewerber groß zu halten. Bei komplexen Einkaufszielen ist ihre Vergleichbarkeit daher nicht immer so offensichtlich, obwohl die Bieterzahl ausreichend ist. Normalerweise sind Auktionen dennoch durchführbar, wenn mit einigen einfachen Ansätzen die Auktionierbarkeit verbessert bzw. wiederhergestellt wird. Gerade dann sind die erzielten Einsparungen oft besonders hoch, wie Projekte des Anlagenbaus, des Facility-Managements, der Gebäudeausrüstung und Ähnliches beispielhaft zeigen.

- Zusammengefasst:

Ist der Markt „wettbewerbswillig" genug und gibt es mindestens vier bis fünf auf eine Messgröße vergleichbare Bieter, dann bildet sich ein starker transparenter Bietewettbewerb aus. Die Auktion ist dann das geeignetste Einkaufsverfahren.

Übersicht: Prüfung der Auktionierbarkeit und Festlegung des Auktionstyps

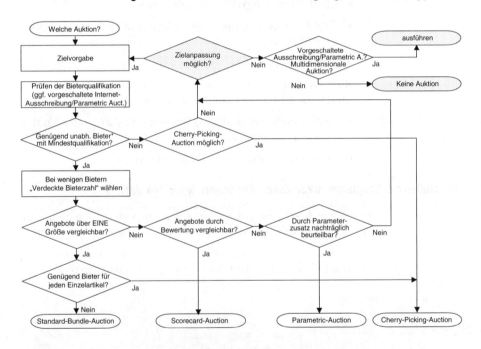

Bild 62   Schritte zur Prüfung der Auktionierbarkeit: Lösung von Grenzfällen durch Zielanpassung
(* kein oligopolistischer Markt ohne Preisbrecher)

Maßnahmen, die die Auktionierbarkeit verbessern bzw. herstellen

Je enger die Zuschlagsregel gefasst werden kann, desto besser ist die Auktionierbarkeit. Ideal auktionierbar ist ein Bedarf, der in der Auktion automatisch dem Bestbieter zugeschlagen werden kann.

Die Auktionierbarkeit kann mit Maßnahmen verbessert werden, die zum traditionellen Einkaufsrepertoire gehören. Obwohl möglicherweise nicht alle Maßnahmen ausgeführt werden können, lassen sich Auktionen durch geschickt gewählte Parameter doch so beeinflussen, dass die Vorteile der Transparenz und des Zeitgewinns überwiegen.

(22) Herstellen der Vergleichbarkeit möglichst vieler unabhängiger Bieter:

- Beschaffungsmarketing national/international
- Einkaufsziel anpassen (vereinfachen)
- Zahl der technischen Lösungsmöglichkeiten nicht unnötig einschränken
- Preisdrücker in eher oligopolistische Märkte einführen

(23) Erhöhung der Unsicherheit im Markt (tatsächliche oder durch die Bieter angenommene Situation):

- z.B. durch Ankündigung weiterer Bedarfe oder Option auf ein Gesamtpaket
- manueller Einkauf kombiniert mit Auktionen

Herstellen der Vergleichbarkeit durch Anpassen des Einkaufsziels

Bei jedem Bedarf befindet man sich an irgendeiner Stelle auf einer Skala der Komplexität und der noch vorhandenen Bieterzahl.

Um einen ersten Eindruck von den Anpassungsmöglichkeiten zu vermitteln, werden stellvertretend einige Beispiele genannt:

Methode: Ersatzpreis für geforderte, nicht von allen lieferbare Leistung

BEISPIEL 1: STANDARDVERPACKUNGSMATERIAL MIT UMVERPACKUNG

Altes Ziel:	Qualität; Preis frei Haus; Mehrweg-Umverpackung, um Umweltkosten zu senken
Problem:	Für einen ausgeprägten Wettbewerb nicht genügend Qualitäts-Lieferanten mit Entsorgung der Umverpackung
Lösung:	Anbieter ohne Entsorgung als Preisdrücker einbeziehen, jedoch mit negativem Preisbonus, um die Entsorgungskosten abzudecken
Neues Ziel:	Qualität; Gesamtpreis aus Preis frei Haus und Entsorgung
Auktion:	Auktion mit Bonus (Typ: Bundle, Bonus oder Scorecard)
Ergebnis:	Ausreichende Bieterzahl, Herausforderung zum Wettbewerb: Vorteil durch transparentes Bieteverfahren.

Aus dem Beispiel 1. ergibt sich die Regel, in der Auktion Zusatzpositionen einzuführen, die die Kosten berücksichtigen, die bei einigen der Lieferanten dadurch anfallen, dass ihr Angebot sich von den ursprünglichen Anforderungen unterscheidet. Diese Zusatzpositionen werden in der Auktion entweder vom Lieferanten oder vom Abnehmer mit Preisen gefüllt. Die Lieferantenbasis erweitert sich, und durch das transparente Bieteverfahren sinken die Endkosten.

Methode: Teillose: höherer Wettbewerb in den Teillosen als bei Gesamtvergabe

BEISPIEL 2: METALLPRODUKT IN SPEZIELLEN LIEFERFORMEN, GROßE VOLUMINA

Altes Ziel:	Preis frei Haus, vorzugsweise alles aus einer Hand
Problem:	Regionales Oligopol, gegenwärtig hohe Auslastungen
Lösung:	Bieterkreis auf andere Regionen ausdehnen; Zuschlag auf Teillose erteilen, um Anbieter dazu zu bewegen, für Einzellose wegen besserer Maschinenauslastung günstigere Kapazitäten freizumachen und so Teillos-Preisbrecher zu erhalten

Neues Ziel:	Summe der Einzelpreise frei Haus
Auktion:	Auktion mit Teilloszuschlag (Typ: Cherry-picking, Hidden Sellers)
Ergebnis:	Große Bieterzahl, Unsicherheit für die Lieferanten: Vorteil durch transparentes Bieteverfahren innerhalb der Teillose.

Beispiel 2 zeigt die Möglichkeit, in oligopolistischen Märkten mit Teillosvergabe Preisbrechersituationen zu erzeugen, die durch das transparente Bieten voll zum Tragen gebracht werden können.

Methode: **Multidimensionale Auktion**

BEISPIEL 3: STANDARDCHEMIKALIEN MIT 3 QUALITÄTSSTUFEN MIT ÄHNLICHEN MENGEN

Ziel:	Gesamtpreis aller Standorte frei Haus
Problem:	Nur Hersteller B kann Qualität 1 unter erträglichen Transportkosten liefern; Angebote für Gesamtlieferung sind jedoch teilweise viel günstiger.
Lösungsversuch:	
	Hersteller B würde das seiner tatsächlichen Leistungsfähigkeit entsprechende Gebot 3 für Qualität 1 nur abgeben, wenn er die Gebotssituation bei den Qualitäten 2 und 3 nicht kennt. Nur bei Komplettlieferung bietet er einen guten Preis für Qualität 1. Selbst wenn der Zuschlag durch Cherry-picking dem jeweiligen Bestbieter der Einzelpositionen erteilt würde, würde das optimale Ergebnis nicht erzielt werden.

	Qualität 1	Qualität 2	Qualität 3
Lieferant B, „Gebot 3"	3	2	2
Lieferant B, Gebot 2	5	2	-
Lieferant C, Gebot 1	-	2	3
Lieferant B, Gebot 1	5	-	-
Lieferant A, Gebot 1	6	3	1

Bestes reales Ergebnis mit Cherry-picking-Auction:
5+2+1=8   Zuschlag an B+B(C)+A
Erwartetes manuelles Ergebnis:
3+2+2=7   Zuschlag an B+B+B

	Ergebnis mit multidimensionaler Auktion:
	3+2+2=7 Zuschlag an B+B+B
Ergebnis:	Das Ziel „Preis frei Haus" ist bei niedrigpreisigen Gütern und langen Transportwegen zweidimensional: Dimension 1: Preis ab Werk, Dimension 2: Transportpreis. Sinnvoll ist eine klassische, eindimensionale Auktion bei mehreren ähnlich entscheidenden Zieldimensionen nur, wenn sich die Gesamtpreise unter Berücksichtigung aller Teilziele nicht zu sehr unterscheiden.

Beschaffungsaufgaben nach Beispiel 5 können mit Zuschlag an den Bestbieter nur über mehrdimensionale Auktionen gelöst werden, in denen die Bieter Gelegenheit haben, gleichzeitig auf unterschiedliche Auftragskonstellationen zu bieten. Um den Rahmen dieses Buches nicht zu sprengen, soll hier nicht weiter darauf eingegangen werden.

Allgemein gilt: Können nicht alle Ziele für einen Bedarf mit vier bis fünf Anbietern erfüllt werden, werden sie durch Vereinfachung auf ein Preis-Leistungs-Verhältnis oder gar den Preis reduziert. Der am häufigsten genutzte Weg ist, für die von den noch benötigten Lieferanten nicht erfüllbaren Teilziele Ersatzkosten oder Bewertungen (Scorecard) einzusetzen, siehe Beispiel 1. Bleibt das Problem mehrdimensional, muss jeder Bieter Preise für unterschiedliche Lösungsmöglichkeiten abgeben. Eine Standard-Auktion mit einfachen Zuschlagsregeln und unter direkter Ausnutzung der Transparenz ist dann nicht mehr möglich. Der folgende Abschnitt nennt jedoch eine Ausweichmöglichkeit.

Methode:	**Vorschaltung von Internet-Ausschreibungen oder Qualifizierungsauktionen**
	Wenn das Angebot unübersichtlich genug ist, stört die Preistransparenz einer vorgeschalteten Internet-Ausschreibung oder Qualifizierungsauktion nicht. In drei Fällen gewinnt man damit die Möglichkeit, kostengünstig eine Vorauswahl der Lieferanten, der Technologie oder der Preisklasse zu treffen, bevor die Auktion mit dem eigentlichen Zuschlag erfolgt. Ziel kann auch sein, die technische Lösung mit den meisten Anbietern zu finden.

(1) Zur Optimierung bei konfligierenden Zielen und zur Lieferantenvorbewertung.

(2) Entwicklungsbegleitend oder in der Projekt-/Produkt-Definitionsphase.

(3) Bei hochkomplexen Produkten oder Dienstleistungen mit aufwändigen Kalkulationen, um den Lieferanten die Anpassung ihres Angebots an den Markt zu ermöglichen.

(4) Als Alternative zu multidimensionalen Auktionen.

Ziele können auch konfligierend sein, beispielsweise möglichst kleine Lieferlose bei gleichzeitig niedrigstmöglichen Lieferkosten.

(1) Optimierung und Vorbewertung

Auf der Grundlage der vorab versandten Leistungsbeschreibungen bieten die Lieferanten ihre jeweilige Technik oder sogar mehrere Lösungen. Der Kunde erhält so mit niedrigem Aufwand einen optimierten Überblick über die Preis-Leistungs-Verhältnisse. Auf analoge Weise kann auch die günstigste Größe des Lieferloses ermittelt werden.

Nach der Vorauktion wählt der Abnehmer die technisch und kommerziell günstigste Lösung aus. Seine nun genauer formulierte Nachfrage trifft im Idealfall auf das Angebot einer hohen Anzahl gleichermaßen qualifizierter Anbieter. Er kann sich dann allein aufgrund des Preises frei Haus entscheiden.

(2) Entwicklungsbegleitende Ausschreibung

Bei Erstbeschaffungen und komplexen Projekten kann der Preisfindungsprozess bereits während der Definitionsphase im Internet ablaufen. Dazu sind lediglich einige Startvorgaben notwendig. Internet-Ausschreibungen und Parametric-Auctions werden der abschließenden Bundle-Auction zum Ausloten der technischen und kommerziellen Möglichkeiten sowie zur Vorauswahl der Lieferanten, die in das weitere Vorgehen einbezogen werden sollen, vorgeschaltet.

(3) Bei hochkomplexen Produkten oder Dienstleistungen

Die Lieferanten haben durch die vorgeschaltete Ausschreibung Zeit, die Leistungsfähigkeit ihres Angebots zu vergleichen und ggf. vor der Auktion ihre Leistung bzw. Kalkulation anzupassen.

(4) Alternative zu multidimensionalen Auktionen

Indem Preise verschiedener Konstellationen ausgeschrieben/auktioniert werden, klären vorgeschaltete Ausschreibungs-/Auktionsstufen beispielsweise die Dimension der lieferbaren Mengen oder angefahrenen Standorte.

Eingliederung von Reverse Auctions in den Einkauf des Unternehmens

Reverse Auctions lassen sich klar und einfach als fester Bestandteil in die Abläufe des strategischen Einkaufs integrieren. Gleichwohl gibt es verschiedene technische und organisatorische Möglichkeiten und Modelle der Nutzung von Reverse Auctions, die hier vorgestellt werden sollen. Eine Standardantwort auf die Frage, welches Modell für welche Unternehmensgröße und welchen Unternehmenstyp das beste ist, gibt es zwar nicht, jedoch lässt sich sehr schnell mit jedem Unternehmen die unternehmensspezifisch geeignetste Variante identifizieren und umsetzen. Die folgenden Informationen helfen dabei, diese Frage individuell zu beantworten. Gleichzeitig wird auf die Kosten zur Implementierung sowie auf die Frage, welches Know-how zur Anwendung welchen Modells notwendig ist, eingegangen.

Die verschiedenen Modelle

(1) Auktionsdienstleister: Premium oder Basic-Auktion

(2) Reverse Auctions als ASP (**A**pplication **S**ervice **P**rovider)

(3) Erwerb einer Goodex-Lizenz

Auktionsdienstleister: Premium- oder Basic-Auktion

Ein idealer Einstieg für alle Unternehmen in das Thema Reverse Auctions ist die Beauftragung eines Auktionsdienstleisters. Im ersten Schritt nimmt hier üblicherweise der Einkaufsleiter des Kunden gemeinsam mit dem Market Manager des Dienstleisters eine individuelle Analyse des Einkaufsportfolios vor, um die auktionsfähigen Bedarfe zu identifizieren. Zu berücksichtigen ist z.B. die Laufzeit bestehender Verträge.

Sind die zur Auktion zu bringenden Bedarfe festgelegt, kann die Einzelabwicklung der Projekte beginnen. Auf Kundenseite übernehmen in diesem Stadium häufig die Facheinkäufer die Betreuung einzelner Auktionen, während der Einkaufsleiter Projektleiter ist.

Im Dienstleistungsbereich besteht die Wahl zwischen vollständig betreuten Premium-Auktionen und preisgünstigeren Basic-Auktionen nahezu ohne Betreuung. Technisch finden beide auf der Internet-Plattform des Dienstleisters statt; der Kunde benötigt keine IT-Ressourcen. Gebühren werden je Auktion entrichtet oder in einem Rahmenvertrag festgesetzt.

Derzeit verfügen die meisten Unternehmen noch über relativ geringe Erfahrungen mit Reverse Auctions. Daher sind zunächst Premium-Auktionen zu empfehlen, bei der die professionelle Betreuung durch erfahrene Market Manager zum Auktionsmechanismus und bei der Ablaufüberwachung zur Verfügung steht. Darüber hinaus helfen Spezialisten mit jahrelanger Einkaufserfahrung beim Auffinden und der Auswahl neuer Lieferanten und auch bei der Erstellung marktgerechter Spezifikationen.

Sind die ersten Erfahrungen mit Auktionen gemacht oder ist die Erweiterung der Lieferantenbasis nicht von zentraler Bedeutung, kann die Durchführung von Basic-Auktionen empfehlenswert sein.

Reverse Auctions als ASP-Modell (Application Service Provider)

Einige Unternehmen haben Reverse Auctions bereits als festen Bestandteil des Einkaufs integriert und führen regelmäßig in einer größeren Anzahl Einkaufsauktionen durch. Für diese bietet sich eine Nutzung des ASP-Modells an. Hierbei kann der Kunde gegen eine fixe monatliche Gebühr einen festen, abgeschotteten Bereich auf Servern mieten, um hier ohne jegliche Betreuung in Eigenregie Auktionen zu erstellen und durchzuführen. Hierbei ist der Kunde für alle Vorgänge, auch für das Training der Lieferanten, selbst verantwortlich. Der Einkauf übernimmt hier im Prinzip die Funktion des Market Managers (Bild 63). Auf Wunsch kann das System auch an die Corporate Identity des Unternehmens gestalterisch angepasst und beispielsweise auch in die Einkaufs-Homepage des Unternehmens integriert werden.

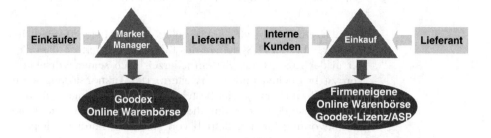

Bild 63 Zusammenspiel zwischen Einkauf und Lieferanten mit den Market Managern (links) bei Premium-/ Basic-Auktionen im Vergleich zum Lizenz-/ASP-Modell, in dem der Einkauf die Funktion der Market Manager übernimmt (rechts).

Die Eingliederung von Reverse Auctions als ASP-Modell hat einige Auswirkungen auf die innerbetriebliche Organisation. Da im Unternehmen anfangs meist nicht das entsprechende Know-how zur Nutzung der Software und zum Anlegen und Durchführen von Auktionen vorhanden ist, müssen Schulungen der Mitarbeiter durchgeführt werden. Gleichzeitig sollte ein Projektleiter definiert werden, der die Nutzung des Systems unternehmensintern koordiniert und bei ungeklärten Fragen als Ansprechpartner dient.

Beim ASP-Modell kann der Kunde aufgrund seiner individuellen Bedürfnisse entscheiden, ob er das vollständige funktionale Paket oder kleinere Pakete, in denen nicht alle Auktionstypen verfügbar sind, nutzen möchte. Er benötigt dafür ebenfalls keine eigenen IT-Ressourcen, da alle technischen Vorgänge auf den Servern von z.B. Goodex stattfinden bzw. gehostet werden. Das Anlegen von Auktionen, die Durchführung sowie die Auswertung sind bequem auf jedem PC mit Internetanschluss möglich, so dass das System im Unternehmen von mehreren unterschiedlichen Anwendern benutzt werden kann. Betreuung wie bei Premium-Auktionen ergänzt das ASP-Modell.

Erwerb einer Goodex-Lizenz

Speziell in Großunternehmen kann der Erwerb einer Goodex-Lizenzlösung die bessere Variante als ASP sein, da diese ein Höchstmaß an Individualität für den Kunden bietet. Bzgl. der

Auswirkungen auf die Organisation gilt das bereits zum Thema ASP Gesagte (Schulung der Mitarbeiter, Definition eines Projektleiters usw.).

Beim Lizenzerwerb wird von Goodex die gesamte erforderliche Software auf den IT-Systemen des Kunden installiert, so dass dieser in der Lage ist, das System jederzeit nach seinen Vorstellungen zu bearbeiten und zu erweitern. Die Auktionslösung kann dabei z.B. auch in bereits bestehende Kataloglösungen für den Einkauf integriert oder um diese erweitert werden. Die volle Verantwortung für den Betrieb von Soft- und Hardware liegt in der Hand des Kunden; Goodex bietet Schulungsmaßnahmen sowohl für den IT-Betrieb als auch für auktionsspezifische Fragestellungen an, so dass das Unternehmen schnellstmöglich in die Lage versetzt wird, Einkaufsauktionen in Eigenregie durchführen zu können.

Die Bedeutung der „Connectivity"

Zum Schluss sei ein Ausblick in die sich immer schneller nähernde Zukunft knapp umrissen. Auktionen werden sich in der Wirtschaft in folgenden Phasen entwickeln:

(1) In Einführungsprojekten reifen Auktionen zur betrieblichen Best Practice heran.

(2) Reife Märkte erfordern immer reifere Lösungen: Abgestimmte, leicht bedienbare Auktions-Funktionalitäten führen schneller zum Erfolg.

(3) Nun wird die vollständige Integration der Funktionalität in die Unternehmens-IT unabdingbar: Schnittstellen zu ERP, C1-Marktplätzen, Signatur-, Dokumententransfersystemen und den operativen Systemen der technischen Abteilungen. Goodex erarbeitet diese Lösungen mit den relevanten Providern.

7 Die Anbindung von Lieferanten an elektronische Marktplätze

Martina Gerst

Abstract

Qualitativ hochwertiger Content und die entsprechende Zusammenarbeit mit den Lieferanten für elektronische Marktplätze sind der wichtigste Erfolgsfaktor eines Marktplatzes. Dieser Artikel befasst sich schwerpunktmässig mit der Aktivierung der Lieferanten, um überhaupt Content einer bestimmten Qualität zu bekommen. Dabei wird vor allem die methodische Vorgehensweise vorgestellt, die Commerce One in komplexen Marktplatzprojekten einsetzt. Im Folgenden werden dann die Herausforderungen und kritischen Erfolgsfaktoren, die in Marktplatzprojekten im Zusammenhang mit der Anbindung von Lieferanten auftreten können, dargestellt und evaluiert.

Einführung

Die Optimierung der internen Geschäftsprozesse von Unternehmen entwickelt sich gerade in den letzten Monaten immer mehr zu einer Optimierung der geschäftsübergreifenden Prozesse unter der Einbeziehung von Marktplätzen. Das bedeutet für die einzelnen Unternehmen eine Neuausrichtung ihrer Geschäftsstrategie. Nach der Integration der internen Prozesse und der damit verbundenen Konzentration auf interne ERP-Systeme (z.B. SAP/R3), gewinnt die Zusammenarbeit zwischen Unternehmen, sogar ganzer Industriezweige (z.B. Covisint als Automobilmarktplatz) und damit die Konzentration auf Marktplätze immer mehr an Bedeutung. In diesem Zusammenhang spielen Lieferanten und deren Content als Grundlage von Katalogen und damit auch als Basis für Transaktionen eine sehr wichtige Rolle. Für jeden Marktplatzbetreiber stellt qualitativ hochwertiger Content ein wichtiges Differenzierungsmerkmal gegenüber dem Wettbewerb dar.

Die Bedeutung von qualitativ hochwertigem Content für elektronische Marktplätze

Das Thema Content hat für elektronische Marktplätze durchaus strategische Bedeutung, gerade wenn es um das Thema make-or-buy, also den Content selbst aufbereiten oder den Content durch einen so genannten Content-Provider aufbereiten zu lassen, geht.

Was ist nun aber guter Content? Bild 64 beschreibt die unterschiedlichen Qualitätsstufen von Content. In den meisten Fällen bekommen Marktbetreiber Content der untersten Qualitätsstufe.

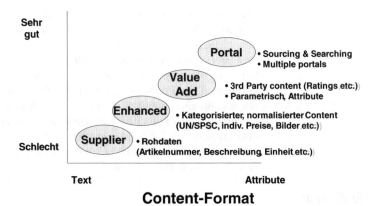

Bild 64   Die Qualitätsstufen von Content

Die Gründe, warum qualitativ hochwertiger Content für einen elektronischen Marktplatz wichtig ist, und warum deswegen die Ursprungsdaten aufbereitet werden müssen, liegen auf der Hand: Einkäufer können ihre Einkaufsentscheidung durch benutzerfreundliche Menüführung der Internet-Tools wesentlich schneller und effizienter treffen, beispielsweise durch verbesserte Sourcingmöglichkeiten oder auch durch die Vergleichbarkeit von Produkten und Dienstleistungen. Prozesskosten werden dadurch nachhaltig gesenkt und die Verhandlungsmacht gestärkt.

Für die Lieferanten ergibt sich die Möglichkeit, sich durch gut beschriebenen Content vom Wettbewerb zu differenzieren und sich damit einen neuen, zusätzlichen Vertriebskanal zu erschließen. Kosten, die z.B. bei der Erstellung von Papierkatalogen anfallen, können durch den Einsatz von elektronischen Katalogen reduziert werden (siehe auch Ewers/Longwitz).

Die Anbindung von Lieferanten an elektronische Marktplätze

In der Vielzahl der Fälle erweist es sich in der Praxis für den Marktplatzbetreiber als durchaus schwierig, vom Lieferanten guten Content zu bekommen. Das hat mehrere Gründe. Zum einen kommen die Daten aus verschiedenen, sehr heterogenen Datenquellen. Sie zeichnen sich durch einen geringen Standardisierungsgrad, Unvollständigkeit und viele Abkürzungen aus. Weiterhin enthalten die Daten oft nicht-produktrelevante Daten, die keine marketing-gerechte Darstellung in Katalogen zulassen. Die Qualität der Daten reicht meist nicht aus, um eine Automatisierung des Contents zu gewährleisten (Stichwort statischer vs. dynamischer Content). Qualitativ hochwertiger Content setzt sich nicht nur aus den Rohdaten, sondern aus einer Reihe von anderen Informationen zusammen (siehe Bild 65).

Lieferanten Rohdaten:	Anlagen:
• Artikelnummern	• URLs
• Beschreibung(kurz)	• Bilder
• Listenpreise	• Datensicherheitsblätter
• Mengeneinheiten	• Spezifikationen

Vertragspreise: Kunden, Verträge
Katalogelemente von 3rd Party-Anbietern
Prüfungen, Beurteilungen, Vorschriften, Landesspezifikationen
Strukturierung: UN/SPSC, Lieferanten, andere
Serviceleistungen, Garantieleistungen, Logistische Information

Bild 65   Die Struktur von gutem Content

Commerce One verfolgt mit seinem Geschäftsmodell des Global Trading Webs (GTW), der weltweit größten B2B-Handelsplattform, welches im nächsten Abschnitt näher erläutert wird, das Ziel eines standardisierten, global handelsfähigen Contents, dem dieser klar definierte Aufbau zugrunde liegt.

Das Global Trading Web (GTW)

Das Global Trading Web (GTW) stellt die weltweit größte B2B-Handelsplattform dar. Diese besteht aus vielen, horizontalen und vertikalen elektronischen Marktplätzen, die durch das Internet zu einem großen, vernetzten und globalen Marktplatz verbunden werden. Commerce One verfolgt mit dieser Marktplatz-Philosophie das Ziel, dass jedes Unternehmen mit jedem Unternehmen auf der Welt Handel betreiben kann und dass Geschäftsprozesse so weit wie möglich integriert sind. Über einen einzigen Eintrittspunkt („single point of conncection") erfolgt die Verbindung zu einem weltweiten Netzwerk von Einkäufern, Lieferanten und Serviceanbietern. Die Vorteile des GTW für alle Marktplatzteilnehmer liegen auf der Hand. Durch ein globales Netzwerk von vielen Marktplätzen, die miteinander Geschäfte tätigen und über konsistenten und standardisierten Content verfügen, gelingt es, die Vision des globalen Handels unter Berücksichtigung von verminderten Kosten für alle Marktplatzteilnehmer zu realisieren.

Aktivierung der Lieferanten bei der Einführung von Marktplatzprojekten

Für einen Marktplatz, der im Aufbau begriffen ist, sollten nicht nur potenzielle Kunden, sondern vor allem die Gewinnung von Lieferanten Mittelpunkt stehen. Dies hat je nach Business Modell des Marktplatzes sowie Verhandlungsmacht der Buyer unterschiedliche Priorität. Nichtsdestotrotz bilden die Daten der Lieferanten die entscheidende Grundlage eines jeden Marktplatzkatalogs. In diesem Kapitel wird deshalb die Aktivierung und Anbindung der Lieferanten an einen elektronischen Marktplatz als Teil einer Methodologie, die Commerce One in komplexen Marktplatzprojekten einsetzt, dargestellt.

Darstellung des Gesamtzusammenhangs

Die Anbindung der Lieferanten an einen elektronischen Marktplatz stellt einen Teilbereich der Commerce One Portal-Methodologie dar und besteht aus den Teilbereichen:

- Aktivierung der Lieferanten
- Lieferantenintegration
- Content Management

Im Folgenden wird vor allem auf die Aktivierung und die Anbindung der Lieferanten im Sinne eines methodischen Vorgehens detaillierter eingegangen. Das Thema Content Management wird an dieser Stelle relativ kurz behandelt, da dieses Thema durch den Artikel von Ewers/Longwitz ausführlich beschrieben wird.

Überblick über die Lieferanten-Aktivierung

Die Anbindung der Lieferanten gliedert sich in fünf Phasen:

1. Überblick und Planung des gesamten Lieferantenaktivierungs-Prozesses
2. Auswahl der Lieferanten
3. Strategie, wie die Lieferanten aktiviert werden sollen und deren operative Umsetzung
4. Technische Integrationsmöglichkeiten
5. Content Management

Die Vorbereitung und Planung der Lieferantenaktivierung beinhaltet nicht nur, welche Vorgehensweise und Strategie für die Anbindung der Lieferanten gewählt wird, sondern bezieht weitere wichtige Punkte wie Verträge, beispielsweise das „Supplier Agreement", mit ein. Bei dem „supplier agreement" handelt es sich um einen Vertrag zwischen dem Marktplatzbetreiber und dem Lieferanten. Ein weiteres wichtiges Dokument, welches erarbeitet werden muss, ist das „pricing model", das die Leistungen und Kosten des Marktplatzbetreibers für die Teilnahme des Lieferanten festlegt.

Der Vertrag zwischen dem Marktplatzbetreiber und den einzelnen Lieferanten („supplier agreement") gilt als zusätzliches Vertragswerk zu einem schon bestehenden Vertrag, welcher die Beziehung zwischen der einkaufenden Organisation und dem Lieferanten regelt. Er enthält Vertragsbestandteile wie:

- Allgemeine Vertragsbedingungen wie Vertragsdauer, die einzelnen Vertragsparteien etc.
- Rechte und Pflichten der einzelnen Vertragsparteien
- Lieferung der Daten durch die Lieferanten sowie Aufbereitung und Präsentation des Contents durch den Marktplatzbetreiber
- Um welche Art von Content, statisch oder dynamisch, es sich handelt
- Die erforderliche Qualitätsstufe des Contents sowie die Kosten der Katalogaufbereitung (bei statischem Content)
- die Rechte an den Ursprungsdaten sowie an den Daten der elektronischen Kataloge

- Geheimhaltungspflichten, eventuelle Vertragsstrafen und Garantien

Das „pricing model" enthält die detaillierten Marktplatz-Services und die damit verbundenen Service-Kosten (siehe auch 4.3).

Die Auswahl der Lieferanten

Nach der Zusammenstellung des Teams, welches sich um die Auswahl der Lieferanten für die einzelnen Phasen kümmert, werden die Kriterien des Auswahlprozesses festgelegt. Dabei handelt es sich um Kriterien, welche:

a) die Wichtigkeit des Lieferanten für die Einkaufsorganisation darstellen, z.B.

⇨ Anzahl der Bestellung in einem bestimmten Zeitraum

⇨ Höhe des Umsatzes des Lieferanten pro Jahr

⇨ Zukünftiges Umsatzpotenzial

⇨ Gesamtkosten des Beschaffungsprozesses

⇨ Beziehung Einkaufsorganisation-Lieferant

Außer den Kriterien wird noch die Wichtigkeit des Lieferanten für die einkaufende Organisation beschrieben. Diese kann von der strategischen Partnerschaft für bestimmte Produkte und Dienstleistungen bis hin zu einer noch nicht existenten Geschäftsbeziehung reichen.

b) die so genannte „e-Commerce-Readiness" des Lieferanten bestimmen sollen, z.B.

⇨ die technische Infrastruktur des Lieferanten

⇨ Qualität der Daten

⇨ Update-Häufigkeit der Daten

⇨ eCommerce-Erfahrungen

⇨ die Bereitschaft zum Mitmachen

⇨ die Verfügbarkeit von Resourcen auf Lieferantenseite

⇨ die Unternehmenskultur

Weitere Bewertungskriterien können Kommunikations- und interne Eskalationsprozesse beim Lieferanten sowie Teilnahme an anderen Einkaufsinitiativen und der Grad der Integration von IT-Systemen sein.

Auch hier werden die einzelnen Kriterien wieder gewichtet, welche von „e-ready" und bereit mitzumachen bis hin zu nicht „e-ready" und nicht bereit mitzumachen reichen. Für die so identifizierten Lieferanten gilt es dann, eine Aktivierungs-Strategie zu entwickeln, was im nächsten Abschnitt beschrieben wird.

Die Entwicklung einer Lieferantenaktivierungs-Strategie und deren operative Umsetzung

Nachdem die anzubindenden Lieferanten identifiziert sind, gilt es, eine Strategie zu entwickeln, um diese Lieferanten möglichst schnell und effizient an den Marktplatz anzubinden. Wichtige Elemente dieser Strategie sind:

- Die Kommunikation zwischen dem Lieferantenteam und den Lieferanten:

  Die richtige Kommunikation gerade in der Anfangsphase der Lieferantenanbindung ist ein kritischer Erfolgsfaktor. Sie umfasst nicht nur das Design des gesamten Kommunikationsprozesses, wie beispielsweise die Einrichtung einer Lieferanten-Hotline, sondern auch alle Kommunikations-Materialien wie Präsentationen, Briefe und Anleitungen („easy steps") sowie eine definierte organisatorische Vorgehensweise (z.B. spezielle Lieferanten-Account-Manager).

- Die Formulierung einer für den Lieferanten verständlichen „e-message":

  Diese „e-message" erklärt die eCommerce-Initiative der Einkaufsorganisation sowie des Marktplatzes und stellt deren Mehrwert und Vorteile für die Lieferanten heraus, wenn diese bei dem Projekt mitmachen.

  Es gibt mehrere Kommunikationsmittel, z.B. Einzelgespräche oder auch Lieferantentage (vgl. 4.3), in denen nicht nur der Mehrwert Teilnahme, sondern auch die Teilnahme selbst vorgestellt wird.

- Die Etablierung eines Prozesses, der eine möglichst einfache Teilnahme des Lieferanten gewährleistet:

  Dieser Prozess enthält Schritte wie die Registrierung auf dem Marktplatz, das Unterschreiben des Vertrages mit dem Marktplatzbetreiber, das Liefern der Daten an den Content-

Service-Provider sowie die verschiedenen Möglichkeiten der technischen Integration der Warenwirtschaftssysteme mit dem Marktplatz.

Die technischen Integrationsmöglichkeiten

Insgesamt unterscheidet man drei Kategorien der technischen Integration von Lieferanten an einen Marktplatz, der auf Commerce One-Technologie basiert:

- Supply Order

    Hierbei handelt es sich um die einfachste Form der Integration. Supply Order ist ein web-basiertes Tool, welches es dem Lieferanten u.a. erlaubt, manuell Bestellungen zu bearbeiten sowie Anfragen über Preise und Verfügbarkeiten zu beantworten. Diese Form der Integration ist vor allem für Lieferanten geeignet, deren Transaktionsvolumen gerade in der Anfangsphase eines Marktplatzes noch relativ gering ist. Außer einem Internet-Anschluss benötigt der Lieferant lediglich ein kleines Training, sonstige Kosten fallen keine an. Eine mögliche Automatisierungsstufe ist darüber hinaus, dass der Lieferant die Bestellung in Form einer eMail mit Anhang bei Generierung zugemailt bekommt.

- File Exchange

    Bei dieser Form der Integration werden die Bestellungen in Batch-Verarbeitung direkt in das Warenwirtschaftssystem des Lieferanten geschickt. Sie ist besonders für Lieferanten geeignet, die schon mit EDI oder XML arbeiten und relativ viele Transaktionen pro Tag mit einer einkaufenden Organisation abwickeln. Ein Real-time-Check von Preisen oder Verfügbarkeit ist hier leider nicht möglich. Des Weiteren kommen Kosten für die Integration in Form von Software und Implementierung auf den Lieferanten zu.

- API-Integration (Application Programming Interface)

    Die API-Integration ist im Prinzip die real-time-Variante der File Exchange-Integration. Sie erlaubt den einkaufenden Organisationen, direkt im ERP-System des Lieferanten Preis- und Verfügbarkeit abzufragen oder auch das Tracking des Bestellstatus vorzunehmen. Diese Form der Integration dauert in der Regel acht bis zwölf Wochen und ist mit erheblichem Aufwand sowohl für die einkaufende Organisation als auch für den Lieferanten verbunden.

Content Mangement

Die Aufgabe eines Marktplatzes ist die Bereitstellung von Katalogen. Das bedeutet für den Marktplatzbetreiber, dass er die Daten der Lieferanten, die in jedwedem Format, z.B. als Excel-Tabelle oder auch als Papierkatalog, vorliegen können, erfassen und standardisieren muss. Der Content Management-Prozess für statischen Content gliedert sich grob in vier Schritte:

- Lieferung der Daten vom Lieferanten (beinhaltet ebenfalls die Überprüfung von Daten und Preisen durch den Einkäufer)
- Konvertierung der Inhalte in ein standardisiertes Datenformat (vgl. auch Ewers/Longwitz)
- Publikation des Contents als mehrlieferantenfähiger Katalog auf dem Marktplatz
- Implementieren des Katalogs in einer entsprechenden eProcurement-Applikation beim einkaufenden Unternehmen

Die Konvertierung und Pflege der Daten erfolgt in der Regel durch den Marktplatzbetreiber in Zusammenarbeit mit einem Content Service Provider. Je nach strategischer Ausrichtung des Marktplatzes übernimmt der Marktplatzbetreiber selbst auch die Aufbereitung und Pflege der Daten. Da die entsprechenden Tools zur Datenkonvertierung bzw. Datenaufbereitung jedoch relativ teuer sind, arbeiten die meisten Marktplätze mit den entsprechenden Content-Spezialisten.

Projekterfahrungen bei der Einführung von Marktplätzen

Dieses Kapitel widmet sich der Darstellung von Erfahrungen, die bei der Einführung von mehreren typischen Marktplatzprojekten gesammelt worden sind. Nach einer allgemeinen Darstellung der Ausgangssituation, die vor allem die Projektorganisation und die Definition der Zielsetzung beschreibt, wird in den nächsten Abschnitten schwerpunktmäßig die Vorgehensweise bei der Anbindung von Lieferanten und das Thema Content Management betrachtet. Die in diesem Zusammenhang entstehenden Herausforderungen werden nicht nur beschrieben, sondern es werden zusätzlich mögliche Lösungsansätze skizziert.

Einführung

Die hier beschriebenen Erfahrungen beziehen sich vor allem auf elektronische Marktplätze, die durch den Zusammenschluss mehrerer Unternehmen entstanden sind (oder auf globale Konzerne). Die Entscheidungen der jeweiligen Unternehmen, ein Marktplatzprojekt zu starten, resultierten in den meisten Fällen aus den Ergebnissen von durchgeführten Studien, welche die Analyse und Evaluierung von Beschaffungspotenzialen durch den Einsatz von Internet-Technologien zum Untersuchungsgegenstand hatten. Ausgehend vom Serviceangebot wird das „pricing model", also das Angebot an potentielle Marktplatzkunden, sowohl Einkäufer als auch Lieferanten, ausgearbeitet. Aus projektorganisatorischer Sicht bildet sich das Projektteam heraus, welches sich in der Regel aus Vertretern der verschiedenen Unternehmen, aus den Bereichen Einkauf, Logisitk, IT, externen System-Integrations-Beratern und Mitarbeitern des Technologieproviders zusammensetzt. Entsprechend dem Leistungsangebot und den definierten Projektzielen werden die Teammitglieder in mehrere Sub-Teams mit einem speziellen Fokus aufgeteilt. Plant der Marktplatzbetreiber, mit einem Content-Service Provider zusammenzuarbeiten, wird in dieser jetzigen Phase meistens noch ein entsprechender Anbieter gesichtet und erste Verhandlungen geführt.

Der zeitliche Rahmen für ein Marktplatzprojekt wird auf durchschnittlich sechs bis neun Monate beziffert. Da in vielen Fällen der Markteintritt des Marktplatzes eine große Rolle spielt, verkürzt sich die so genannte start-up-Phase auf durchschnittlich sechs Monate. Welche Auswirkungen diese kurzen Projektlaufzeiten in Verbindung mit dem komplexen Thema Marktplatzaufbau und -einführung mit sich bringen, wird im nächsten Abschnitt für die Anbindung der Lieferanten und das Content-Management dargestellt.

Generell sind die Erwartungen der Investoren, die an einem Marktplatz beteiligt sind, sehr hoch. Dementsprechend sieht sich das Projektteam schon am Anfang gleich mehreren Herausforderungen gegenüber:

- Enormer Zeitdruck
- Begrenztes Budget
- Teammitglieder aus unterschiedlichen Unternehmenskulturen, die sich in kurzer Zeit „zusammenraufen" müssen
- Aufbau eines konstanten Mitarbeiter-Pools, der über die erste Phase hinaus tätig ist

- Heterogene Wissensbasis der Teammitglieder in Bezug auf die vielfältigen und komplexen Themen des eBusiness
- Wenig Zeit, sich einen fundierten Überblick über Technologie und Methodologie zu verschaffen

Die Vorbereitung und Planung der Lieferantenaktivierung beinhaltet eine Reihe von Meetings, in denen u.a. der Projektplan mit den zu erreichenden Zielen und Zeitfenstern ausgearbeitet wird. Die Inhalte für das „supplier agreement" und das „pricing model" (vgl. Kapitel 3.2) werden ebenfalls definiert. Weiterhin wird an dieser Stelle auch über die Wahl der Produkte und Dienstleistungen diskutiert, welche über den Marktplatz gehandelt werden sollen und gleichzeitig die Entscheidung fällt, welche Strategie man für die Anbindung der Lieferanten wählt.

Die Auswahl der Lieferanten

Grundsätzlich unterscheidet man drei verschiedene Vorgehensweisen bei der Auswahl der Lieferanten:

- Die einkaufende Organisation möchte strategisch wichtige Lieferanten anbinden:

  In diesem Fall bestimmen und verantworten diese auch die Auswahl der Lieferanten sowie die Kommunikation.

- Der Marktplatzbetreiber möchte Lieferanten anbinden, die den Marktplatz für möglichst viele, neue Einkaufsorganisationen attraktiv machen. Er ist somit für die Auswahl der Lieferanten verantwortlich und hat vor allem die großen Einkaufsorganisationen als Zielgruppe im Visier.

- Der Marktplatzbetreiber möchte so viel wie möglich Lieferanten an seinen Marktplatz anbinden. Hierfür werden allerdings nicht nur bestimmte Tools benötigt, sondern der Aktivierungs-Prozess muss möglichst einfach gestaltet sein (z.B. Selbst-Registrierung und Content-Konvertierung).

In der Praxis kommt die dritte Möglichkeit recht selten vor, zumindest im europäischen Wirtschaftsraum. Das liegt darin begründet, dass die Marktplatzbetreiber ganz gezielt auf Einkaufsorganisationen mit der entsprechenden Lieferantenbasis zugehen. Ein weiterer Grund ist die organisatorische Form des Marktplatzes an sich. Viele Marktplätze sind rechtlich gesehen der Zusammenschluss von mehreren Unternehmen oder von großen Unternehmen, die quasi als Beschaffungsdienstleister für andere Unternehmensbereiche auftreten. Diese organisatorischen Konstrukte führen zu einer Vermischung der beiden ersten Formen der Lieferantenauswahl, was sich ebenfalls auf die Wahl der Produkte und Dienstleistungen auswirkt.

In den meisten Fällen konzentrieren sich die Bemühungen der Lieferantenanbindung auf eine schon vorhandene Lieferantenbasis von Einkaufsorganisationen, die als Kunden bei dem Projekt mitmachen. Die im obigen Abschnitt aufgelisteten Auswahl-Kriterien werden dabei allerdings oft nur zum Teil für eine objektive Evaluierung herangezogen. Das Kriterium, welches oft als Auswahlgrundlage benutzt wird, ist das Transaktionsvolumen pro Jahr sowie die „e-readiness". In der Praxis lässt sich beobachten, dass die Definition der Kriterien oft nicht sehr sorgfältig vorgenommen wird. Liegt der Fokus bei der Auswahl auf bestimmten Produkten, z.B. PCs, so tritt häufig der Fall ein, dass diese Zielgruppe von Lieferanten schon bei anderen Marktplätzen angebunden ist oder sogar selbst im Internet kauft und verkauft.

Unkompliziert ist die Aktivierung eines Lieferanten, der schon auf einer anderen Commerce One-Plattform angebunden ist. Relativ schwierig wird es dann, wenn eine einkaufende Organisation gerne Lieferanten aktiviert hätte, zu denen noch überhaupt keine Geschäftsbeziehung besteht, wenn mit dem Angebot der Marktplatzteilnahme gleichzeitig Preisverhandlungen stattfinden, oder auch, wenn die Geschäftsbeziehung mit dem ausgesuchten Lieferanten schwierig ist. Wenn dann die Auswahl an Lieferanten getroffen ist, müssen diese von der Sache überzeugt werden. Dies geschieht mit der richtigen Strategie, deren wichtigstes Element die Kommunikation ist.

Die Aktivierungs-Strategie in der Praxis

Eine funktionierende Aktivierungsstrategie besteht aus den drei schon in Kapitel 2 beschriebenen Elementen, Infrastruktur, die „e-message" und den Teilnahmebedingungen („easy steps"). Bevor die aktive Rekrutierung der Lieferanten beginnt, arbeiten die Lieferantenteams der meisten Marktplätze ein Kommunikationsprogramm aus, welches ebenfalls einer der Erfolgsfaktoren darstellt. Ziel dieses Programms ist die Gewinnung der Lieferanten durch die Vermittlung der eCommerce-Initiative. Dies geschieht durchgängig und beginnt von Beginn des Projektes an.

Aus der Erfahrung empfiehlt sich besonders der Aufbau einer funktionierenden **Supplier Support-Infrastruktur** mit:

- Einem festen Ansprechpartner (Supplier Account Manager), der für alle Fragen am Telefon, Fax und über eMail kompetent Auskunft geben kann
- Einer Informationsmappe mit z.B. Marketingmaterialien über die eCommerce-Initiative, einem auf notwendige Fragen beschränkten Fragebogen, einer „Frequently Asked Questions"-Liste etc.
- Einer Lieferanten-Datenbank, die alle Informationen über teilnehmende Lieferanten vorhält
- Einer Hotline, insbesondere für die operative Abwicklung in späteren Phasen, z.B. Preis-updates

Ein weiterer wichtiger Baustein der Kommunikation ist die „e-Botschaft" (e-message), welche die einkaufende Organisation und der Marktplatzbetreiber den Lieferanten vermitteln.

Die Vermittlung des Mehrwerts für den Lieferanten, wenn er sich der e-Initiative anschließt, ist eine der wichtigsten kritischen Erfolgsfaktoren überhaupt. Wenn der Lieferant nicht versteht, warum er mitmachen soll und was ihm diese Initiative bringt bzw. ihn kostet, wird er kein Interesse haben, mitzuwirken oder zumindest versuchen, entsprechende Aktivitäten zu blockieren. Gerade bei Lieferanten, die schon bei anderen Initiativen, z.B. bei der Einführung von EDI mitgewirkt haben, ist die Vermittlung des Mehrwerts enorm wichtig. Für sie verursacht die Teilnahme bei dem Marktplatz gerade in der ersten Phase doppelte Kosten. Dieses Wissen um Mehrkosten sollte sich im „pricing model" des Marktplatzbetreibers widerspiegeln. Kosten fallen vor allem an für:

- Katalogerstellung
- Transaktionen

Hier empfiehlt sich die Ausarbeitung eines „pricing models", welches mehrere Optionen anbietet (z.B. Anreize in Form von Kostenübernahme durch die einkaufende Organisation).

Die meisten Marktplätze führen zur Kommunikation ihrer e-message einen so genannten **Lieferantentag** durch. Diese Veranstaltung hat nicht nur Informationscharakter, sondern verfolgt ebenso das Ziel, die Lieferanten aktiv in die e-Initiative einzubeziehen und ihnen den wirklichen Mehrwert, z.B. durch die konkrete Berechnung des Return-on-Investment (ROI), vorzustellen. Der typische Lieferantentag gliedert sich in:

- Vorstellung der e-Initiative der einkaufenden Organisation
- Darstellung des Marktplatzprojekts durch die Marktplatzbetreiber
- Detaillierte Beschreibung der Vorgehensweise in den einzelnen Projektphasen mit Anforderungen, Zeitachsen und Terminen
- Vorstellung des Teilnahmeprozesses („easy steps")
- Spezielle Workshops, beispielsweise zum Thema Content, Integration

Es hat sich gezeigt, dass diese Veranstaltungen umso besser verlaufen, je professioneller die Organisation im Vorfeld geplant und initiiert wurde. In der Regel liegt die Beteiligung der angesprochenen Lieferanten nach einem Lieferantentag bei ca. 60%-70 % der angesprochenen Lieferanten. Es dauert im Durchschnitt 15 Wochen von der Auswahl des Lieferanten, bis ein fertiger Katalog auf dem Marktplatz publiziert werden kann.

Deshalb ist es enorm wichtig, dass die Kommunikation zu den Lieferanten von Anfang an kontinuierlich gepflegt wird und zu keinem Zeitpunkt abreißt. Dies erweist sich umso schwieriger, je mehr Parteien (z.B. Lead buyer, Marktplatzbetreiber, Content-Service Provider) involviert sind. Die Lieferanten sind sich sehr wohl bewusst, dass sie einen entscheidenden Bestandteil des Marktplatzszenarios darstellen: Ohne sie ist der Marktplatz wertlos. Deshalb empfiehlt sich in jedem Fall, Zeit in eine effiziente Kommunikationsstrategie zu investieren.

Fazit

Die Beschreibung der Lieferantenanbindung in den vorhergehenden Ausführungen stellt nur einen Teilbereich eines Marktplatzprojektes dar. Es lässt sich jedoch unbestritten feststellen, dass ohne die erfolgreiche Gewinnung der Lieferanten und deren Anbindung an den Marktplatz keinerlei Transaktionen stattfinden können.

Zusammenfassend lassen sich deshalb die folgenden Erfolgsfaktoren subsummieren:

- eBusiness Marktplatzvision mit einer entsprechenden Strategie und Umsetzung vor allem im Bereich Marktplatz-Services
- Phasenweises Projektvorgehen mit realistischen Zeitfenstern
- Content Management und Lieferantenanbindungs-Strategie mit
  - ⇨ Objektiver Evaluierung und Auswahl der Lieferanten
  - ⇨ Stringenter Kommunikationsstrategie
  - ⇨ Klarer „e-message", die den Mehrwert für den Lieferanten vermittelt und einem flexiblen „pricing model", wenn es um die Kosten der Anbindung für den Lieferanten geht
  - ⇨ Einfachen Teilnahmebedingungen und damit verbunden einer klar strukturierten Lieferanten-Support-Organisation
  - ⇨ Technischem Know-how in den Bereichen Integration und SAP

Aus heutiger Sicht müssen Marktplatzbetreiber noch effizienter mit den einkaufenden Organisationen zusammenarbeiten, um mehr Lieferanten als in der Vergangenheit zum Mitmachen bei einem Marktplatz zu bewegen. Des Weiteren gilt es, die Herausforderungen des Content Managements selbst (siehe auch Ewers/Longwitz) organisatorisch und inhaltlich besser in den Griff zu bekommen. Damit steht und fällt der Erfolg eines Marktplatzes.

8 Die Aufgabe eines marktplatzorientierten Catalog Content Managements

Nils Ewers, Harry Longwitz

Abstract

War das Content Management und insbesondere das Katalogmanagement bis vor kurzem noch ein ungeliebtes und gerne vernachlässigtes Thema, so tritt es heute als einer der kritischen Erfolgsfaktoren auf, die über den Erfolg eines Marktplatzes entscheiden.

Dabei kommt es nicht nur darauf an, möglichst viele Lieferantenkataloge auf dem Marktplatz zu haben, sondern vielmehr den Spagat zu schaffen, eine einheitliche Darstellung der Lieferantenartikel zu haben und trotzdem den Lieferanten eine Möglichkeit zu bieten, sich und ihre Artikel differenziert zu den anderen Lieferanten darzustellen.

Darüber hinaus muss gewährleistet sein, dass der Einkäufer auf einem Marktplatz möglichst einfach seine benötigten Materialien findet und zwar nur seine im Vorfeld definierten mit seinen spezifischen Preisen.

Damit es so weit kommt, sind im Vorfeld noch einige Hürden zu nehmen – die Materialstammdaten aus dem ERP-System (oder anderen) des Lieferanten sind für einen Onlinekatalog im Normalfall nur bedingt zu gebrauchen und müssen erst aufgearbeitet und angereichert werden. Doch ist es mit einem einmaligen Erstellen des Kataloges nicht getan. Für den kontinuierlichen Erfolg eines eMarkets oder einer eProcurement-Lösung ist es unabdingbar, dass der Katalog stetig gepflegt und aktualisiert wird. Beachtet man dann noch, dass zukünftiges Catalog Content Management immer mehr auch direkte Güter berücksichtigen muss, wird seine große Bedeutung für den Lieferanten noch deutlicher, da hier noch stärker mit Rahmenverträgen und Lieferplänen gearbeitet wird, deren Konditionen im Katalog abgebildet werden müssen.

In diesem Artikel soll das Vorgehen bei der Erstellung eines Onlinekatalogs beschrieben werden, um danach stärker auf die Sicht der Net Market Maker zum Thema Catalog Content Management einzugehen.[16]

Einleitung

Die Zeiten, in denen man „die Katze im Sack" gekauft hat, sind auch im Bereich des eBusiness vorbei – falls es sie dort je gegeben hat. Ziel des Internets und des Internethandels ist die Option auf weltweite Beschaffungsmöglichkeiten und die Überschreitung bisher einschränkender geographischer Bedingungen.

Auf die Frage, welcher kritische Erfolgsfaktor für elektronische Marktplätze und eProcurement-Systeme dabei heute der wichtigste sei, gibt es eigentlich nur eine richtige Antwort: Content! Das Zitat „Content is King"[17] beschreibt dies eindrucksvoll, insbesondere da es sich hierbei um eine Erkenntnis aus der Frühzeit des Electronic Commerce handelt. Seither ist einige Zeit verstrichen, die Relevanz von Content hat aber eher noch zu- als abgenommen. Content in diesem Zusammenhang ist als strukturierter Content (= Katalogdaten) zu verstehen, im Gegensatz zu semi-strukurierten Webinhalten (z.B. Verbandsinformationen, Börsenticker, ...), die in diesem Artikel nur eine periphere Rolle einnehmen.

Viele Marktplätze leiden im Bereich des Catalog Content heute unter den gleichen Symptomen:

- Wird der Marktplatz durch die Käuferseite initiiert, vermuten viele Lieferanten, dass er nur dazu dienen soll, die Preisschraube ein weiteres Mal anzuziehen und sehen weniger die Möglichkeiten der Prozesskostenreduzierung, die über die internet-basierte Geschäftsabwicklung entstehen kann.

- Daher gestaltet sich die Anbindung der Lieferanten aufwendiger und ist langwieriger als ursprünglich geplant, wodurch die Anzahl der Lieferanten auf den Marktplät-

---

[16] Die Methodologie der Supplier Adoption wird im Artikel von MartinaGerst behandelt

[17] Ernst & Young LLP „Content Management: The Critical Success Factor for eProcurement", 1999

zen gering ist und nur wenig Catalog Content zur Verfügung steht. In der Folge ist die Teilnahme auf diesen Marktplätzen unattraktiv und Käufer bleiben aus. Ein schnelles Erreichen der kritischen Masse (hier die Anzahl der potenziellen Lieferanten) ist oftmals vom Beschaffungsvolumen der Kunden oder der Marktmacht der NetMarketMaker abhängig.

- Die Käufer wollen einen auf ihre Bedürfnisse hin zugeschnittenen Katalog mit ihren Preisen und Informationen sehen. Sowohl die Klassifizierung der Produkte als auch die Darstellung muss sich an den Käuferanforderungen orientieren, unabhängig von den Quellinformationen der Lieferanten.

Die Hauptaufgabe heutiger Marktplätze ist oftmals die Verlagerung bereits bestehender Kunden-/Lieferantenbeziehungen auf das Internet. Dies kann nur dann funktionieren, wenn die Abwicklung über den Marktplatz schneller, einfacher und günstiger ist als auf den herkömmlichen Wegen. Damit dies so ist, muss auf dem Marktplatz ein fortgeschrittenes Katalogmanagement implementiert sein, welches eben nicht nur die Abbildung der Artikel beinhaltet, sondern es darüber hinaus ermöglicht, Zusatzinformationen und Services rund um die Artikel darzustellen sowie eine komfortable Möglichkeit des Updates der Katalogdaten zu bieten. Dadurch wird ebenfalls erreicht, dass die eigentliche Bestellabwicklung deutlich komfortabler vonstatten geht, als auf den herkömmlichen Wegen.

Die oben aufgeführten Punkte sind unabhängig davon zu sehen, welche Art von Gütern (direkt oder indirekt) über einen Marktplatz beschafft werden, sie stimmen in beiden Fällen. Bei der Beschaffung von direkten Materialien kommt noch ein weiterer Aspekt hinzu: die verfügbare Menge (Verfügbarkeitsprüfung). Wenn es sich um Materialien handelt, die direkt in die Produktion einfließen, reicht eine pauschale Aussage „innerhalb von 2-3 Tagen lieferbar" nicht aus. Es werden Informationen benötigt, welche die aktuelle Lieferfähigkeit des Lieferanten widerspiegeln. Dies führt zu einem zusätzlichen Aufgabenkomplex für den Marktplatzbetreiber, da er sich nun darum kümmern muss, wie die Backend-Systeme seiner Lieferanten angeschlossen werden können. In dem Kapitel „Dynamische Daten"[18] wird das Thema nochmals intensiver betrachtet. Nicht betrachtet wird in diesem

---

[18] ebenda

Die Aufgabe eines marktplatzorientierten Catalog Content Managements

Artikel die Anbindungsmöglichkeiten der Lieferanten, wenn es um das Thema der Übergabe der Bestelldaten (Kundenauftrag) in das Lieferantensystem geht dies geschieht in dem Artikel von Martina Gerst.

Vom Excel-File zum Katalog

Bei der Implementierung der ersten eProcurement-Systeme erlebten viele Einkäufer böse Überraschungen, als sie die ersten Daten ihre Lieferanten für den zukünftigen eCatalog geliefert bekamen. Die Lieferantendaten waren alles andere als sofort zu verwenden. Nicht nur lieferten die verschiedenen Lieferanten unterschiedliche Datenformate, sie lieferten ihre Daten auch in unterschiedlicher Qualität, mit unterschiedlichem Informationsgehalt hinsichtlich des Inhalts und in Bezug auf die verwendete Klassifizierung. Schon beim ersten Blick auf die Rahmenbedingungen wird klar warum:

- Verschiedene Quellen für Produktdaten, Graphiken, Fotos etc. schon bei einem Lieferanten

- Teile der Informationen müssen erst „e"-fähig gemacht werden, d. h. in eine Form gepackt werden, die auch andere Systeme verstehen.

- Gleiche Teile werden unterschiedlich beschrieben, so bezeichnet ein Lieferant seine Festplatten als „hard drive", ein anderer als „storage device" und ein dritter wiederum anders.

- „Jeder" Lieferant liefert ein anderes Datenformat (MS-Excel, CSV-Dateien, etc.) und andere Dateninhalte.

Bei Betrachtung aller dieser Aspekte wird klar, dass die Generierung von Catalog Content ein Mehrstufen-Prozess ist, der auf jeder Stufe den Informationsgehalt der Daten erhöht und sich dem Ziel, einen funktionierenden und verwertbaren Katalog zu erstellen, kontinuierlich annähert.

Dieser Mehrstufenprozess wird in Bild 66 dargestellt und in den folgenden Kapiteln eingehender beschrieben.

Die Aufgabe eines marktplatzorientierten Catalog Content Managements

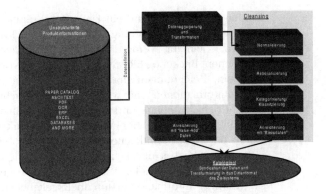

Bild 66: Datenaufbereitung im Katalogumfeld

Datendefinition

Vor der Arbeit der Datenextraktion steht eine solide Vorbereitung darüber, welche Daten überhaupt benötigt werden. Typischerweise ist ein Lieferant die ergiebigste Quelle, wenn es um Informationen und Daten seiner Produkte geht. In einem ersten Schritt geht es um die Daten, welche unumgänglich sind, die nachgelagerten Prozesse – heutzutage typischerweise ein Anfrage- oder Kaufprozess – anzustoßen und erfolgreich durchzuführen.

In Zukunft werden sich die Anforderungen an die benötigten Daten noch dadurch erhöhen, dass statt der oben erwähnten reinen Kauf-/Verkaufsprozesse auch sekundäre/assoziierte[19] Prozesse Daten und Informationen, wie z.B. Ladeinformationen für den Logistiker, Warenwerte für die Warenausfallversicherung oder die Zolltarifnummer für die Zollabwicklung, benötigen.

Transformation & Aggregierung

Die Definition der benötigten Daten ist der Startschuss für die nächste Stufe der Catalog Content-Erstellung, der Datenaggregierung oder kurz Aggregierung. Hierbei wird identifiziert, woher die benötigten Daten kommen sollen bzw. wo sie physisch vor-

---

[19] Unter sekundären/assoziierten Prozessen versteht man Vorgänge, die nicht direkt zu einer Kaufabwicklung gehören, dieser aber vor- oder nachgelagert sind bzw. das Zustandekommen einer solchen unterstützen (z.B. Transportabwicklungen etc.).

handen sind. Wohl kaum ein Lieferant wird alle geforderten Daten in einer Quelle „vorrätig" haben und per Knopfdruck liefern können. Vielmehr werden Produktdaten üblicherweise in verschiedenen Backend-/ERP-Systemen (sofern vorhanden) zu finden sein, Zeichnungen und Graphiken in einem CAD-System, Serviceinformationen und weiterführende Beschreibungen in einer Vertriebsdatenbank und ausführliche Produktbeschreibungen und Bilder/Fotos in einer Marketingdatenbank oder ggf. sogar extern bei einem Printkataloghersteller. Und obwohl das Thema ERP-Integration seit den achtziger Jahren in den Unternehmensköpfen ist, wird bei vielen Unternehmen eine große Anzahl aussagekräftiger Informationen nur in Exceltabellen (z.B. Verkaufspreiskalkulationen) oder Worddokumenten vorhanden sein.

Nicht zu unterschätzen ist der Anteil der Informationen, die nur in Printform (z.B. als Produktkataloge) vorliegen. Hier finden sich sehr oft die für eine Präsentation der Produkte in elektronischen Katalogen gewünschten Beschreibungen, Formulierungen etc. Ebenso oft sind sie in digitaler Form vorhanden, aber nicht in einem Format, das ein elektronischer Katalog verarbeiten kann. Eine Transformierung in sog. eBusiness-fähige Formate muss stattfinden, bevor eine Weiterverwendung in Online-Katalogen überhaupt möglich ist. So trivial dies erscheint, in der Realität werden heute noch ca. 80 % der Kataloginformationen manuell aus Papierquellen zusammmengestellt – d. h. manuell abgetippt[20]. Das ist zeitintensiv und hemmt durch die entstehende Verzögerung der Verfügbarkeit dieses Contents auf dem e-Market das Zustandekommen von Traffic. Deshalb ist Catalog Content einer der kritischen Erfolgsfaktoren!

Wie, wo und selbst wann die Daten tatsächlich aggregiert werden, hängt primär davon ab, ob ein Lieferant seinen eigenen In-house-Catalog erstellt oder ob es sich um einen externen Content-Provider handelt, der möglichst viel Masse ansammeln und aufbereiten will.

Normalisierung & Rationalisierung

Normalisierung beschreibt den Prozess der Angleichung lieferantenspezifischer Abkürzungen und Begriffe an eine gemeinsame Terminologie für Artikelmerkmale mit dem Ziel, gleiche Merkma-

---

[20] Bill Roberts: „The Aggravation of Aggregation" in Line56 News, 02/2001

le auch gleich zu beschreiben. Weiterhin geht es darum, dass die Artikel des Kataloges einheitlich und eindeutig benannt werden. Das Beispiel des Begriffes „Stift" mag dies verdeutlichen: Neben der Verwendung dieses Begriffes für ein Schreibgerät kann damit auch ein Nagel oder ein „kurzes Stück Metall zur Verbindung zweier Teile" bezeichnet werden. Daneben kann das Schreibgerät natürlich auch als Kugelschreiber bezeichnet werden, was die Vergleichbarkeit für den Interessenten schwierig bis unmöglich macht. Ein weiteres Beispiel sind die Begriffe „Außenmaße" und „Breite". Beide können das gleiche Merkmal beschreiben, das Katalogtool muss dies erkennen und es zu dem einen oder anderen Begriff zusammenführen. Die Beispiele für sich betrachtet sind eher lapidar, durch das Auftreten vieler dieser Probleme wird die Normalisierung jedoch zu einer echten Aufgabe.

Rationalisierung dagegen meint die Anordnung (Reihenfolgebildung) der Artikelbezeichnung und -merkmale nach ihrer Bedeutung für den Kunden mit dem Ziel, die relevanten Begriffe zu den Artikeln suchfähig und primär sichtbar zu machen. Auch hier soll ein Beispiel die Thematik veranschaulichen: Lieferant A beschreibt einen Artikel mit „Papier, weiß A4 90g", der zweite mit „A4-Papier, 90g weiß". Allein die alphabetische Sortierung führt hier schon zu Verwirrung und macht dem Kunden eine Auffindbarkeit schwer.

Kategorisierung

Kategorisierung[21] ist die Einordnung von Artikeln in einer meist mehrstufigen Hierarchie von Produktklassen mit dem Ziel, gleiche bzw. gleichartige Artikel verschiedener Lieferanten für die hierarchische Suche in einer Gruppe zusammenzuführen.

Dabei gilt es zwei unterschiedliche Bedürfnisse zu befriedigen. Zum einen will der Lieferant seine Artikel so strukturieren, dass sie sich für ihn möglichst leicht pflegen lassen und „seiner Logik" entsprechen. Dies ist normalerweise dann der Fall, wenn er seine ihm vertraute oder sogar von ihm definierte Kategorisierungslogik verwendet (→ Da ist er zu Hause und kennt sich aus.). Außerhalb seines Unternehmens kann damit jedoch vielleicht niemand etwas anfangen.

---

21 Als Synonym für den Begriff Kategorisierung wird auch der Begriff Klassifizierung verwendet.

Die Präsentationsseite wiederum sieht anders aus. Um dem Kunden die Möglichkeit einer einfachen Produktsuche zu ermöglichen, ist es unabdingbar, die Artikel in unterschiedliche Kategorien zu legen, ggf. angepasst an die jeweilige Kundengruppe, die adressiert werden soll. Ein Kunde aus der Baustoffindustrie vermutet unter „Glasartikel" ggf. andere Produkte als ein Kunde aus der chemischen Industrie. Ein Verkäufer von Büroartikeln hat möglicherweise eine wesentlich feinere Kategorisierung für Schreibblöcke als ein Handwerksbetrieb, beide decken ihren Bedarf jedoch bei einem Großhändler.

Um die oben erwähnten Konflikte aufzulösen, ist der Einsatz eines standardisierten Klassifizierungsmodells bei elektronischen Katalogen sinnvoll. In der Vergangenheit haben sich verschiedene Modelle herausgebildet, von denen zwei der international bekanntesten im Folgenden eingehender betrachtet werden.

eCl@ss

eCl@ss[22] ist gekennzeichnet durch einen vierstufigen, hierarchischen Materialklassifikationsschlüssel mit einem aus 14.000 Begriffen bestehenden Schlagwortregister. Die Hierarchiestufen heißen Sachgebiet, Hauptgruppe, Gruppe und Untergruppe. Für jede der vier Stufen bzw. Ebenen stehen zwei Stellen zur Verfügung, insgesamt sind somit pro Ebene bis zu 99 Klassen denkbar. Durch das umfangreiche Schlagwortregister können auch Klassen ohne detaillierte Kenntnisse der Hierarchie gefunden werden: Das stellt sicher, dass eCl@ss zur Kommunikation einheitlich über Bereichs- und Firmengrenzen hinweg genutzt werden kann.

---

[22] Informationen über eCl@ss unter www.eclass.de

Ziel ist es, an jeden Klassifizierungsendpunkt von eCl@ss eine Merkmalleiste anzufügen. Die Merkmalleiste ist die Zusammenstellung einzelner Merkmale, die das zugehörige Produkt genauer beschreiben[23]. Durch diese Vorgehensweise werden Fehlinterpretationen von Beschreibungen weitestgehend minimiert und systematisches Suchen unterstützt.

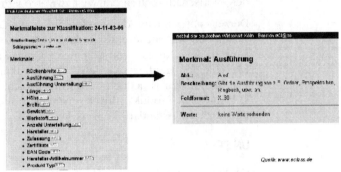

Bild 67: Funktionsweise eClass „Merkmalsleisten zu Produkten (Beispiel: Ordner)[24]"

eCl@ss findet derzeit vor allem in Deutschland Unterstützung durch zwei große Partner: der SAP AG und dem BME[25]. Die SAP ist seit Beginn der Entwicklung von eCl@ss Mitglied im Projektteam und unterstützt diesen Klassifizierungsstandard in ihrem Warenwirtschaftssystem SAP R/3. Der BME hat durch die von ihm geschaffene XMLVariante „BMECat"[26] einen einheitlichen Standard zur Digitalisierung von Warenkatalogen für den elektronischen Geschäftsverkehr zwischen den Partnern definiert, der mittlerweile ebenfalls immer stärker angewendet wird und eCl@ss vollständig unterstützt.

---

[23] So können in der Klasse der Elektromotoren Merkmale wie Leistung und Verbrauch, neben anderen, einen einzelnen Motor spezifizieren und von den anderen Mitgliedern der Klasse unterscheiden

[24] Quelle: www.eclass.de

[25] BME: Bundesverband Materialwirtschaft, Einkauf und Logistik, Frankfurt/Main (www.bme.de)

[26] vgl. www.bmecat.de

Bei allen Vorteilen von eCl@ss ist jedoch zu erwähnen, dass es sich hierbei um einen Standard handelt, der aus Deutschland in die Welt „exportiert" werden soll und derzeit in den USA und im asiatischen Wirtschaftsraum noch sehr eingeschränkt vertreten ist. Der Umfang und die noch nicht vollständig abgeschlossene Beschreibung vieler Klassen tun ihr Übriges, die Verbreitung in andere Wirtschaftszentren der Welt zu verzögern.

Derzeit unterstützen die großen internationalen Marktplatzhersteller den Klassifizierungsstandard eCl@ss nur sehr bedingt, so kann in der „Buysite" von Commerce One zwar eine mehrstufige Klassifikation gepflegt werden, die Verwaltung und Benutzung von Merkmalen ist jedoch derzeit noch nicht möglich. Ariba hat sich mit dem Produkt „Buyer" ebenfalls bisher auf UN/SPSC als Klassifizierungsstandard konzentriert.

UN/SPSC

UN/SPSC (United Nation's Standard Product and Service Codes) ist eine hierarchische Produkt- und Service-Klassifizierung, die in ihrem Aufbau relativ einfach und somit auch leicht verständlich ist. Fünf Hierarchiestufen in den Reihenfolgen **Segment, Familie, Klasse, Warengruppe und Funktion** erlauben eine eindeutige Zuordnung von Produkten.

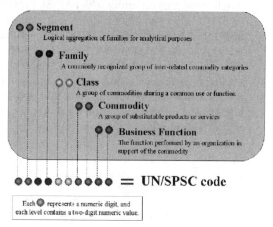

Bild 68: UN/SPSC Klassifizierungsstruktur[27]

---

[27] Quelle: UN/SPSC White Paper, 10/2000 GS Research

Im Gegensatz zu eCl@ss unterstützt UN/SPSC jedoch keine Beschreibung über Merkmale, so dass viele Anwender bei der Pflege der Katalogdaten UN/SPSC für untauglich halten. Beide Standards sind jedoch, gerade bei der Klassifizierung von direkten Materialien, viel zu ungenau, was dazu führt, dass viele Unternehmen eigene Erweiterungen der Standards vornehmen.

Bild 69 verdeutlicht die Beziehung zwischen einem UN/SPSC-klassifizierten Gesamtkatalog und den diversen Lieferantenkatalogen, die ihre jeweils eigene Produktgruppenstruktur haben. Die Art der Gruppenbildung variiert erheblich zwischen den Lieferanten und dem eigentlichen Marktplatzkatalog. Die Produkt- und Gruppenbezeichnungen in den Lieferantenkatalogen sind dabei die Basis, um den UN/SPSC-Katalog evolutionär zu entwickeln und gegebenenfalls die Begrifflichkeit zu erweitern.

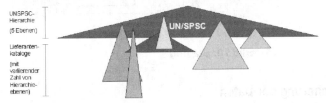

Bild 69: Beziehung UN/SPSC zu Lieferantenkatalogen[28]

Neben dem bisher Beschriebenen existieren noch eine Unzahl weitere, oft sehr branchenspezifische Standards, exemplarisch seien hier noch erwähnt ETIM (Elektroindustrie) und UCC/EAN (eher ein Identifikationsstandard als ein Klassifizierungsstandard).

Datenverifizierung (Staging)

Die im Vorfeld beschriebenen Schritte sind jedoch nicht so zu verstehen, dass sie nacheinander, quasi in einem Rutsch abgearbeitet werden können. Es ist vielmehr notwendig, dass der Lieferant die Daten nach jedem Schritt hinsichtlich Richtigkeit und Konsistenz prüft. Bild 70 soll dies nochmals verdeutlichen.

---

[28] Quelle: Conextrade AG

Die Aufgabe eines marktplatzorientierten Catalog Content Managements

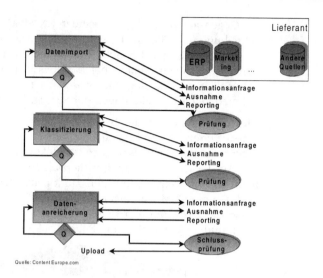

Bild 70: Staging

Anreicherung der Daten

Um Produkte wirklich vergleichbar zu machen, reichen verbale Kurzbeschreibungen nicht aus, der Satz „ein Bild sagt mehr als tausend Worte" gewinnt auch im eBusiness und damit bei der Katalogerstellung zunehmend an Bedeutung.

Zukunftsbezogene elektronische Kataloge beinhalten schon heute Daten und Informationen, die über eine reine Kurzbezeichnung und textuelle Beschreibung hinausgehen. Je komplexer bzw. erklärungsbedürftiger ein Produkt ist, desto eher müssen alternative bzw. ergänzende Informationen bereitgestellt werden, die den „entscheidenden" Unterschied zu einem Mitbewerberprodukt erst wirkungsvoll vermitteln. Werkzeuge dazu gibt es heutzutage schon viele:

- **Bilder**: Viele Unternehmen verfügen heute über einen Printkatalog, dessen Fotos und Produktbeschreibungen digitalisiert und auch in elektronischen Katalogen zur Verfügung gestellt werden können. Hierzu existieren Tools, welche die Daten aus DTP-Systemen für die Verwendung in Katalogsysteme konvertieren und somit „wiederverwertbar" machen.

- **3D-Animationen**: Durch die Verwendung von Virtual Reality-Programmen können Produkte dreidimensional animiert und der Funktionsumfang verständlicher dargestellt werden.

- **Graphiken/Explosionszeichnungen**: Im Industriebereich ist der Einsatz von interaktiven Explosionszeichnungen, die mit komplexen Stücklisten verbunden sind, sinnvoll bzw. erleichtert die Suche und das Finden von Teilen erheblich. Individuell generierte „Hotspots" verbinden dabei Zeichnung und Produktbeschreibung.

- **Referenzen**: Hierzu zählen sowohl die Anwendungshinweise („zu verwenden in", oder „bei Einbau beachten") wie auch Querverweise auf Produkte mit ähnlichen Eigenschaften und vergleichbarer Ausstattung/Qualität, die dem Anwender Alternativen aufzeigen bzw. ihn nicht ins Leere laufen lassen, falls sein gewünschtes Produkt nicht verfügbar ist oder ersetzt wurde.

Bezogen sich alle bisherigen Punkte direkt auf die Produktauswahl und setzten den Fokus auf Produkteigenschaften, so gibt es auch Informationen, die zwar produktbezogen, jedoch nicht direkt als Produkteigenschaften anzusehen sind. Dessen ungeachtet erhöhen diese Informationen aber den Gehalt eines Katalogs und beeinflussen immer öfter die Produktauswahl. Hierzu zählen u. a.:

- **Service Informationen**: Ein gedrucktes Handbuch verursacht gleich mehrfach Kosten – die Kosten zur Erstellung/Druck, Versand, Updates etc. Diese Informationen können Teil eines Produktkatalogs sein und können so von einem Hersteller bzw. Wiederverkäufer jederzeit ohne großen Aufwand für Versand etc. aktualisiert werden.

- **Entsorgungshinweise/Umweltverträglichkeit**: Der Lebenszyklus von Produkten endet bekanntlich nicht mit dem Ende der Nutzung, sondern mit seiner gerechten Entsorgung. Kataloge können schon Daten hierzu enthalten, die für einen Anwender ggf. auch erst zu einem späteren Zeitpunkt Relevanz haben.

Diese Aufzählung ließe sich um diverse Punkte ergänzen und weiterführen. Zu beachten ist an dieser Stelle besonders, dass bei der Verwendung von Informationen dritter Parteien Haftungsausschlüsse etc. mitberücksichtigt werden. Nicht immer steht bei der Generierung eines Katalogs die Originalinformationsquelle zur Verfügung[29].

Herausforderung an das Katalogmanagement

Aus den Beschreibungen des vorherigen Kapitels und einem prognostiziertem Umsatz im eCommerce für das Jahr 2003 von weit über $3 Billionen[30] mit der entsprechenden Anzahl von elektronischen Katalogen sieht sich das Katalogmanagement zukünftig Aufgaben gegenüber, die nur mit „der Reinigung der Ställe des Augias durch Herkules dem Halbgott" zu vergleichen sind. Um diesen Aufgaben künftig gerecht zu werden und um schnell einen verwertbaren und aktuellen Onlinekatalog zu erstellen, bedarf es des Einsatzes eines Katalogtools, welches zumindest einige der vorher beschriebenen Aufgaben automatisiert erledigen kann.

Dem gegenüber stehen jedoch die hohen Kosten, die durch den Einsatz eines eignen Katalogtools entstehen. Verschiedene Studien haben festgestellt, dass es sich in den seltensten Fällen für ein Unternehmen lohnt, eine eigene Katalogsoftware zu erwerben, da es ja nicht nur damit getan ist, die Software zu besitzen[31]. Vielmehr müssen Ressourcen aufgebaut werden, welche die Systeme warten, die sich in die Werkzeuge einarbeiten (was zeitintensiv ist) und später den Katalog aktuell halten. Dies ist nicht nur eine Frage des Geldes, sondern auch eine Frage des Personals, welches zu Beginn einer Katalogerstellung benötigt wird. Eine mögliche sinnvolle Alternative hierzu stellt die Option dar, die technische Umsetzung des Katalogs mit externer Hilfe zu

---

[29] An diesem Bereich sind die Grenzen zu einem traditionellen Content Management mit redaktionellem Inhalt fließend bzw. müssen genau definiert werden.
[30] Ernst & Young LLP „Content Management: The Critical Success Factor for eProcurement", 1999, S. 1
[31] TPN Register: „The secret to speeding your internet procurement ROI", 04/2000

realisieren und die eigenen Kräfte darauf zu konzentrieren, die inhaltliche Qualität der Katalogdaten zu gewährleisten.

Was für die Lieferantenseite gilt, gilt noch in einem viel stärkeren Umfang für Marktplätze. Der NetMarketMaker hat die Notwendigkeit, in kürzester Zeit eine große Menge an Katalogdaten auf seinem Marktplatz zu integrieren und dafür zu sorgen, dass dieser auch stetig aktuell bleibt und erweitert wird. Vergibt er diese Aufgabe an Dritte, die neben der reinen Katalogerstellung noch zusätzliche Services (Klassifizierung, Lieferantenanbindung) liefern können, kann er sich um die wesentlichen Aspekte seines Geschäftsmodells kümmern.

Catalog Content Aggregierung

Das gesamte Kapitel „Vom Excel-File zum Katalog"[32] befasste sich mit der Aufbereitung von Catalog Content und den verschiedenen Stufen, die ein Datensatz auf dem Weg vom Excel File zur Catalog Item Line durchlaufen muss. Auf den derzeit noch sehr hohen manuellen Aufwand dabei ist schon mehrfach hingewiesen worden. Die Herausforderung besteht in der weit möglichsten Automatisierung der Vorgänge. Derzeit sind die Mittel hierzu noch beschränkt, moderne Tools aber in der Entwicklung.

Diese Systeme helfen dabei, Katalogdaten weitgehend automatisch zu generieren und zu aktualisieren, indem sowohl transaktiver[33] als auch beschreibender Content (wie Produktbeschreibungen) aus unterschiedlichsten Quellen (bis hin zu Web-Sites) gesammelt und verarbeitet werden kann. Dabei lassen sich Parameter und Logiken hinterlegen, die sowohl die zeitliche wie auch die organisatorische Aufbereitung der Informationen steuern. Zur Datenextraktion bedienen sich diese Tools verschiedener Technologien, (z.B. Liasion Content Change der so genannten ACR[34] Technologie, die Informationen anhand von vordefinierten Schlagworten, Such- und Klassifikationsschemata extra-

---

[32] ebenda
[33] Transaktiver Content bezeichnet den für eine Transaktion relevanten Inhalt, im Gegensatz zu sog. beschreibendem Content, der für die tatsächliche Durchführung einer Transaktion nicht relevant ist, wohl aber das Zustandekommen einer Transaktion unterstützt.
[34] ACR = Adaptive Content Recognition

hiert, konvertiert und in strukturierte Daten aufbereitet, die weiterverarbeitet werden können).

Mit Hilfe dieser Technologien lässt sich die Aggregierung von Daten beschleunigen, jedoch nicht über einen bestimmten Punkt hinaus, manuelle Korrekturen werden auch weiterhin nötig sein.

Updatefähigkeit

Gemäß einer Studie der Aberdeen Group[35] wird der transaktionsrelevante Content in einem Katalog jährlich zu 150 % aktualisiert, so genannter beschreibender Content immerhin zu 50 %. Schon bei einer relativ geringen Anzahl von hundert Lieferanten mit je ca. 1.000 Artikeln ist damit ein Aufwand verbunden, der nach den derzeit gängigen Updates einen nicht wirtschaftlich sinnvollen Kosten- und Personalaufwand mit sich zöge.

Daher ist es wichtig, dass in der Zukunft die Updates des Katalog Contents möglichst automatisiert ablaufen. Hierbei können verschiedene Business-Regeln und andere Faktoren wie z.B. Zeit oder Aktionen berücksichtigt werden.

Präsenz auf mehreren Marktplätzen

Schon heute zeichnet sich ab, dass zumindest größere Unternehmen sich auf mehreren Marktplätzen betätigen werden und es für sie nicht „den" ultimativen Marktplatz geben wird[36]. Dementsprechend muss ein Katalogmanagement sich diesen Anforderungen stellen und flexibel genug sein, Daten gemäß den Anforderungen der jeweiligen Marktplätze, aber auch gemäß der Zielsetzung des Unternehmens auf dem jeweiligen Marktplatz entsprechend aufzubereiten. Neben ggf. unterschiedlichen Klassifizierungsmodellen geht es dabei auch um die Bereitstellung von entsprechenden Export- und Import-Datenformaten wie z.B. CIF[37]3 (Ariba), CUP[38]6 (Commerce One) oder OCI[39] (SAP AG).

---

[35] Aberdeen Group: „Impact"; Bosten, September 28, 2000
[36] Expertenmeinung von Fr. Anke Hoffmann, META Group Deutschland
[37] CIF = Catalog Interface Format
[38] CUP = Catalog Update Package
[39] OCI = Open Catalog Interface

Verschiedene Klassifizierungsmodelle

In der Zusammenführung der verschiedenen Klassifizierungsmodelle liegt eine weitere große Herausforderung des Catalog Content Managements. Hierbei geht es darum, die Klassifizierung der Kataloginhalte nach mehreren, ggf. auch individuellen Klassifizierungmodellen aufzubereiten und jeweils anderen Marktplätzen zur Verfügung stellen zu können. Nur so kann gewährleistet werden, dass die Informationen in Zukunft auch wirklich „universell" einsetzbar sind.

Diese Aufgabe geht weit über das Mappen von Daten hinaus[40], denn es geht nicht nur um eine Mehrfachzuordnung eines Produkts zu Klassen auf verschiedenen Hierarchieebenen, sondern auch um die jeweilige Zuordnung der Attribute/Merkmale. Ein modernes Catalog Content Management System muss dies ermöglichen und zu jeder Zeit die Erweiterung bzw. Ergänzung um einen zusätzlichen Klassifizierungsstandard ermöglichen. Idealerweise existiert in einem leistungsfähigen Catalog Content Management System eine Art „Meta-Datenbank", von der aus die jeweils relevanten Klassifzierungsschemata gemappt werden – inklusive der relevanten Attribute/Merkmale.

Katalogtools

Die Kapitel „Datendefinition" bis „Datenverifizierung (Staging)"[41] haben die einzelnen Schritte beschrieben, die notwendig sind, einen elektronischen Katalog zu erstellen und welcher Aufwand dahinter steht. Das Kapitel „Anreicherung der Daten"[42] befasste sich eher mit sog. Zusatzinformationen, und in den vorhergegangenen Abschnitten wurde schließlich erläutert, welchen Herausforderungen das Katalogmanagement darüber hinaus noch gegenübersteht. Dabei wurde deutlich, dass diese Arbeiten nur in den seltensten Fällen manuell getätigt werden können. Vielmehr ist es sinnvoll, hierfür ein Katalogtool einzusetzen.

---

[40] Unter Mapping wird das Verbinden der einzelnen Felder in unterschiedlichen Strukturen verstanden
[41] ebenda
[42] ebenda

Die Hauptaufgaben eines Katalogtools sind im Folgenden hervorgehoben:

- Verwaltung komplexer und vielstufiger Produkthierarchien und -kategorien
- Detaillierte und multimediale Darstellung von Produkten (Bilder, Zeichnungen, detaillierte Texte)
- Multi-Lieferantenfähigkeit und Verwaltung sowohl lieferanten- als auch kundenspezifischer Produkt- und Artikelnummern
- Schnelle und unkomplizierte Suche nach Produkten
- Möglichkeit, Produkte nach mehreren Kriterien zu vergleichen und ggf. Ersatzprodukte bzw. Produkte mit ähnlichen Eigenschaften zu finden
- Leistungsfähige Stagingfunktionalitäten, die skalierbar sind und von verschiedenen Anwendern gemäß ihren Anforderungen definiert werden können
- Umfangreiche Importmöglichkeiten zur Vereinheitlichung unterschiedlicher Datenstrukturen der Lieferanten und Integrationsschnittstellen für die Verarbeitung
- Unterschiedlichste Ausgabeformate und hochgradige Skalierbarkeit
- Katalog mit redaktionellen Aktualisierungsfunktionalitäten
- Grob gerasterte Ausschlussfunktionalitäten, die auf Basis bestimmter Parameter (z.B. einer Länder-ID) Benutzern bestimmte Daten vorenthalten bzw. ggf. ersetzen (Restriktionen z.B. im arabischen Raum)
- Detailliertes Profiling für die Individualisierung der Daten für jeden Kunden bzw. einer genau definierten Gruppe
- Content Generierung aus unterschiedlichsten Bezugsorten, insbesondere externen Quellen, wie Homepages von Lieferanten oder andere Markplätze.

Darüber hinaus muss es unkompliziert zu verwenden sein, robust, schnell, zuverlässig und letztendlich die Möglichkeit haben, als gehostete Version auf einem Marktplatz zu laufen, um so auch kleineren Lieferanten den Zugang zu einem Marktplatz zu ermöglichen.

Technische Entwicklung – Ausblick

Elektronische Kataloge und Katalogtools zur Generierung der selbigen sind einer der kritischen Erfolgsfaktoren eines Marktplatzes oder einer eProcurement-Lösung. Aber nicht alle Probleme sind direkt mit Hilfe eines Catalog Content Tools zu lösen, alternative Techniken helfen hier.

Content Engines

Die sog. Content Engines sind Suchmaschinen, die vorhandene Websites absuchen und von dort Daten extrahieren und entweder einem Katalog anfügen oder aber als Suchergebnis angezeigt werden können. Sie sind eine weitere Möglichkeit, Kataloge zu erstellen bzw. deren Umfang stetig zu erweitern.

Ihr derzeit größter Vorteil liegt darin, dass sie den gesamten Vorgang der Catalog Content Generierung auf der Lieferantenseite belassen, gleichzeitig aber über die Fähigkeit verfügen, die gefundenen Daten in verschiedene Datentransfer-Formate (z.B. eines der XML-Derivate der großen eMarktplatz-Hersteller) an den Käufer gemäß seinen Anforderungen zurückzuliefern. Ein Käufer kann so sicher sein, eine große Treffergenauigkeit bei seiner Suche zu haben, ohne einen übertriebenen Aufwand in seinem Catalog Content Management System zu haben.

Punch-Out – Zugriff auf den Katalog eines Onlineshops

In der Einleitung wurde darauf hingewiesen, dass ein Hauptinteresse eines Lieferanten darin besteht, seine Produkte möglichst differenziert zu präsentieren. Eine Variante hierfür ist die Verwendung der „Punch-Out"-Technik. Hierbei wird der Marktplatz lediglich als Router verwendet, d.h., der Kunde meldet sich auf dem Marktplatz an und wird, wenn er ein solches Produkt sucht, direkt auf den Onlineshop des Lieferanten geleitet. Dadurch ist gewährleistet, dass die Darstellung so ist, wie der Lieferant sich das vorstellt. Hat der Kunde das gewünschte Produkt gefunden, wird es durch einen „Punch-Out" Server in den Warenkorb der eProcurement-Lösung geschleust, von wo aus der normale Beschaffungsprozess weitergeht.

Nachteilig ist dieses Verfahren jedoch für den Einkäufer eines Unternehmens, wenn er die Produkte verschiedener Hersteller vergleichen möchte, da er gezwungen ist, von einem Online-Shop zum anderen zu „wandern" und jedes Mal vor dem Problem eines anderen Layouts steht. Für ihn ist es wichtiger, möglichst einfach die Produkte der einzelnen Lieferanten zu finden, um sie vergleichen zu können.

Der Einsatz der „Punch-Out"-Technik macht jedoch dann Sinn, wenn es sich bei dem zu beschaffenden Produkt um ein konfigurierbares Material handelt, da hinter einem Konfigurationsmodell meist ein Werk mit komplexen Regeln steht, die es erlauben, über die Bewertung von Merkmalen ein individuell zusammengestelltes Produkt eindeutig zu beschreiben. Eine Abbildung dieses Regelwerkes auf dem Marktplatz ist in den meisten Fällen schon aus technischen Gründen nicht praktikabel, geschweige denn, dass die Lieferanten gewillt sind, dieses Wissen aus der Hand zu geben.

Dynamische Daten

In der Einleitung wurde schon kurz auf die Notwendigkeit der genauen Aussage über verfügbaren Mengen bei der Beschaffung von direkten Materialien eingegangen. Damit das funktioniert, sind in den meisten Fällen Real-TimeZugriffe auf das Back-End System eines Lieferanten notwendig.

Der Real-Time Zugriff wird über den Einsatz von Konnektoren gewährleistet. Die Mengenanfrage aus dem Procurementsystem des Kunden wird so direkt in eine Nachricht oder Funktion umgewandelt, die das Lieferanten-Back-End-System versteht und ausführen kann. Als Ergebnis wird die aktuell verfügbare Menge an das Procurementsystem des Kunden zurückgegeben. Je nach Möglichkeiten des Back-End-Systems kann der Lieferant nur eine Teilmenge der tatsächlich verfügbaren Menge für den Handel über den Marktplatz freigeben und den Rest für den Handel über die „alten" Vertriebswege sperren. Bild 71 soll dies verdeutlichen.

Die Aufgabe eines marktplatzorientierten Catalog Content Managements

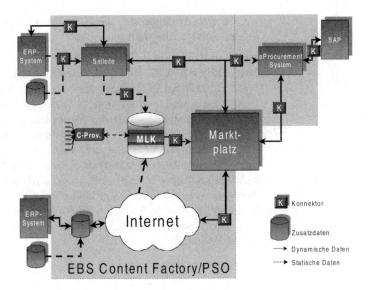

Bild 71: Dynamische und statische Daten

Neben der Abfrage der verfügbaren Menge ist die dynamische Ermittlung des Preises aus dem Back-End-System ein Thema, welches im Zusammenhang mit Konnektoren oft erwähnt wird. Dies ist dann sinnvoll, wenn komplexe Konditionsschemata zur Ermittlung des aktuellen Preises vorliegen und ein Lieferant diese Pflege nicht doppelt machen möchte oder die Marktplatzplattform nicht zur Abbildung dieser Konditionschemata in der Lage ist.

Aber auch an anderer Stelle sind dynamische Daten notwendig und können von einem Catalog Content Management System nicht bereitgestellt werden. Hierbei handelt es sich um Daten, die entweder in dem Back-End-System dynamisch bzw. situativ auf Anfrage hin erstellt werden[43] sowie um Informationen, die für einen Katalog unerheblich sind, anderen Applikationen aber dienen können. Beispielhaft sei hier ein Logistikservice angeführt, der mit den einzelnen Verkaufsmengen von Produkten nicht die für eine zuverlässige Logistikabwicklung relevanten Informationen bekommt. Logistisch relevante Daten sind eher dynamischer Natur. Erst bei der Kommissionierung einer Lieferung

---

[43] z.B. die oben erwähnte Verfügbarkeitsprüfung

steht die Verpackungsart, die Ladungseinheit etc. fest und kann an den Service übermittelt werden.

Bei allen dynamischen Zugriffen ist jedoch zu beachten, dass das Back-End-System durch die Anfragen nicht unerheblich belastet wird. Deshalb ist es oftmals sinnvoller, die Änderungen in den Preisdateien und verfügbaren Mengen im Back-End-System in zyklischen Anständen auf den Marktplatz zu spielen und somit quasi Real-Time-Auskünfte geben zu können und nur die Daten dynamisch zu ermitteln, die sich nicht auslagern lassen. Ein weiteres Problem besteht darin, dass viele, gerade kleinere Unternehmen nicht in der Lage sind, ohne größeren Aufwand direkte Anfragen von außen zu verarbeiten oder sich generell dagegen sträuben, ihr System für einen direkten Zugriff von außen zu öffnen. Hier bleibt tatsächlich nur die asynchrone Aktualisierung der Marktplatzdaten.

9 Sicherheitsaspekte als kritischer Erfolgsfaktor auf B2B-eMarkets

Holger Fiederling

Abstract

Ziel dieses Artikels ist es, dem Entscheider in einem Unternehmen einen Überblick über die Relevanz des Themas zu geben. Hierbei sollen alle relevanten Themen der technischen Sicherheit, des Datenschutzes und der rechtlichen Sicherheit behandelt werden. Es soll in diesem Artikel nicht auf die Realisierung oder das „Wie" der technischen Lösungen eingegangen werden. Jedoch ist es notwendig zu erklären, wozu einige technische Lösungen verwendet werden können und an welcher Stelle die Risiken bei deren Umsetzung liegen können.

Relevanz des Themas

Dem Wirtschaftsbereich des eCommerce werden, wie kaum einem anderen, immense Steigerungsraten vorausgesagt. Ob diese hochgesteckten Erwartungen erfüllt werden können, hängt entscheidend davon ab, ob es gelingt, die Systeme zuverlässig, sicher und benutzerfreundlich zu gestalten. Eines der Grundprobleme dabei ist, dass das Internet nie zur Übertragung sicherheitsrelevanter Daten oder als Handelsplattform konzipiert wurde. Trotzdem wird es genau dazu benutzt. Neben der sicheren Abwicklung von Bestellungen und Zahlungen über das Internet ist auch der Schutz unternehmenskritischer Daten sowie die Rechtssicherheit beim Abschluss eines Geschäftes über das Internet zu klären. Die Benutzer von eCommerce-Systemen erwarten zu Recht, dass sie durch deren Benutzung weder Sicherheitsrisiken ausgesetzt werden noch irgendwelche Risiken wirtschaftlicher Art eingehen.

Einer der Hauptvorteile eines elektronischen Marktplatzes ist die Möglichkeit, global agieren und Geschäfte mit unbekannten Partnern abschließen zu können. Wenn dieses Geschäft aufgrund ungelöster Probleme wie mangelnder Sicherheit, der Unsicherheit darüber, ob der Handelspartner auch tatsächlich existiert oder dieser die bestellte Ware auch tatsächlich bezahlen wird, nicht online abgeschlossen werden kann, ist dieser Vorteil zum größten Teil hinfällig.

Damit wird die Implementierung der erforderlichen Sicherheitsmechanismen sowie deren nahtlose Integration in die vorhandenen Systeme und Applikationen zu einem der kritischen Erfolgsfaktoren für Marktplätze und deren Teilnehmer.

Überblick über die Dimensionen und Bereiche der Sicherheit

Auf elektronischen Marktplätzen handeln Geschäftspartner (Unternehmen oder Personen in diesen Unternehmen), die sich teilweise nicht kennen, beziehungsweise bisher keine bestehenden Geschäftsbeziehungen hatten. Um zu ermöglichen, dass die in der „Old Economy" standardisierten und bekannten Geschäftsprozesse auch im online-Handel abgebildet werden können, ist es eine unbedingte Voraussetzung, alle Transaktionen so zu gestalten, dass sie zum einen technisch sicher sind und auch rechtlich den gleichen Stellenwert besitzen wie ein Geschäft, welches auf den altbekannten Wegen abgeschlossen wurde.

Die technische Sicherheit umfasst neben der viel diskutierten „Abhörsicherheit" natürlich auch Sicherung der Plattformen gegen Eingriffe durch Dritte, den eindeutigen Nachweis der Identität des Handelspartners[44] und der Plattform, die elektronische rechtsverbindliche Signatur von Dokumenten und das Anbringen eines „Timestamps" von Absendezeit und -datum an einer Nachricht.

Die Umsetzung dieser Anforderungen ist, nach heutigem Stand, nur mit einigen Hürden erreichbar. Als Zielsetzung muss ganz klar sein, die Sicherheitsanwendungen so in die vorhandenen Systeme zu integrieren, dass der Anwender direkt aus seiner gewohnten Anwendung alle notwendigen Werkzeuge benutzen kann, oder besser sogar muss, ohne gesonderte Anwendungen starten zu müssen. Nur so kann die notwendige Effizienz eines voll elektronischen Handels erreicht und auch wirtschaftlich sinnvoll genutzt werden. Wenn die Nutzung einer Verschlüsse-

---

[44] Buyer, Supplier und Fulfillmentpartner (wie zum Beispiel Banken, Logistiker etc.).

lung von Daten nicht einfach – am besten automatisch – machbar ist, werden die Anwender diese Systeme oftmals nicht oder nur ungern verwenden. Die Benutzer müssen in die Situation gebracht werden, diese Systeme ohne Komforteinbußen nutzen zu können. Nur so kann gewährleistet werden, dass die Systeme dauernd genutzt werden und die erhofften Einsparungen der Prozesskosten wirklich wirtschaftlich interessant werden. Durch den Einsatz von eServices, die eine sichere und zuverlässige Anbindung von Dienstleistern wie z.B. Banken oder Logistikern mit dem Marktplatz und seinen Teilnehmern erlauben, reduziert sich der Aufwand beim Käufer und Verkäufer in erheblichem Umfang, da so alle Prozesse, vom Wareneinkauf über die Bezahlung und Versicherungen bis ins eigene Lager automatisiert werden. Dieses führt dann zu erheblichen Einsparungen in den angeschlossenen Unternehmen durch größere Geschwindigkeit und auch durch Personaleinsparungen.

Nur eMarkets, die diese Voraussetzungen erfüllen, werden ausreichend Handelsvolumen auf ihren Plattformen erreichen und profitabel arbeiten können (Quelle EBS Studie "Praxisreport e- Markets Q4 / 2000).

Im folgenden Absatz werden einige Vorgänge erläutert, welche ohne die entsprechenden Techniken nicht rechtsverbindlich wären. Der Artikel von Klaus Brisch beschreibt alle relevanten juristischen Aspekte.

Rechtliche Sicherheit

Bei einigen Prozessen an einem eMarket wie z.B. einem Bestellvorgang oder dem Abschluss einer Versicherung ist es erforderlich, das (elektronische) Dokument mit einer Signatur und einem Zeitstempel zu versehen. Somit ist eindeutig nachweisbar, wer diesen Auftrag zu welcher Zeit abgegeben hat. Besonders beim Abschluss eines Versicherungsvertrages (z.B. Transportversicherung) ist ohne elektronische Signatur das Zustandekommen eines Versicherungsschutzes nicht möglich. Durch den beglaubigten Zeitstempel wird der Versicherungsschutz eindeutig zu einem bestimmten Zeitpunkt wirksam.

Beim Anmelden eines Teilnehmers an eine Handelsplattform muss der Anwender eindeutig identifiziert werden, hierbei ist es unerheblich, ob er eine Person oder eine Anwendung ist. Nur eine eindeutige Identifizierung und Authentifizierung eines Anwenders erlaubt entsprechende Vergabe von Rechten. Die Identifizierung erfolgt heute im Allgemeinen durch die Eingabe eines Benutzernamens und eines Passwortes, diese Methode ist jedoch, vor allem bei verteilten Systemen, die das Internet zur Kommunikation nutzen, nicht ausreichend sicher, da Benutzernamen und Passwörter recht einfach „gehackt" werden können. Aus diesem Grund ist hier der umfassende Einsatz elektronischer Zertifikate bei möglichst allen eMarket-Teilnehmern Voraussetzung für eine sichere Nutzung der Marktplatzsysteme.

Bei vielen Dokumenten wäre es schließlich wünschenswert, wenn das empfangende System eine signierte und mit Zeitstempel versehene Eingangsbestätigung an den Absender herausgibt. Damit hat der Absender dann auch die Gewissheit, dass die entsprechende Transaktion erfolgreich war.

Technische Umsetzung der Sicherheit

Die technische Sicherheit beruht auf verschiedenen Problemstellungen und Technologien. Dieser Artikel soll nicht, wie bereits eingangs erwähnt, die Umsetzung dieser Techniken beschreiben, sondern einen Überblick schaffen, wozu die einzelnen Techniken geeignet sind, wo sie notwendig sind und wo die Probleme bei der Integration in bestehende Systeme der teilnehmenden Parteien liegen.

Es gibt mehrere verschiedene Themenbereiche:

PKI-Strukturen (Public Key Infrastructure) erlauben die sichere Verschlüsselung von Daten mit einem privaten und einem öffentlichen Schlüssel. Hierbei hat jeder Anwender einen privaten und einen öffentlichen Schlüssel. Der Absender verschlüsselt Daten mit dem öffentlichen Schlüssel des Absenders. Der Empfänger kann dann die Daten mit seinem privaten Schlüssel dechiffrieren. Die öffentlichen Schlüssel können im Internet allgemein bereit gestellt werden, wenn ein Anwender seinen öffentlichen Schlüssel nicht in einem solchen Verzeichnisdienst publizieren will, muss er seinen Kommunikationspartnern den öffentlichen Schlüssel zur Verfügung stellen. Diese Technik erlaubt zuverlässig – und entsprechend integriert auch recht komfortabel – Daten mit geringem Risiko über das öffentliche Internet zu übertragen. Mit dieser Technik können sowohl eMails als auch Dateien jeder Art ver- und entschlüsselt werden, wobei es nur dem vorgesehenen Empfänger möglich ist, die Daten zu lesen, immer vorausgesetzt, dass dieser Anwender seinen privaten Schlüssel wie ein Kennwort sicher aufbewahrt und ihn keinem Dritten zugänglich macht. Eines der bekanntesten und am meisten verbreiteten Programme, die diese Technik nutzen, ist PGP (Pretty Good Privacy, www.pgpi.com). PGP ist ein Freeware-Programm, welches es erlaubt, eMails und Dateien zu verschlüsseln und zu signieren. Einziges Problem ist, dass der Anwender seine Schlüssel unter Angabe irgendeines Namens frei und ohne Überprüfung seiner Identität erzeugen kann. Ebenfalls wichtig ist, dass die privaten Schlüssel oftmals auf der Festplatte des Benutzers gespeichert sind und so theoretisch ausspionierbar sind. Die Technik sagt also nichts über die Identität des Absenders aus, noch wissen Empfänger oder Absender, ob das jeweilige Gegenüber seine privaten Schlüssel mit der nötigen Sorgfalt behandelt.

Digitale Signaturen und Zertifikate erlauben es, ein Dokument elektronisch zu unterschreiben. Wenn diese Signaturen gesetzlich anerkannt sind, kommt eine elektronische Signatur einer normalen Unterschrift, die mit Tinte auf einem Dokument geleistet wurde, gleich. Die Voraussetzung, eine rechtlich gültige Signatur nach dem SigG oder EUSigG zu leisten, wird in Europa über den Besitz und Einsatz einer persönlichen Smartcard geregelt. Smartcards werden in Deutschland von verschiedenen Zertifizierungsbehörden ausgestellt (www.e-trust.de, www.D-Trust.de und andere). Die Verschlüsselungstechniken, die bei Smartcards eingesetzt werden, basieren ebenfalls auf PKI-Technologie, jedoch ist der private Schlüssel auf der Smartcard und nicht auf dem Rechner des Anwenders gespeichert und die Identität des Inhabers einer Smartcard wird vor der Ausstellung der Smartcard überprüft. Smartcard-Zertifikate haben eine begrenzte Gültigkeitsdauer und müssen regelmäßig erneuert werden, auch dies erhöht die Gewissheit über die Identität des Nutzers. Die elektronische Signatur wird bei jedem Ausstellen auf ihre Gültigkeit hin überprüft.

Netzwerksicherheit: Der Bereich der Netzwerksicherheit ist sehr umfangreich und kann im Rahmen dieses Artikels nicht so umfassend beschrieben werden, wie es notwendig wäre. In jedem Fall ist es notwendig, ein Firmennetzwerk von Fachleuten überprüfen und absichern zu lassen. Ideal ist es, das Sicherheitskonzept von einer dritten, unabhängigen Partei überprüfen zu lassen. Einige der wichtigsten Themen sollen an dieser Stelle jedoch angesprochen werden:

Virenschutz: Programme, die Viren erkennen und ihr Eindringen in ein System verhindern. Viren können nicht nur Daten zerstören, sondern auch ihren „Herstellern" den illegalen Zugriff auf das angegriffene System ermöglichen (Trojanische Pferde) oder auch Daten verändern, ohne dass ein Anwender diese Veränderung bemerkt. Einen recht guten Überblick über vorhandene System und Software erhält man zum Beispiel unter http://www.heise.de/ct/antivirus/. In einem Firmennetzwerk sollte es Standard sein, generell alle eingehenden Daten (eMail, Disketten, Internet, ...) auf Viren zu prüfen, bevor sie auf dem Netzwerk oder einem Arbeitsplatzrechner gespeichert werden können.

Firewallsysteme: Eine Firewall hat die Aufgabe, nicht autorisierte Zugriffe auf ein System zu verhindern. Diese Systeme sind unabdingbare Voraussetzung, wenn ein Firmennetzwerk oder auch einzelne Rechner mit sensiblen Daten ans Internet angeschlossen werden. Als Firewall bezeichnet man einen oder mehrere Rechner, die zwischen zwei Netzwerke geschaltet werden. Standardmäßig sperrt eine Firewall alle ankommenden und abgehenden Netzwerkverbindungen, erwünschte Verbindungen können einzeln „freigeschaltet" werden. Alle Verbindungen, welche nicht explizit freigeschaltet wurden, werden blockiert. Dadurch soll verhindert werden, daß unerlaubte Zugriffe auf das interne Firmennetz stattfinden (Hacking). Als einfachste Grundregel sollte hier immer folgende Strategie angewandt werden:

„Alles, was nicht ausdrücklich erlaubt ist, ist verboten!"

Die umgekehrte Strategie, „Alles, was nicht explizit verboten ist, ist erlaubt", ist unbedingt abzulehnen, da somit die Gefahr besteht, dass ein ungewollter Zugang offen bleibt.

Serverzertifikate: Ein Serverzertifikat ist gewissermaßen der Personalausweis eines Servers im Internet. Mit diesem Zertifikat wird gewährleistet, dass der Rechner, mit dem man verbunden ist, auch derjenige ist, für den er sich ausgibt. Diese Technik ist notwendig, da es einfach möglich ist, Zugriffe auf eine bestimmte Web-Adresse auf einen anderen Rechner umzuleiten.

VPN Virtual Private Networks: Virtuelle private Netze basierendarauf, dass zwei Rechner mit einer auf PKI-Strukturen basierenden Technik eine verschlüsselte Verbindung aufbauen. Die Schlüssel sind nur den beiden Rechnern bekannt. Somit wird gewährleistet, dass ausschließlich die beiden gewollten Rechner miteinander kommunizieren und die Verbindung abhörsicher ist. Diese Technik wird dann benutzt, wenn Rechner bzw. Netzwerke häufige sichere Verbindungen benötigen.

Hardware-Verschlüsselung: Diese Technik hat den gleichen Effekt wie ein VPN, jedoch wird keine PKI-basierende Verschlüsselung benutzt, sondern an beiden Enden der Verbindung ein Hardware Chiffrier-Gerät eingesetzt. Die Vorteile hiervon sind zum einen, dass keine Rechenleistung auf den miteinander kommunizierenden Rechnern benötigt wird und dadurch die Verschlüsselung schneller ist, zum anderen, dass diese Technik nur durch eine Manipulation an den beiden Chiffriergeräten zu überwinden ist. Die sicherste Technik ist eine Verschlüsselung von Daten in den Endgeräten der Anwender, ob sich diese Technologie jedoch durchsetzen wird, ist noch offen.

Ausfallsicherheit der Systeme

Ein weiterer wichtiger Aspekt der Sicherheit von Transaktionen an einem eMarket ist die Verfügbarkeit der Systeme. Dieses Thema bekommt im Besonderen bei eMarkets eine neue Qualität, da die Handelnden über die gesamte Welt verteilt sind und somit die Systeme praktisch niemals ausfallen dürfen.

Wie definiert man „Hochverfügbarkeit"?

Als Verfügbarkeit eines Computersystems bezeichnet man die Zeit, während der das System einwandfrei funktioniert und für die Anwender erreichbar ist. Die Angaben werden in Prozent gemacht. Ein System mit einer Verfügbarkeit von 100 % wäre 365 Tage im Jahr, 24 Stunden am Tag, sieben Tage die Woche und 52 Wochen im Jahr betriebsbereit. Einzelsysteme erreichen heute bereits eine sehr gute Basisverfügbarkeit von ca. 99 % (Downtime ca. 3 Tage/Jahr). Die Verfügbarkeit errechnet sich nach folgender Formel:

*Verfügbarkeits-Zeit = Gesamtzeit minus Summe der Ausfallzeit geteilt durch Gesamtzeit *100 %*

Die Kosten eines Sytems steigen mit den Anforderungen an seine Verfügbarkeit. Hier muss bei eMarkets berücksichtig werden, dass viele Systeme nicht im Einflussbereich des Anwenders liegen. Es sollte also darauf geachtet werden, nach Möglichkeit solche Plattformen zu nutzen, die eine möglichst hohe Verfügbarkeit garantieren können, zumal davon auszugehen ist, dass die Down-Zeiten der einzelnen Systeme so gut wie nie gleichzeitig sind, sich also weitestgehend addieren. Dieser Effekt wird natürlich auch dadurch verstärkt, dass die handelnden Parteien in verschiedenen Zeitzonen agieren.

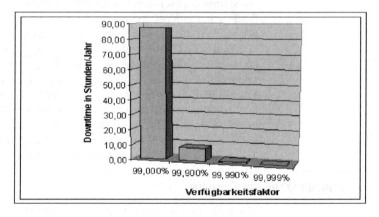

Bild 72   Verlauf der Ausfallzeit im Verhältnis zu Verfügbarkeitsfaktor (Quelle: Microsoft)

Es ist zu beachten, dass bei einem eMarket und den angeschlossenen Systemen die volle Verfügbarkeit aller Funktionen nur dann gegeben ist, wenn die Systeme aller angeschlossenen Parteien einwandfrei arbeiten und die Verbindung der Systeme über das Internet in ausreichender Bandbreite gegeben ist. Diese Tatsache legt nahe, dass die Transaktionsmechanismen zwischen den Systemen so aufgebaut werden müssen, dass die Transaktionen von und zu einem ausgefallenen System dann abgearbeitet werden, wenn das System wieder arbeitet und online ist.

Datenhaltung und Verteilung

Eine der grossen Herausforderung der Datenhaltung und Konsistenz ist die Tatsache, dass Daten in einem eMarket-System verteilt gehalten werden. Es ist eindeutig zu definieren, welche Daten wo gehalten werden und vor allem, welche Daten die „Master"-Daten sind. Bei der Änderung eines Datums muss gewährleistet werden, dass alle anderen Daten entsprechend aktualisiert werden. Es lässt sich aus Leistungs- und Sicherheitsgründen wohl nicht immer vermeiden, dass Daten redundant gehalten werden müssen. Im Falle der Unterbrechung der Verbindung müssen die Daten nach Wiederherstellung der Verbindung abgeglichen werden, in diesem Falle muss geprüft werden, welche Daten aktueller sind oder der tatsächlichen Situation entsprechen (z.B.: Lagerbestandsdaten).

Eine abgestimmte Datensicherungsstrategie mit regelmäßigen vollständigen und inkrementellen Backups ist selbstverständlich und muss hier nicht näher erläutert werden.

Integration der verschiedenen Techniken in eine B2B-Plattform

In einer B2B-Plattform sind mehrere unterschiedliche Systeme miteinander verbunden. Die Systeme haben unterschiedliche Anwendungsprogramme, unterschiedliche Datenhaltungssysteme und zum Teil nicht miteinander kompatiblen Kommunikationsschnittstellen.

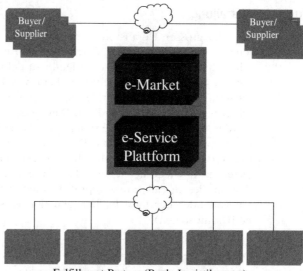

Bild 73   Generische Architektur einer eMarket-Umgebung

Zielsetzung ist es nun, soweit möglich eine Architektur zu realisieren, die eine Kommunikation der Systeme untereinander erlaubt, ohne dass Benutzereingriffe notwendig werden, um diese Kommunikation aufzubauen („Silent Business" oder „Machine to Machine"). Erforderliche Benutzeraktionen müssen, um größtmöglichen Effekt bei der Prozesskosteneinsparung ausnutzen zu können, in die Anwendungssysteme der Benutzer integriert werden. Das heißt zum Beispiel, dass eine Zahlung dann erfolgt, wenn sie im normalen Anwendungssystem (z.B. SAP R/3 Finance) veranlasst wurde oder der Transport einer Ware initiiert wird, wenn Ware bestellt wurde. Zusätzliche Aktionen, die unter Umständen mit anderen Systemen erledigt werden, sollten so weit wie möglich entfallen.

Aufgrund der Vielzahl der Partner ist es wirtschaftlich sinnvoll, die Anbindung der Partner zentral an ein oder zwei Systeme zu realisieren und dort zentral die „Übersetzung" der verschiedenen Formate zu betreiben sowie die Workflows zu kontrollieren. Dieses Vorgehen erlaubt auch die zentrale Kontrolle über die Konsistenz der angeschlossenen Daten.

10 eServices als kritischer Erfolgsfaktor für eMarkets

Oliver Lawrenz, Marc Possekel, Miro Vidosevic

Einführung

Die Akzeptanz von Marktplätzen und anderen elektronischen Handelsformen, wie Procurement-Lösungen für einkaufende Unternehmen und Sellsite-Lösungen für verkaufende Unternehmen, hängt von vielen Faktoren ab, die es darzustellen gilt.

Im Folgenden soll ein Modell diskutiert werden, dass die Prozesslücken aus dem Fulfillmentbereich schliessen soll und die heutigen Defizite elektronischer Handelsprozesse sukzessive aufhebt. Traditionelle Prozessabläufe und transaktionsunterstützende, elektronische Prozesse sind sehr eng mit einander verbunden, i.d.R. sogar deckungsgleich.

Die Anforderungen – Die Herausforderungen

Weltweit gibt es heute mehrere Tausend Marktplätze, die sich im Wesentlichen durch die Offenheit des Zugangs und das Zustandekommen anonymer Transaktionen auszeichnen. Dem gegenüber stehen die Coporate Intranets der großen Unternehmen, die als reine Procurement- oder Selling-Lösung beginnen und sich oftmals nach und nach einem weiteren Kreis öffnen. Die Unterscheidung liegt vor allem in den Zugangsvoraussetzungen und allen damit verbundenen und ableitbaren Reglementierungen. So kommen auf geschlossenen Märkten keine anonymen Transaktionen zustande, die beispielsweise ganz andere Sicherheitsstandards voraussetzen.

eFulfillment: Verhandlungsmacht der Lieferanten bzw. der Einkäufer

eMarkets bildeten sich in der Vergangenheit vor allem dort, wo das Fulfillment geregelt ist oder wo die Verhandlungsmacht einseitig gebündelt ist, da entweder der Lieferant oder der Einkäufer das Fulfillment (Logistik, Verzollung, Versicherungen, etc.) übernimmt. In diesen Fällen wird das Fulfillment über die herkömmlichen Prozesse abgebildet, bei denen die ERP-Systeme und langfristige Verträge mit Versicherungen, Spediteurern etc. eine große Rolle spielen. Hier spricht man eher von vertikalen Netzen als von eMarkets, da bekannte Kunden-Lieferanten-Beziehungen in einem Extranet, nämlich dem eMarket, abgebildet werden.

Der potenzielle Vorteil der eMarkets, dass nämlich das Angebot und die Nachfrage womöglich global zusammenkommen, kann häufig deswegen nicht ausgespielt werden, da die Fulfillmentprozesse nur unzureichend unterstützt werden.

Kommen nun neue Kunden-Lieferanten-Beziehungen zustande, dann muss sich z.B. über Incoterms und Zahlungsbedingungen geeinigt werden. Immer dann, wenn die Verhandlungsmacht einseitig gebündelt ist, wenn also die Incoterms entweder Ex-Works oder frei Haus sind, kann die Beschaffung vergleichsweise vereinfacht erfolgen, da die Verantwortung für das Fulfillment bei einem der beiden Partner (Lieferant oder Einkäufer) liegt. Komplizierter wird es, wenn sich beide Partner das Fulfillment teilen müssen, wie zum Beispiel im Fall einer neuen Wirtschaftsbeziehung und einem ausgehandelten Incoterm „Free-on-Board Amsterdam".

In diesem Beispiel liegt potenziell ein Bedarf an Logistik, Versicherung und Finanzabwicklung geteilt auf Buy- und Sell-Site vor, deren Abwicklung heute noch kaum durch eMarkets unterstützt wird. Oft ist nicht nur die manuelle Suche und Analyse der handelnden Personen notwendig, sondern es müssen weitere Unternehmensabteilungen eingeschaltet werden. Dies verlangsamt den Beschaffungsprozess und reduziert die potenziellen Prozesskosteneinsparmöglichkeiten der eProcurement- und eMarket-Systeme.

Von Services zu eServices

Spezialisierte eMarkets?

Durch das obige Beispiel entsteht prinzipiell die Chance, genau diesen Bedarf durch spezialisierte Finanz-, Versicherungs- oder Finanz-eMarket abzubilden und nahtlos in den eMarket-Beschaffungsprozess zu integrieren. Als kritische Punkte sind neben der entsprechenden Technologieverfügbarkeit zu nennen: Die spezialisierten eMarkets müssen über ein entsprechend hohes und differenziertes Angebot verfügen, welches online und synchron zur Verfügung steht, da ansonsten die Prozessvorteile nicht erzielt werden könnten, da lediglich der Medienbruch auf die Web-Ebene verlagert wird. Außerdem ist zu überprüfen, inwieweit sich das Aushandeln einzelner Transport- und Finanzierungsbedarfe über spezialisierte sekundäre eMarkets lohnt, da Bündelungseffekte nur schwer abbildbar sind.

Definition eService

Elektronische oder auch integrative Services sind vollständige, in sich geschlossene Transaktionsketten, die eine elektronische Koordination vorher festgelegter Partner und / oder Ressourcen online ermöglichen. Sie verwalten, sammeln und verteilen Informationen, um operative Prozesse zu steuern und zu kontrollieren. Darüber hinaus zeichnen sich eServices aus durch:

- eine Optimierung in definierten Prozessen,

- eine Skalierbarkeit auch bedingt durch einen hohen Standardisierungsgrad und

- offene Schnittstellen.

eServices

An dieser Stelle biete sich die Chance für eService-Anbieter, welche genau diesen Fulfillment-Bedarf vorverhandeln und diese Fulfillment-eServices in mehreren Beschaffungs-eMarkets anbieten. Der Vorteil liegt in einer online und synchronen Abwicklung neben Fulfillmentgarantie sowie in den günstigen Konditionen dieser Dienstleistungen.

Beispiele für solche eServices können dem Quadrant eService – Value-added Services in dem folgenden Bild entnommen werden:

(e)Services und Architektur

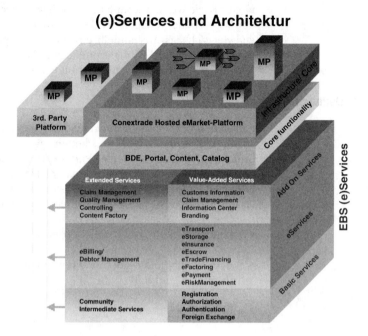

Bild 74   eServices

Diese eServices – z.B. eTransport, eStorage, eInsurance, eEscrow, eTradeFinancing, eFactoring, epayment oder eRiskmanagement – schließen die oben erwähnte Lücke, indem Partnerunternehmen wie Spediteure, Banken und Versicherungen ihre Dienstleistungen zu vorverhandelten Konditionen im Sinne von Preisen und Verfügbarkeiten online zur Verfügung stellen und diese als eServices bereitstellen.

eServices zeichnen sich dadurch aus, dass die entsprechende Dienstleistung nicht über ein Portal oder einen weiteren eMarket – also mit Benutzerinteraktion – erreicht werden muss; vielmehr sind eServices für eMarkets direkt zugreifbar. Ein Beispiel im Fall der Bonitätsauskunft wäre das automatisierte Rating neuer Geschäftspartner durch entsprechend integrierte Institute, Unternehmen und Datenbanken sowie die daraus resultierenden unterschiedlichen Prozessabläufe auf dem eMarket bzw. im eProcurement-System. In diesem Fall ruft der Applikationsserver der eMarket-Plattform oder der eProcurement-Anwendung den Applikationsservice (und somit den eService) des Fulfillmentanbieters auf. Somit entstehen voll integrierte, durchgängige Informationsketten und Prozessketten, also eine eSupply Chain ohne Medienbruch.

Verschwiegen werden darf dabei nicht, dass es sich nicht um einen Plug & Play-Mechanismus handelt, sondern durchaus Eingriffe und Customizingaktivitäten auf Seiten des eMarkets sowie ggfs. der eProcurement-Anwendung durchgeführt werden müssen. Allerdings amortisiert sich der Einsatz der eServices recht schnell, da durch die hohe Integrationstiefe ein großes Automatisierungs- und somit Kostenersparungspotenzial realisiert werden kann.

Das Businessmodell

Ein eService-Anbieter kann Fulfillmentdienstleistungen bündeln und so einen Effekt abbilden, der rein transaktionsbasiert nicht realisiert werden kann. Der eService-Anbieter kann die Dienstleistungen entweder dem eMarket in Rechnung stellen oder eine Provision (Kickback) vom entsprechenden Fulfillmentdienstleister erhalten.

eServices als Value driver

Diese eServices können Lücken in den bisherigen Prozessabläufen schließen, die durch fehlende Verfügbarkeit von integrierten Fulfillmentdienstleistungen entstehen. Insofern können eServices die Idee vom globalen und anonymen eCommerce fördern, erst durch sie kann die kritische Masse erreicht werden.

Ausblick eServices

Beispiele für eServices werden in den folgenden Beiträgen geliefert. Der eigentliche Mehrwert entsteht dann, wenn die gesamte Prozesslücke auf eMarkets geschlossen werden kann, wenn also alle relevanten assoziierten Prozessschritte aus den Bereichen Logistik, Finanz und Versicherung geschlossen werden können.

Es ist wahrscheinlich, dass sich zukünftig Anbieter am Markt etablieren werden, die genau diese ganzheitliche Betrachtungsweise aufgreifen und versuchen, ein Full eService-Angebot zu offerieren. In diesem Zusammenhang entstehen große Chancen auch für kleinere Unternehmen, die aufgrund von Neutralität und Unabhängigkeit glaubwürdig ein solches Full eService-Angebot bieten können.

11 Die Bedeutung von logistischen Services für eMarkets am Beispiel Escrow

Marc Possekel

Einleitung – Ausgangssituation

Die Geschwindigkeit der Entwicklung im elektronischen Handel ist durchaus langsamer als sämtliche euphorischen Studien noch zur Mitte des letzten Jahres prognostiziert hatten. Viele Projekte der Großindustrie wurden zwar angekündigt, doch bei der Umsetzung, besser der Umstellung auf elektronische Formen des Handels, so beispielsweise Procurement-Lösungen oder elektronische Marktplätze, stoßen die Umsetzenden oftmals auf nicht bedachte Schwierigkeiten, die größtenteils mit den gewachsenen Strukturen und Abläufen zusammenhängen. Dennoch laufen die ersten Procurementprojekte an und gewinnen immer schneller an Fahrt. Gleiches gilt im Übrigen auch für den business to consumer-Bereich, in welchem eine erste Konsolidierung der ehrgeizigen Expansionsabsichten eingetreten ist und die so genannte „old-economy" nach und nach die Zeit- und Geschwindigkeitsnachteile der „Neuen" aufgeholt hat.

Sowohl im Handel zum Endkonsumenten als auch im rein gewerblichen Bereich sind die Handelsgeschäfte im engeren Sinne angelaufen, d.h. der Einkauf oder Verkauf von Produkten funktioniert, auch wenn vielerorts die kritischen Massen noch nicht erreicht werden. Funktionabel sind im Übrigen auch die grundlegenden Techniken der Plattformen und Shops, die in wesentlichen Teilen den Anforderungen der Kunden sowohl im privaten als auch im gewerblichen Zielgruppenbereich gerecht werden.

Daher machen sich die Strategen, Business Developer und Funktionsverantwortlichen aus den nicht marketing- oder IT-orientierten Bereichen verstärkt Gedanken, die Lücken in den Prozessketten zu schließen, die zwischen den Verkaufs- oder Einkaufsprozessen am Frontend und den nachgelagerten Prozessen in der Wertschöpfungskette noch bestehen.

Im Folgenden soll zunächst ausgehend von den Transaktionsformen auf die daraus entstehenden „Lücken" und die Bedürfnisse der elektronischen Handelsformen eingegangen werden. Fokussiert auf den zwischenbetrieblichen Materialfluss (Supply Chain) werden kurz mögliche Lösungsansätze skizziert, bevor eine umfassende logistische Lösung für elektronische Handelsformen hergeleitet wird, die stellvertretend für die Schließung der vielschichtigen Transaktionslücken stehen soll. Abschließend sei noch ein Beispiel der elektronischen Kombination von Waren- und Finanzströmen – der so genannten escrow-Abwicklung („elektronische Zug um Zug-Geschäfte") gegeben.

Der Schwerpunkt der Betrachtung soll auf der Betrachtung der Logsitik für business-to-business-Prozesse liegen.

Die Formen des elektronischen Handels

Für den transaktionsbezogenen elektronischen Handel zwischen zwei Unternehmen sind mehrere Formen bekannt, die sich in Art und Transaktionsführerschaft unterscheiden und bei denen im Wesentlichen die Art und Weise des Entscheidungsprozesses zur Preisfindung zwischen Angebot und Nachfrage differiert. Rein betriebswirtschaftlich entspricht dies der Art und Weise, wie das Zusammenkommen von Angebot und Nachfrage auf der Preisabsatzfunktion gestaltet wird. Man unterscheidet im Groben:

- Die Katalogbestellung als elektronische Abbildung von Einkäufer- und Verkäuferbeziehungen, die durch die verkäufergesteuerte Marktsegmentierung der jeweiligen Einkäuferzielgruppen determiniert wird.
- Die Ausschreibung als Einkäuferinstrument
- Die Auktion als Verkäuferinstrument. Es sind zu unterscheiden:
    - Die Englische Auktion
    - Die Holländische Auktion
    - Die Japanische Auktion

Die Englische Auktion ist eine aufsteigende Auktion, bei der alle Gebote durch die Bieter einsehbar sind. Die Bieter können sich gegenseitig überbieten. Der Sieger ist der Bieter mit dem höchsten Bietpreis. Die Holländische Auktion ist eine absteigende Auktion, bei welcher der Auktionator einen sehr hohen Preis vorgibt und mittels einer Auktionsuhr den Preis in bestimmten

Schritten heruntersetzt. Der Gewinner ist der Bieter, der die Uhr anhält. Die japanische Auktion ist das Äquivalent zur Englischen Auktion, allerdings nennen die Bieter hier den Preis nicht selbst, sondern der Preis geht kontinuierlich nach oben, bis nur mehr ein Bieter übrigbleibt.

Diese Formen des Handels sind im Kern nicht Neues. Erinnert sei an die Lieferantenkataloge der Konsumgüterindustrie, die Ausschreibungen im Baugewerbe beziehungsweise bei Vergabe öffentlicher Aufträge oder die Auktionen bei Rohstoffen, Blumen oder vielen anderen Massengütern. Die Unterschiede ergeben sich eher in den ureigensten Eigenschaften des verwendeten Mediums, i.d.R. das Internet.

Der Verkaufs- bzw. Einkaufsprozess ist im Kern recht unkompliziert und problemlos heute bereits elektronisch abwickelbar. Deutliche Unterschiede zu den traditionellen Abläufen des Kaufens und Verkaufens ergeben sich allerdings insbesondere aus:

- der Anpassung der internen Strukturen und Abläufe,
- der möglichen Geschwindigkeit der Geschäftsabwicklung,
- der geographischen Reichweite,
- der zeitlichen Reichweite,
- der Wahrnehmung von Chance bzw. in der Vermeidung von Gefahren durch Nichtakzeptanz oder Ausschluss der neuen Handelsformen,
- der Abwicklung der waren- und finanzorientierten Fulfillmentleistungen sowie der administrativen Prozesse und
- der mangelnden Integration der Fulfillmentleistungen in die elektronische Handelsform.

Gerade die letzten beiden Punkte machen das momentane Bemühen und Streben der Betreiber der elektronischen Handelsformen, so die Besitzer der offenen Marktplätze und die Betreiber der Einkaufs- bzw. Verkaufslösungen (Corporate Intranets), deutlich. Die zentralen Fragen stellen sich nach den Mehrwerten, die geboten werden, um die Warentransaktion per Mausklick überhaupt in ihrer Vollständigkeit zu gewährleisten.

Betrachtet man die handelnden Personen des Kaufprozesses, wird schnell deutlich, was benötigt wird. Auf den Seiten der Transaktionsplattform sitzen sich Einkäufer und Verkäufer gegenüber und müssen zumeist über ihre Kernkompetenzen hinausgehende Entscheidungen treffen, damit das Geschäft besser abgewickelt werden kann bzw. im Extremfall überhaupt zustande kommt.

Die Transaktionslücken

Neben dem Warengeschäft gilt es, die damit verbundenen oder angestoßenen Prozesse abzuwickeln und eventuelle externe Partner zu beauftragen. Demnach wird die Anbindung verschiedener Parteien an das elektronische Handelssystem angestrebt, so:

- die Anbindung der unternehmeninternen Systeme, insbesondere der Abteilungen und Anwendungssysteme,
- die Anbindung der externen Fulfillmentpartner und
- die Anbindung der administrativen Prozesse.

Im Grunde genommen geht es darum, den handelnden Personen die Werkzeuge anhand zu geben, die diese in die Lage versetzen, den gesamten Prozess online abzuwickeln. Geschieht dies nicht, besteht vor allem die Möglichkeit, mit vorhandenen Strukturen und Systemen die Transaktion abzuschließen bzw. das Fulfillment zu erbringen. Daraus würden sich allerdings große Nachteile ergeben, die vielen Vorteilen des eCommerce-basierten Handels, insbesondere des über das Internet laufenden Handels, zuwider laufen dürften. Im Einzelnen betrifft dies z.B. die Vermeidung unnötiger Medienbrüche oder den Zeitverlust, der sich aus den Verzögerungen ergibt. Sehr oft kommt es sogar vor, dass die Warentransaktion im eigentlichen Sinne nicht zustande kommt, weil administrative oder ausführend-operative Prozesse nicht oder nicht ausreichend geregelt wurden. Das Gleiche gilt beispielsweise für die Auswahl und damit die Berücksichtigung von Lieferanten bei Ausschreibungen, die das Fulfillment nicht oder nicht ausreichend geregelt haben.

Betrachtet man die Herausforderungen für die Handels- und Transaktionsplätze genauer, so ergeben sich folgende Hauptgruppen der abzuwickelnden oder zu berücksichtigenden Prozessketten, deren Lücken es zu schließen gilt:

- die warenflussorientierten Themen
- die finanzflussorientierten Themen
- die Berücksichtigung der administrativen Prozesse sowie explizit auch die Schaffung von Transaktions-Sicherheit.

Zu den administrativen Prozessen zählen die Berücksichtigung der datenbankbezogenen Dienste, so das Controlling und das Qualitätsmanagement.

In diesen wichtigen Bereich fällt auch das Thema Sicherheit mit den wesentlichen Kernfunktionalitäten der Authentifizierung und der Autorisierung der Transaktionsteilnehmer auf der Plattform. Darüber hinaus sind die Bonitätsauskünfte beziehungsweise das Scoring und Rating der Teilnehmer, aber auch die Absicherung von Zahlungsausfallrisiken oder die online veranlasste Qualitätsüberwachung von herausragender Bedeutung.

Die finanzflussorientierten Services umfassen die Bereiche des Payments, das allerdings wiederum auf unterschiedliche Weise erfolgen kann, z.B. in Form der Überweisung, durch Bankeinzug, jeweils unter Involvierung eines neutralen Treuhandkontos, sowie die diversen Möglichkeiten von Kreditkarten und Purchasingkarten. Weitere finanzbezogene Dienste sind die Übernahme von Inkasso- und Factoringfunktionalitäten, insbesondere die Möglichkeit der Forfaitierung, also des einzeltransaktionsbezogenen Forderungsverkaufes und die jederzeitige Ermöglichung der Währungsumrechnung. Ferner sind bill presentment, also die Visualisierung der offenen Kreditoren und Debitorenposten sowie weitere Auskünfte von zentraler Wichtigkeit. Andere denkbare Finanzdienste, so die Zwischenfinanzierung von Handelsgeschäften, der Lieferantenkredit oder das Leasing, sind dagegen bei Finanzinstituten und Marktplätzen erst angedacht.

Trotz dieser Vielzahl auszugsweise erwähnter Prozesse, die es online abzuwickeln gilt, kommt gerade den warenflussorientierten Prozessketten eine zentrale Bedeutung zu. Zu den warenflussorientierten Prozessen zählt im Kern die physische Betrachtung und Abwicklung von Warenflüssen, also die operative Logistik inklusive der notwendigen Informationen und der Problematik der Verzollung bei internationalen Transaktionen. Darüber hinaus sind aber auch die Lager- und Bestandsauskünfte und die Versicherungen der Transport- und Lagerrisiken zentrale Punkte.

Die Herausforderungen an die Logistik

Komplexität und Bedeutung, aber auch Probleme der Logistik für elektronische Handelsformen werden deutlich, wenn man die Leistungstiefen z.B. einer Zahlungstransaktion im Finanzbereich mit denen im logistischen Bereich vergleicht. Das logistische Fulfillment divergiert gravierend in den einzelnen Lösungsvariationen und deren Möglichkeiten, wohingegen eine Zahlung oftmals im Kern die gleiche Lösung darstellt. Das entscheidende Differenzierungsmerkmal ergibt sich durch die Komplexität der Geschäftsprozesse im logistischen Umfeld. So sind wesentliche Determinanten die Branchen, in denen die Unternehmen tätig sind und damit auch die gehandelten Güterarten. Aber auch weitere Variablen und Einflussgrößen wie z.B. Entfernung, Art oder Umfang der Transaktion oder die Relation, das heißt die räumliche Verbindung der involvierten Unternehmen, sind wesentliche Einflussfaktoren.

Die Erfüllung der logistischen Leistung ist demnach von vielen Einflussfaktoren abhängig, die im Folgenden eine genauere Analyse finden. Eine der Kernanforderungen an eine generelle Logistiklösung ergibt sich aus den gehandelten Gütern an sich. Zu groß ist oftmals auf Marktplätzen die Vielfalt der angepriesenen Waren, um eine sinnvolle Standardisierung zu erzielen. So gibt es einerseits **M**aintenance **R**epair and **O**rganisation Goods, im Kern also C-Artikel und Büromaterialien. Man spricht in diesem Zusammenhang auch von indirekten Gütern, da sie nicht direkt in die Produktions- oder Handelsprozess einfließen. Anderseits wachsen aber immer schneller die Handelsplattformen für direkte Güter, also Waren, die dem betriebswirtschaftlichen Zweck im engeren Sinne der entsprechenden Unternehmung dienen.

Eng mit der Art der Güter verbunden ist die Problematik der notwendigen logistischen Informationen. So sind Aussagen über Art der Transporteinheit, Beschaffenheit, Abmessungen und Gewicht der zu handelnden Bestellung in der Regel gar nicht auf einem Marktplatz vorhanden. Vielmehr werden die Informationen in den Systemen der ein- bzw. verkaufenden Unternehmung vorgehalten. Dabei sind allerdings die Qualität und Vollständigkeit der logistischen Daten genauestens zu analysieren. In diesem Punkt ist eine grundsätzliche Weiterentwicklung der elektronischen Handelsformen und der zugrunde liegenden technischen und logistischen Inputs zu erwarten, um die Inhalte durch dringend benötigte Informationen für die Dienstleister zu erweitern. Insbesondere der Datenextraktion aus den ERP-Systemen, im Speziellen den Warenwirtschafts- und Lagerführungssystemen, kommt dabei eine zentrale Bedeutung zu.

Die Logistik ist auf zweierlei Art durch eine extreme Heterogenität geprägt, wodurch der exakten Ansprache der operativ Ausführenden, was, wie, von wo nach wo in welcher Zeit befördert werden soll, eine zentrale Bedeutung zukommt. Diese Heterogenität bezieht sich zum einen auf die sehr zerklüftete Branche der

Dienstleistungsunternehmen, zum anderen bedingt die Komplexität der Güter eine große Anzahl an Transportmitteln, Transporteinheiten und weiteren Transportmöglichkeiten.

Eine besondere Herausforderung geht von dem unterschiedlichen Entwicklungstand und den unterschiedlichen Entwicklungszyklen der Technik aus. Einerseits bezieht sich das auf den Stand unter den Logistikern, andererseits auf den Stand zwischen der logistischen Welt und der des internetbasierten Elektronic Commerce.

Eine in der operativen Logistik nicht wichtig genug einzuschätzende Herausforderung des elektronischen Geschäftsverkehres ergibt sich aus den retrograden Logistikströmen, im Wesentlichen den Retouren. Im weiteren Sinne handelt es sich um Schlechtfälle des Leistungserstellungsprozesses, die kaum zu standardisieren sind. Sie bedürfen sauberer Abläufe und Verantwortlichkeiten vor allem auf Seiten des Logistikdienstleisters sowie explizit ausgebildeter Fachkräfte an allen Stellen der Supply Chain. Retouren stellen die elektronische Welt der Logistik deshalb vor so große Harausforderungen, weil die Anzahl der Fehlerquellen groß und deren eindeutige Klärung nicht immer möglich ist. Z.B. können Sendungen auf verschiedene Arten beschädigt, unvollständig, also zu viel oder zu wenig oder gar falsch geroutet sein, um nur einen kleinen Überblick über mögliche Fehlerquellen zu geben. Die Klärung dieser Schlechtfälle bedarf fast immer einer menschlichen Interaktion, wodurch eine 100 %-ige Standardisierung und Echtzeitaufklärung schwerlich vorstellbar ist.

Eine besonders delikate Anforderung ergibt sich aus den internationalen Geschäftsbeziehungen. Internationale Logistikströme außerhalb der EU haben direkt etwas mit den Hürden der Verzollungsproblematik zu tun. Dabei steht die operative Abwicklung weniger im Vordergrund. Anforderungen ergeben sich vielmehr aus der Vielzahl der verwendeten Incoterms, die Berücksichtigung finden müssen. So sind logistische Verantwortlichkeiten und damit auch Leistungsumfänge direkt von den Liefer- und Zahlungsbedingungen abhängig. Die Verzollung stellt darüber hinaus auch Anforderungen an die Informationsinhalte und die Bereitstellung von Dokumenten im Speziellen.

Eine weitere Anforderung an eine logistische Lösung ergibt sich aus den durchgängigen Informationsbedürfnissen. Was nützen auf Dauer die besten Procurement- oder Marktplatzlösungen, wenn die Logistik mit mehr Medienbrüchen und höheren Fehlerwahrscheinlichkeiten konfrontiert wird? Daher stellt sich als

Kernanforderung die Integration, d.h. die Sicherstellung, dass alle relevanten logistischen Informationen den involvierten Teilnehmern der logistischen Kette zur Verfügung stehen. Dabei steht vor allem die Integration der Dienstleister bzw. deren Anwendungssysteme in die eBuisness-Plattform im Vordergrund.

Neben den Logistikdienstleistern benötigen gerade die Einkaufs- und Verkaufsorganisationen Informationen, die aber nur durch eine geschlossene Informationskette zwischen Dienstleistern, Marktplatz, Käufer und Verkäufer und gewährleistet werden. Dieser Informationsbedarf und die daraus abgeleiteten Inhalte ergeben sich beispielsweise für einen Einkäufer aus folgenden Fragestellungen:

- Was kostet der Transport, inklusive aller notwendigen Zusatzleistungen?
- Was kostet die Verzollung?
- Wann wird die erworbene Ware geliefert?
- Wer haftet, wenn die Ware nicht den Kaufbedingungen entspricht oder in nicht einwandfreiem Zustand den Käufer erreicht?

Die logistischen Lösungsansätze

Um elektronische Handelsformen und operative logistische Prozesse zusammenzubringen, gibt es mehrere Möglichkeiten, die kurz skizziert werden sollen.

Die einfachste Art, auf einem Marktplatz einem Käufer oder Verkäufer die Möglichkeit zu geben, Anfragen zu starten und gegebenfalls einen Logistikauftrag am Bildschirm zu vergeben, ist die „Verlinkung" mit einem Dienstleister, d.h. es wird eine Verbindung zu einer Internetseite des gewählten Partnerunternehmens geschaffen. Dort stehen zumeist Informationen zu Preisen und Laufzeiten entweder statisch zur Verfügung oder diese müssen je Einzelfall angefragt werden. In der Regel sind auch umfangreiche Eingabemasken vorhanden, die eine Auftragsvergabe und Weiterverarbeitung für den Logistikdienstleister möglich machen. Zumeist arbeiten solche Systeme auf einer EDI-Verarbeitung in den rückwärtigen Prozessen des Dienstleisters.

Die Vor- und Nachteile dieser Möglichkeit liegen auf der Hand. Zu den unmittelbaren Vorteilen zählen die schnelle und unkomplizierte Umsetzbarkeit, der geringe Aufwand, die Stabilität und die direkte Möglichkeit des Partnertausches. Allerdings stehen den Vorteilen große Nachteile gegenüber. So ist die „Verlinkung" nur eine sehr einfache, funktionsarme, meist auf bestimmte Logistikanforderungen beschränkte Lösung, die sich auf bestimmte Arten der Logistik beschränkt, so Stückgut-, Paket-, See- oder Lufttransporte. Für den Logistikdienstleister sind die individuellen Anfragen mit großem manuellem Aufwand verbunden. Tracking und Tracing werden nur über weitere Medienbrüche möglich. Für Einkäufer und Verkäufer ist der Aufwand erheblich und wesentliche Funktionalitäten fehlen gänzlich (z.B. Zollinformationen) oder sind nur durch längere Wartezeiten erhältlich.

Eine Weiterentwicklung dieser einfachsten Lösung ist die Anbindung mehrerer Dienstleister aus verschiedenen logistischen Gebieten sowie die Ergänzung um Mehrwertdienste, so Zollinformationsdienste. Die Medienbrüche werden dadurch allerdings nicht weniger, der Aufwand steigt und die Funktionalität bleibt durch viele verschiedene Ein- und Ausgabelogiken zweifelhaft.

Aktuell gibt es zwei weitere Möglichkeiten, die es zu erwähnen gilt. Zum einen eine Vielzahl von Transportbörsen, die Angebot und Nachfrage an logistsichen Leistungen zusammenbringen. Der Integrationsgrad in die Marktplatzlogik ist allerdings in der Regel nicht gegeben. Außerdem scheitern viele Versuche an dem Fehlen kritischer Massen. Das Funktionsangebot ist stark beschränkt, eine Konzentration auf europäische Landverkehre die Regel. Charakteristisch ist das Fehlen jedweder weitergehender Informationsmöglichkeiten z.B. zur Laufzeit.

Zum anderen gibt es mehr und mehr Unternehmen, die mit vertraglich fest verbundenen Partnern datenbankgestützte Dienste anbieten. Diese kommen aus eher stark standardisierbaren logistischen Bereichen, so aus dem Express- und Paketumfeld oder aus ergänzenden Dienstleistungsbereichen, z.B. der Transportkostenkalkulation oder der Verzollungsinformation. Die Problematik für elektronische Handelsformen ist das Fehlen von Ganzheitlichkeit und Orientierung an den vollständigen Informations- und Erfüllungsbedürfnissen der handelnden Personen auf den elektronischen Handelsplätzen.

Generell kann festgehalten werden, dass es aktuell keine funktionierende, generische logistische Lösung für elektronische Marktplätze gibt, die wesentliche Grundfunktionalitäten erfüllt:

- Ganzheitlichkeit in Funktionsumfang und Informationsinhalten, so dass alle logistischen Prozesse der Einkaufstransaktion unterstützt werden. Dies gilt für alle Güter- bzw. Transportarten ebenso wie für Preis- und Laufzeitinformationen und Verzollungsunterstützung

- Integration, das heißt die vollelektronische Informationsverarbeitung ohne Medienbrüche
- Sicherheit und Skalierbarkeit, das bedeutet die garantierte Ausführung der Leistung
- Allgemeingültigkeit, so dass die Unterstützung einer möglichst großen Anzahl an elektronischen Marktplätzen und somit an einkaufenden und verkaufenden Unternehmen gewährleistet wird.

Im Folgenden soll eine Lösung dargestellt werden, die diesen Funktionsanforderungen genügt. Es handelt sich dabei um einen mit großer Intelligenz ausgestatteten logistischen Informationsbroker, der aktuell als Prototyp entwickelt wird.

Ein integrativer Lösungsansatz

Im Folgenden sei ein logistischer Lösungsansatz skizziert, der sich im Wesentlichen dadurch auszeichnet, dass er

- voll integrativ ist, d.h. die Informationen allen an dem Fulfillment Beteiligten zur Verfügung stellt und die Steuerung der gesamten Prozesskette selber übernimmt, überwacht und die dafür notwendigen Informationen sammelt,
- einen Großteil weitreichender Informationen in Echtzeit zur Verfügung stellt,
- deutlich mehr Informationen liefert als den Speditionsauftrag und das Tracking für einen Warentransport,
- viele Möglichkeiten der Anwendung offen hält, da der zentrale logistische Prozess an sich generisch gestaltet wird,
- den Nutzern eine Fulfillmentgarantie eröffnet, da die Partner durch vorverhandelte Veträge angebunden sind.

Die Abwicklung stellt sich wie folgt dar:

Die Bedeutung von logistischen Services für eMarkets am Beispiel Escrow

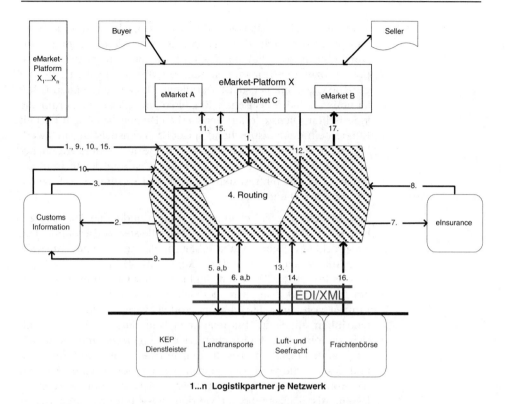

Bild 75   Abwicklung auf Marktplätzen

Zunächst fragt ein Einkäufer (buyer) oder auch ein Verkäufer (seller), z.B. bei nicht vorhandener eigener Logistik und verhandelter „Frei Haus"-Warenlieferung, einen Transport nach (1.). Routinemäßig wird ein sogenannter „Compliance Check" durchgeführt, der die Unbedenklichkeit des Ex- oder Imports bestimmter Güter auf der jeweiligen Relation überprüfen soll (2.+3.). Kommt es zu einem negativen Ergebnis, wird das gesamte Szenario an dieser Stelle abgebrochen und der potenzielle Auftraggeber erhält umgehend die Meldung der Nichtdurchführbarkeit. Der Compliance Check ist durch einen externen Partner weltweit auf jeder Relation möglich, daß heißt von jedem in jedes Land online.

Im Anschluss bestimmt eine entwickelte Software den geeigneten Logistiker (4.) Die Auswahl wird nach definierten Kriterien elektronisch abgebildet. Die Auswahlkriterien bestimmen sich im Wesentlichen nach der Relation, d.h. von wo nach wo soll die Ware transportiert werde, dem Zeitpunkt bzw. dem Zeitraum zur Durchführung des Fulfillments und vor allem nach dem Transportgut bzw. der Transporteinheit. Aus diesen Angaben wird der geeignete Logistikdienstleister ermittelt. Die zu handelnden Güter terminieren die logistischen Einheiten und diese wiederum die logistischen Dienste oder Netzwerke. Demnach kann für jeden Kunden ein dementsprechend spezielles Dienstleistungsnetzwerk hinterlegt werden. Entscheidend sind die im Vorfeld geschehenen vertraglichen Bindungen und die Schaffung der technologischen und dateninfrastrukturellen Voraussetzungen auf Seiten des oder der Dienstleister.

Entscheidend ist, daß es immer nur eine eindeutige Auswahl geben kann, d.h. es ist genau ein Dienstleister vorbestimmt. Der entsprechende Dienstleister erhält direkt nach seiner Auswahl eine Anfrage nach der Laufzeit (Regellaufzeit) und dem Preis, also was kostet der Transport, inklusive aller Gebühren und Steuern (5.a + 5.b). Hier wird deutlich, dass sowohl Preis als auch Laufzeit voreingestellte, d.h. im Vorfeld verhandelte und in Datenbanken abgelegte Informationen sein müssen. Es empfiehlt sich, die einzelnen logistischen Dienste einerseits und die Relationen andererseits zu parzellieren, um den Datenstrukturaufbau und dessen Pflege für den einzelnen Dienstleister einerseits und die Abhängigkeiten zum Dienstleister nicht zu groß werden zu lassen. Als nächster Schritt werden diese Informationen (6.a + 6.b) um die Kosten der Transportversicherung ergänzt (7 + 8). Sämtliche Informationen werden benötigt, um die sogenannten landed costs, also die gesamten Kosten des Transportes, inklusive eventueller Gebühren, so z.B. Container Handling Charges, und Steuern zu berechnen (9 + 10).

Dabei ist eine Kalkulation anhand der jeweiligen Incoterms möglich. Das bedeutet, dass dem Beauftragenden die Möglichkeit gegeben wird, unterschiedliche Status der Transkette zu vergleichen. Eine Möglichkeit der Berechnung gibt folgendes Kalkulationsschema wieder:

Die Landed Cost-Kalkulation

    Warenwert / Rechnungspreis
+   Versicherung je nach Art des Transports
=   FOB Preis
+   Transportkosten
=   CIF Preis
+   Zollgebühren
+   Zoll
+   Steuern (Einfuhrumsatzsteuer, Verbrauchssteuer)
+   Transportkosten
=   **DDP Preis**

Mit diesen Informationsabläufen ist ein Vergleich unterschiedlicher Lieferanten mit differenzierenden Liefer- und Zahlungsbedingungen möglich. Sogar ein direkter Vergleich von Lieferanten in Ausschreibungen oder in nicht synchronisierten Multilieferantenkatalogen ist möglich. Dies gilt allerdings nur in Bezug auf die logistischen Abwicklungsmöglichkeiten.

Die Kosten der angefragten Leistung werden dem Anfragenden übergeben (11). Wichtig ist bei dieser Art integrativer Anfrage zu verstehen, dass seit Auslösen der Anfrage nur wenige Sekunden vergangen sind. Die Partner, die bei diesem Ablauf involviert sind, und dies sind mindestens fünf Unternehmen, sind demnach integrativ miteinander verbunden.

Entscheidet sich das Unternehmen zur Inanspruchnahme der angebotenen Dienstleistung, gibt es als nächstes den Transportauftrag frei (12). Dieser wird dem Logistikdienstleister übermittelt, welcher umgehend mit einer Auftragsbestätigung antwortet (13 + 14). Im Folgenden erhält der jeweilige Auftraggeber noch Trackinginformationen (15 + 16), die sich allerdings auf die wesentlichen Status „Ware abgeholt" und „Ware zugestellt" beschränken sollten, da die elektronische Auskunftfähigkeit der Dienstleister bezüglich der Trackinginformation nicht einheitlich sind. Dies gilt natürlich nur bei Unterstellung vieler, zumindest mehrerer Dienstleistungspartner.

Was ist zu beachten?

Das skizzierte Konzept ist ein möglicher zukunftsweisender Lösungsansatz. Einen entscheidenden Vorteil stellt dabei die Integrationstiefe dar, welche bei genauerer Betrachtung allerdings gleichwohl Herausforderung an alle Beteiligten bedeutet. So ist ein hoher Standardisierungsgrad der Abläufe eine notwendige

Grundvoraussetzung. Das bedeutet, dass die Geschäftsprozesse im logistischen Fulfillment stets die gleichen sein sollten. Ausnahmen sind nur durch Akzeptanz umfassender Medienbrüche und Interaktionen i.d.R. mehrerer Beteiligter regulierbar und müssen im Vorfeld erkannt sein und Berücksichtigung finden. Als Paradebeispiel seien die Retouren und das logistische Projektgeschäft im Transportwesen erwähnt. Es erscheint also sinnvoller, mit einem begrenzten Leistungsumfang zu beginnen, diesen aber mit hoch standardisierten Prozessketten zu sichern.

Ein ebenso wesentlicher Punkt ist die Verfügbarkeit der Informationen auf allen Ebenen der logistischen Kette. Zur Zeit gibt es kaum einen Marktplatz oder eine funktionierende Procurementlösung, die eine Verfügbarkeit der relevanten logistischen und sonstiger Fulfillment-notwendiger Informationen berücksichtigt. Somit fehlen diese Daten und können auch nicht den involvierten Partnern zur Verfügung gestellt werden – es sei denn entkoppelt auf speziellen Portalen. Dieses Vorgehen weist aber nicht die gleiche Integrationstiefe wie die hier skizzierte Lösung auf. Als Beispiel sei an die logistischen Einheiten bzw. die Abmessungen und Gewichte erinnert, die zur Kapazitätsplanung, Laufzeit- und Preisauskunft sowie zur Durchführung des Transportes notwendig sind.

Ein weiterer Punkt ist die Berücksichtigung bestehender Liefer- und Vertragsbeziehungen. Jeder Service wird nur in dem Maße am Markt akzeptiert, wie die Anforderungen der Zielgruppe erkannt wurden. Entscheidende Argumente wie ein gutes Preisniveau, eine geringe Fehlerquote, reibungslose Abläufe oder Zuverlässigkeit, müssen für die „Neue Ökonomie" ebenso Anwendung finden. Ein kritischer Punkt kann das Eingreifen in bestehende Dienstleistungsbeziehungen sein. Hier gilt es allerdings zu berücksichtigen, dass die Schaffung einer integrierten Lösung und die mit dem elektronischen Handel verbundenen Vorteile der Prozesskosten und Einkaufs-/Verkaufsvorteile höher zu bewerten sind als eventuell auftretende Eingriffe in bestehende logistische Distributions- oder Beschaffungskonzepte. Außerdem erscheint es fraglich, warum eine online-, besser integrierte Lösung schlechter sein soll als etablierte logistische Beziehungen, die in der operativen Praxis selten stabiler sind. So wechseln Partner oder Sendungsstrukturen innerhalb gewachsener Strukturen in ähnlicher Form.

Unkritisch ist, dass oben skizzierte Möglichkeit bei anonymen Transaktionen, also Geschäftsbeziehungen, bei denen sich Einkäufer und Verkäufer nicht kennen, unumgänglich für den Erfolg der elektronischen Handelsplattform sind. Gleiches gilt übrigens im besonderen Maße auch für den Endkonsumentenbereich. Im business-to-consumer ist der Kunde ebenso nur über Services und Zuverlässigkeit auf Dauer zu binden. Bei den anonymen Transaktionen gilt es Sicherheit, Neutralität und Durchführungsunterstützung zu gewährleisten.

Von zentraler Bedeutung ist auch das Eruieren und Kontraktieren der richtigen Partner. So sind Unternehmen unter anderem für die operative Durchführung der Transporte und die Informationsdienste vonnöten. Denkbar ist auch die Integration von Versicherungen, Optimierungstools oder anderen Funktionalitäten, um Beschaffungs- oder Distributionslogistik kundenorientiert zu gestalten, so z.B. das Zusammenführen oder Splitten von Sendungen.

Die operativ-logistische Funktionsfähigkeit eines voll integrierten Systems und die richtige automatisierte Auswahl des logistischen Partners sind entscheidende Funktionalitäten, die es im Sinne eines möglichst 100 %-igen Fulfillments zu gewährleisten gilt. Die generelle Funktionsfähigkeit wird möglich, indem die Logistikdienstleister durch genau beschriebene Leistungen rahmenvertraglich verpflichtet werden. Die rahmenvertragliche Bindung kann dabei nach unterschiedlichen Güterklassen des Marktplatzes differenziert werden. Es kann also ein Stückgutdienstleister für Gesamtdeutschland ausgewählt werden, ein Paketdienstleister für alle Relationen innerhalb der Europäischen Union von und nach Deutschland usw.

Die vollautomatisierte Auswahl des genau richtigen Dienstleisters kann anhand mehrerer Kriterien gewährleistet werden. Grundsätzlich ist zu überlegen, ob für jedes denkbare Ereignis nur ein Fulfillmentpartner in Frage kommt oder ob man eine automatisierte Auswahl zulässt, die anhand zusätzlicher Kriterien zu definieren ist. Denkbar sind Kriterien wie der optimale Preis oder die beste Laufzeit für eine bestimmte Relation oder ein bestimmtes Netzwerk.

Das Beispiel Escrow als zukunftsweisende Logistikvariante

Escrow-Services stellen vereinfacht die Symbiose zwischen den Finanzströmen und den Warenströmen dar. Als Zug-um-Zug-Geschäfte erhöhen sie die Sicherheit für das Handeln im Internet. Insbesondere dann, wenn man sich vor Augen hält, dass elektronische Handelsformen den Beschaffungs-/Absatzmarkt für ein

Unternehmen weltweit dramatisch erweitern können und die Erschließung neuer Märkte zu minimalen Kosten möglich wird. Prozesskosten können massiv gesenkt werden, da konkurrierende Anbieter und alternative Nachfrager über Landesgrenzen hinweg elektronisch in Sekundenschnelle ermittelt werden und damit eine zeit- und kostenintensive Überprüfung einzelner Lieferanten bzw. die Suche nach potentiellen Kunden entfällt.

Um allerdings das wirtschaftlich attraktivste Angebot annehmen zu können, werden Geschäfte mit häufig wechselnden Partnern getätigt, über deren Zahlungs- und Lieferungsverhalten nichts oder wenig bekannt ist. Es kann eine völlige Anonymität entstehen, die zu Geschäften unter ungewissem Risiko führen kann.

Einerseits greifen herkömmliche Sicherungsinstrumente wie Zahlungsausfallversicherung, Dokumentenakkreditiv o.ä. nicht ausreichend. Außerdem sind sie oft teuer und relativieren den Vorteil der schnellen Abwicklung.

Andererseits treten neben die traditionellen Werte wie Lieferantentreue und Zahlungsmoral neue Anforderungen an die Sicherung der Geschäfte. Diese Überlegungen gelten insbesondere für kleine und mittelständische Unternehmen, bestimmte Branchen mit globaler Reichweite, heterogener Struktur und systematisierbaren Waren, sowie bestimmte Handelsformen, so die Ausschreibung und die Auktion. Aber auch Bestellungen bei mehreren Lieferanten oder Agententechnologien werden durch Zug-um-Zug-Geschäfte deutlich verbessert.

Der Ablauf eines Escrow-Geschäftes stellt sich wie folgt dar:

Auf einem elektronischen Marktplatz wurde ein Geschäft abgeschlossen und zwischen Ein- und Verkäufer die Inanspruchnahme von Escrow vereinbart.

Zunächst werden von dem „Softwareprodukt Escrow" die eingebundenen Services Transport und Payment für eine explizit für diese Transaktion vergebene Nummer auf "STOPP" gesetzt und ein automatisierter Ablauf dieser Services damit verhindert. Die Datensätze der involvierten Unternehmen werden auf Vollständigkeit überprüft, das heißt: Sind alle für Transport und Payment benötigten Daten vorhanden und sind diese eindeutig? Ist dies nicht der Fall, werden die fehlenden Daten bei den Transaktionspartnern oder anderen Auskunfteien abgefragt. Sind alle relevanten Daten verfügbar, wird der Geldtransfer veranlasst. Der Käufer wird aufgefordert, den Kaufpreis plus Kosten für Transport, Versicherung und Payment sowie die Servicegebühren für Escrow auf ein Treuhandkonto bei der Partnerbank einzuzahlen. Nach Eingang des korrekten Betrages wird Escrow über den Eingang informiert. Escrow initialisiert den anschließenden Transport, analog dem oben beschriebenen Vorgehen. Bei Anlieferung quittiert der Käufer dem Spediteur den ordnungsgemäßen Wareneingang. Diese vom Logistikpartner elektronisch übermittelte Quittierung (Trackinginformation) wird an Escrow weitergeleitet, damit der Treuhandbetrag freigegeben werden kann. Die Bank wird informiert, den Betrag freizugeben und dem Verkäufer gutzuschreiben. Escrow wird über die Auszahlung informiert und die Transaktionsnummer wird als erledigt abgelegt.

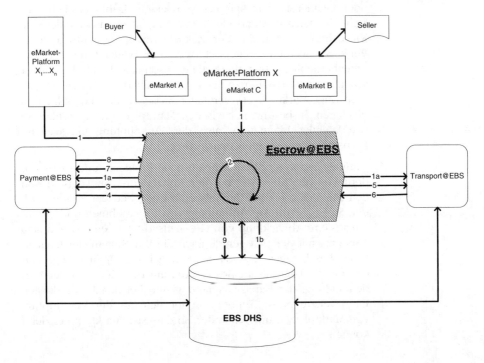

Bild 76   Ablauf Escrow

Zusammenfassung – Ausblick

Es ist nicht eindeutig abzusehen, welche Bedeutung Marktplätze und somit auch annonyme Transaktionen erlangen werden. Ebenso offen ist die Gewichtung der Transaktionsformen Katalog,

Ausschreibung und Auktion. Doch ist unstrittig, dass die Internationalisierung beschleunigt und die elektronische Abwicklung von Geschäften dramatisch an Bedeutung gewinnen wird. Dieser Tendenz müssen sich sowohl die handelnden Unternehmen als auch die Betreiber von Einkaufs- und Verkaufslösungen widmen. Erst wenn Ein- und Verkäufer in nahezu Echtzeit Waren einerseits und Finanzmittel anderseits austauschen werden, ist der vorläufige Wettlauf der integrativen Entwicklung abgeschlossen. Wie in der Gegenwart wird die Logistik bei steigenden Transaktionszahlen, insbesondere im internationalen Bereich, auch zukünftig der Engpassfaktor Nummer Eins bleiben. In der operativen Logistik werden sich die Wettbewerbsvorteile durch Preis- oder Qualitätsführerschaft erzielen lassen. Dabei erscheint aus Sicht des Dienstleisters oder des Marktplatzes insbesondere der Know-how- und damit der Zeit-Vorsprung der entscheidende Punkt zu werden. Strategisch wird der Wettlauf um die zwischenbetriebliche Interaktionstiefe ausschlaggebend. Man unterscheidet zwischen horizontaler, innerhalb der Kunden, Logistikern oder Marktplätzen, vertikaler zwischen den Logistikkettenbeteiligten, insbesondere zwischen Marktplatz und Logistiker sowie lateraler Integration, also der Verknüpfung mit weiteren Diensten zu einem Servicepackaging.

Darüber hinaus sind schon heute neue Probleme und Herausforderungen absehbar, die bei der Konzeption von Logistiklösungen für elektronische Handelsplattformen bedacht werden sollten. So ist die direkte Anbindung von Unternehmen und die automatisierte Abwicklung von Geschäftsvorfällen eine wesentliche Tendenz, mit der sich gerade auch die ERP-System-Hersteller intensiv beschäftigen. Daraus ergeben sich die Optimierungschancen für die Logistik, im Besonderen auf den Gebieten der Kundenbindung, der Kapazitätsplanung und bei den Prozesskosten. Eine weitere große Tendenz ergibt sich aus der Verknüpfung von Marktplätzen untereinander, so dass sich Märkte potenzieren können.

12 eFinance, eInsurance und eMarkets

Thomas Kutzli

Anforderungen von eMarkets an eFinance- und eInsurance-Lösungen

Bevor man eFinance- und eInsurance-Lösungen auf elektronischen Marktplätzen definieren kann, muss man die Voraussetzungen für die langfristige Existenz eines elektronischen Marktplatzes näher betrachten.

Vor der eigentlichen Beteiligung eines Käufers oder Verkäufers auf einem elektronischen Marktplatz ist durch den Marktplatzbetreiber sehr viel Überzeugungsarbeit zu leisten, die dazu führen muss, dass der Teilnehmer einen Teil seiner Selbständigkeit aufgibt und bestimmte Teile seiner Wertschöpfungskette in die Hände des Marktplatzbetreibers gibt. Hierzu muss, möglichst durch den Marktplatzbetreiber, das **Bewusstsein zum Outsourcing** geschaffen und die entsprechende **Bereitschaft** des Teilnehmers erreicht werden. Mit diesen elementaren Faktoren einher geht ein grundlegendes Verständnis für die **Community** der Marktplatzteilnehmer und die Nutzung der Vorteile dieser. Nicht zuletzt bedarf es eines hohen **Vertrauens**vorschusses durch den Teilnehmer.

Trotz der überschwänglichen Voraussagen der bekannten Studien zum Thema ist das Erreichen dieser Voraussetzungen ein langwieriger und beinahe schon evolutionsartiger Prozess.

Diese stellen neben den Spezifika wie der horizontalen oder vertikalen Ausrichtung und den unterschiedlichen Größenklassen von Unternehmen gleichzeitig Vorgaben für Rahmenbedingungen und Regeln für die Definition und die Erfolgswahrscheinlichkeit entsprechender Produkte dar.

Das **Outsourcing-Bewusstsein** und die **-Bereitschaft** eines entsprechenden potenziellen Marktplatzteilnehmers lässt sich nur über einen positiven Erfahrungsprozess erreichen. In diesem Erfahrungsprozess befinden sich die meisten Unternehmen heute, die sich mit dem Gedanken tragen, sich an einem Marktplatz zu beteiligen und sich bereits beteiligt haben.

Dies bedeutet für Produkte und Lösungen, dass einerseits bestehende Beziehungen und Verhaltensweisen vom Marktplatz integriert werden müssen und andererseits ein Evolutionsprozess hin zum eMarkets-Produkt möglich sein muss. Dieser Prozess bedarf verständlicherweise eines entsprechenden Anreizes für den Kunden zu migrieren.

Community-taugliche Produkte erfordern auf der einen Seite eine tiefe Kenntnis der spezifischen Gepflogenheiten langjähriger Geschäftsbeziehungen und auf der anderen Seite ein hohes Maß an Vertrauenswürdigkeit und damit vertrauenswürdigen Produkten für neu entstehende Geschäftsbeziehungen auf elektronischen Marktplätzen.

Das **Vertrauen** der Teilnehmer lässt sich nur durch Sicherheit auf allen Ebenen der Tätigkeit auf dem elektronischen Marktplatz sowie einem positiven Erfahrungsprozess des Teilnehmers erreichen.

eFinance und eInsurance in der Wertschöpfungskette

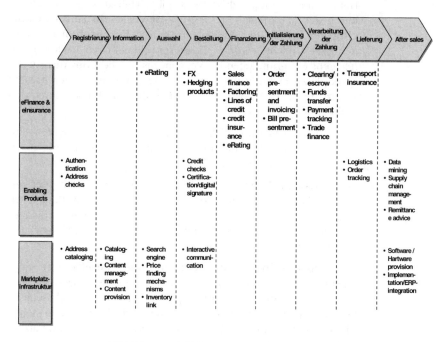

Bild 77 eFinance und eInsurance in der Wertschöpfungkette

Betrachtet man die standardisierte Wertschöpfungskette eines elektronischen Marktplatzes, so fällt auf, dass man prinzipiell zwei mögliche Formen der Einbindung von eFinance- oder eInsurance-Produkten in der Wertschöpfungskette durch die Marktplatzteilnehmer hat.

Die erste bezieht sich auf marktplatzspezifische und eher transaktionsunabhängige Produkte (push-Ansatz) auf einem elektronischen Marktplatz indem der Teilnehmer bspw. eine generelle Zahlungsgarantie abschliesst, die ihm gerade bei Geschäften wie Auktionen, die in sehr kurzer Zeit abgewickelt werden müssen, durch die sofortige Verfügbarkeit einen Vorteil bringt.

Diese Produkterscheinungsform kann marktplatzunabhängig sein und ist damit auf unterschiedlichen Marktplätzen einsetzbar.

Die zweite ist eng gekoppelt mit dem Abschluss des Grundgeschäftes auf dem eMP und der eigentlichen Transaktion (pull-Ansatz) und muss daher in sehr kurzer Zeit, nachdem die Anfrage des Kunden gestartet wurde, vorliegen und ist möglicherweise unter einer Vielzahl von Optionen zum Grundgeschäft via Marktplatz dem Käufer oder Verkäufer anzubieten.

Diese Produkterscheinungsform ist daher geschäftsspezifisch und eher nicht auf unterschiedlichen Marktplätzen einsetzbar bzw. nur sehr begrenzt.

Beide Erscheinungsformen von Produkten sind nahezu für alle Produkte auf elektronischen Marktplätzen sinnvoll.

Trennt man eFinance- und eInsurance-Lösungen so fällt weiterhin auf, dass eFinance-Lösungen sowohl Fulfillment- als auch Geschäftsunterstützung-Charakter haben und somit auch geeignet sind.

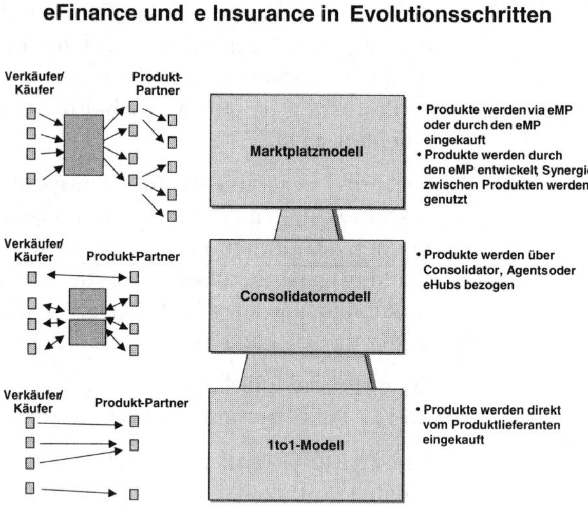

eFinance und eInsurance in Evolutionsschritten

Bild 78   eFinance und eInsurance in Evolutionsschritten

Bild 78 zeigt die verschiedenen Evolutionsschritte, die für Anbieter von elektronischen Produkten über die nächsten 5-10 Jahre relevant sein werden. Dabei werden die entstehenden Objekte aber nicht voneinander abgelöst, sondern je nach Anforderung von den entsprechenden Unternehmen in friedlicher Koexistenz eingesetzt.

Die heute vorwiegend durch Punkt-zu-Punkt-Verbindung geprägten Beziehungen zwischen Kunde und Produktanbieter werden durch Kostendruck und Preisverfall oder aber auch durch das bewusste Realisieren von Synergieeffekten noch mehr zu Konzentrationen führen. Die Konzentration findet jedoch in verschiedenen Formen und aus verschiedenen Beweggründen statt:

- Aggregation von Produkten beim Produktanbieter
- Aggregation von Schnittstellen mehrerer Produkte zwischen Produktanbieter und Kunden
- Outsourcing von Teilen der Wertschöpfungskette, die nicht unter die Kernkompetenz fallen, mehrer Kunden an einen Consolidator, Agent oder eHub?

Während die ersten beiden Formen der Konzentration aus Kostengründen und zum Zwecke der Nutzung von Synergieeffekten beim Produktanbieter stattfinden (product-view), ist die dritte Form der Konzentration die Ursache für die Konzentration der Unternehmen auf ihre Kernkompetenz und damit einhergehend mit der Auslagerung von Betriebsprozessen in dafür geeignete Organisationsformen (process-view).

Erst wenn geeignete Consolidator, Aggregatoren, Agenten und eHubs existieren, ist es für elektronische Marktplätze möglich, unabhängig sowie zeit- und kostensparend die besten Produkte und Produktkombinationen für die Absicherung und das Fulfillment am Markt zu beziehen.

eFinance- und eInsurance-Produkte

Geht man von den heutigen Produkten im Finance- und Insurance-Umfeld aus, so lassen sich diese zwar als marktplatzunabhängig kategorisieren, aber größtenteils als ungeeignet hinsichtlich Unterstützung der Dringlichkeit des Grundgeschäftes und der Vertrauenswürdigkeit in offenen und anonymen Handelsumgebungen.

Für den Marktplatz bieten sich hierbei grundsätzlich drei Möglichkeiten an, die stark vom Engagement und dem Bedarf des Marktplatzes nach Differenzierung abhängen.

Zunächst bietet sich die Integration der bestehenden webfähigen Produkte an, die die Kunden bereits nutzen (web transformation).

In einem weitergehenden Schritt bietet sich gerade bei neu entstehenden Marktplätzen die Möglichkeit an, passendere und bereits bestehende Produkte zu integrieren oder aber zusammen mit einem potenziellen Provider ein passendes Produkt zu definieren und zu implementieren (product transformation). In diesem Fall besteht zwar eine große Abhängigkeit des Marktplatzes zum Produktanbieter, aber möglicherweise auch eine Chance auf die Erhöhung der Attraktivität des Marktplatzes durch die reibungslose Integration des entsprechenden Produktes in die Wertschöpfungskette des Marktplatzes.

Den für den Marktplatz größten Aufwand (marketplace transformation) stellt die dritte Variante dar. Hierbei entwickelt der Marktplatz selbst die entsprechenden Produkte und hat so die Produkthoheit und die entsprechende Verantwortung für das reibungslose Funktionieren des Produktes. Auf der anderen Seite ist diese Vorgehensweise hervorragend dazu geeignet, wirklich reibungslos in die Wertschöpfungskette des Marktplatzes zu integrieren und möglicherweise unnötige Prozessschritte, die nur durch die notwendige Integration Dritter entstehen, einfach wegzulassen.

Unabhängig von den Absichten eines eMPs, den Transaktionsvolumina und den Produktkosten sind die wichtigsten Kriterien für die Definition von eFinance- und eInsurance-Produkten für einen Marktplatz in dem Vertrauensverhältnis zwischen Käufer und Verkäufer und der Dringlichkeit des Geschäftsabschlusses zu sehen.

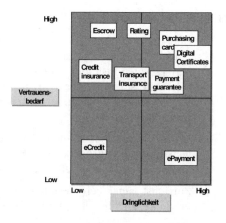

Bild 79 eFinance und eInsurance-Produkte nach Dringlichkeit und Vertrauensbedarf des Grundgeschäftes eines elektronischen Marktplatzes

Während der Vertrauensbedarf dazu führt, dass eine erhöhte Form der Absicherung in Form von digitalen Signaturen, Garantien und Treuhanddienstleistungen erfolgt, führt die erhöhte Geschwindigkeit, mit der ein Grundgeschäft abgeschlossen wird, zu der Entwicklung eines Realtime-Prozesses durch Business Process Reengineering beim bzw. zu einer finanziellen Absicherung durch den Produktlieferanten.

Synergien zu anderen eMarkets-Anforderungen

Um Synergien zwischen Anforderungen auf elektronischen Marktplätzen zu nutzen, ist es sinnvoll, Anforderungen miteinander zu kombinieren, die in der Wertschöpfungskette aufeinanderfolgen.

Dies kann bei der Integration externer Produkte durch den Marktplatzbetreiber im einfachsten Fall dazu führen, dass entweder der Produktlieferant oder der eMP-Betreiber die entsprechenden Produkte miteinander koppelt (bundling). So ist es bspw. sinnvoll, zwischen den Fulfillment-Anforderungen beider Seiten eines Handels auf einem eMP eine Abhängigkeit herzustellen, sprich Zahlung und Lieferung in Abhängigkeit zu stellen (dies spricht für die Einbindung eines spezialisierten Providers, der gleichzeitig Zahlungsverkehr- und Logistik-Know-how aufweist).

Hat der Marktplatzbetreiber weitgehend große Gestaltungsfreiheit bei der Definition der Wertschöpfungskette auf dem eMP bzw. in den entsprechenden Workflows, so können auch entsprechende Prozesse, die beim Zusammenspiel zwischen verschiedenen Providern noch Sinn machten, wegfallen (redesign). Setzt der Betreiber bspw. seinen zentralen Fokus auf eine Vertragsbeziehung, so können die Prozesse wie Lieferung und Zahlung, die extern ablaufen müssen, von dieser Vertragsbeziehung aus ausgelöst werden. Andere Prozesse wie Bestellung und Rechnung könnten wegfallen.

Im höchsten Freiheitsgrad kann der Marktplatzbetreiber die Produkte von existierenden Produktlieferanten außer Acht lassen und selbst Prozesse definieren, die seine Abhängigkeit von externen Dienstleistern weitgehend reduzieren (new design). Ein Beispiel hierfür wäre das Thema Netting, welches eine Verrechnung von Leistungen zwischen den einzelnen Vertragspartnern über Verrechnungskonten auf dem eMP ermöglicht, so den Zahlungsverkehr über Banken als Produktlieferanten des Zahlungsverkehrs minimiert und eine starke Integration in die Abläufe des Kunden darstellt

13 Zahlungsabwicklung als Erfolgsfaktor für eMarkets

Daniel Messinger, Roman Strand

Mit einem Klick zum elektronischen Handel

Zur Unterstützung des elektronischen Handels zwischen Unternehmen entstehen seit längerem Plattformen zur Einigung der Teilnehmer auf Produkt und Preis. eMarkets oder andere elektronische Handelsformen stellen das Produktsortiment verschiedener Lieferanten dar und bieten Funktionalität und Oberfläche für Auktionen oder Ausschreibungen. Nach erfolgter Auswahl oder Einigung wird online ein Vertrag geschlossen und es entsteht eine Geschäftsbeziehung, die verglichen mit den bisherigen Geschäftsprozessen extrem beschleunigt und vereinfacht hergestellt wurde.

Resultat sind rasant wachsende virtuelle Handelshäuser, die ganze Handelsstufen eliminieren können und die Märkte der alten Wirtschaft mit exponentiell wachsender Geschwindigkeit in die neue Welt transportieren.

Oder bedarf es vielleicht doch mehr, um neue Märkte zu erschaffen und die Entscheider der Old Economy nicht nur für diese zu begeistern, sondern auch zum Handel darüber zu bewegen? Zumindest scheinen der und die neuen Märkte derzeit die prognostizierten Entwicklungen nicht wirklich zu erfüllen.

Welchen Einfluss die Unterstützung der Zahlungsabwicklung auf diesen Prozess haben kann, sollte nach den folgenden Ausführungen nachvollziehbar sein.

Relevanz der Zahlungsabwicklung

Zahlungsabwicklungen im Old Economy Style

Zur Abwicklung der Zahlungen haben sich im traditionellen Handel je nach Art des zu Grunde liegenden Geschäfts verschiedene Formen etabliert. Durchaus entscheidend ist, ob und welche Ländergrenzen zwischen den handelnden Firmen liegen. Bei einem Vertrag zwischen zwei Geschäftspartnern aus Köln und

München entstehen andere Risiken als bei einem Geschäft zwischen Unternehmungen aus Beijing und Zürich. Im internationalen Handel entstehen durch die unterschiedlichen rechtlichen Bestimmungen beim grenzüberschreitenden Warenverkehr zusätzliche Risiken. Diese wirken sich auf die Bereitschaft der Beteiligten zum Einsatz der verschiedenen Möglichkeiten zur Zahlungsabwicklung aus.

Im nationalen Handel hat sich zwischen Unternehmen der Rechnungskauf als üblichste und für den Käufer attraktivste Form der Zahlung entwickelt. Dadurch verbleibt das Risiko des Geschäfts fast ausschließlich beim Lieferanten, da er durch Sendung der Ware oder Erbringen der Dienstleistung seinen Teil des Vertrags zuerst erfüllt und dann vor allem das Risiko einer Nichtzahlung des Käufers trägt.

Beim internationalen Handel kommen zu diesem Risiko noch weitere hinzu, die durch mangelnde Rechtssicherheit oder mangelnde Ordnung in einem der beteiligten Länder zu einem Ausfall der Zahlung führen können. Je nach Art der beteiligten Länder ist der Lieferant meistens nicht bereit, diese Summe der Risiken allein zu tragen. Das gebräuchlichste Mittel zur Einschränkung dieser Risiken ist die Abwicklung durch ein Akkreditiv.

In der gebräuchlichsten Form als Dokumentenakkreditiv beauftragt der Käufer seine Bank, dem Lieferanten über dessen Bank den Kaufbetrag auszuzahlen, sobald er durch entsprechende Dokumente nachweist, dass z.B. die Ware bereits versandt wurde. Dadurch geht das Risiko zu einem Zeitpunkt nach der Versendung im Wesentlichen auf den Käufer über, der dann schon die Zahlung geleistet hat.

Bestehende Zahlungsabwicklung auf eMarkets?

Auf die Frage, ob oder inwieweit diesen verschiedenen Einstellungen zur Risikoübernahme auf elektronischen Marktplätzen Rechnung getragen wird, sollte vielleicht nicht direkt geantwortet werden. Zunächst soll beachtet werden, auf welchem Evolutionsstand sich die elektronischen Medien zum Handel zwischen Geschäftspartnern derzeit befinden bzw. befinden können.

Um Handel zu ermöglichen, bedarf es naturgemäß zuerst eines Zusammentreffens von Angebot und Nachfrage. Dieses Treffen wird in den meisten Fällen durch Veröffentlichung eines Angebots initiiert, das dann nachgefragt werden kann. Entsprechende

Alternative ist eine publizierte Nachfrage, die dazu einlädt, Angebote abzugeben.

Was es nun zu vergegenwärtigen gilt, ist der Aufwand, eine elektronische Veröffentlichung des Angebots zu realisieren und dem Nachfragenden eine Reaktionsmöglichkeit einzuräumen. Hier bedarf es für das B2B-Geschäft tatsächlich weitergehender Bemühungen als für die schon früher etablierten Lösungen im Konsumentengeschäft. Auf einer Auktionsplattform für Konsumenten (C2C) ist für das Angebot eine individuelle Artikelbeschreibung, gestaltet durch den einzelnen Verkäufer, im Anzeigenstil ausreichend.

Eine Aufwandsstufe höher ist da schon die Veröffentlichung aller angebotenen Artikel in einem Online-Shop (B2C) für ein Versandhaus. Aufgrund der bereits bestehenden Konzentration der Vertriebsaktivitäten auf den Bereich (Papier-)Katalogerstellung dürfte hier das notwendige Datenmaterial für den Auftritt schon hinreichend strukturiert sein.

Im Falle eines Angebots eines eMarkets für Büro- und andere C-Materialien zwischen mehreren Geschäftspartnern (B2B) gilt es zusätzlich, die Angebotspaletten der einzelnen Lieferanten zu klassifizieren und zu konsolidieren, um den Kunden die notwendige Transparenz eines Multilieferantenkatalogs bieten zu können. Hinzu kommen die erweiterten Bedürfnisse der Käufer, die den Handel auf dem neuen Medium in ihre bestehenden Geschäftsprozesse und Anwendungssysteme integrieren müssen. Sollen auf den Märkten auch direkte Güter gehandelt werden, die in der Regel allein aufgrund des erweiterten Informationsbedarfs einen deutlichen Mehraufwand bis zur vereinheitlichten sinnvollen Präsentation im Netz erfordern, werden Aufwendungen und damit verbundene Investitionen nötig, bei denen sich allein über deren Finanzierung Bücher füllen lassen.

Daher kann es verständlich wirken, dass fast alle bisher bekannten B2B-Marktplätze noch über keine optimal integrierte Lösung zur Abwicklung der entstehenden Geschäfte entwickelt haben.

Parallel zu den Marktplätzen haben sich allerdings einzelne Lösungsanbieter zur Abwicklungsunterstützung plaziert, von denen einige auch Unterstützungsleistungen im Bereich der Zahlungsabwicklung anbieten. Der Zugriff auf die Leistungen erfolgt in der Regel über deren eigenen Internetauftritt (Portal) und verhindert so eine Integration in die Prozesse auf dem Marktplatz, der das Zustandekommen des Geschäfts realisierte.

Risikominimierung der Lieferanten als kritischer Erfolgsfaktor

Wie bereits dargestellt gibt es zumindest im internationalen Handel Bedingungen, ohne deren Erfüllung ein Geschäft nicht zustande kommt. Die erwähnte Akkreditivabwicklung schafft beispielsweise die Voraussetzung dazu, dass der Lieferant bereit ist, ein Geschäft einzugehen, da sie die Risiken minimiert, die sonst den Abschluss verhindert hätten. Dabei ist der internationale Handel in viele Fällen einer der Benefits der eMarkets, die häufig einen Global Reach propagieren.

In vielen Fällen – vor allem auf nationaler Ebene – sind die Lieferanten bereit, das Zahlungsausfallrisiko (Delkredererisiko) selbst zu tragen. Um dieses Risiko zu tragen, ist teilweise ein Vertrauen ausreichend, das nur aufgrund von persönlichen Gesprächen erzeugt wurde. Objektiv ist dieses Handeln zweifellos kaufmännisch hinterfragenswert, hat sich aber dennoch in vielen Fällen durchgesetzt.

Doch was bedeutet dies nun für eMarkets? Spricht man einmal nicht von webifizierten EDI-Supply Chains, welche bestehende Kunden-Lieferante-Beziehungen lediglich auf Internet-Technologie übertragen und somit eher ein vetikales Netz als einen offenen eMarket darstellen, sondern von wirklichen Marktplätzen, die auch eine Etablierung neuer Geschäftsbeziehungen fördern, so ist gerade die Ermöglichung dieser Geschäfte zwischen anonymen Partnern der wesentliche Erfolgsfaktor dieser elektronischen Märkte. Der entscheidende Vorteil eines **elektronischen** Marktplatzes ist die Vereinfachung des Zusammentreffens von Lieferant und Kunde. Also sind für den Erfolg diejenigen Faktoren essenziell, welche die Entscheidung der Beteiligten dahin beeinflussen, Geschäfte auf diesen Märkten abzuschließen.

Da für den eMarket die bereits erwähnte Möglichkeit einer Vertrauenserzeugung durch persönlichen Kontakt, um eine Akzeptanz des Risikos zu erreichen, weitestgehend ausgeschlossen[45] ist, bedarf es eines oder mehrerer Instrumente, um dieses Risiko zu mindern.

Interessant ist bei Auswahl der Instrumente auch deren Auswirkung auf das Gegenüber, den Käufer und dessen damit verbundenen Risiken.

---

[45] Zukünftig kann der persönliche Kontakt durch Business Community-Konzepte abgedeckt werden, welche heute aber noch bei kaum einem eMarket hinreichend etabliert sind.

Zug um Zug von der Liquidität entfernen?

Ein Instrument zur Minimierung des Lieferantenrisikos ist erst seit neuerem im Rahmen der elektronischen Märkte wahrnehmbar geworden. Ähnlich wie beim Akkreditiv findet beim Zug-um-Zug Geschäft (Escrow) eine Risikominimierung dadurch statt, dass eine vertrauenswürdige dritte Partei in die Abwicklung der Waren- und Finanzströme involviert wird. Diese empfängt zunächst den Betrag der gehandelten Produkte vom Käufer auf einem treuhänderischen Konto, um ihn erst dann an den Lieferanten weiterzuleiten, wenn der Käufer den Erhalt der Produkte bestätigt hat.

Dies eliminiert das Delkredererisiko des Lieferanten fast völlig und macht das Geschäft für ihn zu einer risikoarmen Opportunität. Daneben optimiert es auch im Bereich der Risiken für den Käufer. Beim Vergleich mit der Zahlungsabwicklung durch Vorauskasse wird deutlich, dass dabei durch die Vorleistung des Käufers nun das ganze Risiko auf dessen Seite verbleibt. Dieser für den Käufer extrem negative Effekt wird beim Escrow vermieden. Solange er die Produkte nicht angenommen hat, entsteht auf seiner Seite auch noch kaum ein Risiko.

Die Zug-um-Zug-Abwicklung scheint durch die erfolgte Risikominimierung für beide Parteien ein optimales Instrument zur Zahlungsabwicklung zu sein. Anders dürfte dazu allerdings der Kommentar eines italienischen Kunden lauten, der sich an 90 Tage Zahlungsziel gewöhnt hat und der durch den Wegfall dieser kurzfristigen Fremdfinanzierung durchaus in Liquiditätsengpässe geraten könnte. Die Frage, warum er durch den Wegfall der Finanzierung auf einen Betrag in Höhe eines Viertels des marktüblichen Jahreszinses des Kaufbetrags verzichten solle, klingt auch hier berechtigt.

Deutlich wird, dass neben den Risiken auch die Auswirkungen auf Finanzierung und Liquidität der Beteiligten berücksichtigt werden müssen.

Risiken des Käufers

Auch der Käufer hat minderungswürdige Risiken. Durchaus interessant ist hier das Währungsrisiko, das ihn dazu bewegen kann, Transaktionen mit Geschäftspartnern aus bestimmten Ländern grundsätzlich abzulehnen oder nicht „gerecht" zu beurteilen. Neben dem politischen Risiko ist das Währungsrisiko die bedeutendste Barriere, die den internationalen Handel risikobedingt begrenzt.

Lösungsansätze zur Attraktivitätssteigerung von eMarkets

Integrierte Risikoabsicherung

Eine Möglichkeit zur Senkung der Entscheidungsbarriere für den Handel der Lieferanten auf einem eMarket ist die gezielte Eliminierung eines Risikos, z.B. des Delkredererisikos. Besteht auf einem Marktplatz für den Lieferanten die Möglichkeit, sich für alle dort getätigten Geschäfte gegen den Ausfall der damit verbundenen Zahlungen zu versichern, so bedeutet das für ihn, dass er seine Produkte risikolos auf dem Marktplatz anbieten kann, ohne die Attraktivität für den Käufer zu senken. Dieser kann die Produkte wie gewohnt als Rechnungskauf beziehen und erhält dadurch einen direkten Vergleich zu den Produkten, die er auf traditionellem Weg beschafft.

Spürbar effizienzsteigernd wird diese Online-Kreditversicherung vor allem dann, wenn sie derart in die Marktplatzprozesse integriert ist, dass sie die Aufzeichnungs- und Meldungsobliegenheiten bezüglich der Forderungsbestände für den Lieferanten automatisiert. Im Vergleich zur Kreditversicherung der Old Economy wird nicht nur das Risiko eliminiert, sondern auch der Aufwand der sonst aus dem Abschluss der Versicherung resultiert.

Währungsrisiken und Vergleichbarkeit

Soeben wurde die Vergleichbarkeit der Produkte erwähnt. Tatsächlich ist das Angebot, welches auf einem elektronischen Marktplatz angeboten wird, dann am interessantesten für den Käufer, wenn es direkt vergleichbar mit den bereits bekannten Produkten ist, die auf herkömmlichem Weg bezogen wurden.

Um einem ausländischen Lieferanten den Markteintritt in einen bis dahin nationalen Markt zu eröffnen, kann die Integration einer Währungsinformation und -absicherung auf dem Marktplatz die Barrieren nahezu vollständig niederreißen. Angenommen, der Kunde erhält die Preisinformation zu den Produkten eines ausländischen Händlers durch eine integrierte Umrechnung auf dem Marktplatz mit aktuellen Wechselkursen in seiner Landeswährung angezeigt. Weiter angenommen, der Käufer kann während seiner Bestellung der Produkte auf dem Marktplatz gleichzeitig ein Hedging für den Produktpreis und die entsprechende Währung aktivieren und erhält die Information über Produktpreis inklusive der Gebühren zur Währungskurssicherung. Bei dieser Qualität der Integration eines Online-Hedging erfolgt auf dem eMarket eine maximale Produkttransparenz, die die Hürden zur Globalisierung eines Marktes sehr klein werden lässt.[46]

Direkte Anbindung weiterer Finanzdienstleistungen

Neben der Minimierung der angesprochenen Risiken gibt es noch weitere Möglichkeiten, die Attraktivität des Handels auf eMarkets wesentlich zu steigern. Dadurch, dass auf dem Marktplatz alle wesentlichen Daten zu den dort stattfindenden Transaktionen verfügbar sind, lassen sich die meisten Dienstleistungen aus dem traditionellen Geschäft derart automatisiert und integriert anbieten, dass ein zusätzliches Einsparungspotenzial durch den minimierten Aufwand bei der Nutzung der Dienste erzeugt werden kann.

Bietet der Marktplatz beispielsweise Unterstützung bei dem Einzug von Forderungen durch ein integriertes Inkasso, so müssen weder die Informationen an das Inkassounternehmen manuell weitergegeben werden, noch muss zur Automatisierung eine neue Schnittstelle entwickelt werden. Gleiches gilt bei einem Dienst zur Abtretung der Forderungen an eine Factoring-Gesellschaft, ebenso bei einem Service zur Information über Exportbeschränkungen und Zollgebühren. Und bei dem integrierten Abschluss von Finanzierung oder Leasing. Und bei ... die Liste lässt sich forführen.

---

[46] (Für die landed-cost-Kalkulation fehlen nun noch logistische Informationen. Diese Aspekte werden im Beitrag von Marc Possekel aufgeführt.).

Folglich

Je mehr dieser Dienstleistungen zur Unterstützung der Zahlungsabwicklungen auf dem Marktplatz effizient nutzbar angeboten werden, desto mehr nähert sich das Komplettangebot des Marktes dem, was die „traditionelle Welt" bietet. Es macht den eMarket damit zur direkt vergleichbaren Alternative des Handels und damit die Akzeptanz des neuen Mediums unausweichlich.

Wird dieser Service auch für die restliche Abwicklung der Geschäfte (z.B. Logistik) geboten, dann können sich aus den eMarkets tatsächlich rasant wachsende virtuelle Handelshäuser entwickeln, die ganze Handelsstufen eliminieren und die Märkte der alten Wirtschaft mit exponentiell wachsender Geschwindigkeit in die neue Welt transportieren.

14 Das eProcurement und Marktplatzsystem von Ariba

Peter Bernard

Die „Alte Welt": Konventionelle, unternehmensspezifische Handelsmodelle („Legacy-Modelle")

In den Führungsetagen moderner Unternehmen hat man erkannt, dass die herkömmlichen Geschäftsmodelle in der beschleunigten, wettbewerbsintensiven Internet-Welt nicht mehr mithalten können. Um der Gefahr zu entgehen, im Wettbewerb abgehängt zu werden, muss ein Unternehmen seine herkömmlichen Prozesse in der Beschaffung und in der Versorgungskette kritisch prüfen und nach Möglichkeiten suchen, die Kosten zu senken, die verfügbare Auswahl zu vergrößern und die Erträge zu steigern. Zu den betriebswirtschaftlichen Grundlagen eines modernen Unternehmens gehört das Verständnis für B2B-Technologien und die Geschäftsmodelle, die die Position in der Supply Chain bestimmen. Die drei wichtigsten Bereiche, die ein Unternehmen kritisch prüfen muss, werden nachstehend kurz umrissen.

Ineffizienz im Beschaffungsprozess

Die Beschaffung spielt im Alltag eines Unternehmens eine besondere Rolle. Durchschnittlich 33 % der Gesamtausgaben werden für indirekte Ressourcen (MRO – Maintanance, Repair & Operations- Güter und Dienstleistungen wie z.B.: Büroartikel) aufgewendet, weitere 28 % (Killen & Associates) für direkte, d.h. unmittelbar in den Produktionsprozess eingehende Ressourcen. In der herkömmlichen Wertschöpfungskette ist die Beschaffung dieser Waren und Dienstleistungen oft kompliziert und kostenintensiv, bindet Mitarbeiter und Liquidität in unproduktiven Funktionen, beispielsweise in der Abwicklung von Transaktionen, und begrenzt den Wirkungsgrad und damit die Flexibilität des Unternehmens.

Um in der neuen Geschäftswelt konkurrenzfähig zu bleiben, muss das Unternehmen seine Einkaufsprozesse mit internetbasierten Beschaffungslösungen neu gestalten, um für das ausgegebene Geld mehr Wert zu bekommen und die dafür erforderlichen Prozesse zu automatisieren.

Ineffizienz in der Versorgungskette

In der herkömmlichen Versorgungskette kommt es durch schlecht adaptierte Technologie und andere Hemmnisse zu bedeutenden Reibungsverlusten im Beschaffungsbereich. Die Abwicklung über Formulare, Lieferscheine und Listen auf Papier ist dabei ebenso überholt wie der niemals wirklich ausgereifte elektronische Datenaustausch (EDI): Überall wurde der Verlust an Wirkungsgrad und Schlagkraft in der Versorgungskette als unvermeidlich hingenommen. Da reibungslose Marktabläufe so nicht zu verwirklichen waren, konnte man intensivere Zusammenarbeit mit den Lieferanten, effizientere Auswahl im Einkauf und fundierte Entscheidungsgrundlagen für bessere Verhandlungsergebnisse nur mit hohem Aufwand verwirklichen, wodurch der Erfolg meist wieder zunichte gemacht wurde.

Um seine Potenziale in der neuen Geschäftswelt besser erkennen zu können und wettbewerbsfähig zu bleiben, muss das Unternehmen seine Versorgungskette auf die zukunftsfähigen, internetbasierten Prozesse ausrichten, die den reibungslosen Handels- und Informationsaustausch gewährleisten.

Ineffizienz der Handelsdienstleistungen

Bisher konnten die Handelspartner nur unter großen Schwierigkeiten gemeinsame Warenwirtschaftsdienste nutzen, die im modernen Handel wichtige Funktionen wie Logistik oder Zahlungsverkehr übernehmen und für hohe Effizienz im Beschaffungsprozess sorgen können. Die herkömmliche Wertschöpfungskette begrenzte ihre Aktivitäten auf bestimmte Rollen und Dienste. Sie mussten sich auf Serviceleistungen beschränken, die die Transaktionen nicht mit zusätzlichen Kosten belasteten oder die Lieferfristen verlängerten.

Betreiber von Handelsdienstleistungen müssen ihre Angebote online verfügbar machen und neue Dienste auf den Markt bringen, die auf die besonderen Anforderungen des internetbasierten Geschäftsmodells abgestimmt sind.

Die „Neue Welt"

B2B-Commerce ist eine revolutionäre Umwälzung der kompletten Wertschöpfungskette. In einer Befragung erklärten 92 % der Fortune 1.000-Unternehmen, dass sie eine eCommerce-Präsenz bereits implementiert haben oder dies in naher Zukunft tun werden. 79 % erwarten, dass das Internet wichtige, wenn nicht drastische Auswirkungen auf ihre Geschäftsabläufe haben wird. 53 % haben bereits einen B2B-Marktplatz entwickelt bzw. sind in der Planungsphase (PriceWaterhouseCoopers; Forrester Research; Goldman, Sachs).

Die B2B-Wirtschaftswelt wird die Geschäftsmodelle aller Unternehmen fundamental umgestalten. In ihr entsteht eine neue, globale Marktstruktur von Käufern, Verkäufern sowie Betreibern von Marktplätzen und Handelsdienstleistungen. Zukunftsorientierte Unternehmen reagieren auf diese dramatischen Veränderungen, indem sie die Methoden neu gestalten, die sie bei Beschaffung oder Vertrieb ihrer Waren bzw. Dienstleistungen und in ihrer Funktion als Zwischenstation in der Wertschöpfungskette einsetzen. Wer sich nicht an die neuen Gegebenheiten anpasst, wird mit der Entwicklung nicht Schritt halten können. Wo steht Ihr Unternehmen in diesemneuen Wirtschaftssystem?

In der neuen B2B-Markstruktur bieten sich einem Unternehmen enorme Entwicklungsmöglichkeiten durch die Umgestaltung der Geschäftsprozesse in der Beschaffung, im Vertrieb und in den Handelsdienstleistungen. Im Folgenden werden diese Potenziale ausführlicher beschrieben.

Der neue Beschaffungsprozess

Das Unternehmen richtet internetbasierte Geschäftsabläufe ein, um die Einkaufsprozesse schlanker zu machen und die Beschaffungskosten zu senken. Dabei nutzt es die neuen Möglichkeiten, durch Einkaufsgemeinschaften innerhalb eines Unternehmens oder im Rahmen einer Interessensgruppe bessere Abnahmebedingungen zu erhalten. McKinsey und AMR Research gehen davon aus, dass ein Unternehmen, welches eine internetbasierte Beschaffungslösung einsetzt, bis zu 28 % der Beschaffungskosten (direkte und indirekte Güter und Dienstleistungen) einsparen kann.

Mit unternehmensweiten Beschaffungslösungen können die 10.000 größten, global tätigen Unternehmen die Einkaufsprozesse ihrer Mitarbeiter und die automatisierten Einkaufsabläufe weltweit vereinheitlichen. Netzwerk-basierende Beschaffungsdienste, die von etablierten und neuen Betreibern von Handelsdienstleistungen angeboten werden, können auch kleine und mittelständische Unternehmen in weltweite Beschaffungslösungen einbinden. In vielen Fällen sind diese auf Einkaufslösungen spezialisierten Portale auf eine bereits existierende Einkaufsgemeinschaft zugeschnitten, wie etwa Franchise-Unternehmen, Branchenvereinigungen oder Einkaufsgenossenschaften. In anderen Fällen werden sie von herkömmlichen Dienstleistern wie Banken, Versorgungsgesellschaften und Transportunternehmen geschaffen, die damit ihren alten und neuen Kunden zusätzliche Mehrwertleistungen anbieten.

Die neue Supply Chain

Welche Veränderungen sind in der Versorgungskette zu erwarten? Viele Unternehmen, die in der Versorgungskette tätig sind, haben die Bedeutung der B2B-Marktplätze als Vertriebskanal und Sammelpunkt für automatisierte Lösungen erkannt. Während Lieferanten und Zwischenhändler die Marktplätze in ihre Abläufe integrieren, entstehen neue Online-Märkte, die als Knotenpunkte in der Versorgungskette für fast alle Branchen fungieren.

So entsteht beispielsweise ein Spot-Markt für den Abverkauf überschüssiger Rohstoffe in der Metallindustrie oder ein virtueller Vertriebspartner für die Pharmabranche: Diese elektronischen Märkte bringen Käufer und Verkäufer durch neue, dynamische und auf Kooperation aufgebaute Handelsmethoden zusammen. Kostentreibende Ineffizienz wird dadurch vermieden, und alle beteiligten Partner profitieren davon.

Nicht nur die Teilnahme an Marktplätzen und Börsen, auch andere Initiativen verändern die Vertriebsabläufe von Lieferanten in einer B2B-basierenden Umgebung. Viele Anbieter richten eigene Websites ein, auf die von Einzelpersonen oder eProcurement-Systemen zugegriffen werden kann. Andere erstellen Inhalte für die eCommerce-Systeme oder Gateways für die Echtzeit-Auftragsabwicklung, um die direkte Interaktion der integrierten Systeme für das eProcurement und die Auftragsverwaltung zu gewährleisten.

Neue Handelsdienstleistungen

Mit dem Siegeszug der B2B-Systeme steigt auch die Nachfrage nach neuen, netzwerk-basierenden Dienstleistungen in der Warenwirtschaft. Herkömmliche Offline-Dienste werden durch Internet-basierende Dienste ersetzt, die speziell darauf zugeschnitten sind, die neuen Beschaffungs-, Marktplatz- und Lieferantensysteme zu unterstützen. Solche Dienste sind beispielsweise die Integration der Handelssysteme, die Einrichtung von Verzeichnisdiensten oder Spezialdienste wie Online-Zahlungen, Logistik und dynamischer Handel.

Diese Dienste ersetzen herkömmliche Warenverkehrsmodelle oder ergänzen sie. Ein Beispiel: Jeder moderne Paketbeförderungsdienst muss heute seinem Kunden die Möglichkeit anbieten, den Weg des Pakets über das Internet zu verfolgen. Diese Dienste – aber auch andere, wie Zusammenarbeit bei der Konzeption, Suche nach Beschaffungsquellen und Lagerabverkäufe – erhalten im B2B-Globalmarkt eine neue Bedeutung und tragen ebenfalls zur höheren Produktivität und Effizienz der globalen Wirtschaft bei.

Neue Anforderungen für den Erfolg im B2B-eCommerce

Was brauchen Sie, um die Vorteile des neuen B2B-Globalmarkts voll zu nutzen? Vor allem ein grundlegendes Verständnis dafür, wie Ihr Unternehmen in das neue Geschäftsmodell des B2B-Globalmarkts passt. Um das B2B-Potenzial richtig einschätzen und bestmöglich nutzen zu können – gleichgültig ob es sich um die Automation der Beschaffungsprozesse, die Erweiterung der Einkaufsdienste auf andere Organisationen, die Einrichtung einer neuen Warenbörse oder einfach nur die Umstellung der bestehenden Systeme handelt – muss das Unternehmen eine B2B Commerce-Plattform wählen, mit der es unter maximaler Ausnutzung der bestehenden Systeme in die neue Geschäftswelt eintreten kann.

Unternehmen, in denen versucht wird, eine Lösung aus unterschiedlichen Teilsystemen zusammenzustellen, werden mit den komplexen Zusammenhängen der neuen Technologie nicht fertig und verschwenden kostbare Zeit. Das vordringliche Ziel aller Initiativen im eCommerce- und Wertschöpfungsbereich ist nicht die Abwicklung technischer Einzelfragen, sondern die Konzentration auf jene betriebswirtschaftlichen Entscheidungen, die maximale Wettbewerbsvorteile bringen. Die optimalen Lösungen für die Umstellung auf die neue Geschäftswelt sind jene, die B2B-Potenziale der gesamten Organisation in einer einzigen, integrierten Lösungsplattform ausschöpfen – inklusive Einkauf, Abwicklung in der Versorgungskette sowie Zugang zu Handelsdienstleistungen.

Alle Unternehmen, die sich auf Internet-basierende Geschäftsmodelle vorbereiten, sollten eine Lösung wählen, die rasch und marktwirksam umgesetzt werden kann. Verlorene Zeit ist nicht nur eine verpasste Chance, sondern kann sogar einen nicht mehr aufholbaren Rückstand bewirken. Wer in den neuen B2B-Globalmarkt verspätet eintritt und dann aufholen muss, verspielt Vorteile und verringert seine Erfolgschancen in drastischer Weise. Erfolgskritisch für die Umsetzung der neuen B2B-Modelle ist auch die Offenheit der Plattform, ihre Flexibilität und Konfigurierbarkeit, damit Unternehmen des Internet-Zeitalters für alle potenziellen Partner, Kunden, Lieferanten und Märkte aufgeschlossen bleiben.

Zukunftsorientiert agierende Unternehmen benötigen eine wirksame, leicht administrierbare, offene Commerce-Plattform, die den schrankenlosen Zugang zu weltweiten eCommerce-Systemen und die Anbindung an alle Partnersysteme ermöglicht.

Die Ariba B2B Commerce-Plattform:
Die Geschäftslösung für das Internet-Zeitalter

Die Zukunft des Online-Geschäfts ist in der neuen *Ariba B2B Commerce-Plattform* bereits heute Realität. Die aus einer kompletten Serie integrierter *Commerce Applications* und offener, netzbasierter *Commerce Services* bestehende *Ariba B2B Commerce-Plattform* ermöglicht die Abwicklung aller Beschaffungs-, Verkaufs- und Handelsdienstleistungsablaeufe über ein einziges, integriertes System. Es umfasst die Automation der unternehmensweiten Beschaffungsprozesse ebenso wie die Einrichtung moderner B2B-Börsen oder die Schaffung neuer Online-Commerce-Dienste. Die *Ariba B2B Commerce-Plattform* bietet die umfassendste Lösung sowie langfristige Flexibilität und Skalierbarkeit.

Mit der *Ariba B2B Commerce-Plattform* beschreitet das Unternehmen den kürzesten Weg zum eCommerce-Erfolg, indem der gordische Knoten der neuen Marktpotenziale des Internet-Geschäftsmodells mit einer einzigen, umfassend individualisierbaren Lösung in einem Zug gelöst wird. Durch die Nutzung der offenen, auf Standard basierenden Konzeption der Plattform klinkt sich das Unternehmen auf kurzem Weg in das Netz des elektronischen Wirtschaftsmodells ein und kann von einem zentralen Standort aus alle B2B-Potenziale optimal ausschöpfen.

Ariba B2B Commerce

Ariba B2B Commerce bietet eine komplette Serie fertiger Funktionslösungen an, die auf einer robusten Netzwerk-Anwendungsstruktur aufbauen. Mit dieser Kombination erhält der Kunde eine sofort einsetzbare Lösung, bei gleichzeitig maximaler Flexibilität und langfristiger Skalierbarkeit. Die Anwendungen können über eine grafische Benutzersteuerung einfach konfiguriert und administriert, durch eine offene, API-basierte Konzeption problemlos erweitert, und mit Standard-Entwicklungstools für Internet-Anwendungen individuell angepasst werden.

Hauptkomponenten der Ariba Applikationsplattform sind: *Ariba Buyer, Ariba Marketplace, Ariba Dynamic Trade und Ariba Collaborative Commerce.* Darüber hinaus verfügt die AribaApplikationsplattform über eine Serie untereinander austauschbarer Komponenten, mit denen eine benutzerdefinierte Konfiguration möglich ist: *Catalog & Content, Reporting & Analysis, Supplier Enablement und Messaging & Integration.*

Die Kombination aller Komponenten macht *Ariba B2B Commerce* zu einer umfassenden Lösung, die die Anforderungen der Unternehmen und Märkte lückenlos erfüllt.

Ariba Buyer

Ariba Buyer ist die branchenführende B2B-Beschaffungsanwendung, mit der ein Unternehmen Zeit und Geld spart, indem ineffiziente manuelle Vorgänge durch Internet-basierte Beschaffungsprozesse abgelöst werden, die alle Stationen der Versorgungskette umfassen. Ariba B2B Procurement ermöglicht die strategische Steuerung der Beschaffungskosten des Gesamtunternehmens, indem Einkaufsabläufe automatisiert und isolierte Einkäufer aus den Schlüsselbereichen der indirekten Ressourcen, Fremdleistungen, Reisekosten, Betriebsmittel, IT-Beschaffung usw. zu Gruppen zusammengefasst werden. Mit den Anwendungen Ariba Dynamic Trade und Ariba Collaborative Commerce kann das Unternehmen die Ariba Buyer-Anwendung zusätzlich erweitern und auch den Einkauf und die Beschaffung von direkten Warenlieferungen steuern.

Ariba Buyer besteht aus einer integrierten Serie von Funktionsmodulen, die über eine einheitliche Gruppe von Basiselementen einfach konfiguriert und verwaltet werden können. Dieses erweiterte, auf Metadaten basierende Design gewährleistet maximale Performance und Flexibilität.

Ariba Buyer-Basiselemente

Die Basiselemente bieten einen einheitlichen Rahmen für das Design, die Konfiguration und die Verwaltung einheitlicher Unternehmensprozesse, organisatorischer Strukturen, Benutzerberechtigungen, Geschäftsabläufe und Arbeitsabläufe.

Die <u>Ariba Buyer-Basiselemente</u> erfassen folgende Schlüsselbereiche:

- Benutzerverwaltung
- Steuerung von Berechtigungen und Zugangsregelungen
- Grafisch dargestellte Arbeitsabläufe und Genehmigungen
- Standortverwaltung
- Verwaltung der Bedieneroberflächen
- Sicherheitsverwaltung

Ariba Buyer-Module

Die Ariba Buyer-Module erfassen ein breites Spektrum von Funktionen, mit denen ein Unternehmen die unterschiedlichen Aspekte seiner Aufwendungen für die Beschaffung wirksam kontrollieren kann.

Die <u>Ariba Buyer-Module</u> umfassen folgende Funktionsbereiche:

- Betriebsmittel-Modul (ORM = Operational Resource Management)
- Reise- und Reisespesenmodul
- eForms-Entwicklungsmodul
- Zusätzliche Plug-In-Module

Ariba investiert kontinuierlich in die Entwicklung, um die Basiselemente und die Funktionsmodule der Lösung zu erweitern und den Kunden ständig neue, ergänzende Funktionen anbieten zu können.

Ariba Marketplace

Ariba Marketplace ermöglicht das Design und die Systemeinführung aller Marktplatztypen, von horizontalen Einkaufsportalen bis zu den vielschichtigen vertikalen und Spot-Märkten. Durch die Kombination von Ariba Marketplace mit anderen Anwendungen der Ariba B2B Commerce-Plattform können Marktplatzbetreiber eine komplette Palette von Geschäftsmodellen und Ablaufstrukturen einrichten und steuern.

Die Ariba Marketplace-Anwendung enthält eine Serie von Marktplatz-Komponenten, die auf einer Gruppe leistungsstarker Marktplatz-Basiselemente aufbauen. Diese auf Komponenten basierende Architektur bietet für Marktplatzbetreiber maximale Flexibilität für den strukturellen Aufbau einer breitgefächerten Kombination von Marktformen und individuellen Marktplatzelementen für die jeweilige Zielgruppe.

Ariba Marketplace-Basiselemente

Zu den <u>Ariba Marketplace-Basiselementen</u> gehören:

- Mitgliedsverwaltung
- Preis- und Ertragssteuerung
- Marktplatzverwaltung
- Arbeitsabläufe und Genehimgungsverfahren
- Verwaltung der Benutzeroberfläche
- Standortverwaltung
- Hauptmodul für die XML-Nachrichtenverwaltung

Ariba Marketplace-Module

Mit den Marketplace-Modulen erweitert Ariba die Funktionen der individuellen Marktplatzlösung:

- Marktplatzeinrichtung
- Portaleinrichtung
- Plug-Ins für Benutzergruppen (ips*)
- Plug-Ins für Veröffentlichungsdienste (ips*)

Ariba Dynamic Trade

Ariba Dynamic Trade ist eine umfassend konfigurierbare, voll integrierte Auktions- und Börsenlösung. Sie verfügt über eine komplette Serie von dynamischen Preismechanismen mit Auktionsfunktionen, Angebot-/Nachfragebörsen und umgekehrten Auktionen sowie leistungsfähigen Konfigurationstools, mit denen die Benutzer Internet-basierte Auktionen und Börsen entwickeln, einrichten, verwalten und benutzen können.

Ariba Dynamic Trade setzt auf einer Serie von Basiselementen auf, mit denen Marktplatzbetreiber und Beschaffungsdienste kurzfristig individuelle Auktionen einrichten können, die zu ihren Geschäftsmodellen passen und die Markteffizienz erhöhen.

Ariba Dynamic Trade-Basiselemente

Die Ariba Dynamic Trade-Basiselemente erfüllen die wichtigsten Anforderungen der Benutzer in den Bereichen Marktdesign, Analyse, Betrieb und Berechtigungsverwaltung:

- Markt-Design
- Markt-Analyse
- Marktbetreiber
- Markt-Trader
- Benutzer und Zugriffsrechte

Ariba Dynamic Trade-Module

Die Ariba Dynamic Trade-Anwendungen enthalten Module, mit denen die Kunden ihre Lösung um einige wichtige Zusatzbereiche erweitern können:

- Börsenmodul
- Auktionsmodul
- Modul für umgekehrte Auktionen
- Erweiterte Preismechanismen

Ariba B2B Collaboration

Ariba Collaboration ist eine erweiterte Serie von Tools für die Kooperation zwischen Unternehmen. Durch enge Partnerschaften mit führenden Anbietern von Kooperationstechnologien bietet die Ariba-Plattform eine integrierte Serie von Tools für die reibungslose Anpassung wesentlicher Kooperationsprozesse von der Entwicklung und Planung bis zur Logistik und Durchführung an.

Die Ariba Collaboration-Anwendung ist auf einheitlichen Basiselementen aufgebaut, mit denen kritische Bereiche der Kommunikation und Kooperation zwischen Käufern und Lieferanten erfasst und erweitert werden.

Ariba Collaboration-Basiselemente

Über die Ariba Collaboration-Basiselemente werden Benutzerberechtigungen gesteuert, Planungsaufgaben abgewickelt, Bedieneroberflächen entwickelt und Benutzer verwaltet:

- Benutzerverwaltung
- Verwaltung von Berechtigungen
- Planungsmanager
- Ereignismanager
- Verwaltung der Benutzeroberfläche

Ariba Collaboration-Module

Zur Ariba Collaboration-Anwendung gehört eine Serie von Modulen, die alle Abläufe in der Versorgungskette erfassen – von der Planung bis zur Durchführung:

- Design und Entwicklung
- Prognose und Planung
- Logistik und Durchführung
- Quantifizierung von Lieferanten

Ariba B2B Commerce Services

Ariba konzipiert und entwickelt branchenführende Commerce-Lösungen selbst und in enger Zusammenarbeit mit branchenführenden Dienstleistern. Ariba B2B Commerce Services enthalten eine Serie von Netzwerk-basierenden Lösungen, die die Einrichtung von Anwendungen der Kunden vereinfachen bzw. die Breite und Abdeckung ihrer Lösungen verstärken. Diese Dienste unterstützen Betreiber von Markplätzen, Käufer, Lieferanten und andere Teilnehmer an der neuen Versorgungskette durch Mehrwertdienste sowie offene Systemanbindung an andere Marktplätze und Lieferanten.

Die Ariba B2B Commerce Services sind zwar für die enge Integration in Ariba B2B Commerce-Anwendungen konzipiert, basieren aber auf einem offenen Modell. Daher können sowohl Ariba-Anwendungen als auch Ariba-fremde Anwendungen darauf zugreifen.

Als Teil der übergreifenden Ariba B2B Commerce-Plattform zeigen Ariba B2B Commerce Services das Know-How von Ariba in Bezug auf die technischen und funktionellen Anforderungen der Systemintegration. Die Dominanz der globalen Ariba B2B-Plattform, mit der Hunderte der wichtigsten Unternehmen auf Käufer-, Lieferanten- und Marktplatzbetreiberseite arbeiten, ermöglicht Ariba einen umfassenden Zugriff auf die Käuferliquidität und bietet den Kunden die Möglichkeit, Größenvorteile umfassend zu nutzen.

Die folgenden Abschnitte enthalten Kurzbeschreibungen der Ariba B2B Commerce Services.

Ariba Directory & Interoperability Services

Ariba Directory & Interoperability Services bieten offene Registrierungs- und Verzeichnisdienste, sodass Käufer und Verkäufer sofortigen Zugriff auf die Käuferliquidität und die von den Lieferanten angebotenen Inhalte erhalten. Basierend auf einem offenen Veröffentlichungs- und Subskriptionsmodell ermöglichen die Verzeichnis- und Systemanbindungsdienste Käufern und Marktplatzbetreibern die „Subskription" bei jedem Dienst, Lieferanten oder Marktplatzknoten im Netzwerk. Außerdem können damit Lieferanten, Marktplatzbetreiber und Commerce-Dienstanbieter ihr Angebot, ihre Inhalte und ihre Dienstleistungsdefinitionen in einem offenen Netzwerk „veröffentlichen".

Ariba Order Management Services

Ariba automatisiert den kompletten Ablauf von der Anforderung bis zur Zahlung über standfeste Transaction Routing Services. Jeder Lieferant oder Marktplatzbetreiber kann ohne Berücksichtigung der eCommerce-Ausbaustufe oder Infrastruktur auf diese Dienste zugreifen. Derzeit unterstützen die Ariba Transaction Routing Services die Dienste EDI, Fax und cXML-basierte Nachrichten.

Ariba Online Payment Services

Ariba Online Payment Services bieten integrierte Dienste für die Zahlung, Finanzierung und automatische Netzwerk-Abstimmung*. Unternehmen, die diese Dienste nutzen, unterstützen damit unternehmensweite Einkaufskarten, können Zahlungen in die B2B Commerce-Anwendungen von Ariba integrieren und vereinheitlichen die Abläufe in unterschiedlichen Systemen der Warenwirtschaftskette.

Ariba Logistics & Fulfillment Services

Ariba Logistics and Fulfillment Services bieten erweiterte Tools für die Auftragsverwaltung und den Versand, einschließlich Auftragsverfolgung, Tarifdienste, Logistikplanung, Lagerverwaltungsdienste und lieferantengesteuerte Bestandsverwaltung. Diese Dienste unterstützen das Unternehmen bei der Konsolidierung seiner Online-Logistikverwaltung und vereinheitlichen die Verfahren für Tarifvergleiche.

Ariba Supplier & Content Services

Ariba Supplier and Content Services bieten Softwaretools, Dienste und Bibliotheken mit Inhalten für erweiterte Content-Lösungen, die von Lieferanten, Käufern und Marktplätzen genutzt werden können. Lieferanten können auf Ariba-Partner und Netzwerktools zugreifen, um Inhalte zu erstellen, einzulesen und zu verwalten. Käufer und Marktplatzbetreiber können Netzwerktools benutzen, um Inhalte abzurufen, zu verwalten und bereitzustellen.

Diese für Käufer, Lieferanten und Marktplatzbetreiber gleichermaßen verfügbaren Dienste beschleunigen die Umsetzung, gewährleisten die ständige Verfügbarkeit und fördern das Transaktionswachstum.

Ariba Sourcing & Liquidation Services

Ariba Dynamic Trade Services bieten umfassend konfigurierbare Lieferanten-Suchfunktionen sowie Funktionen für die Verwertung von Aktiva und den Abverkauf von Lagerbeständen. Mit diesen Diensten können Unternehmen Auktionen und umgekehrte Auktionen erstellen und abwickeln, ihre eProcurement-Funktionen erweitern und eine attraktive Möglichkeit für den Abverkauf von Überschüssen nutzen.

Diese Dienste, die Lieferanten, Käufern und Marktplatzbetreibern gleichermaßen zur Verfügung stehen, unterstützen die Unternehmen durch eine drastische Reduktion der Kosten für die Suche nach Lieferquellen und für die Bestandhaltung. Dies führt wiederum zu Ertragssteigerungen und besserem Lagerumschlag.

BMW – Aribas erster Kunde in Deutschland

Wie schon an anderer Stelle näher ausgeführt, zählt die BMW Group im deutschsprachigen Bereich zu den ersten und wichtigsten Kunden von Ariba. BMW zählt im Bereich Einsatz und Implementierung von eProcurement nicht nur zu den absoluten Vorreitern in Europa, sondern neben ABB, Credit Suisse Group, Novartis, SAir Group und Volkswagen zu den wichtigsten Kunden von Ariba in Central Europe (Deutschland, Österreich und Schweiz).

Folgende Vorteile waren für BMW ausschlaggebend:

Beim Anforderer

- Schnelle, systemunterstützte Suche und Bestellung benötigter Artikel im multi-medialen Intranet-Katalog.
- Keine Abruferfassung im BMW-ERP-System durch den Bedarfsträger, Vermeidung von Übertragungsfehlern.
- Transparenz des Beschaffungsprozesses für die abrufenden Stellen.
- Verkürzung der Prozesszeiten, Reduzierung der Beschaffungszeiten, Reduzierung der Lagerhaltung.

Im Einkauf

- Transparenz der Beschaffungsvolumina und Inhalte.
- Einfachere Identifikation umsatzstarker Warengruppen und Artikel für gezielte Preisverhandlungen.
- Verkürzung der Preiszyklen und Reaktionszeiten z.B. bei Sonderkonditionen.
- Besseres Lieferantenmanagement(Bedarfsbündelung) und Optimierung der Lieferantenstruktur.

Beim Lieferanten

- Online-Anbindung der Warenwirtschaftssysteme der Lieferanten an den Beschaffungsgesamtprozess per EDI, XML etc.

- Vermeidung von Datenerfassung bei der Bestellung und von Einzelfakturierungen.

- Durchgängigkeit in der „Supply Chain".

In der Rechnungsprüfung

- Einsatz des Gutschriftverfahrens, Rechnungsprüfungen entfallen (Preissicherheit aufgrund der vom Einkauf geprüften Katalogdaten).

Ausblick – „The way forward"

Nach dem vorjährigen Boom speziell der „.com-Marktplätze" hat sich spätestens seit Beginn dieses Jahres die Euphorie über die Public-Marktplätze wieder gelegt. Das heißt jedoch nicht, dass dies das Ende der B2B eMarketplaces bedeutet, sondern viel mehr bedeutet es den Eintritt in die nächste Phase. Und in dieser Phase werden vorwiegend die „Brick & Mortar"-Unternehmen eine führende Rolle übernehmen.

Der Fokus für die nächsten 12 bis 18 Monaten wird jedoch vorwiegend auf sog. „Privaten Marktplätzen" liegen. Darunter fallen all jene Aktivitäten, die einem Unternehmen helfen, sämtliche internen Beschaffungsprozesse zu optimieren und damit die Beschaffungskosten sowohl direkter als auch indirekter Güter drastisch zu senken. Dies erfolgt in der Regel durch die Einführung bzw. Implementierung einer sogenannten eProcurement-Lösung, die in einer weiteren Phase auch Module für Sourcing und Dynamische Preisfindung (B2B-Auktionen) enthalten kann.

Erst nachdem man diese „Hausaufgaben" gemacht hat, wird man sich wieder verstärkt dem Thema „Öffentliche Marktplätze" widmen.

Der zweite sich mehr und mehr abzeichnende Trend ist „Value Chain Management" bzw. „Collaborative Commerce". Hierunter versteht man die Online-Zusammenarbeit zwischen dem Kunden und seinen Hauptlieferanten bzw. -partnern außerhalb der Firewall. Im Gegensatz zu Supply Chain Management (SCM), wo es sich primär um die „optimierte Bewegung" physischer Güter handelt, die es Unternehmen erlaubt, ihre Inventories zu reduzieren, geht Value Chain Management einen anderen Ansatz. VCM erweitert die Kollaboration zwischen Unternehmen während jeder Phase der Wertschöpfung – und zwar im Online-Mode und nicht, wie beim SCM im Batch process. Dies ermöglicht Unternehmen, qualitativ noch höherwertige Produkte noch rascher auf den Markt zu bringen – und dies zu noch geringeren Kosten. Oder – mit anderen Worten – bei VCM handelt es sich um die Optimierung von Geschäftsprozessen zwischen Unternehmen, und dies in Echtzeit außerhalb der Firewall.

15 i2s TradeMatrix – Intelligente Marktplatzlösungen

Achim Ramesohl

Einführung

eBusiness im Internet-Zeitalter ist Chance und Herausforderung zugleich. Ständige, rasche Veränderung und immer höhere Messlatten machen eBusiness zur Chance für Teilnehmer des globalen Wirtschaftsnetzwerkes, über das bestehende Geschäft hinaus rapide zu wachsen, und bergen zugleich eine Bedrohung für diejenigen, die sich nicht rechtzeitig auf den Wandel einstellen.

Der Gewinner ist der Kunde, der immer anspruchsvoller wird. Jederzeit verfügt er über interessante Alternativen – „just a klick away". Dauerhaften Erfolg haben wird nur der Anbieter, der es schafft, immer einen Schritt voraus zu sein, rapide neue Kunden zu gewinnen und bestehende Kunden langfristig an sich zu binden.

In der Vergangenheit war es hinreichend, Buchungen konsistent in ein ERP-System aufzunehmen und damit zügig den Jahresbericht zu erstellen. Die Abbildung von Prozessen war langwierig, schwierig oder gar unmöglich, wenn mehrere Geschäftseinheiten oder Firmen beteiligt waren. Heute unterliegen Geschäftsbeziehungen ständiger Veränderung, und schwerfällige Architekturen werden durch eBusiness-Netzwerke ersetzt, die sich über traditionelle Firmengrenzen hinwegsetzen und auf Grundprinzipien des Supply Chain Management beruhen.

Gleichzeitig entstehen elektronische Marktplätze, eine logische Weiterentwicklung von Wochenmärkten, Handelsorganisationen, Börsen. Hier werden Güter oder Dienste elektronisch gehandelt, aber dies ist erst der Anfang. Auktionen und Kataloge alleine reichen in der Zukunft nicht als Alleinstellungsmerkmale. TradeMatrix ermöglicht weitaus mehr als die kurzfristige Interaktion auf Spotmärkten, stets ausgerichtet auf die grundlegende Verbesserung langfristiger Geschäftsbeziehungen.

Schon heute besteht ein Überangebot an Spotmärkten. Marktplatzanbieter müssen sich daher durch zusätzliche Mehrwertleistungen differenzieren. Beispiele solcher Mehrwehrtdienste sind Logistikplanung und -abwicklung, Kollaboration mit Kunden und Zulieferern, Supply Chain-Planung und -Optimierung sowie Community Content. Je umfassender das Angebot, desto eher lassen sich Markplatzteilnehmer langfristig binden.

Denn bei aller Effizienz, die Spotmärkte bringen, bieten sie doch keine Planungssicherheit und können langfristige Geschäftsbeziehungen nicht ersetzen. Würden alle Transaktionen nur noch auf Spotmärkten getätigt, würde dies zu stark schwankender Nachfrage führen. Diese wiederum würde Ineffizienzen bedingen und teuer bezahlt werden müssen. Fordern heute beispielsweise große Automobilhersteller von ihren Zulieferern schnelle Reaktion auf Nachfrageänderungen, so muss dies durch hohe Bestände, teure Rüstzeiten, Überstunden etc. erkauft werden. Zukünftig werden Vorhersagen über Nachfragetendenzen und Kapazitätsbilder sowie Entwicklungszusammenarbeit zur Komplexitätskostenreduzierung noch viel stärker betont werden – der einzige Weg, die Vision des „Vier-Tage-Autos" zu realisieren. Beispiele für die erfolgreiche Umsetzung kollaborativer Planung und Optimierung gibt es bereits. So realisiert „Dell" dieses Modell erfolgreich auf Basis von TradeMatrix und hat damit einen erheblichen Wettbewerbsvorteil gegenüber seinen Mitbewerbern gewonnen.

Heute unterscheidet man zwischen öffentlichen und privaten Marktplätzen. Zudem muss man zwischen dem Zugriff auf Daten und dem Betreiben der Infrastruktur unterscheiden. So steht der Zugang zu öffentlichen Marktplätzen vielen Teilnehmern offen, betrieben wird dieses eBusiness-Netzwerk aber möglicherweise von Privatfirmen. Genauso gibt es private Marktplätze, auf denen nur wenige Teilnehmer intensiv miteinander kommunizieren können, die aber öffentlichen Firmen gehören.

TradeMatrix ist die führende Platform für Next Generation-Marktplätze. Mit über 5.500 Mitarbeitern weltweit und Niederlassungen in wichtigsten europäischen Geschäftszentren hat i2 nachweislich über $16bn Mehrwehrt für seine Kunden geschaffen. Bis zum Jahr 2005 werden vorraussichtlich $75bn an Mehrwert für i2-Kunden generiert werden.

Next Generation Markteplaces

Die erste Generation öffentlicher Marktplätze fokussierte auf eProcurement. Bisher gibt es nur wenig Beispiele für Wertschöpfung und Adoption.

Besonders im B2B-Bereich ist die Transaktionen nur ein kleiner Teil der Wertschöpfung. Transaktionen sind zweifelsohne notwendig, steuern aber nur wenig zum Geschäftserfolg bei.

Die nächste Generation öffentlicher Marktplätze digitalisiert die gesamte Valuechain.

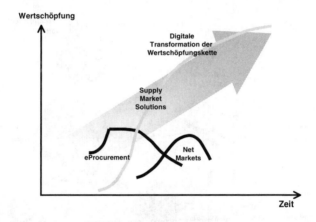

Bild 80 **Höchste Wertschöpfung durch Digitale Transformation der Wertschöpfungskette**

Die neue Generation öffentlicher Marktplätze beruht auf der Erkenntniss, dass eine signifikante Wertschöpfung nur durch eine Optimierung der wichtigsten Business-Prozesse möglich ist.

Dazu gehören gemeinsame Planung, wie diese z.B. unter dem Begriff CPFR (Collaborative Forecasting and Replenishment) in der Konsumgüterindustrie bekannt ist. So schafft die World Wide Retail Exchange den neuen Standard für den weltweiten Handel, basierend auf i2's Tradematrix.

Schon seit vielen Jahren werden diese Techniken auch in anderen Industrien angewendet und perfektoniert. So sind beispielsweise in der Elektronics Industrie mit ihren kurzen Produktlebenszyklen, Modetrends und hohen Obsolescence-Kosten die

Kernprozesse systematisch in privaten Marktplätzen optimiert worden.

Dell hat gemeinsam mit i2 die Zulieferer-Interaktion durch einen privaten Marktplatz optimiert und damit neue Maßstäbe für die Industrie gesetzt. Die Erfolge dieses Ansatzes sind hinlänglich bekannt. Dell beziffert den bisher geschaffenen Mehrwert durch Umsatzsteigerung, Kostenreduzierung und Asset-Optimierung auf mehr als $ 2 Mrd.

Mehrwertdienste, die zunächst in privaten Marktplätzen und intensiven B2B-Beziehung entstanden sind, sind nun auch in Hosted Environments und als Marktplatz-Service verfügbar.

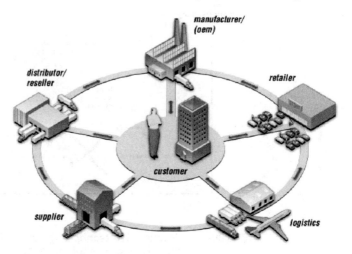

Bild 81 **Kundenzentrische Orchestrierung**

Der Endkunde steht im Mittelpunkt der Mehrwertdienste. Leistungen der Zulieferer, Distributoren, Hersteller, Händler und Logistikdienstleister werden durch TradeMatrix optimiert und synchronisiert.

TradeMatrix Pronto ermöglicht eine schnelle Inbetriebnahme und Mehrwertgenerierung durch standardisierte Prozesse, vordefinierte Workflows und Hosted Services.

IBM hat durch i2's TradeMatrix-Lösungen mehr als $ 2.4 Mrd Mehrwert generiert. Die Optimierung der wichtigsten Geschäftsprozesse beinhaltete unter anderem die wichtigsten Einkaufs-, Design-, Planungs- und Logistikprozesse.

Significant Value Delivery: IBM
$2.4B in Benefits Delivered To-Date

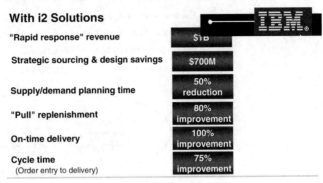

With i2 Solutions	
"Rapid response" revenue	$1B
Strategic sourcing & design savings	$700M
Supply/demand planning time	50% reduction
"Pull" replenishment	80% improvement
On-time delivery	100% improvement
Cycle time (Order entry to delivery)	75% improvement

Savings: $2.4 Billion

*Comparable savings from 1st generation e-Procurement: $250M

Bild 82   Significant Value Delivery

Die erziehlten Ergebnisse sind fast zehnfach größer als die Ergebnisse, die durch Einkaufslösungen erster Generation erzielt wurden.

Dies unterstreicht eindrucksvoll die Wertschöpfung, die i2's Tradematrix ermöglicht.

Diese Resultate haben IBM, Nortel, Hitachi, Solectron, Toshiba und andere dazu bewogen, e2open zu gründen – einen der größten Marktplätze weltweit und Standard für die Optimierung von Geschäftsprozessen in der Hightech-Industrie.

e2open

One of the World's Largest Marketplaces

- Industry exchange for computer, electronics, & telecom sectors
- Founding Partners: IBM, Nortel, Hitachi, Solectron, Toshiba, others
- Aggregate $700 Billion goods & services bought & sold annually
- Powered by IBM - i2 and Smaller Partners & Services
- Announced June 7, 2000

Bild 83 e2open

FreightMatrix

FreightMatrix ist ein Internet-basierter Marktplatz, der allen Logistik-Dienstleistern offensteht. 40 % der Transportkapazitäten sind heute als Leerfracht ungenutzt. FreightMatrix addressiert diese Verschwendung von Verkehrsinfrastruktur und Energie. Basierend auf TradeMatrix-Technologie werden Logistikleistungen geplant und optimiert. Heute werden weltweit bereits mehr als eine Milliarde Euro und Logistikleistung über TradeMatrix geplant und abgewickelt.

FreightMatrix ermöglicht die Online-Transaktion von Shipments, Management von internen Workflows, Routenplanung, Cross-Docking, Load-Optimierung und Finanzmanagement. Außerdem bietet FreightMatrix Tracking- und Tracing-Funktionalitäten.

Cordiem (MyAircraft/AirNewCo)

Cordiem unterstützt die $500 Milliarden-Flugindustrie durch End-zu-End eBusiness Lösungen: Supply Chain Management, eProcurement und Engineering-Dienstleistungen.

Cordiems Gründer sind Air France, American Airlines, British Airways, Continental Airlines, Delta Airlines, Iberia Airlines,

SairGroup (Swissair), United Airlines, United Parcel Service – und drei Hersteller BF Goodrich, Honeywell International(General Electric) und United Technologies Corp.

Dieser Next Generation-Marktplatz ermöglicht die Optimierung von Ersatzteilverfügbarkeiten, Bestandsreduzierung, kollaborativer Planung und bietet Zugang zu technischen Informationen und Experten.

eGateMatrix

Gate Gourmets neuer Service für die Reiseindustrie beruht ebenfalls auf TradeMatrix-Diensten. Über diesen Service werden alle wichtigen Catering-Dienstleistungen für die Reiseindustrie angeboten. Delta Airlines wird als Initialpartner jährlich über 600 Millionen US-Dollar über eGateMatrix abwickeln. eGateMatrix-Dienste umfassen unter anderem die Entwicklung von Menüvorschlägen, Einkauf, Bestandsmanagement und Logistik. Flugpassagieren wird dadurch frische und erhöhte Auswahl geboten. Gleichzeitig werden Deltas Kosten durch bessere Koordination erheblich gesenkt. Zu Gate Gourmets Kunden zählen über 250 Fluggesellschaften, darunter Delta Airlines, United Airlines, American Airlines, Northwest Airlines, British Airways und Swissair.

IT-Dienstleistungen

Paul A. Stodden, CEO von Siemens IT-Service (heute CEO von Fujitsu-Siemens Computers), erläutert: „Unser Geschäft erfordert genaue Kundenkenntnis, globale Präsenz, die Fähigkeit zur Bearbeitung komplexer Dienstleistungsprojekte, Zuverlässigkeit und Effizienz. Unser Ziel ist es, diese Stärken in die Welt des eBusiness zu übertragen. Dadurch können wir gemeinsam mit unseren Kunden noch schneller und effizienter arbeiten. Reine Web-Applikationen reichen dafür jedoch nicht aus, wir bauen vielmehr auf Wettbewerbsvorteile durch die direkte Kopplung unserer Services mit der Planungsintelligenz der i2-TradeMatrix-Lösung im eBusiness."

Die strategische Partnerschaft zwischen i2 und Siemens IT-Service konzentriert sich auf folgende Schwerpunkte: Betreiben eines eProcurement-Marktplatzes, dessen Zugang individuell konfigurierbar ist, um spezifischen Kundenanforderungen gerecht zu werden.

Außerdem bieten Siemens ITS und i2 kundenspezifische eProcurement-Services für Großkunden, die eine Optimierung ihrer Beschaffungsprozesse anstreben.

iStarXchange

Zusammen mit Toyota, einem führenden Hersteller auf dem amerikanischen und asiatischen Automobilmarkt, optimiert iStarXchange die Ersatzteillogistik und After-Sales-Services.

Volkswagen

Gemeinsam mit IBM entwickelt i2 diesen weltweiten elektronischen Marktplatz für die Automobilindustrie. Im Mittelpunkt steht die verbesserte Zusammenarbeit mit den Zulieferern, die Abwicklung des elektronischen Einkaufs sowie die Planung über das Internet. „Durch Prozessverbesserung erwarten wir Einsparungen von bis zu 50 %" sagt Francisco Javier Garcia Sanz, VW-Vorstand, verantwortlich für Einkauf. Der B2B-Marktplatz wird Effizienzverbesserungen für die gesamte globale Supply Chain und den damit in Verbindung stehenden Prozessfluss bieten. Dr. Jens Neumann, als VW-Vorstandsmitglied verantwortlich für Strategie, Legal Matters, Treasury und Organisation, strebt einen weiten europäischen Standard für die gesamte Automobilindustrie an.

Weitere TradeMatrix-Marktplätze erstellt i2 unter anderem für und mit IBM, Compaq, Sun, HP etc.

Grundprinzipien von TradeMatrix:

1. Durchgängig optimierte eBusiness-Prozesse
2. Einzigartige Kundenbeziehung: Umfassende Systemunterstützung für Käufer und Verkäufer
3. B2B-Zusammenarbeit statt reinem Preisdruck
4. Systemübergreifende Kommunikation durch offene Schnittstellen
5. Analyse und Optimierung als Vorbereitung auf die Echtzeitinteraktion
6. Weitblick statt reiner Reaktion

7. Angebot- und Nachfragesynchronisation, kurzfristig und langfristig
8. Basis für die virtuelle Firma
9. Basis für private wie auch öffentliche Marktplätze
10. Skalierbar, robust, bewährt

1. Durchgängig optimierte eBusiness-Prozesse

Trotz der Installation von ERP-Systemen bei fast allen unserer Kunden sind selbst die wichtigsten Prozesse immer noch von System- und Prozessbrüchen gekennzeichnet. Beispielhaft sei ein Elektronikhersteller betrachtet. Wiederbeschaffungszeiten für wichtige Komponenten betragen oft mehrere Wochen, der Kunde erwartet jedoch Build-to-Order von hochkonfigurierbaren Lösungen innerhalb weniger Tage. Traditionelle Systeme versuchen, den Auftrag möglichst schnell zu verbuchen, können dabei aber keine zuverlässige Lieferzusage treffen. Ohne Vorwarnung kommt der Auftrag nun in der Fabrik an, nachdem er möglicherweise mehrere Tage in den verschiedensten Rechnungskreisen zugebracht hat. Die Beschaffung der Komponenten ist zu diesem Zeitpunkt fast unmöglich, insbesondere wenn Komponenten mit langen Wiederbeschaffungszeiten verarbeitet werden müssen, da sich die Zusammensetzung der Produkte stark unterscheidet und erheblichen Schwankungen unterliegt. Nicht selten haben in solchen Fällen der Vertrieb und die Handelspartner den Auftrag schon sehr lange im Visier und kannten den Termin sowie die Wahrscheinlichkeit des Abschlusses. Diese Information wurde lediglich nicht reibungslos gesammelt, aufgearbeitet und dem strategischen Einkauf zur Verfügung gestellt, der dann bestehende Rahmenverträge frühzeitig hätte anpassen können. i2's TradeMatrix hat diesen Prozess bei den größten Elektronikherstellern durchgängig gemacht und damit die Lieferfähigkeit bei einer durchschnittlichen Lieferzeit von vier Tagen auf 95 % gesteigert, und dies bei einer Umschlagshäufigkeit von 52 Turns.

Andererseits ermöglicht TradeMatrix Online-Konfigurations-Verfügbarkeits-Auskünfte. So können beispielsweise Compaq oder Toshiba innerhalb von Sekundenbruchteilen verlässliche Liefertermninzusagen machen. Diese Aussagen beruhen auf hochverlässlichen Plandaten und werden nicht über teure Lagerbestände erkauft. Somit schließt sich der gesamte Prozess vom Kunden über den Einkauf und die Zulieferer bis hin zum Kunden.

Zunehmend sind wechselnde Zulieferer, Auftragsfertiger oder Vertriebskanäle in den eBusiness-Prozess eingebunden. Dies kann mit traditionellen Systemen nicht effizient bewältigt werden. TradeMatrix ermöglicht dies durch eine offene und flexible Struktur.

2. Einzigartige Kundenbeziehung: Umfassende Systemunterstützung für Käufer und Verkäufer

Internet-basierte Systeme ermöglichen eine umfassende Vertriebsunterstützung vom Lead-Management über die Informationsvermittlung und Statusauskunft bis hin zur Auftragsverfolgung. Nach Angaben eines führenden multinationalen Industrieunternehmens machen Logistikauskünfte vor und nach dem Auftragseingang 50 % der Vertriebstätigkeiten aus. Von TradeMatrix können diese Auskünfte direkt abgefragt werden. Auch im Auskunfts- und Bestellwesen können Internet-basierte Systeme wertvolle Informationen zur Selbsthilfe liefern. Dies wird im Amerikanischen als „Task Displacement" bezeichnet. Jederzeit hat der Kunde Zugriff auf seine persönlichen Informationen. Beispiele dafür sind „Dell's Premier Pages", „Compaq's Channel.connect" oder „myYahoo!". TradeMatrix ermöglicht dem Vertrieb auf diese Weise, sich auf die Kundenbeziehung zu konzentrieren. Dazu gehören die Durchsprache von bestehenden und neuen Projekten und Plänen ebenso wie die Bearbeitung von Ausnahmen. Da der Vertrieb von langweiligen Routineaufgaben entlastet wird, kann er sich ganz auf die Beschaffung wichtiger Informationen konzentrieren.

3. B2B-Zusammenarbeit statt reinem Preisdruck

Derzeitige öffentliche Diskussionen haben zu oft lediglich sogenannte „Win-Lose-Situationen" wie beispielsweise harte Preisverhandlungen oder Auktionen im Visier. Dabei wird häufig das große Potenzial übersehen, das durch verbesserte Zusammenarbeit (Kollaboration) unter Geschäftspartnern erzielt werden kann. Oft erreichen Vorhersagen den Zulieferer viel zu spät und dieser muss sich durch hohe Bestände gegen Schwankungen in der Nachfrage absichern. Die Folge sind schlechtere Einkaufskonditionen auf beiden Seiten. TradeMatrix Collaboration Services beheben diese Schwierigkeiten und ermöglichen umfassende Business-to-Business-Zusammenarbeit.

4. Systemübergreifende Kommunikation durch offene Schnittstellen

Supply Chain Management ist per Definition firmenübergreifend. Versuche, unterliegende ERP-Systeme und deren Releasestände zwingend vorzuschreiben, haben sich als Totgeburten erwiesen und keine Marktakzeptanz erreicht. Dies trifft umso mehr auf eBusiness-Netzwerke zu. TradeMatrix basiert auf einer offenen Systemarchitektur mit Standard-Schnittstellen zu allen gängigen ERP-Systemen. Marketplace-to-Marketplace-Connectivity stellt sicher, dass auch andere Marktplätze angeschlossen werden können.

5. Analyse und Optimierung als Vorbereitung auf die Echtzeitinteraktion

Ähnlich wie bei großen Sportereignissen ist Analysefähigkeit eine wichtige Voraussetzung, um im Handlungsfall richtig reagieren zu können. TradeMatrix Services ermöglichen die Entwicklung von alternativen Szenarien und die Abwägung von Tradeoffs.

Oft gibt es heute mehrere Alternativen, doch sind nicht alle direkt vergleichbar. Das Internet-Zeitalter ist von einer Informationsflut geprägt, und eine wichtige Kompetenz ist nicht nur die Beschaffung der Information, sondern auch die Sortierung und Analyse der verfügbaren Informationen.

TradeMatrix ermöglicht die Analyse, beispielsweise des Einkaufsprozesses, die parametrische Suche und das Vergleichen heterogener Beschreibungen (Artikelnummern, Funktionsbeschreibungen). Damit können Vorzugsteile und Lieferanten identifiziert, Volumina gebündelt und Beschaffungskosten sowohl im Design- als auch im „Redesign to Cost"-Prozess leicht berücksichtigt werden.

6. Weitblick statt reiner Reaktion

Ohne Vorausplanung ist gute Reaktion oft wertlos. Als kürzlich wichtige Komponenten wie Flat Panels durch erhöhte Nachfrage und das Erdbeben in Japan Mangelware wurden, gelang es Firmen mit genügend Weitblick, dies frühzeitig zu erkennen und nicht erst die kritische Situation abzuwarten. Dies war möglich durch die Nutzung von TradeMatrix Services, die schon kurz nach dem Eintreten der Naturkatastrophe vor den Auswirkungen warnten. Damit war es TradeMatrix-Kunden möglich, frühzeitig zu reagieren und den kritischen Bedarf zu sichern.

7. Angebot- und Nachfragesynchronisation, kurzfristig und langfristig

Marktplätze helfen heute, Käufer und Verkäufer effizient miteinander zu verbinden. Hier steht jedoch oft der kurzfristige Abgleich von Angebot und Nachfrage im Vordergrund. Dies ist eine wichtige Funktion, die durch TradeMatrix abgebildet wird. TradeMatrix Services gehen zudem über den kurzfristigen Horizont hinaus und bilden die Basis für den langfristigen, optimierten Abgleich von Angebot und Nachfrage. TradeMatrix-Kunden sind in der Lage, Märkte und Kundenverhalten effizient zu analysieren, Trends frühzeitig zu erkennen und Positionierung sowie Material- und Ressourcenbedarf daraus abzuleiten.

8. Basis für die virtuelle Firma

Immer mehr Hersteller konzentrieren sich heute auf die Kundenbeziehung und das Design sowie auf das Brand-Management. Produktion und Logistik werden zunehmend fremdvergeben. Dennoch muss dieses virtuelle Netzwerk immer noch koordiniert und orchestriert werden. So steuert SUN als „fabriklose Firma" seine Supply Chain durch TradeMatrix und sieht sich zunehmend als „Fluglotse". TradeMatrix ermöglicht den kompletten Aufbau wie auch die Steuerung einer virtuellen Firma.

9. Basis für private wie auch öffentliche Marktplätze

TradeMatrix ermöglicht den Aufbau von privaten wie auch öffentlichen Marktplätzen. Das Business Model bestimmt im einzelnen Falle die private oder öffentliche Struktur, die Systemarchitektur unterstützt beide Varianten.

10. Skalierbar, robust, bewährt

Kernkompetenzen von i2, die "Power" von TradeMatrix

i2 war als erste Firma in der Lage, komplexe Optimierungen hauptspeicherresident mit Zugriffszeiten im Millisekundenbereich durchzuführen. Zunächst wurden i2-Produkte in der Fabrikoptimierung und -steuerung eingesetzt. Ob PC-Werk oder Stahlhütte – eine überwiegende Mehrzahl von Produktionsstätten in den verschiedensten Industrien wird heute durch i2-Produkte geplant und gesteuert. Diese Philosophie wird seit zehn Jahren auch zur Planung globaler, firmenübergreifender Lieferketten und Liefernetzwerke eingesetzt. So beträgt i2's Marktanteil beispielsweise im Elektronik-Sektor 72 % (Quelle: Benchmarking Partners).

i2's Systemführerschaft wurde rasch zur Prozessführerschaft. Basierend auf der umfassenden Branchenerfahrung und der Arbeit mit Marktführern wurden Best-Pratice-Prozesse entwickelt, die heute in industriespezifischen Templates vorkonfiguriert mit der Software ausgeliefert werden.

Basierend auf dieser Historie kann i2 heute die Komplexität moderner Marktplätze effizient managen (Bild 84).

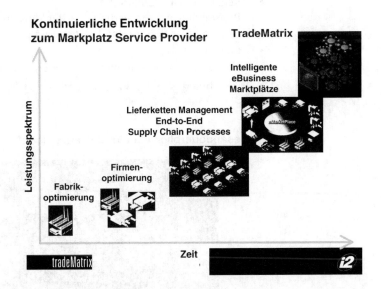

Bild 84 Entwicklung vom Anbieter für Fabrikoptimierung zum Marktplatzbetreiber

Lösungsüberblick TradeMatrix

- Einkaufs- und Beschaffungsmanagement:
  Auktionen, Bestellwesen, Einkaufsanalyse, Request for Quo-

tation, Kollaboration, strategische Einkaufsoptimierung, Mengenplanung, (Re-)Design-to-Cost, Auktionen

- Planung und Optimierung:
  Masterplanung, Fabrikplanung, Distributionsplanung, Transportplanung, Ersatzteilplanung, Crew Scheduling, Brand Planning
- Fulfillment:
  Auftragsbestands-Management, Auftragseingang, Zustellung, operationale Entscheidungsunterstützung (Bild 85)
- Commerce:
  Intelligentes Order-Management, Web Site Hosting, Konfiguration, Personalisierung, Profitoptimierung
- Retail und Distribution:
  Preisbuch-Synchronisierung, Replenishment-Optimierung, Demand Creation, Bestandsoptimierung
- Customer Service:
  Helpdesk- und Call-Center-Funktionen, Troubleshooting
- Distribuiertes Order Management

Gesamtüberblick über TradeMatrix Module und Leistungen

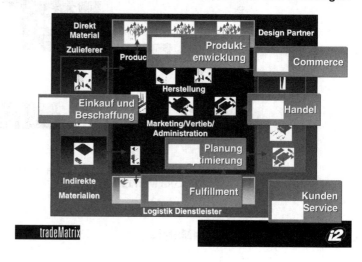

Bild 85 **TradeMatrixLösungsüberblick**

16 Oracle – B2B smarter

Mattias Drefs

Einleitung

Nach CIM, ERP und CRM ist B2B (Business to Business) eine weitere Welle innerhalb weniger Jahre, die über den Markt hereinzubrechen droht. Wie erfolgreich wird diese Welle sein? Dazu soll zu Anfang der Begriff B2B definiert werden:

B2B ist der elektronische Austausch von Informationen und Transaktionen zwischen Partnern.

Partner sind in diesem Zusammenhang alle Kontakte, die das Unternehmen hat. Dazu gehören u.a. Lieferanten, Kunden, Interessenten, Werke, Behörden, Verbände, Spediteure und auch Tochter- und Schwesterunternehmen und die eigenen Mitarbeiterinnen und Mitarbeiter. Der Schwerpunkt liegt im Austausch von Informationen und Transaktionen auf elektronischen Wege wie eMail, Web, WAP, Fax und EDI. Der Begriff B2B ist allgemein gültig definiert worden. Die Definition ermöglicht es den Unternehmen, schnell und erfolgreich in B2B zu investieren. Das sollte in denjenigen Bereichen erfolgen, wo das größte Potenzial vorhanden ist.

Es wird deutlich, dass wir heute schon in einer B2Business-Welt leben. Was ist also das Neue an dem großen Marktinteresse? Dazu sollen zwei Thesen aufgestellt werden, die im Laufe der Ausführung näher diskutiert werden:

1. These: **Das Internet verändert die Art des Handels**
2. These: **Der Business to Business-Kontakt der Unternehmen wird immer enger**

Business to Business mit Hilfe des Internets gibt es seit langem. Wie haben sich die Sichtweisen über die Jahre hinweg verändert?

B2B-Evolution

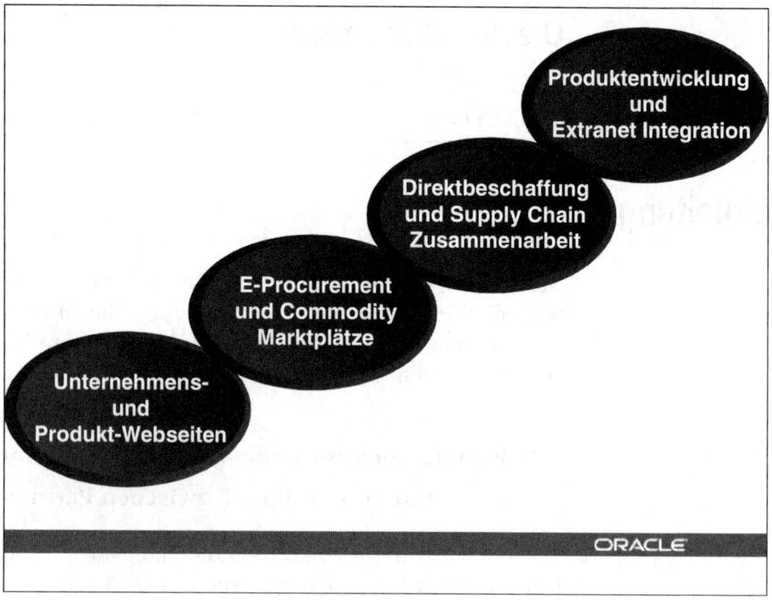

Bild 86 Evolution im B2B-Bereich

Webauftritt

In den 90er Jahren haben die Unternehmen erkannt, dass das Internet neue Möglichkeiten für den Vertrieb und das Marketing schafft. Die ersten Schritte lagen in der Außendarstellung des Unternehmens mit einem Internetauftritt. Vielfach wurde angenommen, dass dieses einen neuen Vertriebskanal bilden wird, über den der Umsatz drastisch gesteigert werden kann. In den meisten Fällen hat dieses, aus verschiedensten Gründen, die hier nicht näher erläutert werden sollen, nur zu gestiegenen Kosten geführt. Dieses hat sich bis heute – bei den meisten Unternehmen –, leider nicht geändert. Der rein statische Auftritt im Internet kann als erste Stufe im B2B angesehen werden. Fortschritte im Handeln sind dadurch nicht erkennbar.

Internet-Beschaffung

Positionierung des Themas

Ende der 90er Jahre wurde erkannt, dass mit Hilfe der neuen Internet-Technologie Konzepte für Dezentralisierung von Tätigkeiten durch so genannte Self-Service-Anwendungen kostengünstig realisiert werden können. Die Mitarbeiterinnen und Mitarbeiter erhalten Endgeräte mit Internet Browsern. Mit ihnen werden Anwendungen aufgerufen, die auf zentralen Rechnersystemen installiert wurden. Eine häufig angewandte Lösung ist in diesem Zusammenhang internetbasierte Beschaffung. Dabei werden alle nicht wertschöpfenden Tätigkeiten im Beschaffungsprozess eliminiert. Die dadurch frei werdende Zeit kann für wertschöpfende Tätigkeiten eingesetzt werden. Dazu gehören die verbesserte Kommunikation mit den Lieferanten, intensiveres Sourcing oder Potenzialanalysen[47]. Diese Ziele werden bei den marktführenden Produkten durch drei Komponenten erreicht:

- zentrales Katalogmanagement aller bestellbaren Waren und Dienstleistungen
- ein Workflowsystem, in dem die Prozesse und Genehmigungswege abgebildet werden
- elektronische Integration der vorhandenen Systeme und Anbindung der Lieferanten

Einsparungspotenziale von bis zu 20 % der Beschaffungskosten konnten und können durch diese Anwendungen realisiert werden. Parallel zu dieser Entwicklung wurde das Internet als Zentrum zum Vertrieb und Beschaffen von Waren und Dienstleistungen eingesetzt; es sind sogenannte virtuelle Marktplätze entstanden, auf denen Angebote und Nachfragen zusammentreffen und Transaktionen durchgeführt werden.

Lösungsbeispiel

Oracle bietet seit 1997 eine browserbasierte Beschaffungslösung an – mit über 800 Kunden, davon 300 in EMEA (Europa, Mittlerer Osten und Afrika). (Abb. 2)

---

[47] Bogaschewsky, Roland (Hrsg.): Elektronischer Einkauf, Frankfurt 1999, BME Expertenreihe

Im Katalogmanagement können unterschiedliche Konzepte parallel eingesetzt werden. Jederzeit kann im Katalog hierarchisch und durch Freitexteingabe gesucht werden. Für den Kataloginhalt können beispielsweise standardisierte Artikel, sogenannten Commodities, und Lieferantendaten via XML-Datei eingelesen werden. Dieses kann im Format BMECat erflogen. Dabei handelt es sich um einen frei zugänglichen Katalogstandard (http://www.bmecat.de) vom BME – Bundesverband für Materialwirtschaft, Einkauf und Logistik e.V. (http://www.bme.de). Oracle ist seit 1999 Partner bei der Entwicklung des BMECat.

Bei Lieferanten, die nur wenige Artikel anbieten (z.B. lokaler Cateringdienst), können die Artikel manuell durch den Sachbearbeiter oder den Lieferanten in das System eingegeben werden. Branchenspezifische Artikel können über bestehende Marktplätze geladen werden. Es ist jederzeit möglich, auf Internetseiten der Lieferanten zuzugreifen.

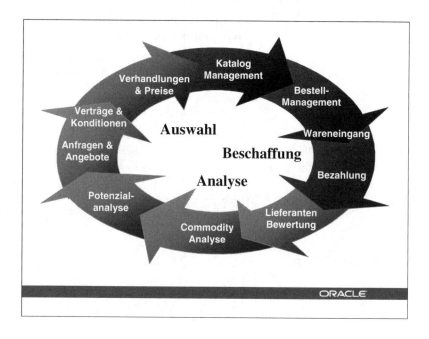

Bild 87   **Vollständiger Beschaffungskreislauf**

Das graphische Workflowsystem ermöglicht den voll automatisierten Betrieb, bei dem nur zwei manuelle Schritte notwendig sind: Der Bedarf muss angemeldet werden und es muss eine Bestätigung für den Wareneingang bzw. für die Rechnungszahlung erfolgen. Von diesem Grundprinzip ausgehend können alle notwendigen Prozesse im System aufgesetzt werden, über beliebige Hierarchiestufen und definierbare Attribute.

Die Lösung kann eigenständig oder zusammen mit vorhandenen ERP-Lösungen eingesetzt werden. Der schnelle und zuverlässige Austausch der Daten und Transaktionen mit vorhandenen Anwendungen erfolgt nach Maßgabe der OAG-Standards (Open Applications Group) für Transaktionsdefinitionen. Sie wird in der Metasprache XML (Extensible Markup Language) dargestellt.

Das Ganze wird durch eine Geschäftsanalyse abgerundet. Purchasing Intelligence, ein Web-basiertes Analysewerkzeug, gewährt den Zugriff auf unternehmensweite Beschaffungsinformationen. Es bietet die Möglichkeit, langfristige Analysen von Entscheidungen zur Lieferantenauswahl, Vertragseinhaltung und Zuliefererleistung durchzuführen.

Internet-Marktplatz

Positionierung des Themas

Der Handel auf Internet-Marktplätze beschränkt sich heute zum Großteil auf Waren, die einfach zu erläutern sind, auf sogenannten Commodities. Unterstützt mit der elektronischen Anfrage-, Angebots- (Auktionen) und Auftragsabwicklung können Kosten im Unternehmen reduziert werden. Marktplätze werden nach folgenden Attributen gegliedert:

Zugang: offen[48] – geschlossen[49]

Branchenbezug: horizontal[50] – vertikal[51]

Ausrichtung: 1:n,[52] n:m,[53] n:1[54] (Abb. 3)

---

[48] Der Marktplatz kann von beliebigen Unternehmen aufgesucht werden, sobald Zutrittskriterien erfüllt wurden (üblicherweise Registrierung).
[49] Der Nutzerkreis wird vom Betreiber / Anbieter ein geschränkt, nur ausgewählte Unternehmen können sich beteiligen.
[50] Die Angebotsausrichtung ist für mehrere Branchen vorgesehen.
[51] Das Angebot ist speziell auf eine Industrie ausgerichtet.

Vielfach werden auch Mehrwertdienste wie Transport und Finanzierung mit angeboten. Auf die Details und Anforderungen von Internet-Marktplätzen soll hier nicht näher eingegangen, sondern auf bestehende Veröffentlichungen hingewiesen werden.[55],[56]

Haben die Unternehmen, die aktiv an Marktplätzen teilnehmen, schon alle Möglichkeiten ausgenutzt, die das Internet ihnen heute bietet? Untersuchungen in Unternehmen der Automobilindustrie haben ergeben, dass diese Formen der B2B-Nutzung sich nur auf ca. 20 % der Artikel beschränkt, unabhängig, ob ein Marktplatz oder mehrere genutzt werden.

Um weitere Bereiche des Unternehmens mit einzubeziehen, wurde die gesamte Wertschöpfungskette analysiert und Einsparpotentiale von über 1.000,- DM pro Fahrzeug ermittelt. Dieses ist nur möglich, indem die gesamte Wertschöpfungskette des Unternehmens mit dem Internet vernetzt wird – es zu einem Internet Supply Chain Management kommt.

---

[52] Ein oder wenige Kunden, viele Lieferanten, klassisches Unternehmensportal bzw. Angebot von marktbeherrschenden Abnehmer

[53] Viele Kunden, viele Lieferanten, geeignet für heterogene Märkte

[54] Viele Kunden, ein oder wenige Lieferanten, klassische Shop-Lösung bzw. Angebot von marktbeherrschenden Anbietern

[55] Bogaschewsky, Roland und Müller, Holger: B2B-Marktführer – Virtuelle Handelsplattformen für Deutschland, Frankfurt 2001, BME Expertenreihe

[56] Aberdeen Group: E-Business Marketplaces, Whitepaper, April 2000

Oracle – B2B smarter

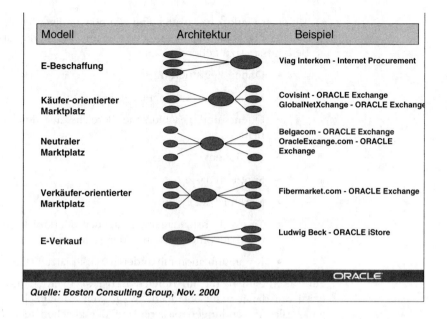

Bild 88   Ausrichtungen von Marktplätzen

Lösungsbeispiele

Es gibt unterschiedliche Möglichkeiten, sich den Internet-Marktplätzen zu nähern – am Beispiel Oracle heißt das:

- Über Portal-Lösungen kann jedes Unternehmen sein Unternehmensportal aufzubauen. Das kann sowohl für die interne Kommunikation erfolgen, als auch für die Integration von Kunden und Lieferanten. Durch sogenannte Portlets können wiederverwendbare Informationskomponenten für ständig angefragten Informationen gebündelt werden. Portlets ordnen das Website-Chaos durch wenige, aber gebündelte und konsistentere Informationszugriffe.

- Das Store-System bietet eine modulare und anpassbare Online-Storefront für den Verkauf von Produkten und Dienstleistungen. Das System verfügt über Web-basierte Store-Management-Werkzeuge, unterstützt mehrere Zahlungssysteme und kann mit ERP-Systemen für die Auftrags- und Lagerverwaltung integriert werden.

- Mit einer Marktplatz-Lösung sind alle notwendigen Funktionalitäten verfügbar, die ein moderner virtueller Marktplatz haben muss. Dazu gehören u.a.:
  - Online-Registrierung
  - Einheitliches Katalogmanagement
  - Offene und geschlossene Bereiche auf dem Marktplatz
  - Auktionen
  - Spot Purchasing
  - Marktplatzanalysen
  - Transaktionsmanagement auf dem Marktplatz und zu den Backoffice-Systemen der Teilnehmer
  - Kommunikation mit anderen Marktplätzen (E2E)[57]

Für Unternehmen, die im Bereich B2B aktiv werden möchten, existieren damit unterschiedliche Wege, um erfolgreich zu starten. Alle Anwendungen basieren auf der gleichen technologischen Plattform. So können im Laufe des Betriebs die vorhandenen Möglichkeiten und Entwicklungen komplett ausgeschöpft werden, ohne dass technische Einschränkungen vorhanden sind.

Internet Supply Chain Management

Positionierung des Themas

Wie o.g. können innerhalb der Supply Chain Kosten reduziert werden. Woher kommen die Einsparungspotenziale? Der Hauptgrund ist die fehlende Transparenz innerhalb des Liefernetzwerkes. Informationen fließen sequenziell[58]. Diese haben aber auch Einfluss auf Unternehmen, die nicht im direkten Strang, sondern in einem parallel gelegenen eingebunden sind. Hier kommen weitere Zeitverzögerungen hinzu. Das führt zu langen Entscheidungszyklen. Das wiederum bedeutet für die Unternehmen: **die Kosten steigen**. Dem gegenüber steht das Netzmodell, bei dem alle Beteiligten bereit sind, Informationen zu teilen. Diese Zu-

---

[57] Exchange to Exchange

[58] Veränderungen und Abweichungen in der vierten Ebene benötigen Tage, (besonders wenn die Planungsläufe nur täglich laufen) bis es in der ersten Ebene bekannt wird.

sammenarbeit, auch Collaboration genannt, kann in drei Schritten erfolgen:

1. Schritt: Unternehmen tauschen untereinander Informationen bzgl. Kapazitäten, Beständen, Bedarfen und Reihenfolgen aus. Dieses sieht im ersten Ansatz nicht sehr spektakulär aus, da es heute in einigen Branchen schon elektronisch erfolgt. Ergänzen wir nun die heutigen Anwendungen mit dem Netzwerkgedanken, sind die neuen Potenziale erkennbar. Die Informationen werden nicht mehr in einer 1:1-Kommunikation zwischen den Partnern ausgetauscht, der Austausch erfolgt über eine Internet-Plattform, Supply Chain Exchange. Diese stellt allen beteiligten Partnern die notwendigen Informationen online zur Verfügung. Wir kommen also zu einem **n:1:m** Modell. Die beteiligten Partner sollten sich hierbei bewusst sein, dass der Nutzen innerhalb des Netzwerkes nur möglich ist, wenn größtmögliche Offenheit und Vertrauen herrschen.

2. Schritt: Im ersten Schritt ging es um den Informationsaustausch, wobei die Internet-Plattform als Datenaustauschpunkt genutzt wird. Im zweiten Schritt wird die Zusammenarbeit verstärkt, die sich aufgrund der Informationen zwangsläufig ergibt. Exchanges dienen nun als zentraler Punkt, auf dem alle Partner Informationen sehen können und entsprechende Entscheidungen, z.B. bei Produktions- und Lieferengpässen, gemeinsam treffen können. Es wird ein Informationszentrum, auch Hub genannt, gebildet. Auf dem Hub können Engpassanalysen durchgeführt werden, Ausnahmemeldungen behandelt und die Ergebnisse anschließend in die bestehenden System übertragen werden.

3. Schritt: Hier wird nun eine weitere Stufe beschritten. Da alle relevanten Informationen vorhanden sind, können auch Anwendungen implementiert werden, die zentral das Supply Chain Network planen. Das ist heute noch Zukunftsmusik, doch die Tendenzen sind am Markt klar erkennbar und der Nutzen ist deutlich: Durch die übergreifende Planung und Optimierung kann der Materialfluss zwischen den unterschiedlichen Partnern eingestellt werden, Transportkapazitäten besser ausgenutzt und Planabweichungen schneller umgesetzt wer-

den. Die Ressourcen Zeit und Kapital führen zu einer optimierten Wertschöpfung. (Bild 89)

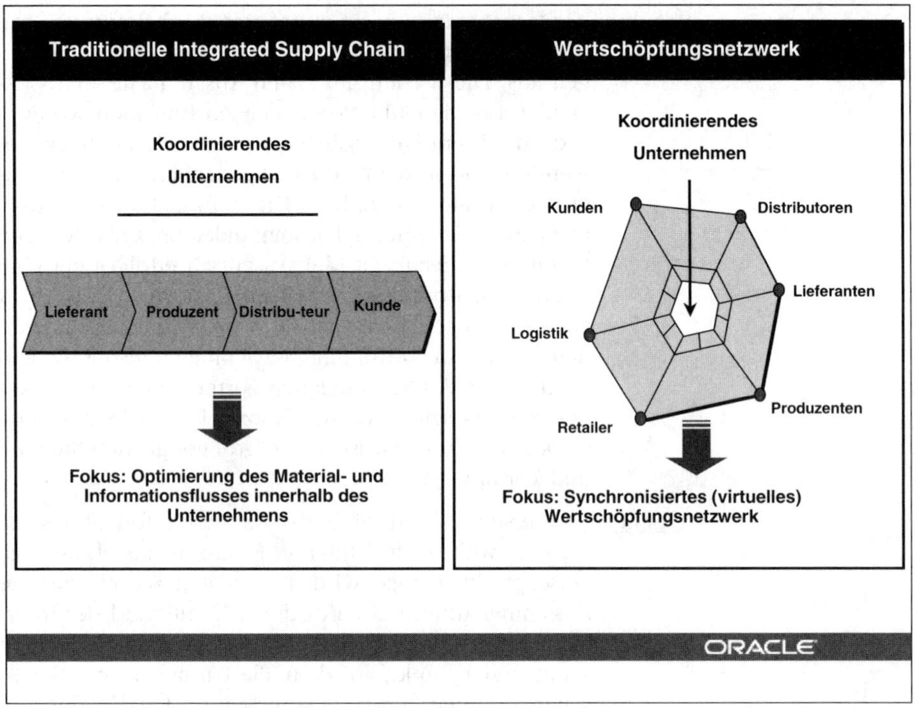

Bild 89 Traditioneller vs. moderner Ansatz für Supply Chain Management

Lösungsbeispiel

Oracle Supply Chain Exchange ist eine anpassungsfähige B2B-Lösung. Sie bietet erweiterte Möglichkeiten für die Zusammenarbeit, Planung und Optimierung von Angebot und Nachfrage entlang der gesamten Lieferkette. Die Lösung verbindet Handelspartner mit verschiedenen Softwaresystemen und ermöglicht in Echtzeit unternehmensübergreifend Event Management, Zusammenarbeit, Leistungsmessung und die synchronisierte Planung und Optimierung.

Mit Event Management-Funktionen können Unternehmen weltweit anbieten und nachfragen. Bestellungen mehrerer Unternehmen können nachverfolgt und die Lagerbestände von Handelspartnern sichtbar gemacht werden. Die Lösung bietet innovative Planungs- und Optimierungsfunktionen, mit denen Handelspartner gemeinsam Promotion-Aktionen planen, neue Produkte einführen, gegenseitig die Verfügbarkeit von Produkten prüfen und die Lieferkette aus unterschiedlichen Planungssystemen heraus optimieren und abgleichen können. Der zentrale Supply Chain Hub informiert die Partner vorausschauend über Ausnahmefälle. Er ermöglicht durch integrierte Kennzahlen kontinuierliche Verbesserungen entlang der gesamten Wertschöpfungskette. (Bild 90)

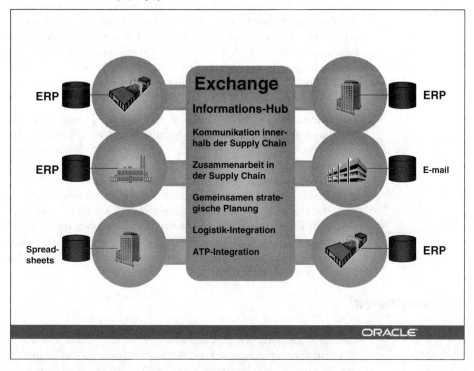

Bild 90   Oracle Supply Chain Exchange

Die Lösung enthält offene APIs[59] für die Integration mit herkömmlichen ERP- und APS-Systemen sowie privaten und offenen Marktplätzen.

---

[59] Application Program Interface

Internet-basierte Produktentwicklung

Positionierung des Themas

Ein letztes Szenario stellt die Produktentwicklung dar. Stichworte dazu, die in der Literatur und im Markt zu vernehmen sind: Time-to-Market, 7x24, Collaborative Engineering, Internet Projekt Management etc.

Auch hier wird das Internet als Plattform für den Informationsaustausch in der Entwicklung genutzt. Zeichnungen, Stücklisten, Projektpläne, Ressourcenübersichten usw. sind zentral abgelegt. Prozesse und deren Statusverfolgung finden im Internet statt. Der effektive und effiziente Einsatz der vorhandenen Ressourcen (Mensch, Kapital, Zeit) ist der zentrale Gedanke der Anwendungen. Unternehmen können ihre Produktinnovationszyklen verkürzen, das Projektmanagement verbessern und ihre Produktentwicklungsprozesse optimieren.

Das Internet bietet hier die Plattform, um die Zusammenarbeit von internationalen Entwicklungsteams – inklusive Kunden, Ingenieuren und Lieferanten – zu vereinfachen. So könnte beispielsweise ein Einzelhandelsunternehmen in San Francisco über einen Web-Browser den Vorschlag für eine Grafik ihrer Werbeagentur in New York betrachten, in Echtzeit Änderungen eingeben und damit den Entscheidungsprozess wesentlich verkürzen. Dennoch findet diese Art der Zusammenarbeit über das Internet heute noch selten statt. Eine Untersuchung von Forrester zeigt, dass nur zwölf Prozent aller Unternehmen das Internet aktiv für die Produktentwicklung nutzen.

Lösungsbeispiel

Oracle Product Development Exchange ist eine umfassende Lösung für die gemeinsame Produktentwicklung und das Managen des gesamten Produkt-Lebenszyklus. Mit der Anwendung können Unternehmen aus allen Branchen Teams für gemeinsame Projekte oder Produktentwicklungen zusammenzustellen; Produktinformationen, Projektplänen und Leistungsanalysen stehen in einer sicheren Umgebung und in Echtzeit den beteiligten Partnern zur Verfügung. Das Anwendungssystem besteht aus vier Hauptkomponenten:

- Produktinformations-Management – Anwendungen, die proaktiv Nachrichten automatisiert erzeugen und weiterleiten. Dadurch werden die durch herkömmliche Kommunikationsmethoden entstehenden Kosten und Zeitverluste reduziert. Ein Projektmanager kann (mehrstufige) Projekte anlegen, unterschiedliche Rollen definieren und diese beteiligten Personen zuweisen. Integrierte Dokumente und CAD Viewer ermöglichen den Zugriff auf beliebige Konstruktionssysteme.

- Project Collaboration: Diese Komponente ermöglicht virtuelle Konferenzen, bei denen CAD-Zeichnungen von Teilnehmern an verschiedenen Orten betrachtet und beurteilt werden können. Über Multimedia-Anwendungen können Entwicklungskonferenzen durchgeführt werden. Projektmanagementdaten können aggregiert und deaggregiert werden. Die Projektverfolgung ist durch Projektinformationsmanagement möglich, zentral und für alle berechtigten Anwender online verfügbar.

- Dokumenten-Management: Zeichnungen, Grafiken, Webseiten, Textdokumente oder Emails werden im Internet File System (iFS), einer Komponente der Oracle Datenbank, zentral katalogisiert und vorgehalten. So kann das wertvolle geistige Kapital eines Unternehmens sicher aufbewahrt werden. Die Informationen gehen auch dann nicht verloren, wenn z.B. eine neue Versionen erstellt wird oder ein wichtiger Mitarbeiter das Projekt oder das Ressort verlässt. Die Datenhaltung erfolgt auf einem Server. Dieses reduziert den Administrationsaufwand und steigert die Suchgeschwindigkeit und damit die Mitarbeiterzufriedenheit.

- Product Development Intelligence liefern in Echtzeit alle Informationen über den Projektstatus und ermöglichen so eine beständige Leistungssteigerung und -überprüfung. Durch vordefinierte und leicht konfigurierbare Auswertungen, Workflowsteuerung und Entwicklungsportlets können die Informationen auf jede beliebige Webseite integriert dargestellt werden.

Praxisbeispiele

In der Praxis hat sich gezeigt, dass die dargestellten Ansätze und Entwicklungsschritte keine theoretischen Gedankenspiele sind, sondern in konkrete Projekte umgesetzt wurden. Seit zwei Jahren verfügbar, nutzen viele Unternehmen diese Lösung und wickeln ihre Handelsaktivitäten über eine Online-B2B-Umgebung ab – zum Beispiel in Europa:

GlobalNetXchange

Im Februar 2000 gaben Sears, Roebuck & Co., Carrefour und Oracle die Gründung eines neuen und innovativen Joint Ventures unter dem Namen GlobalNetXchange bekannt (http://www.globalNetXchange.com) – der weltweit größte Online-Marktplatz für den Einzelhandel. Im Laufe der Zeit sind weitere Handelsunternehmen hinzugekommen, u.a. Metro AG, J Sainsbury's, KarstadtQuelle und Kroger.

GlobalnetXchange hat in der ersten Einführungsphase Anwendungen auf der Marktplatzseite eingeführt. Innerhalb von drei Wochen konnten die ersten Auktionen durchgeführt werden. Bis heute wurden Transaktionen von mehr als $US 600 Millionen durchgeführt werden. In weiteren Projektphasen sind Komponenten der Produktentwicklung pilotiert worden; der Bereich des Supply Chain Management ist in der Implementierungsphase.

Die Vorteile für diesen Megahub liegen nicht nur bei den beteiligten Konzernen. Gerade kleinere Unternehmen haben jetzt die Möglichkeit, sich aktiv im B2B einzubringen, ohne in eine kostenintensive EDI-Integration zu investieren. Mit XML steht heute eine kostengünstige Alternative zur Verfügung, die die Anbindung aller Lieferanten deutlich erleichtert. An diesem Beispiel wird auch deutlich, dass der Wettbewerb sich immer mehr auf die Absatzmöglichkeiten der Händler verlagern wird. Lieferanten auf den unteren Supply Chain-Ebenen haben nur diese Absatzkanäle für ihre Produkte. Sie müssen daher bereit sein, sich zu öffnen und Informationen und Transaktionen mit ihren Partnern auszutauschen.

Covisint

Covisint stellt den größten und erfolgreichsten B2B-Marktplatz in der Automobilbranche dar (http://www.covisint.com). Gegründet wurde Covisint durch Daimler Chrysler, Ford, General Motors, Commerce One und Oracle im Februar 2000, namhafte Unternehmen haben sich seitdem an dem Unternehmen beteiligt. Oracle beliefert Covisint mit der Software zur Unterstützung und Verwaltung seiner B2B-Aktivitäten. Ziel ist es, von einer reinen Auktionsplattform zu einem umfassenden System für Zusammenarbeit, Transaktionen, Kommunikation und eBusiness Intelligence im Internet zu kommen. Speziell für den Marktplatz stattet Oracle Exchange Marketplace Covisint mit wichtigen Funktionalitäten wie Sicherheit, Möglichkeiten für Single Sign-on, Registrierung und Preisbestimmung aus. Da Covisint ein eigenständiges Unternehmen ist, wird auch hier Unternehmenssoftware eingesetzt. Neben den klassischen Elementen wie Finanzbuchhaltung, Personalwirtschaft, Einkauf und Verkauf rückt der Bereich der Kundenbindung stark in den Vordergrund. Systemtechnisch wird von Anfang an auf integrierte CRM-Anwendungen gesetzt – Call Center, Marketing, Sales und Service. Neben den Anwendungen wird Oracle-Technologie in den unternehmenskritischen Bereichen des Marktplatzes wie auch des Unternehmens Covisint eingesetzt. Somit ist eine skalierbare, performante und ausfallsichere Basis für den erfolgreichen Einsatz im Internet gelegt.

Aeroxchange

Anfang 2000 begann eine Anzahl von Fluggesellschaften darüber zu diskutieren, wie sie effektive Prozesse mit Hilfe von B2B – Exchanges realisieren könnten. Aus dieser Diskussion ist Aeroxchange (http://www.aeroxchange.com) entstanden. Heute sind 13 Luftfahrtgesellschaften beteiligt: Air Canada, All Nippon Airways (ANA), America West, Cathay Pacific Airways, FedEx Express, Japan Airlines, Lufthansa German Airlines, Northwest Airlines, Scandinavian Airline System (SAS), Singapore Airlines, Air New Zealand, Austrian Airlines und KLM Royal Dutch Airlines.

Zusammenfassung und Ausblick

In der Ausführung wurde gezeigt, dass das Internet die Art des Handels verändert und dass Business-to-Business eine wichtige Komponente in der Nutzung des Internets ist. An welchen Punkten jedes Unternehmen anfängt, hängt von den inneren und äußeren Rahmenbedingungen ab. Es wurde aufgezeigt, wie Veränderungen stattfinden und es wurde verdeutlicht, dass alle Unternehmen in den Bereich Internet Supply Chain und Internet-Produktentwicklung hineinwachsen werden. Nur integrierte Anwendungen schaffen eine lückenlose Kommunikation innerhalb des Netzwerkes. Medienbrüche müssen hier in den Unternehmen vermieden werden. Sie führen zu Informationsverlust, was gleichbedeutend mit Zeitverlust anzusehen ist.

Es gibt heute schon Unternehmen, die sich auf den Weg gemacht haben, die Potenziale des B2B für den eigenen Geschäftserfolg zu nutzen.

Abschließend soll Prof. Hau Lee, Stanford, zitiert werden, der in einfachen Worten die Entwicklung dargestellt hat:

"The battle for market supremacy will not be between enterprises but between supply chains"

Mattias Drefs, Solution Marketing Manager B2B

Weitere Informationen zum Thema B2B unter:

http://www.oracle.com/de/b2b

17 Many Markets, One Source – das Marktplatz-Konzept von Commerce One

Sabine Lisiecki

Elektronische Marktplätze: für jedes Unternehmen das richtige Konzept

Für viele Unternehmen ist die elektronische Beschaffung oder der elektronische Verkauf von Waren und Dienstleistungen das derzeit dominierende Thema. Ein Großteil der heute verfügbaren eBusiness-Lösungen orientiert sich an der Nutzung des Internets als reine Kommunikationsplattform zur Lösung betriebswirtschaftlicher Probleme. Damit wird jedoch nur ein Teilbereich einer möglichen Gesamtlösung adressiert.

Der Einsatz elektronischer Beschaffungslösungen (eProcurement) erscheint aus dem Blickwinkel eines einkaufenden Unternehmens im ersten Schritt als optimal: Durch den Einsatz einer webbasierenden eProcurement-Lösung lässt sich eine deutliche Kostenreduktion nachweisen, Einkaufsprozesse werden optimiert, Maverik-Buying[60] wird durch den Einsatz elektronischer Multi-Lieferanten-Kataloge nahezu ausgeschlossen. Vernachlässigt werden damit allerdings die weitreichenden Optimierungsmöglichkeiten, die sich nicht nur durch die Integration ins eigene ERP-System ergeben, sondern auch durch die Berücksichtigung externer Prozesse, also die Abwicklung geschäftlicher Transaktionen mit Handelspartnern, wie z.B. Lieferanten. Denn durch den Einsatz einer reinen eProcurement-Lösung ist noch nicht geklärt, wie ein Lieferant seine Bestellungen im richtigen Format erhält, Rechnungen und Lieferscheine übermittelt werden bzw. wie ein elektronischer Mehrlieferanten-Katalog innerhalb eines Unternehmens gepflegt wird.

---

[60] Maverik-Buying stellt Einkaufsprozesse dar, die vertragliche Rahmenverträge mit Lieferanten umgehen.

Auf der anderen Seite stehen die Lieferanten vor der Situation, entsprechend den Anforderungen ihrer Kunden ihre Produktkataloge in den gewünschten elektronischen Standards zu liefern und den Einsatz verschiedenster ERP-Systeme zu berücksichtigen. Ihre eigene vertriebliche Belange hinsichtlich einer Steigerung des „pro-Kunden" Umsatzes kommen zu kurz, womit auch auf der vertriebsorientierten Seite nur eine sub-optimale Lösung existiert.

Das Marktplatzkonzept von Commerce One: „Many-to-One-to-Many"

Der Weg zu einer integrierten Supply Chain und damit auch die Verknüpfung beschaffungs- („One-to-Many") und vertriebsorientierter („Many-to-One")Ansätze liegt in elektronischen Marktplätzen („Many-to-One-to-Many"): Alle Handelspartner einer Community können über eine zentrale Marktplatzschnittstelle miteinander verbunden werden, wodurch die einstigen Punkt-zu-Punkt- Verbindungen herkömmlicher Medien (EDI, Fax, etc.) sowie die Nachteile proprietärer eProcurement-/eSales-Lösungen überwunden werden.

Commerce One hat bereits bei der Konzeption seiner eBusiness-Lösungen das elektronische Marktgeschehen der Zukunft berücksichtigt. Grundlage eines elektronischen Marktplatzes ist eine transaktionsorientierte Plattform, auf der Prozesse in Echtzeit abgewickelt werden und die vielzählige Dienste von gehosteten eProcurement- und eSales-Applikationen bis hin zu Supply Chain Management-Lösungen umfasst. Im Unterschied zu anderen Marktplatzkonzepten war der Ausgangspunkt der Überlegungen zunächst nicht die innerbetriebliche Aufgabenstellung eines Unternehmens, sondern die zentrale Nutzung von Inhalten. Ein gutes Beispiel dafür ist das Katalogmanagement (Content Management). Elektronische Mehrlieferanten-Kataloge zählen zu den wesentlichen Bestandteilen eines elektronischen Marktplatzes. Commerce One (ehem. DistriVision Inc.) beschäftigt sich mit diesem Thema bereits seit 1994 und bietet Marktplatzbetreibern zum Aufbau elektronischer Kataloge entsprechende Lösungen und Methodiken an. Nach einmaliger Katalogerstellung erfolgt die Pflege durch den Lieferanten über einen Marktplatzzugang (siehe Artikel zum Thema Lieferantenintegration). Vergleichbar mit dem Content-Management verhält es sich auch mit anderen Business Services, die zentral auf dem elektronischen Marktplatz aufgebaut werden und auf die sowohl Einkäufer als auch Lieferanten Zugriff haben.

Keine andere Konzeption oder Technologie bietet auch nur vergleichbare Vorteile für Einkäufer und Verkäufer, die beide auf zentral abgelegte Informationen und Services zugreifen und dabei gleichzeitig die Integration in ihre individuellen ERP-Systeme realisieren können.

Die zentrale Nutzung von Inhalten (Kataloge, Applikationen, Business Services, etc.) erhält eine globale Ausrichtung durch die weltweite Vernetzung der elektronischen Marktplätze, die auf Commerce One-Technologien basieren, zum „Global Trading Web" (GTW). Das „GTW" ermöglicht allen Teilnehmern, die an einen Marktplatz angeschlossen sind, mit Teilnehmern anderer Marktplätze Handel zu betreiben bzw. deren Business Services zu nutzen. Einmal aufgebaute elektronische Kataloge können weltweit zugänglich gemacht werden, elektronische Ausschreibungen lassen sich weltweit mit integrierten Partnern durchführen, etc. Auch hier zeigt sich, dass sowohl einkaufs- als auch vertriebsorientierte Unternehmen gemeinsam profitieren. Einkaufenden Unternehmen werden globale Sourcing-Möglichkeiten angeboten, Lieferanten und Anbieter von Business Service-Leistungen stoßen auf einen weltweiten Abnehmermarkt. Es entsteht ein globales Handelsnetzwerk, welches nicht nur den verschiedenen Unternehmen zahlreiche Handelsvorteile ermöglicht, sondern auch multinationalen Konzernen, die effektiv ihre dezentrale Organisationsstruktur über das Internet abbilden können. (Private Exchange))

Commerce One betreibt einen eigenen elektronischen Marktplatz (www.commerceone.net) und ist damit ein gleichwertiges Mitglied im Global Trading Web. Das GTW-Konsortium besteht mittlerweile aus über 36 Marktplatzpartnern, die quartalsmäßig zusammenkommen, um Themen der Interoperabilität voranzutreiben. Zu den Teilnehmern gehören Unternehmen wie z.B. die Deutsche Telekom AG, Swisscom (Connextrade), Citibank, Cable & Wireless Optus, General Motors, Sesami (Singapore Telecom), NTT Communications, etc. Wesentlich für das Funktionieren eines derartigen Models ist die Verwendung vergleichbarer XML-Spezifikationen, Katalogstandards und Schnittstellen, mit deren Hilfe die Interoperabilität zwischen den einzelnen Marktplätzen gewährleistet wird.

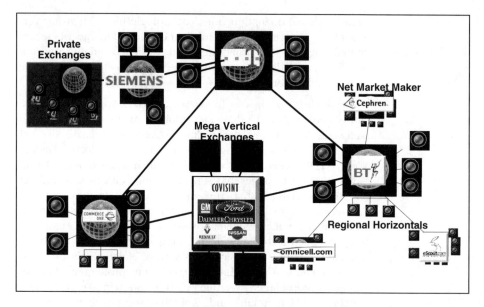

Bild 91   Global Trading Web

Das Geschäftsmodell von Commerce One ist vergleichbar mit einem Franchising- bzw. „Shared-Risk-Modell". Neben dem eigenen betriebenen Marktplatz sucht Commerce One Marktplatzbetreiber, denen die Technologie zur Verfügung gestellt wird und die den Aufbau als auch den Betrieb übernehmen. Hierdurch wird das Wachstum des GTW's ermöglicht. Im Rahmen dessen lassen sich zunächst zwei Formen von Marktplätzen unterscheiden:

1. Horizontale oder „regionale" Marktplätze konzentrieren sich vor allem auf einen sprachlich und wirtschaftlich homogenen Wirtschaftsraum. Hier werden meist Waren und Dienstleistungen gehandelt, die in (fast) allen Branchen benötigt werden. Zu den Betreibern zählen überwiegend Telekommunikationsunternehmen oder Bankenkonsortien als „Trusted Partner". Als Beispiel zu nennen sind hier etwa der Marktplatz T-Mart der Deutschen Telekom AG, „Connextrade" der Marktplatz der Swisscom oder der britische Marktplatz der British Telekom. Banken oder Bankenkonsortien betreiben beispielsweise den französischen, kanadischen und den mexikanisch-südamerikanischen Marktplatz.

2. Vertikale Marktplätze/Mega Exchanges werden meist von Branchenkonsortien ins Leben gerufen, die sich vor allem auf den Handel von spezifischen, möglichst vollständigen Waren- und Dienstleistungsangeboten für eine bestimmte Branche konzentrieren. Zu den bekanntesten vertikalen Marktplätzen zählt „Covisint", der Beschaffungsmarktplatz der Automobilkonzerne DaimlerChrysler, General Motors und Renault/Nissan (vgl. dazu den Buchbeitrag von Covisint) oder Exostar, der elektronische Marktplatz der Luft- und Raumfahrtindustrie, der von Boeing, Lockheed Martin, BEA Systems und Raytheon gegründet wurde.

Konzepte elektronischer Marktplätze sind nicht nur eine Frage der Marktausrichtung (horizontal oder vertikal), sondern auch eine Frage der Unternehmensgröße bzw. deren Zielrichtung. Somit werden beispielsweise öffentliche Marktplätze (Public Exchange) häufig von Unternehmen/Konsortien gegründet, die den Marktplatzbetrieb als „primary business" ansehen und die Finanzierung über fixe Teilnahmegebühren oder Prozentanteile für Geschäftsabschlüsse erreichen. Bei einem privaten Marktplatz (Private Exchange) sind es demgegenüber eher einzelne Unternehmen, die auf eigene Kosten einen Marktplatz betreiben, um darüber ihre Kontakte zu Lieferanten, Händlern und Logistikpartnern abzuwickeln.

Vergleichbar mit dem Angebot unterschiedlichster Zugangsmöglichkeiten zum Marktplatz (Access Solution) im Einkaufs bzw. Verkaufs- Bereich zählt zu den elektronischen Marktplatzkonzepten von Commerce One auch eine Lösung, die sich vor alle an kleine und mittelständige Unternehmen richtet. Eine NetMarket-Maker-Lösung nutzt dabei die existierende IT-Infrastruktur eines horizontalen bzw. vertikalen elektronischen Marktplatzes und ermöglicht gleichzeitig den Aufbau eines eigenen industriespezifischen Portals mit eigenem Community Management, eigenen Kataloginhalten und eigenen Business Service-Angeboten. Die Kosten als auch die Implementierungszeiten sind dabei wesentlich geringer als bei dem Gesamtmodell MarketSet.

„Medicforma", der medizintechnische Marktplatz der AKAMED GmbH, einem Konsortium von 31 Kliniken bzw. das „Bauportal" der Bauindustriemarktplatz der BayWa GmbH stellen zwei Beispiele für den deutschsprachigen Raum dar. Durch die Anbindung an die Plattform eines Global Marketplace Partner erhält ein NetMarketMaker Zugang zum weltweiten Handelsnetzwerk Global Trading Web. Weltweit wurden bis Ende 2000 über 140 elektronische Marktplätze realisiert, wobei bereits mehr als 60 Marktplätze den Online-Betrieb aufgenommen haben.

Technologie der Commerce One-Lösung

Alle Commerce One-Marktplätze basieren auf einer offenen Technologie-Plattform, die es ermöglicht, real time-Transaktionen abzuwickeln. und das global.

Das Lösungsportfolio von Commerce One lässt sich dabei in drei Funktionsbereiche differenzieren, die zum Teil auch unabhängig voneinander eingesetzt werden können:

- Software, die für den Aufbau und Betrieb eines Marktplatzes eingesetzt wird
- Software, die der Beschaffung eines Unternehmens dient und
- Software für die Anbindung von Verkäufern an den Marktplatz.

Seit Sommer 2000 besteht eine strategische Partnerschaft zwischen Commerce One und der SAP AG bzw. SAP Markets. Für den Aufbau und Betrieb eines Marktplatzes wurde gemeinsam das modulare Lösungsportfolio MarketSet entwickelt. Die Ausprägung bzw. der Einsatz der Komponenten von MarketSet hängt davon ab, ob eher die Beschaffung indirekter Güter (MarketSite) oder die Beschaffung direkter Güter und damit das Supply Chain Management (MarketSet) im Vordergrund steht. Die technologische Basis jedes elektronischen Marktplatzes ist dabei die MarketSite Operational Environment, die gleichzeitig auch die Interoperabilität der einzelnen Marktplätze im Global Trading Web gewährleistet.

Die eProcurement-Lösung EnterpriseBuyer steht auf der Beschaffungsseite zur Verfügung, wobei auch hier differenziert wird in indirekte Materialien (EnterpriseBuyer Desktop Edition) und direkte Materialien (EnterpriseBuyer Professional Edition). Über den EnterpriseBuyer wird der gesamte Beschaffungsworkflow innerhalb eines Unternehmens gesteuert, von der Produktauswahl aus einem elektronischen und unternehmensspezifischen Mehrlieferanten-Katalog, der Bestellversendung über einen elektronischen Marktplatz bis hin zur Wareneingangsverbuchung und elektronischen Bezahlung. Abhängig von der Größe des Unternehmens ist die Procurement-Lösung sowohl als Enterprise Edition hinter der Firewall eines Unternehmens einsetzbar bzw. als gehosteter Service auf einem Marktplatz, wie z.B. dem der Deutschen Telekom AG.

Auf der Lieferantenseite werden je nach Grad der Anbindung an den Marktplatz automatische bis halbautomatische Routinen aufgesetzt. Wesentlich für Lieferanten ist der elektronische Empfang ihrer Bestellungen, die Abwicklung der darauffolgenden Prozesse der Rechnungsstellung und Bezahlung bis hin zur einfachen Pflege und Administration ihrer elektronischen Kataloge auf dem Marktplatz. XML-Technologien und Connectoren ermöglichen die Integration in die entsprechenden Warenwirtschaftssysteme. Um auch kleineren Lieferanten diese Möglichkeiten zu bieten, wird diesen der Zugang und die Pflege ihrer Aufträge über eine Browser-gestützte Order Management-Funktionalität auf dem Marktplatz angeboten.

MarketSite Operational Environment

Wesentliches Architekturgerüst eines elektronischen Marktplatzes ist die MarketSite Operational Environment, die allen Marktplatzkonzepten zugrunde liegt. Sie besteht hauptsächlich aus den drei Komponenten

- MarketSite Builder,
- Business Service Framework und der
- MarketSite Plattform,

die eine Zusammenführung multipler Handels-Partner sowie Business Service-Anbieter ermöglichen.

Many Markets, One Source – Das Marktplatzkonzept von Commerce One

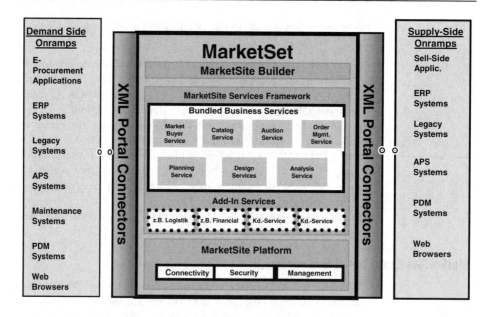

Bild 92   Architektur MarketSet

MarketSite Platform

Die MarketSite Plattform stellt die XML-basierende Infrastruktur dar, auf der ein elektronischer Marktplatz technologisch aufgesetzt und administriert wird. Der Austausch XML-basierender Geschäftsdokumente zwischen den einzelnen Handelspartnern wird garantiert durch den Einsatz von XML Connectoren, von XML Portal Routern, dem Security Framework, dem Messaging Server Sonic MQ, Multicast Services und entsprechenden Tools, wobei gleichzeitig sichergestellt wird, dass die Business Services (siehe Business Service Framework) mit den entsprechenden Geschäftsdokumenten interagieren können. Damit die Handelspartner ihre Dokumente (im richtigen Format) erhalten können, werden sie über den XML Connector „MarketConnect" angebunden, der sowohl entsprechende Tools für die Entwicklung und Übermittlung von XML Dokumenten bietet, als auch definierte Kommunikationspunkte und eine Administrationskonsole.

Vor dem Hintergrund, dass im eBusiness-Bereich weltweit verteilte Unternehmen mit heterogenen IT-Systemen und -Plattformen miteinander kommunizieren, wird die Notwendigkeit eines allgemein anerkannten Standards für den Datenaustausch deutlich. Als eines der ersten Unternehmen der eBusiness-Branche hat CommerceOne bereits im Oktober 1998 eine eigene XML-Definition den Standardisierungsgremien vorgelegt. Die Common Business Library (xCBL) stellt eine Bibliothek von Komponenten dar, mit deren Hilfe XML-Dokumente erzeugt werden können. XCBL definiert und standardisiert die Strukturen von Dokumenten, wodurch digitale Formulare wie Bestellungen, Auftragsbestätigungen oder Rechnungen zwischen Geschäftspartnern mit jeweils unterschiedlicher Infrastruktur ausgetauscht werden können. XCBL ist erweiterbar. Das bedeutet, dass Standarddokumente wie z.B. ein Bestellformular mit spezifischen Informationen angereichert werden können. Damit wird sichergestellt, dass Lösungen anderer Anbieter mit einem Commerce One-Marktplatz kommunizieren können und zum anderen, dass sich Dokumente spezifischen Inhaltes leichter erstellen lassen. Dokumente mit andere XML Standards, wie z.B. Biztalk von Microsoft oder ebXML von Oasis lassen sich auf dem Marktplatz verarbeiten. Commerce One begreift damit xCBL keineswegs als „eigenen" oder gar proprietären Standard, denn dieses würde dem Grundgedanken des Global Trading Webs widersprechen, sondern xCBL wird zur uneingeschränkten Benutzung und Modifikation frei zur Verfügung gestellt.

Business Service Framework

Die Einbindung zusätzlicher Service-Leistungen (Logistik, Finanzdienstleistungen, etc.) stellt für einen Marktplatzbetreiber eine wichtige Möglichkeit dar, sich von anderen Marktplätzen hinsichtlich des Teilnehmernutzens positiv abzuheben (vgl. auch den ersten Teil dieses Buches). Gleichzeitig werden für den Marktplatzbetreiber neue Einnahmequellen generiert, die sich durch pauschale Nutzungsgebühren oder eine prozentuale Beteiligung am Gesamtumsatz ergeben. Zusätzliche Serviceangebote stellen einen strategischen Erfolgsfaktor für einen Marktplatz dar, insbesondere, wenn sie individuell auf die Bedürfnisse/Anforderungen einer Branche/Zielgruppe zugeschnitten sind und dabei zusätzlich die Prozesse der gesamten Supply Chain in einzelnen Industriebereichen berücksichtigen.

Die Einbindung derartiger Applikationen liegt in der Verantwortung des Business Service Frameworks, welches die entsprechenden Integrationstools, Schnittstellen und Methodologien zur Verfügung stellt. Die Integrationstiefe eines Business Services kann dabei variieren von der reinen „User Interface based Integration" bis hin zur „Document-based-Integration", die sich darauf konzentriert, Transaktionen zwischen den einzelnen Marktplatzkomponenten und den Business Services aufzusetzen.

Über das Business Service Framework werden ebenso die Applikationen von Commerce One und SAP eingebunden. Welcher der Services von Kundenseite aus gewählt wird, hängt von der Ausrichtung des elektronischen Marktplatzes ab. Somit reichen für einen horizontalen, vor allem auf indirekte Güter fokussierten Marktplatz im ersten Schritt Procurement, Order Management, Content und Auction Services aus, ergänzt um Finanz- und Logistikdienstleistungen. Steht dagegen die Integration des gesamten Supply Chain Managements im Vordergrund, so werden die wesentlich komplexeren Prozesse adressiert durch die Komponenten Design, Planungs- und Analyse Services:

- **eProcurement Service:**
  Web-basierte Nutzung der Einkaufsapplikation Enterprise-Buyer für direkte (Professional Edition) und indirekte Materialien (Desktop Edition).

- **Order Management Service:**
  Der Service Order Management richtet sich vor allem an Lieferanten, die z.B. aus Ressourcen-Gründen ihre Backend-Systeme nicht vollständig an den Marktplatz anbinden wollen. Browser-basierend können Lieferanten ihre Bestellungen elektronisch bearbeiten, Lieferscheine und Rechnungen über den Marktplatz verschicken und ihre elektronischen Kataloge bearbeiten.

- **Content Services:**
  Die Bereitstellung von elektronischen Katalogen ist die Basis elektronischer Einkaufsprozesse. Commerce One Content Services bietet Tools für die Normalisierung und Aggregierung von Lieferanten-Katalogen. Mit Hilfe der Content Tools ist es möglich, dass der Marktplatzbetreiber die Erstellung der elektronischer Kataloge für den Lieferanten übernimmt, einen Zugang zu den lieferantenspezifischen Online-Katalogen herstellt (OCI)[61], kundenspezifische Mehrlieferanten-Kataloge aufbaut oder durch Normalisierung parametrische Suchfunktionalitäten anbietet.

---

[61] OCI = Open Catalog Interface

- **Auction Services:**
  Online-Auktionen gehören zu den wichtigsten Transaktionen auf einem Marktplatz, da sie schnell und leicht aufzusetzen sind und ein unmittelbares Return-On-Investment durch Kosten- und Zeiteinsparungen erlauben. Der Marktplatzbetreiber kann Online-Auktionen/eRFQ in einem gehosteten Modus seinen Kunden (Einkäufern, Lieferanten, NetMarketMakern) anbieten, wobei die verschiedensten Auktionsformate (forward/reverse) bzw. Auktionstypen (English, Dutch, Yankee etc.) die entsprechenden Kundenanforderungen incl. Branding abdecken.

Supply Chain Management

- **Design Services:**
  Der Erfolg des Supply Chain Managements hängt von der Bündelung und Zusammenarbeit mit Partnern bei firmenübergreifenden Geschäftsprozessen ab. Mit Hilfe des gehosteten Collaborative Engineering Services auf einem Marktplatz können registrierte und autorisierte Benutzer der verschiedenen Organisationen einer Supply Chain gemeinsam an einem Design-Prozess arbeiten, indem sie parallel auf Informationen zugreifen. Diese erhöhte Daten und Informationstransparenz führt signifikant zu Kosteneinsparungen und „time to market"-Vorteilen.

- **Planning Services:**
  Unstrukturierte Prozesse, innerhalb derer Planungsdaten vor allem per Telefon, Fax oder Mail ausgetauscht wurden, haben eine sinnvolle, elektronisch unterstützte Kollaboration bislang verhindert. Der Einsatz von Planning Services auf einem elektronischen Marktplatz zielt darauf ab, die Supply Chain- Planungsaktivitäten mit den jeweiligen Geschäftspartnern zu unterstützen. Gemeinsam können Teilnehmer auf relevante Planungsdaten zugreifen, sie bearbeiten, um dann im APS-System hinter der Firewall optimierte Pläne zu erstellen. Die auf dem Marktplatz zugänglich gemachten Informationen werden in konfigurierbaren „Planning Books" abgelegt, der Alert Monitor informiert dabei über Ausnahmen, basierend auf vordefinierten Regelungen.

- **Analysis Services:**
  Auch in einer Marktplatzumgebung müssen Entscheidungen schnell und auf Basis vertrauenswürdiger Fakten getroffen

werden. Die benötigten Informationen befinden sich häufig in den verschiedensten Applikationen, deren Zugang erschwert ist. Informationen aus verschiedenen Quellen des Marktplatzes werden in das Business Information Warehouse geladen, konsolidiert, ausgewertet und den Teilnehmern zur Verfügung gestellt.

- **Add-in Services:**
  Das Business Service Framework ist offen für andere Third Party-Lösungen entweder aus einem industriespezifischen Bereich oder aus einem industrieübergreifenden Bereich, wie z.B. Steuern, Kreditinformationen, etc.

Zugänglich gemacht werden alle Serviceangebote über die „Single-Sign-On"-Funktionalität des MarketSite Builders.

MarketSite Builder

Der MarketSite Builder gestaltet das User Frontend eines elektronischen Marktplatzes, übernimmt die Regelung des User-Managements (Registrierungs- und Login-Prozesse) und gewährleistet den direkten Zugang zu den entsprechenden Business Services.

Der Prozess zur Gestaltung des User Interfaces entsprechend unternehmensspezifischen Wünschen wird unterstützt durch die Verwendung von Style Sheets, vorkonfigurierten Templates und Design Tools. Die Registrierung neuer Teilnehmer auf dem Marktplatz sowie die Spezifizierung entsprechender Benutzerrollen und deren Administration erfolgt über das Community und User Management. Ebenso werden hierüber der gesamte Login-Prozess (Lieferant, Einkäufer, Service Partner, Gast) und das Passwort-Management gesteuert. Wichtig für einen Marktplatz ist ein Verzeichnis sämtlicher Teilnehmer. Vergleichbar mit Yellow Pages übernimmt diese Funktion das Trading Partner Directory. In einer SQL-Datenbank werden Unternehmensprofile und Kontaktinformationen der einzelnen Marktplatzteilnehmer gespeichert und über eine Suchmaschine zugänglich gemacht. Somit lassen sich weltweit über das Global Trading Web neue Handelspartner suchen und in Einkaufs- bzw. Auktionsprozesse integrieren; ein wesentlicher Aspekt auch für Lieferanten, deren Vertriebsgebiet sich auf eine schnelle und einfache Art vergrößert.

Vom „Public Exchange" zum „Private Exchange" – ein Fazit

Das einfache Ziel eines Marktplatzes besteht darin, Käufer und Verkäufer miteinander zu verbinden und eine Plattform für den Austausch von Geschäftsdokumenten zu bieten. Was einfach klingt, ist meist hochkomplex, denn Kauf und Verkauf stehen in direkter Verbindung mit Planung, Produktion, Transport, finanziellen Transaktionen und umfassenden Informationen für Käufer und Verkäufer. Das bedeutet, dass sämtliche relevanten Prozesse eines Unternehmens über elektronische Kommunikationswege durchgängig miteinander verknüpft werden und zwar nicht nur die internen Abwicklungs- und Produktionsprozesse, sondern der gesamte webbasierte Datenaustausch zwischen allen mit dem Unternehmen verbundenen Wertschöpfungspartnern, Zulieferern und Kunden.

Es findet ein Paradigmenwechsel im Bereich der elektronischen Marktplätze statt: Die erste Generation des Business-to-Business eCommerce war vor allem auf die Transaktionsautomatisierung fokussiert. Die steigende Anzahl horizontaler und vertikaler Marktplätze hat zugleich eine zunehmende Diversifizierung der Business Service-Angebote hervorgerufen, nicht zuletzt dadurch, dass der Wettbewerb im elektronischen Marktplatzbereich gestiegen ist. Unternehmen in die Lage zu versetzen, elektronische Kaufanforderungen, Preisangaben, Aufträge, Rechnungen und sogar Bezahlungen abzuwickeln, legt den Grundstein für den nächsten Schritt zum Collaborative Commerce und den privaten Marktplätzen (Private Exchanges.) Unternehmen haben erkannt, dass der Erfolg der Supply Chain von der Bündelung und der Zusammenarbeit bei firmenübergreifenden Geschäftsprozessen mit Partnern abhängt, was bedeutet, dass die vielfältigen Glieder einer Kette, die einst autonom waren, mehr denn je zusammenarbeiten müssen.

Bei einem Private Exchange wird ein elektronischer Marktplatz speziell für ein Unternehmen und seine Wertschöpfungspartner aufgebaut. MarketSet ermöglicht allen Teilnehmern einer Versorgungskette, gemeinsam an der Produktentwicklung, am Sourcing und an Entscheidungen der Bedarfsplanung arbeiten zu können, bei gleichzeitiger Integration in die Backoffice Systeme. Entscheidend dafür ist die Integration der Supply Chain-Komponenten Planning, Design und Analysis Services auf der Marktplatzplattform. Durch den real-time-Zugriff der einzelnen Wertschöpfungspartner auf Informationen wird eine Parallelisierung der Supply Chain erreicht, die zu einer Reduzierung der Durchlaufzeiten und Lagerbestände führt und letztendlich eine höhere Kundenzufriedenheit bedingt.

Die Zukunft elektronischer Marktplätze sehen Analysten häufig in der Bildung sogenannter „Meta-Markets", als Verbindung vertikaler und horizontaler bzw. öffentlicher und privater Marktplätze zu einem Netzwerk. Commerce One hat dieses bereits aufgebaut: das Global Trading Web.

18 Vom Kataloghändler zum Informationspartner – strategische Positionierung des Handelshauses BÄR im eCommerce

Georg Bleyer, Katharina Lehmann

eCommerce – unternehmensübergreifende Prozessveränderung

„Nichts ist so beständig wie die Veränderung".

Eine Weisheit, die nur annähernd das zum Ausdruck bringt, was sich derzeit im Wirtschaftsleben andeutet. Noch scheint die Veränderung überschaubar, noch könnte man glauben, nur andere Unternehmen seien betroffen, doch unaufhaltbar vollzieht sich das Unausweichliche: Die Informatik dringt in die letzten Bastionen unternehmerischer Festungen vor.

Das Schlagwort heißt **eCommerce**. Abläufe, die sich bisher als erprobt oder gewohnt verstanden, werden in ihrer Existenzberechtigung in Frage gestellt. Verantwortlichkeiten und Handlungen werden künftig so positioniert, dass Geschäftsprozesse an den Möglichkeiten elektronischer Lösungen ausgerichtet werden, um betriebliche Effizienzoptimierung und Prozesskostenminimierung zu erzielen. Wenn überhaupt ein Vergleich mit vorangegangenen, einschneidenden Veränderungen im Wirtschaftsleben sinnvoll ist, könnte die Automatisierung der Produktionen in den 70er und 80er Jahren herangezogen werden.

Doch **eCommerce** wird wesentlich mehr verändern als nur die innerbetrieblichen Abläufe. **eCommerce** wird einschneidend in die Prozesse zwischen den Unternehmen einwirken. Das historisch gewachsene Eigenverständnis unternehmerischer Selbständigkeit und Unabhängigkeit wird sich grundlegend wandeln müssen. Der elektronische Durchgriff auf die Vorgänge produktionsvor- oder -nachgelagerten Unternehmen wird zur Selbstverständlichkeit. Produktionsabläufe werden künftig komplexe, elektronische Vernetzungen zwischen Unternehmen. Es werden neue Steuerungs- und Verantwortungsgebilde entstehen. Kernkompetenzen sind künftig neu zu fokussieren. Die Dienstleistung „Koordination" wird zur alles begleitenden Steuerungsschicht.

Der Handel als Koordinator zwischen Angebot und Nachfrage

In einer Welt ohne Handel läge es ausschließlich im Verantwortungsbereich des Herstellers, seine Produkte dem Käufer anzubieten.

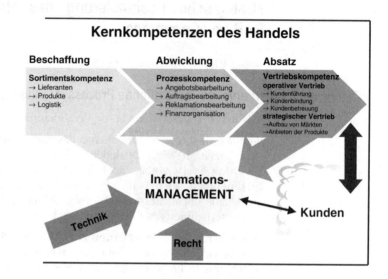

Bild 93   **Kernkompetenzen des Handels**

Kernkompetenz des Handels war und ist die Koordination von Waren zwischen Anbietern und Abnehmern. Dieses setzt unter anderem eine genaue Kenntnis der Abnehmerstruktur voraus. Zielgerichtet auf die ausgewählte Abnehmerstruktur sind die zu handelnden Produkte und deren Restriktionen zu bestimmen. Der Preis ist zwar ein dominanter Bestandteil des Entscheidungsprozesses, aber er stellt im Gesamtzusammenhang nur einen von vielen Einflussfaktoren dar.

Vor der Einzelproduktentscheidung gilt es sicherzustellen, dass die angestrebte Geschäftsbeziehung zwischen Händler und Lieferant tragfähig ist. Lebensfähigkeit des Lieferanten und seine Zuverlässigkeit in Vereinbarungen und Lieferqualität bilden die Grundvoraussetzungen für einen erfolgreichen Geschäftsprozess. Bei der Produktauswahl entscheidet neben Preis und Produktqualität auch die Vermarktungsfähigkeit des Produktes über das Medium „Handel". Ist diese Voraussetzung nur bedingt erfüllt, muss der Hersteller in den Vermarktungsprozess eingebunden werden.

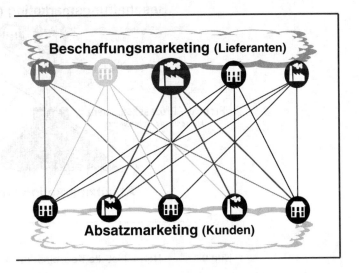

Bild 94 **Welt ohne Handel**

In der Fortsetzung der Wertschöpfungskette übernimmt der Handel die Funktion, heterogene und homogene Produktlinien zu einem für den Abnehmer attraktiven Sortiment zu bündeln. Maßeinheiten und Bezugsgrößen sind verbrauchsgerecht anzupassen. Das Produktmarketing des Angebotes ist käufergerecht abzustimmen. Dieses schlägt sich vor allem in der Gliederung eines intelligenten Kataloges nieder, welcher anhand der Käufererwartung strukturiert sein sollte. In diesem Fall stellt der Handel indirekt die Sortimentsauswahl für den Kunden zur Verfügung, so dass sich dieser mit dem Katalog identifizieren kann.

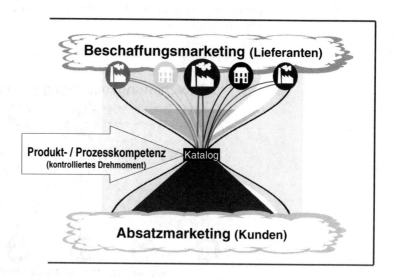

Bild 95   Handel ist die Koordination von Waren

Seitens des Herstellers wird genau dieser Aspekt bei der Planung neuer Produkte oft vernachlässigt. Nicht selten orientieren sich Produktbeschreibungen lediglich an den Produktionsprozessen und gleichen daher eher Produktionsstücklisten als käuferorientierten Werbeunterlagen.

Die Harmonisierung der Datenstrukturen ist deshalb Hauptbestandteil der Marketingfunktion des Lieferanten. Für Lieferanten, die ihre Produkte über einen Katalog anbieten, besteht in dieser Aufgabe nicht selten die eigentliche Kernkompetenz des Unternehmens. Es gilt, heterogene Produkt- und Lieferantenstrukturen zu ordnen oder – wie es aus der Sicht der Informatik gern beschrieben wird – „zu normalisieren". Im Ergebnis stehen einem Käufermarkt somit homogene Informationsstrukturen trotz heterogener Lieferantenstrukturen zur Verfügung. Für den Entscheidungsprozess des Käufers vereinfacht und strafft dieses Ergebnis die Übersicht.

Gleichfalls gilt es, die Entscheidungs- und Sprachstrukturen einer möglichst großen Zahl von Abnehmern zu treffen, um so Entscheidungsprozesse abzusichern. Nicht selten vollzieht sich dies durch den Wechsel von einer rein technisch orientierten Produktdarstellung auf rationaler Ebene zur nutzen- oder ergebnisorientierten Angebotsstruktur auf emotionaler Ebene.

Ein Beispiel: Das Regal, das in den technischen Unterlagen des Lieferanten nach seinen Maßen (H x B x T), seiner Tragfähigkeit oder der Materialoberfläche (verzinkt/lackiert) beschrieben ist, wird ein Regal, das dem Kunden den Vorteil „Weitspannregal, Regal für Lebensmittellagerung, leicht montier- oder demontierbares Steckregal" anbietet. Selbstverständlich sind parallel zu diesen Informationen die kaufmännischen Begleitinformationen Voraussetzung für die Handelstätigkeit.

Projiziert auf die neuen Märkte, gewinnt diese Fähigkeit des Handels eine nahezu elementare Bedeutung: Content-Management. Die Kompetenz der Geschäftsprozesse endet allerdings nicht bei den Angeboten, sondern wird konsequenterweise bei der Abwicklung bzw. der Begleitung der Handelsprozesse fortgesetzt. Bei der Wertschöpfungskette des Versandhandels liegt der Schwerpunkt der Tätigkeit in der strategischen Vorbereitung dieser Prozesse, die dann zum Auftragszeitpunkt greifen. Kernelemente bilden hierbei das Informations-, Logistik- und Finanzmanagement. Oft unterschätzt, aber nicht minder von Bedeutung ist die Organisation rekursiver Geschäftsvorfälle. Hier im Konkreten: Reklamationen, Schadensabwicklungen, Musterlieferungen etc. Die Abwicklungsqualität der letzteren Vorgänge begründen sich im Wesentlichen durch die Qualität der Mitarbeiter.

Strukturen und Funktionen von Marktplätzen

Historischer Grundgedanke von Marktplätzen

In ihrer historischen Bedeutung waren Marktplätze im Mittelalter Handels- und Begegnungsstätten. Bauern und Handwerker boten ihre Waren und Dienstleistungen an. Zum besseren Verständnis und zur Differenzierung der optisch nicht unterscheidbaren Angebote wurden die Waren durch Marktschreier angeboten oder durch Schilder ausgezeichnet, d.h. die Waren differenzierten sich schon damals durch ihre produkt- und angebotsspezifischen Informationen.

Die Käufer, die durchaus auch selbst Anbieter anderer Waren sein konnten, erstanden die angepriesenen Waren oder nahmen die angebotenen Leistungen in Anspruch. Es entstand ein duales Handelssystem, das gleichermaßen Anbieter wie Abnehmer versorgte. Der Eigentums- und Besitzwechsel vollzog sich unmittelbar auf dem Marktplatz und stellte so den logistischen als auch finanziellen Ablauf der Handelsfunktion sicher.

Bild 96   **Ursprungsgedanke eines Marktplatzes**

Der Marktplatz war aber noch mehr: neben der reinen Handelsfunktion diente er auch als Erlebniswelt. Neuigkeiten wurden weitererzählt, Erfahrungen ausgetauscht und Unterhaltung angeboten.

Wer nicht mit der Absicht zum Markt kam, Ware zu kaufen oder zu verkaufen, nahm das Angebot der Unterhaltung wahr. Dieses schloss nicht aus, dass er entgegen seiner Absicht, nichts zu handeln, dennoch aufgrund der verlockenden Angebote zum Handelnden wurde.

Heutige Ausprägung von Marktplätzen

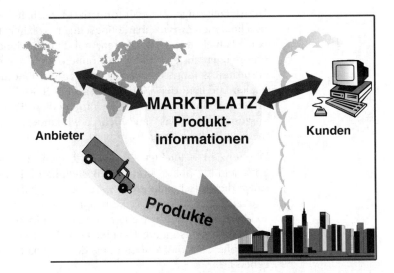

Bild 97   Heutige Darstellung von elektronischen Marktplätzen

Aufgrund der technischen Möglichkeiten hat sich das Bild eines Marktplatzes heute gewandelt. War es früher nur ein physischer Ort, an dem sich die Handelspartner persönlich getroffen haben, so ist er heute u.a. auch eine virtuelle Handelsplattform, über die selbst anonyme Käufer und Verkäufer Geschäftsbeziehungen aufbauen und eingehen können. Dabei ist zu beachten, dass lediglich der Eigentumswechsel, nicht jedoch der Besitzwechsel der Waren vollzogen wird. Notwendigerweise bedarf es für diesen physischen Leistungsvorgang verschiedener Dienstleistungen, wie z.B. Logistik, Finanzdienstleistungen oder der Koordination derselben.

Die alles umfassende Klammer heißt auch hier zunächst Informationen. Die Darstellungen der Waren, ihre nähere Umschreibung oder das Angebot der Auswahl möglicher Alternativen wird zu einer dominanten Erfolgsposition elektronischer Marktplätze. Die Fähigkeit, den elektronischen Anforderungen zu folgen und flexibel auf technische Innovationen zu reagieren, wird entscheidenden Einfluss haben auf den Erfolg von Marktplätzen, auf den Erfolg von Anbietern oder den Erfolg von Produkten.

Die derzeit angebotene Informatik-Landschaft bietet einen eher bescheidenen Ansatz marketingseitiger Kreativität. Die beschriebene Fähigkeit von Katalogen, auf Entscheidungsprozesse zielgruppengerecht einwirken zu können, wird derzeit technisch ad absurdum geführt. Es entsteht nahezu der Eindruck, dass die digitalen Medien den Käufer in seinen Entscheidungsprozessen schlechter unterstützen als die Printmedien. Es ist deshalb nicht auszuschließen, dass aus Sicht des Handels der Katalog seine mediale Position verteidigen wird.

Differenziert betrachtet sind zwei Phasen zu unterscheiden: die Entscheidungsphase und die Bestellphase. Der Katalog unterstützt die Entscheidungsprozesse. Die digitalen Medien spielen ihre Stärke in den Abwicklungsprozessen aus. Dies gilt insbesondere für Wirtschaftsgüter, deren Kaufperioden antizyklisch sind, hier insbesondere C-Güter (z.B. MRO[62]). Für die Entscheidungsphase ist die Aufbereitung des sogenannten Content maßgebend.

Die ergiebigsten Quellen stellen hier die verschiedenen internen Systeme des Lieferanten dar. Es gilt daher primär, die Systemarchitektur der Lieferanten zu analysieren, um notwendige Daten extrahieren und aufarbeiten zu können. Zur Aufarbeitung der Daten werden ebenfalls Informationen aus Printmedien hinzugezogen, die allerdings in eBusiness-fähige Formate umgewandelt werden müssen, um eine Weiterverwendung zu gewährleisten. Nachdem die gewünschten Informationen vorhanden sind, müssen die Daten anhand der definierten Klassifizierung bzw. Normalisierung ausgerichtet werden. Nur durch diesen Schritt können Produkte verschiedener Lieferanten vergleichbar und suchbar gestaltet werden – das Angebot wird für den Käufer transparent. Dieser Aspekt bietet ihm den maximalen Nutzen, da er so seine Produktsuche und -auswahl nach seinen Kriterien vornehmen kann.

Die derzeit gängigsten Klassifizierungsmethoden sind UN/SPSC und eCl@ss. Eine genauere Beschreibung und Abgrenzung zu diesen Methoden wird in dem Kapitel „Die Aufgabe eines marktplatzorientierten Catalog Content Management" von den Autoren

---

[62] MRO = Maintenance Repair Operations

Ewers/Longwitz beschrieben. Es sei noch darauf hingewiesen, dass in der Fachwelt ein Methodenstreit bzgl. der Anwendung der jeweiligen Methode vorliegt. Es herrscht keine Einigkeit darüber, inwiefern die Beschreibungstiefe bzw. Sprache bei der Klassifizierung der Produkte sinnvollerweise umgesetzt werden soll.

BÄR – Wertbestimmung betrieblicher Kompetenzen

BÄR bedeutet: 30.000 Artikel, 300 Lieferanten, gebunden in einem Katalog.

Der Katalog ist das Produkt, die Koordination der Aufträge der Prozess. Alles ordnet sich dem Katalog unter. Die Gesamtfunktion des Unternehmens definiert sich als Handel.

In dieser horizontalen Wertschöpfungskette vollziehen sich Vorgänge, die bei einer Einzelbetrachtung „Dienstleistung" sind. Ein Teil dieser Dienstleistung wird in künftigen Strukturen durch oder für Dritte erbracht werden. Über die Akzeptanz dieser Strategie und der daraus resultierenden Veränderungen entscheidet der Markt.

Doch was wird bereits heute geleistet?

- Beziehungsmanagement zum Kunden (CRM),
- Beziehungsmanagement zum Lieferanten (SRM),
- Produktpositionierung (Scouting),
- organisierter Informationsaustausch (Collaboration),
- Rahmenverträge mit Geschäftspartnern (Contracting),
- Sendungsverfolgung (Track and Trace),
- Auftragsannahme und Auftragsbearbeitung einschließlich reversibler Prozesse (Reklamationen, Schäden etc.).

Jeder Prozessvorgang für sich ist eine interne Dienstleistung. Bei vertikaler statt horizontaler Betrachtung dieser internen Dienste können sich jetzt neue Dienstleistungen für Dritte ergeben.

Zum Beispiel übernehmen die neuentstehenden, elektronischen Märkte künftig die strategische Anbieterfunktion, die bisher ausschließlich dem Unternehmen selbst vorbehalten war. Der Vertrieb konzentriert sich auf operative Begleitung, das Beziehungsmanagement gewinnt strategische Bedeutung.

Losgelöst von Auftragsprozessen wird es künftig existenzentscheidend sein, durch persönliche Beziehungen die Kanäle für die elektronischen Auftragsströme abzusichern. Diese Kompetenz könnte bei sich verändernden Märkten auch als Dienstleistung für Dritte erbracht werden.

Dieses Beispiel zeigt, dass die strategische Positionierung eines Unternehmens sich künftig auch auf der Basis der bewährten, innerbetrieblichen Kompetenzen neu ausrichten kann. **BÄR bezieht hier eine klare Position.**

Fazit und Ausblick

Künftige Marktplätze müssen in ihrer Gesamtfunktion an Attraktivität gewinnen, sie müssen Erlebniswelten werden. Die Marktplatz-Software muss „sexy" werden.

Mutmaßlich wird sich die Entwicklung in drei Phasen vollziehen:

1. **Phase (heute):** Marktplätze bilden lediglich existierende Informationen ab. Rationalisierungspotenziale werden über verknüpfte Warenwirtschaftssysteme erzeugt. Der Service-Grad elektronischer Systeme entspricht maximal der Aussagefähigkeit vergleichbarer gedruckter Medien.

2. **Phase (morgen):** Die Entscheidungsprozesse werden maschinell unterstützt, die Kauffähigkeit und die Kaufattraktivität mittels Konfiguratoren erheblich verbessert, Videos, Aufbauanleitungen o.ä sichern die Kaufentscheidung.

3. **Phase (übermorgen):** Das digitale Medium spielt seine wirkliche Stärke aus, es wird interaktiv: Entscheidungsprozesse werden durch Knowledge-Systeme abgesichert, statistische, gesicherte Vorgänge fließen zur ständigen Vervollkommnung der Prozesse in kybernetische Regelkreise, unterstützen somit als „digitale Erfahrung" die folgenden Entscheidungsprozesse.

Die Aufgabe des Handels wird künftig die Vorbereitung der Hersteller auf die anstehenden Veränderungen sein. Zur Dienstleistung werden Koordination und Distribution von Informationen.

Bild 98   Entwicklung des Handels

Flexibilität heißt die strategische Positionierung. Die Dienstleistung vollzieht sich auf der Basis gesicherter Abläufe. Die alte Ökonomie mutiert in Verbindung mit elektronischen System-Elementen zur Gesamtökonomie.

Schon heute wie auch in der Zukunft werden Unternehmensstrategien maßgeblich beeinflusst durch Informationsphilosophien.

Wir müssen uns darüber im Klaren sein, dass wir am Anfang eines spannenden und chancenreichen, aber auch dramatischen Prozesses stehen. Wir brauchen Partner, wir brauchen Vertrauen, denn wir stehen vor einer großen Herausforderung. Was wir nicht haben, ist Erfahrung:

Denn wir alle haben in den neuen Medien noch keine Historie – wir schreiben gerade Geschichte.

19 Covisint – Accelerating the pace of business

Silke Schau

Einführung

In seiner über 100-jährigen Geschichte hat das Automobil die Produktivität von Mensch und Wirtschaft entscheidend gesteigert. Ohne jeden Zweifel verändert die Internet-Technologie das ökonomische Umfeld gravierend und führt uns in ein neues und viel schnelleres Zeitalter. Covisint verbindet diese beiden Bereiche miteinander und erlaubt der Automobilindustrie, sich stärker auf Wertschöpfungsarbeit statt auf interne Abläufe in der Supply Chain zu konzentrieren. Folglich steht die Automobilindustrie vor ganz neuen und vielversprechenden Möglichkeiten. Internet-Technologien können den Materialfluss in der Supply Chain beschleunigen, die Reaktionszeit auf sich stetig ändernde Kundenanforderungen verkürzen, und neue Produkte werden schneller auf den Markt gebracht.

Covisint ist der Automobil-Marktplatz, der von DaimlerChrysler, Ford, General Motors sowie Renault und Nissan gegründet wurde. Als Technologiepartner konnten Commerce One und Oracle gewonnen werden. Automobilhersteller und Zulieferer können eine Reduzierung der Kosten in ihren jeweiligen Wertschöpfungsketten und eine Steigerung der Effizienz ihrer betrieblichen Organisation erwarten.

Alles begann mit der Idee, weltbeste internetbasierende Kommunikationstechnologien einzusetzen, um die Art, wie Geschäfte in der Automobilindustrie, einem der ältesten und erfolgreichsten Industriezweige, abgewickelt werden, entscheidend zu revolutionieren. Mit diesem neuen Konzept wird ein B2B-Marktplatz geschaffen, wo sich Geschäftspartner treffen und alle Informationen global und zeitgleich, mit höchster Sicherheit für jeden Teilnehmer, austauschen können.

Wie kam es zu Covisint?

Am 25. Februar 2000 gaben DaimlerChrysler, Ford und General Motors bekannt, dass sie eine Bündelung ihrer B2B-Initiativen zur Schaffung eines gemeinsames Marktplatzes planen. Zielsetzung ist ein globales Portal, das allen Teilnehmern der Automobilindustrie jederzeit zugänglich ist. Ein zeitlicher Abriss ist ersichtlich in Bild 99.

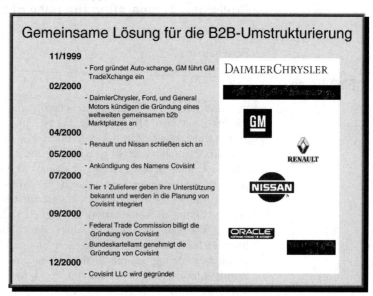

Bild 99   Firmengeschichtlicher Abriss

Am 14. April 2000 traten Renault und Nissan als weitere Gründungsunternehmen bei, um die angebotenen Tools nutzbringend einzusetzen. Im Mai wird der Name Covisint öffentlich bekanntgegeben: Collaboration, Visibility und Integration sind die wichtigen Kernbotschaften.

Um einer Entwicklung vorzubeugen, die nur den Anforderungen der Automobilhersteller gerecht wird, wurde im Juli 2000 ein sogenannter Customer Council gegründet. Einige der größten Zulieferer sind hier zusammengekommen, um gemeinsam mit den Covisint Gründungsunternehmen und den Technologiepartnern die zukünftige Produktpalette zu gestalten. Diese enge Zusammenarbeit gewährleistet eine zielgruppengerechte Anpassung aller angebotenen Produkte und Dienstleistungen.

September 2000 ist ein wichtiger Monat in der noch jungen Geschichte von Covisint: Sowohl die Federal Trade Commission in den USA als auch das Bundeskartellamt in Deutschland genehmigen die Aktivitäten von Covisint. Damit ist der Weg frei zur Betreibung eines der weltweit größten Marktplätze. Im Dezember 2000 erfolgte die rechtliche Gründung von Covisint LLC in den USA. Seither hat Covisint zahlreiche Automobilhersteller und Zulieferer gewonnen. Ende Dezember 2000 waren bereits über 250 Kunden auf zwei Kontinenten an die Plattform angebunden.

Warum ist Covisint sinnvoll?

Die Herausforderungen in der Automobilindustrie sind für Automobilhersteller und Zulieferer gleichermaßen immens: Die Vision zeigt, dass, um die Wettbewerbsfähigkeit in einem globalen Umfeld zu steigern und den stets anspruchsvoller werdenden Kundenanforderungen zu genügen, angestrebt wird, den Entwicklungszyklus für Automobile auf 12-18 Monate zu verkürzen. Auch eine kürzere Bestellabwicklung wird erwartet. Die Erhöhung des Shareholder Value und eine damit einhergehende höhere Profitabilität sind nur einige Ansprüche für die Zukunft der Automobilindustrie, um weiterhin weltweit eine Spitzenstellung einzunehmen.

Bild 100   Die Automobilindustrie steht vor großen Herausforderungen

Falls Covisint nur eines oder zwei dieser in Bild 100 aufgeführten Ziele maßgeblich unterstützt, würde die Automobilindustrie bereits einen überwältigenden Erfolg verzeichnen. Investmentbanker, wie z.B. Gary Lapidus von Goldman Sachs bzw. Mary Meeker und Chuck Phillips von Morgan Stanley, sagen voraus, dass die Plattform Einsparungen in Höhe von $2,000 bis $3,000 pro Fahrzeug für ein $19,000 Fahrzeug erzielen wird.

Was macht B2B so erfolgreich?

Von Anfang an haben B2B-Marktplätze und -Einkaufsplattformen eine Vermittlungsfunktion zwischen Käufern und Verkäufern ausgeübt. Die erste große Gründungswelle von Einkaufsplattformen wurde zum Teil von Drittparteien initiiert, um die Automatisierung des Einkaufs- und Verkaufsprozesses zu vereinfachen. Generell ist es möglich, über die Marktplätze der Zukunft Informationen zu bündeln und, wie in Bild 101 dargestellt, gezielt an alle Zielgruppen gleichzeitig weiterzugeben.

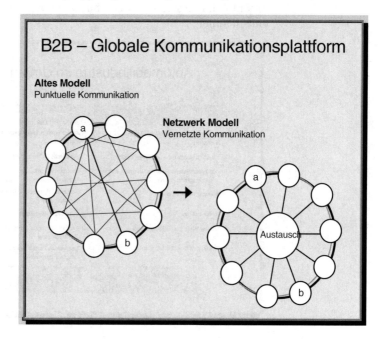

Bild 101   B2B – globale Kommunikationsplattform

Auf diesem positiven Effekt basiert das Geschäftsmodell von Covisint: Covisint wurde von Unternehmen der Automobilindustrie für Unternehmen der Automobilindustrie gegründet – zum Nutzen und Vorteil aller Beteiligten. Die Gründungspartner von Covisint hatten stets die Vision, dass Covisint mehr als nur ein Ort sein sollte, an dem Käufer und Verkäufer miteinander Geschäfte tätigen. Covisint schafft eine professionelle Gemeinschaft, die sich sowohl auf Hersteller- als auch auf Zulieferseite aus Käufern, Verkäufern, Designern, Ingenieuren und Produktentwicklern zusammensetzt. Statt einer gradlinigen one-to-one-Kommunikation ist zukünftig ein Datenaustausch zwischen Geschäftspartnern über eine Kommunikationsplattform möglich. Covisint nimmt hierbei die Rolle des Kommunikationsverstärkers wahr.

Die Entwicklung der B2B-Marktplätze geht zur Zeit in die Richtung, den Kunden mehr als nur einzelne Funktionen anzubieten. Covisint offeriert allen Kunden Applikationsservices und stellt neue und innovative Technologien für alle Bereiche und Ebenen dieser Branche zur Verfügung.

Covisint – mehr als eine Einkaufsplattform

Covisint ist ein Internetunternehmen mit der Erfahrung der Automobilindustrie. Die Produkte und Dienstleistungen von Covisint sind so strukturiert, dass sie die drei wichtigsten Prozessabläufe, d.h. Produktentwicklung, Beschaffung und Supply Chain, unterstützen.

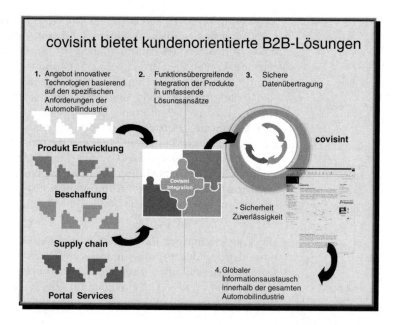

Bild 102   Covisint – ein integrierter Lösungsanbieter

Bild 102 zeigt, dass Covisint seinen Kunden eine umfassende Auswahl an Applikationsservices und innovativen Lösungen zusammenstellt und in einem offenen und sicheren Umfeld anbietet.

Um nur autorisierten Kunden Zugriff zur Covisint-Plattform zu verschaffen, erhalten sie von Covisint jeweils individuell Benutzernamen und Passwort. Der Einsatz modernster Technologien gewährleistet, dass diese Kundendaten auch während des gesamten Prozesses ausschließlich von Personen mit entsprechendem Berechtigungsstatus eingesehen werden können. Ferner wird der komplette Datenaustausch zwischen Covisint und seinen Kunden durch SSL (Secure Socket Layer) oder VPN (Virtual Private Network) verschlüsselt. Durch diese dynamische Verschlüsselung, die bei jedem Transfer neu festgelegt wird, ist ein sicheres Austauschen der Daten gewährleistet. Sämtliche Verbindungsarten und alle gängigen Internet-Protokolle, wie beispielsweise HTML, XML und andere, finden Verwendung.

Produktentwicklung

Hauptaugenmerk in der Produktentwicklung ist es, Tools zu entwickeln, die die Kooperation zwischen allen Geschäftspartnern verbessern, um Design und Funktionalität eines Fahrzeugs immer wieder neu und ansprechend zu gestalten.

In der Automobilindustrie sind kontinuierliche Innovationen erforderlich, um Produkte anbieten zu können, die den sich stetig verändernden Anforderungen der Kunden schneller und kostengünstiger gerecht werden. Um sich von der Vielzahl der Anbieter in dieser Branche abzuheben, muss ein Unternehmen laufend hohe Summen in die Entwicklung und Einführung neuer Produkte investieren.

Covisint unterstützt seine Kunden mit verschiedenen Instrumenten, mit denen z.B. eine Zusammenarbeit in Echtzeit und eine verbesserte Integration von zahlreichen und zunehmend global tätigen Partnern über das Internet realisiert werden können.

Virtual Project Workspace (VPW), der virtuelle Projektarbeitsraum von Covisint, ist nur ein Beispiel aus dem umfangreichen Produktangebot. Bild 103 zeigt die VPW-Umgebung, die eine Informationsmanagementplattform zur gemeinsamen Nutzung von Produktentwicklungsteams mehrerer Unternehmen bereitstellt. Mit Hilfe dieses Tools kann das Projektteam auf Projektdaten gemeinsam zugreifen, virtuelle Projektsitzungen abhalten und alle anfallenden Arbeitsschritte abbilden. Zu den weiteren Funktionen gehören: Aufgabenverfolgung in Echtzeit, CAD-Visualisierung und ein Multimedia-Notizbuch für die Dokumentation von Diskussionen als Hilfestellung für das Entscheidungsmanagement und für den Wissensaustausch.

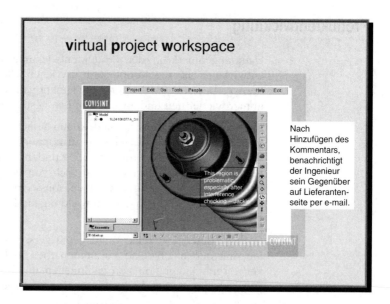

Bild 103   VPW – ein virtueller Arbeitsraum

Mit Hilfe der leistungsstarken Lösungen von Covisint kann der gesamte Bereich der Produktentwicklung eines Unternehmens an gemeinsamen Zielen ausgerichtet und synchronisiert werden, so dass die Time-to-Market-Spanne neuer Produkte verkürzt und die Produktinnovationsfähigkeit des Unternehmens verbessert wird.

Supply Chain Management

Ziel des Supply Chain Management Tools ist es, die Ressourcen innerhalb der gesamten Supply Chain zu optimieren. Markt- und Finanzanalysten schätzen, dass der Lagerbestandswert innerhalb der Supply Chain ca. 10-15% des Jahresumsatzes beträgt. Zusammen mit den Auswirkungen auf das Endergebnis ist der Lagerbestand die eigentliche Herausforderung für eine rechtzeitige und kosteneffiziente Fertigung und Auslieferung von Produkten.

Mit Hilfe eines Tools zur Kommunikation von Materialbedarfsprognosen können beispielsweise Supply Chain-Partner bei der Erstellung von Produktions- und Fertigungsplänen zusammenarbeiten. So können alle Unternehmen innerhalb der Wertschöpfungskette gemeinsam und gleichzeitig auf Bedarfsprognosen und Informationen zu verfügbaren Kapazitäten zugreifen. Diese Zusammenarbeit findet in einer gesicherten Umgebung statt, in der die Informationen jedes einzelnen Unternehmens getrennt voneinander aufbewahrt werden. Die Kunden von Covisint sind somit in der Lage, alle für ihre Planung wichtigen Informationen zu analysieren, kritische Ereignisse zu antizipieren und die entsprechenden Entscheidungen zu treffen, um eine Ressourcen-optimale und störungsfreie Produktion zu gewährleisten.

Die Nutzung des Internets und die allgemeine Verfügbarkeit von Standardtechnologien versetzen die einzelnen Unternehmen in die Lage, den aktuellen und zukünftigen Status ihrer jeweiligen Lieferkette in Bezug auf Materialfluss, Sicherheitsbestand und Kapazitätsengpässe zu verfolgen. Covisint als Schnittstelle ermöglicht die kollaborative Zusammenarbeit der Geschäftspartner innerhalb einer Supply Chain und unterstützt mit Hilfe von standardisierten Informationen und einheitlichen Systemen die Erstellung von Produktionsplänen und Supply Chain-Dokumenten wie Lieferabrufe, Lieferavis, etc.

Das Ergebnis? Schneller, besser und kostengünstiger: Unternehmen können sowohl ihren Lagerbestand reduzieren, die Produktionsleistung verbessern als auch ihre Transportkosten senken. Nicht wertschöpfende Kosten, wie zum Beispiel Verwaltungskosten, können darüber hinaus erheblich eingespart werden.

Beschaffung

Die Teilnahme an einem globalen Marktplatz ermöglicht es allen Beteiligten, die Leistungsfähigkeit des Internets zu nutzen, um administrative Beschaffungsaufgaben in strategische umzuwandeln. Covisint automatisiert aufwendige Beschaffungsprozesse, so gewinnen Einkäufer Zeit, neue Zulieferer zu finden oder bestehende Beschaffungsmärkte auszuweiten.

Um einen globalen Marktplatz zu erstellen, auf dem Teilnehmer ein großes Sortiment an Produkten und Leistungen schneller und kostengünstiger kaufen und verkaufen können, bedient sich Covisint einer fortgeschrittenen Internet-Technologie. Durch die Integration multipler Systeme und die damit verbundene Vereinfachung und Beschleunigung von Kommunikationsprozessen zwischen Käufern und Verkäufern kann Covisint den besonderen Bedürfnissen der Beschaffungsprozesse jeder Firma sowohl im Produktions- als auch im Nichtproduktionsmaterialbereich gerecht werden.

Covisint stellt Kataloge zur Verfügung und unterstützt damit den Beschaffungsprozess aller Teilnehmer, Waren und Dienstleistungen zu den bestmöglichen Konditionen zu erwerben.

Covisint macht es möglich, dass Lieferanten ihre Preise für eine breite Palette von Produkten und Dienstleistungen in Form von Online-Katalogen verfügbar machen. In diesen Katalogen können verschiedene herstellerspezifische Preise angeboten werden. Nutzer können ebenfalls allgemein gültige Preislisten abrufen. Dies geschieht auf vertraglicher Basis in einer sicheren Umgebung. Jeder Lieferant kann seine Katalogdaten online überprüfen, bestätigen und bearbeiten. Die Käufer können nach Produkten und potentiellen Lieferanten suchen und so benötigte Produkte schneller finden.

Kundenspezifische Kataloge werden auf der Grundlage einer individuellen Geschäftsbeziehung zwischen Käufern und Verkäufern zusammengestellt. Inhalte der Katalogangebote sind sicher und die Konditionen werden im Vorfeld zwischen Käufer und Verkäufer ausgehandelt.

Die jeweiligen Verkäufer können sogenannte Gemeinschaftskataloge anbieten, in denen allgemeine Preislisten aufgeführt werden, die nicht im Vorfeld ausgehandelt worden sind. Die Verkäufer veranschlagen und bearbeiten ihre Preise selbst, so dass die Kunden von Covisint einen Preisvergleich durchführen können.

Covisint-Kataloge enthalten Informationen in einer sicheren Umgebung, die nur für die Anwender zugänglich sind, welche vom Urheber der Information dazu befugt worden sind.

Covisint Auctions ermöglichen es einem Kunden, Auktionen im Internet für die Produkte oder Dienstleistungen ins Leben zu rufen, die er anbieten bzw. erwerben möchte. Zu diesem Zweck setzt er elektronisch eine Auktion auf, der bestimmte Produkte und Artikel zugewiesen werden. Covisint bietet zwei verschiedene Arten von Auktionen an: Verkäuferauktionen - auf denen ein Verkäufer überschüssige Güter oder Lagermengen anbieten kann. Eine Einkäuferauktion ist eine von einem Käufer eingerichtete Auktion, bei der er von mehreren Lieferanten Gebote für spezifizierte Produkte oder Dienstleistungen erhält.

Covisint wird zur Wertschöpfung beitragen, indem der Wettbewerb unter den Bietern stärker wird, gleichzeitig wird aber auch das Bietverfahren in seiner Komplexität einfacher werden. Die Verkäufer werden in Zukunft einen besseren Überblick über potentielle Käufer haben. Auch die Zahl der teilnehmenden Unternehmen kann sich dadurch erhöhen. Der Zeitaufwand über die Teilnahme an einer Auktion wird geringer, weil die Teilnehmer nicht physisch anwesend sein müssen, sondern sich das Auktionsverfahren ins eigene Büro holen können. Weiterhin erhöht sich die Transparenz des Marktes, was zu einer signifikanten Ergebnissteigerung führen kann.

Was folgt daraus?

Gegenwärtig finden zahlreiche Workshops mit potenziellen Kunden statt, um sie mit der umfangreichen Produktpalette von Covisint vertraut zu machen und gemeinsam detaillierte Implementierungsaktivitäten zu planen. Zusätzlich laufen Gespräche mit interessierten Automobilherstellern und Zulieferern über eine mögliche Anbindung an Covisint.

Covisint hat zur Zeit Standorte in Southfield, USA, Stuttgart, Deutschland und Tokyo, Japan. In den nächsten Monaten wird Covisint weitere Büros in Europa und Asien eröffnen.

Covisint ist sicher nicht die Antwort auf alle Herausforderungen in der Automobilindustrie, wird aber zur Lösung dieser entscheidend beitragen. Das Internetzeitalter wird sowohl Gewinner als auch Verlierer sehen. Gewinner werden die Unternehmen sein, die offen sind für neue Technologien, die bereit sind, ihre eigenen Prozessabläufe zu überdenken, sie zu überarbeiten und gegebenenfalls zu ändern. Einsparung an Zeit und eine verstärkte Konzentration auf strategische Aufgaben sind die wesentlichen Vorteile für alle teilnehmenden Unternehmen. Arbeitsprozesse werden effektiver plan- und umsetzbar. Die meisten Teilnehmer werden niedrigere Kosten und kürzere Durchlaufzeiten als Resultat sehen. Schnell agierende Anbieter, die sich differenzieren und individuelle Lösungen finden, werden sich behaupten können und Wettbewerber vom Markt verdrängen. Der Vertrieb von Produkten und Dienstleistungen wird vereinfacht und beschleunigt, die Qualität der einzelnen Produkte immer wichtiger.

Firmen hingegen, die nicht bereit sind, sich auf dieses neue Zeitalter einzulassen, werden in Zukunft weniger effizient arbeiten und damit dem Wettbewerbsdruck auf Dauer nicht standhalten können.

Covisint Tools helfen, die Abläufe in der Automobilbranche entscheidend zu verbessern und ermöglichen Automobilherstellern und Zulieferern effizienteres Arbeiten. Diese sind durch Steigerung der Effizienz und der Zeitersparnis in der Lage, wesentlich kosteneffektiver und flexibler zu arbeiten und werden einhellig bestätigen: Covisint – Accelerating the Pace of Business.

20 Erfolgreiche Implementierung von eProcurement im Technischen Einkauf der BMW Group

Fatemeh Farzaneh, Dr.-Ing. Helmut Dettweiler

Ausgangssituation

Die strategische Bedeutung der Beschaffung hat in den letzten Jahren zugenommen. Alle am Beschaffungsprozess Beteiligten verantworten einen immer größeren Teil der Kostenstruktur und werden damit zu einem entscheidenden Erfolgsfaktor. Der Einkauf kann nicht das gesamte Volumen intensiv bearbeiten und konzentriert sich sinnvollerweise auf die größten Teilvolumina, die sog. A- und B-Teile. Dementsprechend werden die C-Teile bzw. Standardartikel vernachlässigt. Darüber hinaus verbringt der Einkauf einen wesentlichen Zeitanteil mit wenig wertschöpfenden Tätigkeiten. In vielen Einkaufsabteilungen entfällt ein hoher Tätigkeitsanteil auf die Bestellabwicklung. Insbesondere Standardartikel, die wertmäßig einen kleinen Anteil des Einkaufsvolumens ausmachen, verursachen einen hohen Bestellaufwand. Um sich von operativen Tätigkeiten zu entlasten und um Prozess- und Transaktionskosten zu senken, sind neue Abläufe und Methoden anzudenken. Auf Basis von Internettechnologien und neuer Anwendungen kann der Prozess nachhaltig vereinfacht und beschleunigt werden.

Die Idee

Anstatt über die Einkaufsabteilung zu gehen, bestellt der Bedarfsträger die benötigten Produkte direkt von seinem PC aus im INTRANET/INTERNET. Basis ist eine anwendungsfreundliche browsergestützte Anwendungssoftware, die multimediale Kataloge von entsprechenden Produkten enthält. Der Bedarfsträger wählt aus, unterstützt über eine komfortable Suchfunktion und bestellt direkt beim Lieferanten.

Motivation

Bestellprozesse lassen sich durch den Einsatz von eProcurement-Systemen optimieren. Außerdem werden eine effizientere Systemintegration und eine bessere Kooperation mit den Lieferanten ermöglicht. Mit dem Einsatz eines voll integrierten Bestellvorgangs kann die Prozesszeit innerhalb der Beschaffungsvorgänge – von der Bedarfsanforderung über die Bestellung bis zur Lieferbestätigung und Bezahlung – deutlich reduziert werden. Dadurch ergeben sich erhebliche Kostenvorteile und Einsparungspotenziale.

Bedeutung des Projektes

Der Projektname MeRCUR – Marketplace for electronic procurement' beschreibt einerseits eine schnelle Umsetzung der Beschaffungsprozesse in einer eProcurement-Anwendung und andererseits die Nutzung von vertikalen und horizontalen Marktplätzen bis hin zu Einkaufsagenturen. MeRCUR wird als Einstiegsprojekt für weitere eCommerce-Aktivitäten gesehen. Die eProcurement-Lösung wird in allen Technischen Einkaufsstellen / Werken weltweit im Rahmen des externen Rollout in 2001 eingesetzt.

Betriebswirtschaftlicher Nutzen

Der Nutzen des eProcurement-Systems zeigt sich in vielfältigen Bereichen eines Unternehmens. Dazu gehören sowohl Nutzenpotenziale durch die Optimierung des Prozesses als auch konkrete Einsparungen in Form von niedrigeren Einkaufspreisen.

Prozessorientierte Maßnahmen

Prozessoptmierung

Die Verkürzung der Prozesszeit innerhalb der Beschaffungsvorgänge Bedarfsanforderung – Bestellung – Lieferbestätigung – Bezahlung beträgt bis zu 70 %. Auch die Unterstützung des Einkaufs bei der Auswahl geeigneter Rahmenvertragspartner und Erzielung optimaler Einkaufskonditionen wird über die eProcurement-Lösung verbessert. Durch die Einführung eines multimedialen Artikelkatalogs mit durch den Einkauf geprüften Preisen kann das Gutschriftsverfahren eingeführt werden. Damit entfallen Rechnungsstellung und Rechnungsprüfung.

Es ergeben sich folgende Vorteile für verschiedene Benutzerkreise:

... **beim Anforderer**	**Schnelle, systemunterstützte Suche** und Bestellung benötigter Artikel im multimedialen Intranet-Katalog Keine Abruferfassung im BMW-ERP-System durch den Bedarfsträger, **Vermeidung von Übertragungsfehlern** **Transparenz** des Beschaffungsprozesses für die abrufenden Stellen **Verkürzung der Prozesszeiten**, Reduzierung der Beschaffungszeiten, Reduzierung der Lagerhaltung
... **im Einkauf**	**Transparenz** der Beschaffungsvolumina und Inhalte **Einfachere Identifikation** umsatzstarker Warengruppen und Artikel für gezielte Preisverhandlungen **Verkürzung der Preiszyklen** und Reaktionszeiten, z.B. bei Sonderkonditionen **Besseres Lieferantenmanagement** (Bedarfsbündelung) und Optimierung der Lieferantenstruktur
... **beim Lieferanten**	**Online-Anbindung** der Warenwirtschaftssysteme der Lieferanten an den Beschaffungsgesamtprozess per EDI, XML etc. **Vermeidung von Datenerfassung** der Bestellung und Einzelfakturierung (wg. Gutschriftverfahren) **Durchgängigkeit in der „Supply Chain"**
... **in der Rechnungsprüfung**	Einsatz des Gutschriftverfahrens und **Entfall von Rechnungsprüfungstätigkeit** (Preissicherheit aufgrund der vom Einkauf geprüften Katalogdaten)

Prozesstransparenz

Das eProcurement-System vermittelt Transparenz im Beschaffungsverhalten der User. Die Qualität der Lieferungen und das Preisverhalten der Lieferanten werden transparent. Entsprechende Auswertungen unterstützen die Verhandlungen mit Lieferanten.

Prozessveränderung

Künftig kann jeder Mitarbeiter seine Bedarfe über das eProcurement-System direkt bestellen und ist nicht mehr auf dezentrale Beschafferstellen angewiesen. Die Bestellung selbst kann beim Lieferanten durch Direktanbindung an seine Warenwirtschaftssysteme und die seiner Partner ohne manuelle Übertragung übernommen werden. Außerdem müssen keine Rechnungen mehr vom Lieferanten erstellt und von der Rechnungsprüfung verifiziert werden, sondern durch die Bestätigung der Lieferung durch den Anforderer wird automatisch das Gutschriftsverfahren angestoßen.

Prozessreengineering

Zusätzlich zu der Rahmenabwicklung belastet eine hohe Anzahl von Einzelbestellungen den Einkauf mit hoher Administration bei der Abwicklung von Bestellungen über die BMW-ERP-Systeme. Der Aufwand für diese Umfänge kann als „non-catalog-item" im eProcurement - System deutlich reduziert werden. Damit werden die für das Katalogmanagement notwendigen Zusatzkapazitäten im Einkauf kompensiert.

Prozessintegration – Group Function

Zur Umsetzung der Einkaufsstrategien des Global Sourcing' wird die eProcurement-Anwendung auch für die Werke der BMW Group eingesetzt (Spartanburg, Südafrika, Steyr, Hams Hall, etc.). Dies lässt sich am besten durch eine Zentralinstallation im Head-Quarter der BMW Group erreichen.

Kosteneffekte durch eProcurement

Die Einsparungen, die auch für BMW im Rahmen des Projektes erwartet werden, setzten sich aus vier Einsparungsbereichen zusammen.[63]

---

[63] Quelle: eProcurement Ralph Dolmetsch, Verlag Addison Wesley

Prozesseinsparungen	**Effizientere Prozesse**	Durch einfache und straff gestaltete Prozesse, die durch den Einsatz eines DPS gestützt werden, können die Prozesskosten pro Geschäftstransaktion erheblich gesenkt werden. Dies ist vor allem auf die Reduzierung der Arbeitszeit, die ein Mitarbeiter mit dem Bestellvorgang beschäftigt ist, zurückzuführen. Der Mitarbeiter kann sich Tätigkeiten mit einer höheren Wertschöpfung widmen.
	Reduzierte Lagerbestände	Durch die effizientere Gestaltung des Beschaffungsprozesses können die Beschaffungs- und u. U. Lieferzeiten verkürzt werden. Außerdem macht ein DPS den Beschaffungsprozess für den Bedarfsträger transparenter. Deshalb kann mit einem Rückgang der Lagerbestände und einer Reduzierung der damit verbundenen Kapitalbindung gerechnet werden.
Produkteinsparungen	**Günstigere Preise durch Rahmenverträge**	Durch die einfache Bedienung wird das DPS als Beschaffungstool von den Mitarbeitern angenommen werden. Es kann eine verbesserte Kanalisierung des Ausgabevolumens über die Rahmenverträge erreicht werden, so dass das Maverick Buying weitestgehend vermieden wird. Eine gezielte Bündelung der Bestellanforderungen über Rahmenverträge wird der Lieferant mit einer Preisreduktion honorieren.
	Kürzerer Zeitraum zwischen Aushandlung und Nutzung neuer Rahmenverträge	Rahmenverträge werden von zentralen Einkaufs-Fachstellen der Unternehmen mit den Lieferanten ausgehandelt. Eine Verteilung der damit verbundenen neu verhandelten Kataloge an alle betroffenen Bedarfsträger in großen Unternehmen bzw. Konzernen ist meist mit einer erheblichen zeitlichen Verzögerung verbunden. Dadurch ergibt sich ein mehrwöchiges Zeitfenster zwischen der Verhandlung eines neuen Rahmenvertrages und der konzernweiten Beschaffung über diesen Kontrakt. Eine Lösung dieses Problems stellt der Einsatz eines DPS dar, da dadurch neu verhandelte Kataloge allen Bedarfsträgern zentral zur Verfügung gestellt werden können.

Das eProcurement-Projekt MeRCUR

Im Juli 1999 wurde an verschiedene Softwarehersteller ein Warenkorbsystem auf Basis eines multimedialen Artikelkatalogs ausgeschrieben. Ziel war, ein am Markt erprobtes Standardprodukt für eProcurement einzuführen, ohne die ERP-Kernprozesse zu verändern und gleichzeitig sollte das eProcurement-System nur minimalst an die BMW-Gegebenheiten angepasst werden.

Ziele des Projektes MeRCUR

Durch das Projekt MeRCUR soll ein Einkaufssystem, genannt SpeedBuy – schnelles und komfortables Einkaufen – implementiert werden. Mit dem Einsatz einer geeigneten eProcurement-Anwendung sind neben den betriebswirtschaftlichen Nutzen zusätzliche Effekte zu erreichen:

- die **Preissicherheit** und **Transparenz** bei der Erstellung der Bedarfsmeldung/Bestellung über den multimedialen Artikelkatalog
- die **Aufwandsreduzierung beim Lieferanten** hinsichtlich Auftragsbearbeitung, da die Bestellung teilweise direkt in die Warenwirtschaftssysteme übernommen werden kann
- Effizienterer und schnellerer Datenaustausch zum Lieferanten durch die **Nutzung von Standards** für Katalogmanagement und Bestellübermittlungsformate
- die Aufwandsreduzierung in der Finanzabteilung durch Entfall der Rechnungsprüfung durch das **Gutschriftsverfahren**
- Die **Vermeidung dezentraler Einzellösung** durch konzernweiten Einsatz eines eProcurement-Standardproduktes im Technischen Einkauf (Ariba Buyer)
- Niedrigere Preise durch globale Sourcing-Möglichkeiten und Einsatz neuer Medien der **dynamischen Preisfindung** (Auktionen und bid-boards)
- **Globale Sicht** auf alle Kataloge weltweit über Mandanten hinweg und damit verbesserte Transparenz

Anforderungen an ein Standardprodukt

Die User müssen über eine intuitive Benutzeroberfläche mit Wizard und Prozessführung ohne aufwändige Schulung in der Lage sein, sich ihre Artikel im Warenkorb zusammenstellen zu können. Die Einbindung der Genehmigungsstufen und Rollen ist über ein dynamisches Workflowmanagement-Tool steuerbar. Grundsätzlich muss das Standardprodukt die gängigsten Formate für Kataloge und Bestellungen verarbeiten können. Das Standardprodukt muss über ein integriertes Katalogimporttool verfügen mit Watchdog und Releasemanagement. Neben MRO-Artikeln und Wirtschaftsgütern des Anlagevermögens sollen auch Dienstleistungen abwickelbar sein.

Der Einkäufer kann als Superuser alle Kataloge weltweit einsehen, sie global oder auch länderspezifisch freigeben und diese dynamisch in den jeweiligen Workflows über Organisationseinheiten hinweg einbinden.

Kategorien der Softwareanbieter

Zur Marktanalyse wurden auf der Basis eines von BMW erstellten Pflichtenheftes 12 Software-Anbieter um Lösungsangebote gebeten. Angefragt wurde bei:

- 3 typischen eProcurement-Anbietern
- 1 reinen Plattform-Anbieter und
- 2 bekannten ERP-Systemhäusern.

Eine Individualprogrammierung war nicht vorgesehen.

Bewertungskriterien zur Auswahl des eProcurement-Systems

Bei der Produktauswahl waren folgende Bewertungskriterien besonders relevant:

Funktionsumfang:

Neben der grundsätzlichen Funktionalität als Beschaffungstool sind ein leistungsfähiges Katalogimporttool, leistungsfähiger Genehmigungsworkflow, flexibel konfigurierbare Business Rules, zukunftsorientierte Marktplatzfunktionalitäten und -Services sowie eine bedienerfreundliche Benutzeroberfläche relevant. Wesentlich ist auch, dass zu erwartende weitere Funktionen wie z.B. Auktionen, Reversed Auctions und bid boards für die dynamische Preisfindung verfügbar sind.

Support:

Für den globalen Einsatz des eProcurement-Systems muss auch der Softwareanbieter in der Lage sein, das Projekt für den globalen Einsatz unterstützen zu können. Die Integratoren sollten bereits einschlägige Erfahrungen bei Implementierung/Customizing des eProcurement-Systems nachweisen können.

Unternehmensprofil:

Das Unternehmen sollte einschlägige Erfahrungen im eBusiness-Umfeld, speziell im eProcurement mit Marktplatzanbindung , sowie klare Zukunftsvisionen besitzen. Bei solch einem dynamischen Marktsegment sind Stabilität, Marktführerschaft und Kooperationsstrategien besonders relevant.

Verfügbarkeit:

Zur Entscheidung eines Produktes ist der Nachweis eines lauffähigen, auf dem Markt erfolgreich eingesetzten Standardproduktes mit einschlägigen Referenzkunden eine notwendige Voraussetzung. Die primäre Bewertungsbasis ist das jeweils aktuelle Release. Zusätzlich wird jedoch auch die weitere Entwicklung des Produktes berücksichtigt.

Ausgewähltes eProcurement-System

Nach Abwägung und Bewertung aller Kriterien hat man sich bei BMW für das Produkt Ariba Buyer 7.0 von Ariba Inc. entschieden. (Marktführer im Segment B2B eCommerce, neben Commerce One).

Zur Unterstützung des Projektes hat sich die BMW für den eBusiness-Partner KPMG Consulting entschieden.

IT-Lösung und Architekturdarstellung

Innovationsleistung des Projektes aus technologischer Sicht

Durch den Einsatz eines eProcurement-Systems werden sowohl die Prozessketten innerhalb eines Unternehmens als auch diejenigen zwischen Käufer-Unternehmen und Zulieferern durchgängig implementiert.

Aus technologischer Sicht ergibt sich außerdem die Ablösung von der Host-Oberfläche hin zur Internet-Technologie. Der Anwender benötigt dann keine Schulungen mehr, so dass der Nutzerkreis erheblich erweitert werden kann.

Die Integration der verschiedenen Systeme wird über Middleware-Technologien (EAI-Produkte wie z.B: TIBCO) auf ein neues

Qualitätsniveau gebracht. Darüber werden u.a. die internen Back-End-Systeme, wie z.B. SAP, angebunden.

Außerdem werden klare Integrations-Architekturen umgesetzt, bei denen z.B. Mitarbeiterdaten zur Automatisierung von Genehmigungs-Workflows aus einem zentralen Directory angebunden werden.

Durch Internet-Austausch-Formate, wie XML wird die Integration zwischen verschiedenen Unternehmen (Kataloge, Bestellungen, etc.) vereinfacht. Außerdem stellt XML eine strukturierte Basis zum Customizing der Applikation dar.

Die objektorientierte Implementierungs-Technologie mit JAVA ermöglicht sehr schnelle Innovations-Zyklen bei den Anwendungen, die mit den klassischen Programmiersprachen nicht so leicht erreichbar wären.

Durch die Verwendung des Ariba Commerce Services Networks, das als Verteil-Drehscheibe für die Bestellungen zu den Lieferanten genutzt wird, reduziert sich die Anzahl der Verbindungen nach außen (z.B. im Gegensatz zu EDI, bei der zu jedem Lieferanten eine individuelle Verbindung aufgebaut werden muss) und damit verbessert sich der Sicherheitsaspekt. Alle Verbindungen sind per SSL verschlüsselt.

Systemplattform

Zur Umsetzung von „Global Purchasing" wurde eine zentrale Architektur gewählt, d.h. das Ariba System ist nur in der Zentrale in München installiert. Die Mitarbeiter von ausländischen Werken, wie z.B. von Spartanburg / USA, greifen mit ihrem Internet-Browser (über https-Protokolle) auf das System in München zu.

Das eProcurement-System besteht aus einer Datenbank und einer Internet-Anwendung mit Schnittstellen zu Standard Services (eMail, Fax etc.), sowie mit Schnittstellen zu verschiedenen ERP-Systemen.

Authentifizierung und Autorisierung der Nutzer

Die Authentifizierung und anschließende Autorisierung der Nutzer erfolgt auf Basis eines Gruppen-/ Rollen-Konzepts mit zentralem Abgleich (über LDAP) von User-ID und Passwort. Damit wird eine separate Pflege von Anwenderdaten vermieden.

Risiken, Schutzaspekte

Das Risiko des Transportmediums Internet wird in mehreren Bereichen durch geeignete Prozess- und IT-technische Sicherheitsmaßnahmen minimiert, damit weder Prozess-, Produkt-, Preis- oder Transaktionsdaten von Unbefugten abgehört werden können.

Dabei sind drei Bereiche hervorzuheben:

- die Internet-Verbindung zwischen BMW Group und der externen Transaktions-Plattform
- die Transaktionsplattform selbst
- die Verbindung zwischen der Transaktionsplattform und den Zulieferern

Verschlüsselung

Die Intranet-Verbindungen zwischen dem Browser und der Anwendung innerhalb des Unternehmens sind genauso wie die Verbindung der Anwendung zum Ariba Commerce Services Network sowie zum Lieferanten mit 128 Bit SSL verschlüsselt.

Zukunftssicherheit

Skalierbarkeit:

Auf der Server-Seite wird eine beliebige Skalierbarkeit durch parallele Server in einem „Load-Balance"-Verbund erreicht (ab Release 8.0); auf der Anwenderseite ergibt sich eine beliebige Skalierbarkeit durch die Internet-Technologie.

Offenheit:

Das eProcurement-System basiert auf gängigem Internet-Standard. Gängige ERP-Systeme, wie SAP, JD Edwards etc., sowie firmeneigene ERP-Systeme lassen sich über Standardadapter anbinden.

Projektablauf und Projektorganisation

Zeitrahmen und Scope

Das Projekt wurde im Juni 1999 über eine weltweite Ausschreibung gestartet. Die Evaluierung der Softwareprodukte war Ende Dezember 1999 abgeschlossen.

Nach der Entscheidung für das eProcurement-System und für den Implementierungspartner wurde im Rahmen eines Kickoff-Meetings Anfang April 2000 das Projekt aufgesetzt. Bis Anfang Juli wurde das High Level Design abgeschlossen. Bis Oktober 2000 erfolgten die Implementierung und Konfiguration der eProcurement-Anwendung und deren interne Schnittstellen. Damit ergab sich eine Projektlaufzeit für die Integration des Standardproduktes in die BMW-Umgebung von sieben Monaten, wobei der größere Releasewechsel von Ariba ORMS 6.0 auf Ariba Buyer 7.0 während der Test- und Implementierungsphase einen erheblichen Aufwand verursachte.

Projektsstatus MeRCUR und Einkaufssystem SpeedBuy

Im Oktober 2000 ist das eProcurement-Projekt als produktives Pilotsystem mit einem ausgewählten Scope von drei Lieferanten, drei Commodities (Büromaterial, Werkzeuge, Elektroinstallationsmaterial) und 130 Usern live gegangen. Dabei wurden die Bestellungen an die Lieferanten automatisch weitergeleitet, die Waren ausgeliefert und per Gutschriftsverfahren bezahlt.

Die Pilotphase war ein wichtiger Meilenstein, um erste Erfahrungen mit dem Einsatz von eProcurement zu gewinnen.

Im Rahmen der Rolloutplanung werden ab März 2001 sukzessive weitere Lieferanten und User integriert. Parallel hierzu erfolgt eine Erweiterung der Funktionsumfänge.

Unterstützung durch das Management

Eine intensive Unterstützung durch Sponsor und Promoter bis hin auf Bereichsleiterebene verschiedener Fachbereiche und der Informationstechnik war ein wesentlicher und hilfreicher Beitrag seitens des Managements. Über Change Management-Maßnahmen werden sämtliche Managementebenen laufend über den Projektfortschritt informiert.

Projektmanagement

Das Projektmanagementteam setzt sich zusammen aus drei internen Kollegen aus den verschiedensten Fachbereichen und dem externen Partner KPMG Consulting. Das Team begleitet und berät auch die Integration der ausländischen Werke, wie Spartanburg, Steyr und Südafrika.

Interne Projektorganisation und Aufgabenstellung

Intern sind mehrere IT-Kollegen beschäftigt mit dem Aufbau der IT-Infrastruktur, der Installation des Systems ARIBA Buyer 7.0, des Betriebs- und Betreuungskonzeptes und der Security-Konzepte. Fachlich eingebunden sind die Einkäufer – abhängig von der Commodity, die im Piloten Go Live online gehen – für das Thema Katalogmanagement und Lieferanten-Integration. Wichtig ist auch die Einbeziehung von Kollegen aus den Finanz- und Controllingbereichen, sowie der Rechnungsprüfung. Für gezielte Change Management-Maßnahmen wurde ein eigener Mitarbeiter definiert.

Externe Projektorganisation und Aufgabenstellung

Der eBusiness-Partner KPMG in München unterstützt Feinspezifikation und Implementierung des Ariba Buyer 7.0. Auch Ariba stellt Mitarbeiter als sog. Projekt - Advisor zur Verfügung, die das gesamte Projekt technisch als auch funktional coachen. Weitere externe Partner sind verantwortlich für die Schnittstellenanbindung der im Unternehmen gewachsenen ERP-Systeme.

Ergebnis und Lessons Le@rned

Die Abläufe der unterschiedlichen Fachbereiche mit ihren Prozessen (dezentrale Beschafferstellen – zentraler Einkauf – Finanzen – Rechnungsabwicklung) wurden systemtechnisch ohne Medienbrüche vernetzt. Die permanente Transparenz über den jeweiligen Status des Beschaffungsvorgangs wird über Bestell- und Liefertracking sichergestellt. Der **„integrative Verbund"** aller beteiligten Unternehmen wurde erst durch dieses Projekt ermöglicht.

Da eProcurement das gesamte Unternehmen betrifft, sind alle Beteiligten aus den Bereichen IT und Finanzen sowie User und Lieferanten frühzeitig einzubinden. In einem solchen Projekt ist der Change Management-Aufwand bzgl. Informationen und Auskunft über Änderungen, nicht zu unterschätzen. Mitarbeiter mit entsprechendem Know-how und Persönlichkeit sind hier in besonderem Maße Voraussetzung für erfolgreichen und schnellen Einsatz einer eProcurement-Anwendung. Ein gewisser Kulturwandel ist unerlässlich, d.h. mit Traditionen muss gebrochen. Ein kritischer Erfolgsfaktor im Projekt ist die Management-Anforderung einer schnellen Umsetzung. Der Markt für web-Technologien ist extrem schnelllebig, was es in den Projektplan der Umsetzung mit einzukalkulieren gilt.

21

Der mit dem Gorilla tanzt -

Bayer - engagiert in Gründung und Aufbau von ELEMICA

Henning Schwinum

Einführung

Im Sommer des Jahres 2000 taten sich 22 der international größten Chemieunternehmen zusammen und gründeten gemeinsam einen elektronischen Marktplatz. Schon vor der Gründung sorgte dieses Projekt einer freien, d.h. unabhängig von einem einzelnen Anbieter agierenden Chemiehandelsplattform für Aufsehen. Robert Koort und Michael Harris von der Deutschen Bank ersetzen rasch den Arbeitstitel dieses Projektes „NewCo" durch einen aussagekräftigeren Namen: „Gorilla".

Aus NewCo ist inzwischen ELEMICA (www.elemica.com) geworden, der Chemie-Gorilla als Analogie hat sich aber bis heute gehalten. Ist die Analogie korrekt, die diese beiden Analysten im Juni 2000 entwickelten? Ist sie berechtigt? Der Gorilla ist ein mächtiges Tier, welches seinen Teil des Dschungels beherrscht. Aufgrund seiner Größe und Kraft hat er in seinem Lebensraum eine Sonderstellung inne, er unterliegt aber ebenso wie alle anderen Lebewesen den Gesetzen seiner Umwelt.

Am Beispiel und aus der Sicht von Bayer (www.bayer.com) beschreibt dieser Beitrag, was die Intention der Gründungsmitglieder des Marktplatzes war, wie nahe man diesen Zielen im Laufe der ersten neun Monate gekommen ist und wie ELEMICA in die eBusiness-Strategie des Gründerunternehmens passt.

Neben Bayer halten auch die Firmen Air Products and Chemicals, Atofina, BASF, BP, Stinnes-Brenntag, Celanese, ChemCentral, Ciba Specialty Chemicals, Degussa, Dow Chemical, DSM, DuPont, Millenium Chemicals, Mitsubishi Chemicals, Mitsui Chemicals, Rhodia, Rohm and Haas, Shell, Solvay, Sumitomo Chemical und Van Waters and Rogers Anteile an ELEMICA.

ELEMICA im Bayer eBusiness-Konzept

Als im Frühjahr 2000 die Idee eines eigenen, gemeinsamen elektronischen Marktplatzes zum ersten Mal von Vertretern der chemischen Großindustrie diskutiert wurde, geschah dies vor dem Hintergrund einer Herausforderung: Es gab zu dieser Zeit bereits verschiedene Marktplatzinitiativen, darunter auch solche mit Beteiligung der produzierenden Industrie. Vielfach zitiert wurde beispielsweise die Bayer-Beteiligung an ChemConnect (www.chemconnect.com). Auf dieser Plattform werden Angebot und Nachfrage an chemischen Produkten zusammengeführt („Match-Making"). Ziel dieses Marktplatzes ist es, mit Hilfe verschiedener Werkzeuge in kürzester Zeit und bei minimalem Kostenaufwand Preise und Konditionen für chemische Rohstoffe auszuhandeln, in der Regel auf einer Spot-Basis.

Andere Gründungen unter Beteiligung der Industrie, darunter auch von Bayer, etwa Omnexus (www.omnexus.com) oder ElastomerSolutions (www.elastomersolutions.com), sind auf ausgesuchte vertikale Segmente ausgerichtet, also beispielsweise auf thermoplastische Kunststoffe bzw. Kautschuk und Kautschukchemikalien. Solche Initiativen haben das Ziel, die gesamten Bedürfnisse dieses Segmentes aus einer Hand zu befriedigen. Der „one-stop-shopping"-Gedanke bildet die Basis all dieser Konzepte. Zum Angebot gehören Transaktionsfunktionalitäten wie Order Entry, Order Tracking und Account Services ebenso wie technische Produktinformationen und segmentspezifische Neuigkeiten.

Weitere Neugründungen unter Bayer-Beteiligung zielen auf eine Optimierung der Beschaffungskanäle. So erschließt zum Beispiel Chemplorer (www.chemplorer.com) als Marktplatz der chemischen Industrie für technische Produkte und Packmittel neue Potenziale im Einkaufssektor. Dies geschieht auf der Basis eines ERP-integrierten (Enterprise Resource Planning) „Electronic Catalog", der ursprünglich von Bayer selbst aufgebaut und bereits seit 1998 eingesetzt wurde. Er wird nun von Chemplorer genutzt und erweitert. Dieser elektronische Katalog erlaubt es, die Vielfalt und Komplexität der Beschaffung von MRO-Gütern (Maintenance, Repair, Operation) effizient zu organisieren und über eine Transaktionsplattform mit den Lieferanten zu verknüpfen.

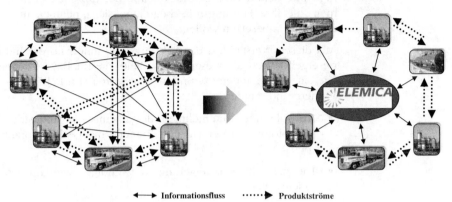

◄────► Informationsfluss   ••••••► Produktströme

Elemica ist Schnittstelle für den Informationsaustausch zwischen Kontrakteinkäufern und -verkäufern

Bild 104   **Zentraler Vermittler**

Ergänzt werden solche vorwiegend auf Transaktionen ausgerichtete Marktplatzinitiativen durch Aktivitäten, deren spezifisches Ziel eine Stärkung der Partnerschaft mit dem Kunden ist. Solche unternehmenseigenen „Solution Portals" besitzen ihre besondere Berechtigung in „non commodity"-Segmenten, etwa bei technischen Thermoplasten oder Lackrohstoffen, bei Papier- oder Lederchemikalien. Die genannten Initiativen decken zusammen bereits wesentliche Prozesse ab, die in der chemischen Industrie für das Kaufen und Verkaufen eingesetzt werden. Was jedoch bis vor kurzem fehlte, war ein Marktplatz, der spezifisch die in den Rohstofftransaktionen zwischen den Marktteilnehmern herrschenden Supply Chain-Unzulänglichkeiten adressiert, und der eine Vision realisiert, die gleichermaßen auf Standardisierung und Automatisierung beruht (Bild 104).

Damit verbunden ist die Idee eines elektronischen Verbindungsplatzes („hub"), der als Drehscheibe des Geschäfts fungiert, ohne selbst als Anbieter oder Kunde aufzutreten. Eine solche Vision konnte nur aus der Industrie selbst heraus entwickelt und realisiert werden, die über entsprechendes Prozess-Know-how verfügt. Ihre Realisierung ist die Aufgabe der führenden Unternehmen, die ihre Führungsrolle begreifen, sie annehmen und mit einer Vision besetzen wollen.

Aus diesem Verständnis der Führungsrolle innerhalb der Industrie ergeben sich die wesentlichen Ziele, die für Bayer – ebenso wie eine Reihe anderer Gründungsinvestoren von ELEMICA – im Vordergrund standen:

- Als führende Unternehmen der chemischen Industrie die Transformation der eigenen Branche maßgeblich vorantreiben
- Die zur Effizienzsteigerung notwendige Standardisierung mitgestalten
- Durch die Beteiligung der weltgrößten Chemieunternehmen die notwendige kritische Masse und Liquidität erreichen
- eBusiness-Lösungen mitgestalten, die sich an den Bedürfnissen von Käufern und Verkäufern in der chemischen Industrie orientieren
- Die Kosteneinsparungen der geschaffenen eBusiness-Lösungen zum Vorteil der eigenen Industrie realisieren
- Bei der Realisierung der angestrebten Supply Chain-Optimierung zu den Vorreitern gehören
- Die zukünftige Entwicklung der Initiativen wie auch der gesamten Industrie in die eigene Hand nehmen

Gorilla.com – ein überzeugendes Geschäftsmodell

Das überzeugendste Argument für ELEMICA ist vermutlich die Einfachheit des zu Grunde liegenden Geschäftsmodells: ELEMICA dient als elektronischer „Hub", als singulärer Kontaktpunkt zur Informationsübertragung zwischen Käufer und Verkäufer bei Kontraktgeschäften.

Es ist auf den ersten Blick erstaunlich, dass eben diese Herausforderung nicht schon früher angegangen wurde, eine derartige Idee nicht bereits früher entwickelt und umgesetzt worden ist. Auf die Frage „Warum nicht?" gibt es sicherlich mehrere Antworten: Zunächst haben erst globale, immer komplexer vernetzte

Geschäftsbeziehungen einen Bedarf für derartige, nachhaltige Optimierung und Effizienzsteigerung geschaffen. Erst aus der Komplexität erwachsen umgekehrt die nicht unerheblichen Potenziale solcher Modelle. Eine mehr technische Antwort hat daneben ebenfalls ihre Berechtigung: Erst die Entwicklung des Internets in den letzten zehn Jahren – verbunden auch mit der Entwicklung und Verbreitung immer neuer und immer leistungsfähigerer Kommunikationstechnologien – ermöglicht heute Dinge, die noch vor wenigen Jahren so nicht zu realisieren gewesen wären. Dazu gehören die Echtzeit-Übertragung großer Datenmengen, die Vernetzung von Rechnersystemen über weite Strecken hinweg und vieles mehr.

Schließlich sind entsprechende „hub"-Ideen in der jüngsten Vergangenheit durchaus auch in anderen Branchen angegangen und umgesetzt worden, so etwa in der Automobilindustrie mit ihrem Einkaufsmarktplatz Covisint (www.covisint.com).

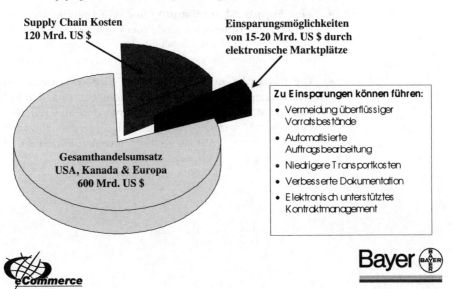

Bild 105   Supply Chain Einsparungspotenzial der Industrie

Die Einsparpotenziale, die durch ELEMICA erschließbar werden, sind von einer beeindruckenden Größenordnung. Allein im Bereich der Supply Chain lassen sich in den USA, Kanada und in Europa nach aktuellen Schätzungen bis zu 20 Mrd. US-Dollar an Kosten einsparen, wenn die Prozesse durch den Einsatz von e-Business optimiert werden (Bild 105). Ausschlaggebend für diese Potenziale sind vor allem die Aspekte Automatisierung und Standardisierung von Abläufen (Bild 106):

- Im Bereich des **Auftragsmanagements** werden durch Automatisierung zum Beispiel der Auftragseingabe oder allgemein des Informationsaustauschs zwischen Käufer und Verkäufer die Kosten je Auftrag um 30-60 % reduziert.

- Die Verwendung von durch ELEMICA für die chemische Industrie standardisierten Kontrakten reduziert die Notwendigkeit zur zeit- und leistungsintensiven Einzelprüfung.

- Integration und Konsolidierung des **Transport- und Logistik**bedarfs über viele Transaktionen einer Industrie hinweg ermöglicht Zeit- und Kostenersparnisse.

- Eine **Supply Chain-Planung** über die Unternehmensgrenze hinweg mit Lieferanten und Kunden optimiert das Umlaufvermögen: Die Umschlagshäufigkeit steigt um bis zu 20 %, die disponiblen Bestände reduzieren sich um bis zu 10 %.

- Die **Rückwärtsintegration in die ERP-Systeme** der angeschlossenen Unternehmen – ein zentrales Charakteristikum von ELEMICA – erschließt Bayer und den anderen Nutzern eine Vielzahl von Geschäftspartnern, ohne dass zunächst der kostenintensive Aufbau einer jeweils einzelnen ERP-Anbindung betrieben werden müsste.

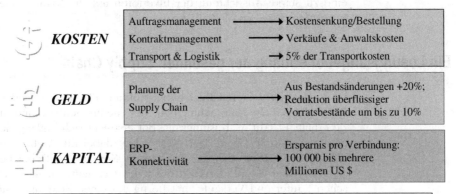

Bild 106 Zu erwartende Einsparungen aus Automatisierung und Standardisierung

Das gesamte Einsparpotenzial zu realisieren, erfordert zum einen die konsequente Nutzung des Funktionalitätsangebots von ELEMICA, zum anderen auch eine Reihe notwendiger Prozessanpassungen innerhalb des jeweiligen Unternehmens.

Es wäre falsch, in diesem Zusammenhang zu glauben, dass diese Einsparungen uneingeschränkt und langfristig als zusätzlicher Gewinn im Unternehmen verbleiben. Einsparung ist also nicht gleichbedeutend mit Gewinn.

Vielmehr gilt es, solche Einsparungen frühzeitig zu erzielen, um Teile davon zu gegebener Zeit auf der Verkaufsseite beim zweifellos entstehenden bzw. anwachsenden Preisdruck als Puffer nutzen zu können. Nur Unternehmen, die das Angebot von ELEMICA frühzeitig und umfangreich einsetzen, werden zusätzlich die Chance bekommen, ihre Profitabilität durch das Erschließen von zusätzlichem Geschäft zu verbessern.

Außerdem tritt Bayer – wie die meisten anderen Investoren dieses Projekts – gleichermaßen als Verkäufer und als Käufer der gehandelten Produkte auf und hat so die Möglichkeit, auf beiden Seiten gleichermaßen zu partizipieren. Dies verhindert zugleich eine zu starke Ausrichtung der Investoren auf die Käufer- oder Verkäufer-„Seite" von ELEMICA.

Ein Lösungsangebot entlang der gesamten Supply Chain

In noch einer weiteren Beziehung profitiert ELEMICA von dem Rückhalt, den das Unternehmen aus der chemischen Großindustrie erhält: ELEMICAs Leistungsangebot erstreckt sich entlang der gesamten Supply Chain. Den Kern bildet dabei die Auftragsabwicklung auf Basis von ausgehandelten Kontrakten. Dabei bezieht sich der Begriff Kontrakt auf jedes Geschäft, für das zwischen Käufer und Verkäufer mit Bezug auf einen Zeitraum feste Preise und Konditionen ausgehandelt worden sind. Nach allgemeiner Überzeugung gehören mindestens 90 % des gesamten Chemiegeschäftes zur Klasse des Kontraktgeschäfts, im Gegensatz zu nur weniger als 10 %, die als Spotgeschäfte abgewickelt werden.

Aufträge oder Abrufe gegen solche Kontrakte können – getreu dem Modell eines Informationsknotenpunktes – von Anfang bis Ende über ELEMICA abgewickelt werden: von der Auftragsplatzierung und -bestätigung über das Transportarrangement inklusive aller notwendigen Papiere, einschließlich Rechnungszustellung und Bezahlung, sowie einer begleitenden Auftragsverfolgung über die gesamte Zeitschiene hinweg.

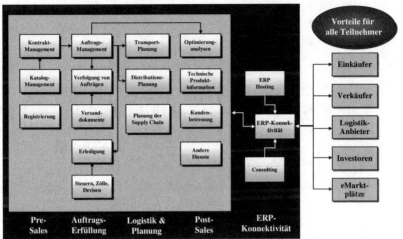

Bild 107 Funktionalität Elemica

Ergänzt wird diese Auftragsabwicklungs-Funktionalität durch die vor- und nachgeschaltete, zum Teil von Kunde und Lieferant gemeinsam vorgenommene Planung von Bedarf, Transport und Distribution. Weitere vor- und nachgelagerte Funktionen, etwa die Nutzerregistrierung und -zertifizierung im Vorfeld sowie Kundenbetreuung und Optimierungsanalysen, runden dieses Angebot ab (Bild 107). Die nachfolgend in geschäftschronologischer Reihenfolge genannten Funktionen bzw. Funktionspakete werden bei ELEMICA realisiert:

- Kontrakt-Management: Hinterlegung der für die Abwicklung relevanten Vertragsdaten der Handelspartner

- Katalog-Management: Aufbau von lieferantenspezifischen und allgemeinen Katalogen

- Auftrags-Management: Transaktion von der Bestellung bis zur Zahlung

- Transport-Arrangement

- Auftragsverfolgung
- Dokumentation: Nationale und internationale Versanddokumente
- Zahlung: Abwicklung der Faktura
- Steuern, Zölle, Währungsumrechnung
- Transportplanung: Optimierung des Netzwerkes
- Distributionsplanung: Optimierung des Netzwerkes
- Supply Chain-Planung: Integrierte Planung mit Möglichkeit des VMI (Vendor Managed Inventory), CMI (Customer Managed Inventory)
- Technische Informationen über Produkte
- Weitere Dienstleistungen: z.B. Anzeigen, Industrie-Neuigkeiten, Sicherheitsdatenblätter

Für Bayer wie für alle anderen Nutzer von ELEMICA gilt es, gemeinsam mit den jeweiligen Geschäftspartnern aus dem umfangreichen Angebot an Funktionalitäten für jedes Geschäft das optimale Paket zu schnüren.

Insbesondere kleinen und mittelständischen Kunden wird ELEMICA zu diesem Zweck Standard-Abwicklungspakete anbieten, die einen reibungslosen Geschäftsablauf auch zwischen Partnern ermöglichen, deren Geschäftssysteme kaum oder gar nicht aufeinander abgestimmt sind. Diese Dienstleistungen – verbunden mit entsprechenden Serviceangeboten bis hin zum ERP-Hosting für kleinere Unternehmen – werden sich in der Zukunft zu einer Kernkompetenz von ELEMICA entwickeln.

e-4PL™ – ein Marktplatz mit integrierter Logistiklösung

Viele der bislang aufgebauten Marktplätze sind im Bereich der Logistik unzureichend entwickelt. Es reicht langfristig nicht, einfach nur Links zu unterschiedlichen Logistikdienstleistern anzubieten. ELEMICA tritt hier mit einer Lösung an, die eine Transaktion auf dem Marktplatz um das logistische Fulfillment verlängert bzw. beide Funktionspakete miteinander verknüpft und integriert (Bild 108).

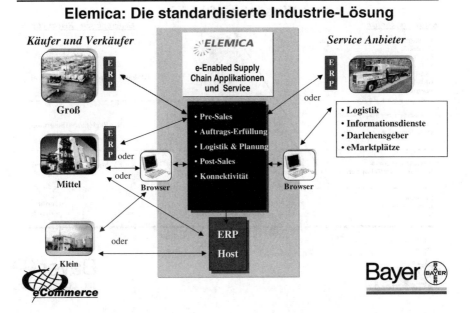

Bild 108   Elemica: Die standardisierte Industrie-Lösung

Ebenfalls integriert werden hierbei die Partner auf der anderen Seite der Schnittstelle, die Logistikdienstleister für die chemische Industrie. Damit schließt sich eine derzeit noch bestehende Lücke, und ELEMICA wird endgültig zum umfassenden elektronischen Kontaktpunkt für die Informationsvermittlung zwischen Käufer, Verkäufer und Dienstleister.

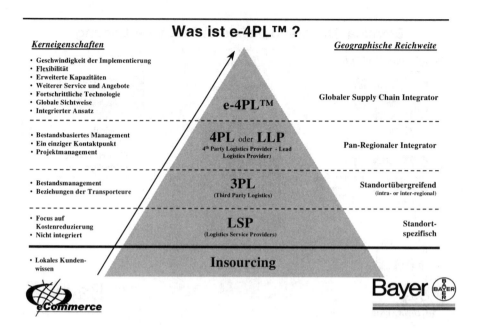

Bild 109   e-4PL

Das Unternehmen übernimmt damit eine zentrale Aufgabe, die heute in der Regel noch lokal innerhalb der einzelnen Unternehmen wahrgenommen und optimiert wird. Der Wert dieser industrieübergreifenden e-4PL™-Lösung („electronic 4th Party Logistics Provider") (Bild 109) von ELEMICA liegt für Bayer besonders in folgenden Bereichen:

- Ein erhöhtes Gesamt-Transportvolumen und sich ergänzende Fahrtrouten bzw. Lieferregionen sorgen für eine bessere Auslastung der Transportkapazitäten und somit für niedrigere Kosten.
- Ebenfalls kostensenkend wirkt sich die Möglichkeit aus, den Logistikpartnern verstärkt Rückfrachten oder Zusammenverladungen anbieten zu können.
- Bestehende Logistikströme und Distributionsstrukturen können übergreifend analysiert und optimiert werden.
- Ein umfassendes Chemie-orientiertes Logistikangebot birgt für die beteiligten Unternehmen zusätzliche Möglichkeiten

zum Outsourcing einzelner, derzeit noch interner Funktionen.

- Audits von Dienstleistern im Logistikbereich werden standardisiert und können von ELEMICA für alle Mitgliedsunternehmen durchgeführt werden.

- Analog zu den bereits beim Marktplatz diskutierten Vorteilen reduziert der Einsatz standardisierter Kontrakte auch auf der Logistikseite die Notwendigkeit zu aufwändigeren Einzelverhandlungen.

Nicht nur die Anbieter und die Käufer der Produkte, sondern auch die beteiligten Dienstleister werden also in das „Win-Win"-Paket von ELEMICA eingeschlossen. So sollen denn auch Transportkosten nicht dadurch reduziert werden, dass die Bündelung von Nachfragemacht lediglich auf die Transportpreise drückt. Das Kostensenkungspotenzial ergibt sich vielmehr aus einer besseren Nutzung der vorhandenen Ressourcen und aus der gesteigerten Effizienz der Prozesse.

Die ERP-Anbindung als Herzstück der Problemlösung

ELEMICA stellt sich in der technischen Anbindung auf Unternehmen der unterschiedlichsten Größen und technischen Ausstattungen ein. Für Bayer als Großunternehmen ist hierbei insbesondere die von Anfang an vorgesehene ERP-Anbindung an den Marktplatz von Interesse.

Viele der bislang aktiven Marktplätze bieten lediglich die Anbindung über eine Browser-Oberfläche. Das bedeutet jedoch, dass alle Daten über eine manuelle Schnittstelle – sprich: von Hand – eingegeben werden müssen: mit entsprechender Fehleranfälligkeit, mit hohem Arbeits- und Zeitaufwand. Häufig stellt diese Art der Transaktionsabwicklung zudem eine Aufgabenverlagerung vom Lieferanten an den Kunden dar. Wesentliche Einsparpotenziale liegen in der Automatisierung dieser manuellen Vorgänge, verbunden mit einer Reduzierung der Fehlerrate und einer Steigerung der Kundenzufriedenheit.

Um derartige ERP-Anbindungen zu realisieren, ist auf Seiten jedes Nutzers zweifellos erheblicher Aufwand zu leisten. So wird der Aufbau der dafür notwendigen eBusiness-Architektur erforderlich. Den Kern einer solchen Architektur bildet ein Enterprise

Application Integrator (EAI), welcher die Verbindung zwischen den ERP-Systemen und dem Gateway ins Internet bildet. Dieses EAI-Tool ist – geeignet aufgesetzt – universell nutzbar, so zum Beispiel auch für die Anbindung anderer Internet-basierter Anwendungen, etwa unternehmenseigener Portale. Auch dies setzt natürlich eine hinreichende Standardisierung von Architektur und Funktionalität voraus.

Derartige Standards, etwa die Chem eStandards™ des Chemical Industry Data Exchange (www.cidx.org) zu nutzen kann sogar dann sinnvoll sein, wenn im Einzelfall Daten zweimal konvertiert werden müssten, einmal auf Anbieter- und einmal auf Kundenseite. Denn bei der Vielfalt unterschiedlicher System-Implementationen, die heute schon innerhalb eines einzelnen Unternehmens zu finden sind, ist es nicht sicher, dass sich „gleiche" Systeme auch wirklich verstehen.

Auch hier wird ELEMICA ein Toolkit von Komponenten anbieten, um die Entwicklung weiterer derartiger Anbindungen zu vereinfachen, sobald die Erfahrungen aus den derzeit laufenden Pilotprojekten vorliegen. Im Rahmen dieser Projekte werden bis Ende März 2001 die ersten Anbindungen realisiert sein, und Bayer wird auch hier zu den Unternehmen der ersten Stunde gehören.

Seit der Gründung: Projektablauf und Erfolgsfaktoren

Im Verlaufe des Projektes ELEMICA galt es, zwei offensichtlich widersprüchliche Prinzipien auf einer Zeitachse zu vereinen. Neben den Punkten Liquidität und Datensicherheit liegt in der Neutralität der Schlüssel zum Erfolg eines Marktplatzes. Daher wurde bereits in den Gründungsverträgen festgelegt, dass kein einzelnes Gründungsunternehmen mehr als 7,5 % am Eigenkapital von ELEMICA hält. Ebenso ist vorgesehen, dass bereits 18 Monate nach der Gründung der Anteil der Investoren an der Gesamtzahl der Vorstandspositionen auf unter 50 % sinkt.

ELEMICA ist ein Marktplatz „von der Industrie für die Industrie". Um das hierzu notwendige Know-how zu aggregieren, wurden von allen 22 Investoren sogenannte Secondees benannt, die – vorübergehend für einige Monate an das junge Unternehmen ausgeliehen – zu Beginn der Aktivitäten die überwiegende Zahl der ELEMICA-Mitarbeiter ausmachten. Vor dem Hintergrund ihrer jeweiligen Erfahrung wurden sie in eine Teamstruktur des Marktplatzes integriert und wirkten am Aufbau der entsprechenden Funktionalitäten mit. Mit Augenmerk auf die Neutralität des Marktplatzes werden diese Secondees bis zum Beginn der eigentlichen Transaktionsaktivität durch feste ELEMICA-Mitarbeiter ersetzt.

Standardisierung ist bereits verschiedentlich in diesem Beitrag als besonders bedeutsam erwähnt worden. Sie ist eine Säule des Wertschöpfungsmodells von ELEMICA. An der Entwicklung und Etablierung derartiger Standards arbeiten nicht nur viele der Investoren von ELEMICA aktiv mit, auch ELEMICA als eigenständiges Unternehmen hat sich bereits sehr früh im Chemical Industry Data Exchange bei der Entwicklung der Chem eStandards™ engagiert. Damit ist es nicht verwunderlich, dass dieser offene Standard nun die primäre Basis für die ERP-Anbindung zwischen ELEMICA und seinen Nutzern darstellt.

Auch wenn schon Anfang Januar 2001, etwa ein halbes Jahr nach der Gründung, die ersten – damals noch browserbasierten – Transaktionen über den neuen Marktplatz abliefen, bleibt auch jetzt noch viel zu tun. Die verschiedenen Funktionalitäten aus dem Bereich Marktplatz und e-4PL™ werden von ELEMICA im Laufe des Jahres 2001 realisiert werden. Dabei orientiert sich die Schrittfolge der Implementierung sowohl an der Komplexität der angestrebten Lösung als auch an den durch Investoren und weitere, zukünftige ELEMICA-Kunden vorgegebenen Prioritäten.

Die nächsten Meilensteine sind zweifellos die Realisierung erster ERP-Anbindungen Ende März 2001 sowie die umfassende Aufnahme der Transaktionsaktivitäten bis Mitte des Jahres.

Entscheidend für den langfristigen Erfolg von ELEMICA ist nicht nur die technisch einwandfreie Umsetzung aller geplanten Funktionalitäten. Insbesondere aufgrund des auf Integration setzenden Geschäftsmodells ist eine enge An- und Einbindung in die Prozesse und Systeme von möglichst vielen Unternehmen notwendig, um auf lange Sicht attraktive und damit erfolgreiche Lösungen anbieten zu können.

Aus Sicht von Bayer lässt sich dies noch etwas konkreter formulieren: In einem ersten Transaktions-Piloten mit einem Partner aus dem Kreise der Investoren wird Bayer zunächst alle Prozesse und Systeme im Zusammenhang mit diesen neuen Marktplatzaktivitäten einem Praxistest unterziehen. Das schließt sowohl Prozessschritte bei ELEMICA als auch solche bei Bayer und seinem Geschäftspartner ein. Danach kann diese bestehende Integration bzw. Anbindung von ELEMICA in die Bayer-eigenen ERP-Systeme potentiell auch von jedem weiteren Geschäftspartner genutzt werden, der ebenfalls diese Plattform nutzt. Solche Geschäftspartner werden zunächst aus dem Kreise der 22 Investoren stammen.

Es liegt jedoch im Interesse sowohl von Bayer als auch von E-LEMICA, dass sich dieser Kreis zügig um andere Kunden und Lieferanten erweitert. Der Grund dafür ist einfach: Genau wie für ELEMICA gilt auch für Bayer, dass ein bestimmtes Transaktionsvolumen erforderlich ist, damit durch den Einsatz des neuen Transaktionsweges deutliche Einsparpotenziale realisiert werden können.

ELEMICA – ein Baustein in Bayers eBusiness-Strategie

ELEMICA ist ein wichtiger Baustein in der eBusiness-Strategie von Bayer. Diese Strategie stützt sich auf die Nutzung aller attraktiven eBusiness-Lösungen, die der Markt bietet, auf maßgeschneidert entwickelte eigene Transaktions- und Informationsportale, aber eben auch auf die unternehmensübergreifende Zusammenarbeit mit Geschäftspartnern auf neutralen Marktplätzen.

Bayers eBusiness-Vision besteht darin, mit Hilfe des Internets, durch Integration mit Geschäftspartnern sowie den Aufbau und die Nutzung von Netzwerken seine Kundenorientierung weiter zu steigern. Dabei gilt es, neue Fähigkeiten zu entwickeln, neue Vertriebs- und Informationskanäle zu nutzen, um so auf der vorhandenen „brick and mortar"-Basis den Unternehmenswert zu steigern. Hier wird es in Zukunft verstärkt darauf ankommen, gemeinsam mit dem jeweiligen Geschäftspartner den hier optimalen Transaktionskanal auszuwählen. Je nach Anforderungen können dies zum Beispiel unternehmenseigene Portale, unabhängige Marktplätze oder traditionelle Kanäle sein –, aber eben auch ELEMICA als elektronischer Hub. Aus der Sicht von Bayer ist dann die richtige Auswahl ebenso wichtig wie die Integration aller Kanäle in ein Customer Relationship Management (CRM)-System.

Im Konzert der neuen Möglichkeiten spielen Industrie-Konsortien wie ELEMICA als (rückwärts-)integrierte Netzwerke somit eine wichtige Rolle. Dazu kommt noch ein weiterer Aspekt: Nicht in jedem eBusiness-Projekt arbeitet Bayer mit 21 Partnern zusammen, um ein gemeinsames Ziel zu erreichen. Um so spannender haben sich daher die vergangenen zehn Monate gestaltet – der Tanz mit dem Gorilla. Und der Tanz ist noch lange nicht zu Ende.

22 „Just do it!"

Carsten Haefeker

Einführung

Das Thema B2B-e-Procurement ist auch im Jahr 2001 für viele Firmen immer noch ein Kapitel aus dem Buch der Mythen und Sagen. Kaum ein Vorstand oder Einkaufsleiter hat sich nicht schon mit diesem Thema gedanklich auseinander gesetzt und eine entsprechende Arbeitsgruppe einberufen, die ein Konzept zur Einführung einer solchen Lösung ausarbeitet. Gleichsam parallel zur Erkenntnis der Simplizität des abgebildeten Geschäftsprozesses scheint die Aufgabenstellung der Implementierung an Komplexität zu gewinnen.

Das Beispiel Akzo Nobel zeigt, dass der entscheidende Schritt vom Konzept zu einem Einführungsprojekt und einer schnellen Implementierung schnell und erfolgreich durchgeführt werden kann. Nicht umsonst findet sich folgendes Zitat in der Pressemitteilung von Akzo Nobel zur Einführung der Lösung:

"At today's launch event,...Paul Brons, the Akzo Nobel Board Member whose responsibilities include Purchasing and IT, noted that the shockwaves reverberating through the world of e-Business have left Akzo Nobel unruffled."

AkzoNobel

Akzo Nobel operiert weltweit in den Produktbereichen Gesundheit, Farben und Lacke sowie chemischen Produkten. Das e-Procurement-Projekt wurde durchgeführt durch die Business Unit Base Chemicals. Akzo Nobel unterhält in Holland drei Standorte in Delfzejl, Hengelo und Rotterdam. Die Standorte zeichnen sich dadurch aus, dass auch Drittfirmen an diesen Standorten produzieren. Pro Standort gibt es je eine Service Unit, die gemeinsame Geschäftsprozesse bündelt und unterstützt. Dazu zählt unter anderem auch der Einkaufsprozess.

Das ASAP-Projekt

Für die oben genannten Service Units waren schon in der Vergangenheit einige Projekte aufgesetzt worden, die eine Verbesserung des Service Levels für die Kunden am Standort bewirkt hatten. Trotzdem gab es noch weiteres Potenzial für Verbesserungen. Hierbei gab es zwei Zielgebiete:

Der Bereich Technik mit Schwerpunkten wie Rechnungsstellung, Budgetkontrolle und Kapazitätsplanung sowie der Bereich Einkauf.

Hier waren folgende Themenschwerpunkte definiert worden:

- o Der Einkaufsprozess enthält zu viele unnötige Prozessschritte
- o Von Kundenseite war der Wunsch nach einer eigenen Abrufmöglichkeit beim Lieferanten lauter geworden
- o Hoher administrativer Aufwand

Basierend auf diesen Erkenntnissen wurde das ASAP-Projekt ins Leben gerufen mit den Zielen

- o Neudefinition deutlich vereinfachter Prozesse, die durch eine Implementierung von SAP 4.6 im Standard unterstützt wird.
- o Fokussierung auf die Bereiche Technik, Einkauf und Materialwirtschaft und die dazu gehörenden Geschäftsprozesse.

Ein weitere Herausforderung war die Anbindung an die ERP-Landschaft von Akzo Nobel. Hier war im Wesentlichen SAP R/3 im Einsatz, aber in unterschiedlichen Releaseständen und implementierten Modulen. Eine klare Zielrichtung war das Bestreben, SAP 4.6 im Standard einzuführen. Entgegen der häufig anzutreffenden Lehre, dass die Software die definierten Prozesse abbilden muss, stand hier die Orientierung an den Möglichkeiten der einzusetzenden Software bereits am Anfang des Projektes im Vordergrund.

eProcurement

Das dritte Ziel war einfach, aber treffend formuliert:

„Akzo Nobel hat den Ehrgeiz, von allen Möglichkeiten des eBusiness zu profitieren."

Im Rahmen des ASAP Projektes stand das Thema eProcurement mit den daraus resultierenden Einsparungspotenzialen im Vordergrund.

Die Einsparungspotenziale waren erkannt und quantifiziert worden. Ein Projektplan war erstellt worden, der die Durchführung eines Piloten bis zum Jahresende vorsah. Nach Durchführung des Piloten sollte die dann fertige Lösung in allen drei Service Units implementiert werden.

Definition des Piloten

Als größere Herausforderung stellte sich dar, die Erwartungen seitens des Akzo Nobel Managements hinsichtlich eines Piloten bis zum Jahresende zu erfüllen. Die Problematik hierbei war einfach zu beschreiben, aber schwierig zu lösen.

Durch die Partnerschaft zwischen SAP und CommerceOne hatte der Kunde die Wahl zwischen zwei Produkten:

Enterprise Buyer Desktop Edition und

Enterprise Buyer Professional Edition.

Aufgrund des größeren Funktionsumfangs war die Wahl von Akzo Nobel zunächst auf die Professional Edition gefallen, aber eine sinnvolle Pilotierung war im noch zur Verfügung stehenden Zeitrahmen nicht realisierbar. Mit dem Kunden wurde dementsprechend erarbeitet, was er kurzfristig, und was langfristig mit eProcurement erreichen wollte, um so im Piloten erst einmal die kurzfristigen Ziele abzudecken. Entscheidend ist hierbei, dass im Rahmen eines solchen Piloten die abzubildenden Geschäftsprozesse als Ganzes beurteilt werden. Dies setzte voraus, dass die ERP-Systeme der Kunden an die eProcurement-Lösung angebunden waren und Bestellungen an die Lieferanten übermittelt werden konnten.

Zielsetzung

Der Pilot musste von der Komplexität so gering wie möglich gehalten werden, aber dennoch alle Aspekte des eProcurement abdecken. Dies konnte nur mit der Desktop Edition erfolgen. Der Pilot wurde dementsprechend wie folgt definiert:

- o -Installation der Desktop Edition bei Akzo Nobel im Standard ohne weitere Anpassungen.
- o Fokussierung auf den Standort Delfzijl.

- o Abbildung von exemplarischen Organisationseinheiten inklusive des dazugehörigen Genehmigungsverfahrens. Dies würde insgesamt etwa 60 Anwender umfassen.
- o Den Anwendern sollten die Kataloge von sieben Lieferanten zur Verfügung stehen.
- o Die Desktop Edition würde an SAP 4.6, SAP 3.1 sowie ein Plant Maintenance System einer der Fremdfirmen am Standort angebunden werden.

Dies alles war in knapp drei Monaten zu realisieren.

Der Pilot

Nachdem die Entscheidung gefallen war, im Piloten die Enterprise Buyer Desktop-Edition zu verwenden, wurde das Projekt zügig aufgesetzt.

Zunächst galt es, die Rollen und Verantwortungsbereiche im Rahmen des Gesamtprojektes zu regeln. Da Atos Origin die Gesamtverantwortung für das ASAP-Projekt hatte, machte es Sinn, das eProcurement-Projekt auch organisatorisch in das Gesamtprojekt einzubetten und keine separate Projektorganisation zu schaffen.

Ausschlaggebend dafür war einerseits, dass Atos Origin die Organisation, Infrastruktur und SAP-Landschaft des Kunden sehr gut kannte und andererseits, dass besonders in Hinblick auf die SAP-Integration mit unserer Lösung das Gesamtkonzept – besonders in Bezug auf die Geschäftsprozesse mit dem SAP R/3 4.6 – zusammenpassen musste.

Der Projektplan wurde grundsätzlich in folgende Bereiche gegliedert:

- o Definition der Anwendungsbereiche
- o Supplier Adoption und Katalogerstellung
- o Installation und Customizing der Software
- o Anbindung an die ERP-Systeme der Kunden
- o Anbindung an eine Transaktionsplattform

Im Folgenden werden diese Schritte und die kritischen Erfolgsfaktoren zur Durchführung beschrieben.

Definition der Anwendungsbereiche

Um die nachfolgenden Schritte möglichst schnell durchführen zu können, wurden die Key User von Akzo Nobel zügig geschult. Ein Workshop wurde durchgeführt, der diese Anwender in die Lage versetzte, die zur Einrichtung der Software nötigen Information schnell zu erarbeiten.

Akzo Nobel hatte bereits die sieben wichtigsten Lieferanten für den Standort Delfzejl identifiziert und nun galt es, die entsprechenden Geschäftsprozesse in Bezug auf diese Lieferanten und ihre Kunden am Standort abzubilden. Hierbei wurde schnell klar, dass es sich im Wesentlichen mit sogenannten „blue MRO"-Artikeln zu tun hatten. Es ging beispielsweise um den Einkauf von Ersatzteilen für Produktionsanlagen oder Gesamtpakete wie die Isolation von Rohrleitungen.

Nachdem die entsprechenden Prozesse definiert waren, wurden exemplarische Anwenderbereiche identifiziert und die nötigen Stammdaten der Anwender in diesen Bereichen erarbeitet. Dazu gehörte natürlich auch die Abbildung der entsprechenden Genehmigungsprozesse.

Aufgrund der guten Vorarbeit von Akzo Nobel lagen die entsprechenden Daten bereits zwei Wochen nach Projektstart vor.

Supplier Adoption

Die zeitlichen Vorgaben des Piloten veranlassten uns, die Information und Auswahl der Lieferanten schnell und unkompliziert voranzutreiben.

Gemeinsam mit Akzo Nobel wurden ca. 40 potenzielle Lieferanten anhand einer Kriterienliste ausgewählt. Die Auswahl erfolgte im ersten Schritt auf der Basis rein subjektiver Einschätzungen durch den Einkauf. Die ausgewählten Kandidaten mussten technisch und personell in der Lage sein, die Anforderungen für einen derart schnellen Einstieg zu meistern. Weiterhin musste das angebotene Produktspektrum den Anforderungen an das eProcurement-System entsprechen und einen schnellen und unkomplizierten Einstieg der späteren User in das neue System ermöglichen. Einfache, für jeden verständliche und gut beschreibbare Artikel waren dafür eine Grundvoraussetzung.

Die so ausgewählten Lieferanten wurden von Akzo Nobel zu einer ersten Informationsveranstaltung eingeladen. Dort wurde den Lieferanten das Projekt durch Akzo Nobel vorgestellt und die zukünftige Einkaufsstrategie verdeutlicht. Aufgrund der kurzen Vorlaufzeit und der strikten Vorgaben durch Akzo Nobel waren hier starke Anstrengungen durch alle Beteiligten erforderlich.

Viele der Lieferanten hatten sich bis zu diesem Zeitpunkt mit einem derartigen Thema noch nicht auseinandergesetzt. Viele standen diesem Projekt jedoch offen und interessiert gegenüber, andere hingegen hatten bereits Erfahrungen mit elektronischen Katalogen und gaben bereitwillig ihre Zustimmung. Eine neue Form der Zusammenarbeit stand allen Beteiligten bevor, die Veränderungen deutlich über die technischen Anforderungen hinaus bringen würde.

Akzo Nobel ermutigte auch eher zurückhaltendere Lieferanten zur Zusammenarbeit, auch wenn die ersten Ergebnisse nicht perfekt sein würden. Man müsse eine neue Form der Kommunikation entwickeln, die auf beiden Seiten noch einen erheblichen Willen zum Umdenken und Lernen erfordern würde, dies sei aber das deutliche Ziel für die Zukunft.

Nur ein paar Tage hatten die Lieferanten Zeit, eine Datenprobe ihrer Kataloge einzuschicken. Akzo Nobel übernahm für die Erstellung der ersten sieben Kataloge mit maximal 5000 Artikeln die Kosten und übermittelte die Daten schnell zur Beurteilung. Bei der ersten Überprüfung wurden die erfolgversprechendsten Datenmuster aussortiert und, mit einer Korrektur versehen, über Akzo Nobel wieder zurück an die Lieferanten geschickt. Fünf Lieferanten für Produkte und zwei Lieferanten für Dienstleistungen wurden in die endgültige Auswahl genommen.

Die meisten Fragen der fünf Produktlieferanten konnten telefonisch geklärt werden und führten sehr schnell zu konkretem Datenmaterial. Dies wurde umgehend in einer Content Factory zu einem elektronischen Katalog für die Applikation verarbeitet.

Die Erstellung von elektronischen Katalogen für die ausgewählten Dienstleistungslieferanten hingegen stellte alle Parteien vor ein zeitliches Problem. Um eine sinnvolle Anbindung von Dienstleistungsangeboten zu realisieren, mussten Konfiguratoren integriert werden. Man entschied sich, einen Katalog zurückzustellen, da der Lieferant einen leicht bedienbaren Konfigurator erst entwickeln sollte, und den anderen nicht mit einem externen Katalog anzubinden.

Über die Funktion „Round Trip" wurde die bereit bestehende Homepage des Lieferanten so angepasst, dass sie problemlos von der Applikation verarbeitet werden konnte. Der bereits bestehende Konfigurator des Lieferanten wurde so sinnvoll im Projekt integriert und eine schnelle und kostengünstige Lösung realisiert.

In nur acht Wochen lagen pünktlich zum Start des Piloten fünf interne und ein externer Katalog vor. Alle Beteiligten waren sich darüber einig, dass organisatorische Vereinbarungen mit Hilfe der nun zu gewinnenden Erfahrungen im Anschluss an den Piloten getroffen werden müssten.

Installation und Customizing der Software

Parallel zur Definition der Anwendungsbereiche wurde die Software beim Kunden installiert. Akzo Nobel war auch hier gut vorbereitet und konnte bereits den Anforderungen genügende Hardware zur Verfügung stellen. Dabei kam dem Projekt der Umstand zugute, dass die Enterprise Buyer Desktop Edition in Bezug auf Hardware sehr genügsam ist. Es wurde zunächst eine Entwicklungsumgebung geschaffen, die den Webserver für die Anwendung und den Datenbankserver auf jeweils einer Maschine vorsah. Parallel dazu wurde mit der Konzeption der Produktionsumgebung begonnen. Die Installation der Software war nach wenigen Tagen abgeschlossen und die Ergebnisse der Definition der Anwendungsfelder konnten in der Software konfiguriert werden. So stand uns bereits nach relativ kurzer Zeit eine fertige Umgebung zur Verfügung, die schwierigsten Aufgaben galt es allerdings noch zu bewältigen.

Anbindung an die ERP-Systeme der Kunden

Die Anbindung an ein ERP-System stellt die wohl schwierigste Aufgabe in einem eProcurement-Projekt dar. Hierbei steht nicht unbedingt die technische Realisierung der Schnittstellen im Vordergrund, sondern die inhaltliche Abstimmung der beiden Systeme miteinander. Nichtsdestotrotz müssen jedoch zunächst einmal die technischen Voraussetzungen geschaffen werden.

Die Enterprise Buyer Desktop Edition stellt eine eigene Integrations-Plattform zur Verfügung, mit der sich einfache Aufgaben wie Synchronisation von Stammdaten und Mappings realisieren lassen. Die eigentliche Kommunikation mit dem angebundenen ERP-System erfolgt über das Connector Development Kit. Hier werden standardmäßig BAPIs bzw. RPCs für verschiedene SAP R/3 Versionen mitgeliefert, die über entsprechende Stylesheets mit der CommerceOne Platform kommunizieren.

Auch hier waren gute Voraussetzungen für eine schnelle technische Implementierung der Schnittstellen vorhanden. Auf der Seite der SAP-Systeme konnte uns Atos Origin einen sehr qualifizierten Mitarbeiter zur Verfügung stellen.

Im ersten Schritt wurde zunächst ein ERP-System angebunden, um zusammen mit dem Kunden erste Integrationstests durchführen zu können. Wichtig für uns war, dass bereits im Piloten der Gesamtprozess getestet werden konnte. Dies bedeutete, dass alle Funktionen über den Wareneingang bis hin zur Rechnungsprüfung durchgetestet werden mussten.

Anbindung an die Transaktionsplattform

Die Kommunikation der Transaktionen zwischen der eProcurement-Applikation und den Lieferanten findet über elektronische Marktplätze statt. Um den Gesamtprozess mit den Lieferanten im Piloten testen zu können, musste die Desktop Edition von Akzo Nobel also an einen Marktplatz angebunden und die beteiligten Lieferanten dort eingerichtet werden.

Um hier schnell und unkompliziert agieren zu können, wurde Akzo Nobel an einen Testmarkplatz bei plan business in Hamburg angebunden. Dies ließ Akzo Nobel Zeit für den Selektionsprozess des Marktplatzbetreibers für die Produktionsumgebung. Dieser Selektionprozess wurde im Anschluss an den Piloten abgeschlossen. Da bereits im Piloten die technische Realisierung durchgeführt worden war, konnte der Wechsel vom Testmarktplatz auf den Produktionsmarktplatz zügig durchgeführt werden, da Akzo Nobel bereits mit der Vorgehensweise und den technischen Voraussetzungen vertraut war.

Theorie und Praxis

Ende Dezember 2000 waren alle Vorbereitungen für den Piloten abgeschlossen und Anfang Januar 2001 ging er in die Testphase.

Die im Rahmen des Projektes erarbeiteten Prozesse wurden zunächst innerhalb des Projektteams zusammen mit einigen Keyusern von Akzo Nobel durchgeführt. Hierbei zahlte sich aus, dass bei der Definition des Piloten von Anfang an ein ganzheitlicher Ansatz gewählt worden war. Es traten noch Detailprobleme in nachgelagerten Prozessschritten auf, die schnell behoben werden konnten. Ende Februar waren alle Tests und die Vorbereitungen für den Roll-out des Piloten abgeschlossen. Der Produktionsstart konnte Mitte März erfolgreich abgeschlossen werden.

Lessons learned

Nach Abschluss des Projektes kann man die Faktoren, die das Projekt erfolgreich gemacht haben, wie folgt zusammenfassen:

- Der Supplier Adoption-Prozess liegt von Anfang an auf dem kritischen Pfad eines eProcurement-Projektes und ist von entscheidender Bedeutung für den Erfolg des Projektes.
- Ein eProcurement-Projekt unterscheidet sich kaum von einem beliebigen Einführungsprojekt einer Standardsoftware. Es gelten die gleichen Regeln guten Projektmanagements.
- Durch die Vernetzung von Geschäftsprozessen über das Internet stehen Netzwerkinfrastrukturthemen von Anfang an im Fokus.
- Der eProcurement-Prozess greift durch die Anbindung an die ERP-Systeme der Kunden tiefer in diese nachgelagerten Prozesse ein, als dies beim ersten Augenschein deutlich wird. Eine Bestellung, die im eProcurement-System angelegt wird, muss bis zur Bezahlung der Rechnung durch den Kunden definiert und getestet werden. Dies erfordert die Mitarbeit von allen beteiligten Geschäftsbereichen.
- Die Durchführung eines Piloten unter Verwendung der standardmäßig von der Applikation abgedeckten Prozesse führt schnell zu Ergebnissen und führt so zu einer steilen Lernkurve des Projektteams.

Die Zukunft

Akzo Nobel ist mit seiner eProcurement-Lösung im März 2001 in Produktion gegangen. Innerhalb der nächsten sechs Monate ist ein Ausbau auf 50 Lieferanten und ein Volumen von 50.000 Bestellungen geplant. Dies entspricht ca. 50 % aller Bestellungen der Business Unit Base Chemicals. Dies entspricht wiederum einem Einsparungspotenzial von 2-3 Millionen Euro.

Durch dieses eProcurement-Projekt hat Akzo Nobel das Know-how für die weitere Planung seiner eBusiness-Aktivitäten gesammelt. Durch den Anschluss an den Marktplatz eines Global Trading Web Partners steht einem weltweiten Rollout der Lösung nichts mehr im Wege. Mit der Erfahrung einer erfolgreichen Implementierung im Rücken werden diese und weitere Aktivitäten im Bereich eBusiness sicherlich ebenso erfolgreich sein.

23 allocation.net – Die eBusiness-Plattform für den industriellen Mittelstand

Dr.-Ing. Stefan Brandner, Bernhard Soltmann

Ausgangsbasis und Vision

Das Internet bietet Unternehmen enorme Möglichkeiten, um unternehmensübergreifende Prozesse zu automatisieren und die Kommunikation zwischen Unternehmen erheblich effizienter zu gestalten. Weiterhin eröffnet es durch den weltweit einheitlichen Standard außerordentliche Potenziale hinsichtlich der globalen Expansion von Unternehmen, um entweder neue Kunden zu akquirieren oder neue Lieferanten zu identifizieren.

Folgendes Beispiel zeigt eindrucksvoll, wie stark günstige Einkaufspreise, die durch eine effizientere Beschaffung erzielt werden können, den Unternehmensertrag beeinflussen: Eine Senkung der Einkaufspreise um durchschnittlich 5 % hat die gleiche Auswirkung auf den Ertrag wie eine Umsatzsteigerung um ca. 50 %.[64] Das Ziel eines jeden Unternehmens muss es deshalb sein, neben Produktqualität und Lieferfähigkeit vor allem *günstige Einkaufspreise* zu erzielen. Betrachtet man hierbei kleine und mittlere Unternehmen (KMU), so ist festzustellen, dass die Ein- und der Verkaufsabteilungen häufig mit einer bis max. drei Personen besetzt sind. Den Einkäufern obliegt hierbei die Verantwortung für die Beschaffung aller direkten Güter. Hierbei sind kontinuierlich neue Lieferanten zu identifizieren und zu qualifizieren, bevor letztendlich Verträge verhandelt und unterzeichnet werden.

Kleine Einkaufsabteilungen haben allerdings oft nicht ausreichend Zeit zur Verfügung, um

---

[64] Annahme: 5 % Umsatzrendite und 50 % der Produktkosten fallen auf die Beschaffung

- weltweit nach geeigneten Lieferanten zu suchen (global sourcing) und
- zeitaufwändige Vertragsverhandlungen durchzuführen, um die maximal möglichen Einsparungen zu erzielen.

Bei der internationalen Beschaffung stellen zusätzlich die scheinbar aufwändige Organisation der Qualitätsprüfung sowie die sichere Abwicklung von Transport und Zahlung nach wie vor Hürden dar.

Bild 110: Vision von Allocation Network

Bild 110 zeigt die aus dieser Situation abgeleitete Vision von Allocation Network. Die Ausrichtung der Plattform ist Bild 111 zu entnehmen.

Im folgenden Kapitel werden die hierzu realisierten Funktionen, Abläufe und Value Added Services (VAS) vorgestellt.

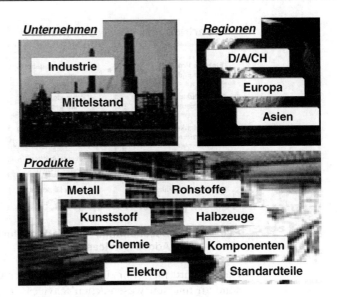

Bild 111: Positionierung der e-Business Plattform

Funktionen und Value Added Services

Übersicht

Allocation.net bietet Lösungen an, die Einkäufer dabei unterstützen, sowohl national als auch international günstige Lieferanten zu identifizieren, zu qualifizieren und effizient Verträge auszuhandeln. Auf der anderen Seite bietet die Plattform wettbewerbsfähigen Lieferanten die Möglichkeit, ohne hohe Marketing- und Vertriebsaufwendungen Neukunden zu gewinnen. Um die Ein- und Verkäufer optimal zu unterstützen, sind für die unterschiedlichen Produkttypen auch verschiedene Transaktionsmechanismen notwendig (Bild 112):

- Einzelne Produktangebote bzw. -gesuche online verhandeln
- Reverse Auctions
- Bestellung aus elektronischem Lieferantenkatalog

Diese Mechanismen sind sowohl im öffentlichen Bereich als auch im privaten Bereichen verfügbar.

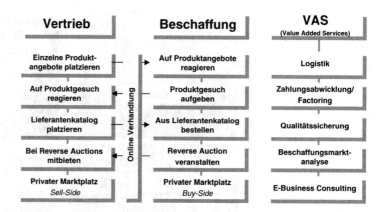

Bild 112: Beschaffungs- und Vertriebsfunktionen sowie Value Added Services

Hierbei wird nicht nur die Anbahnung des Geschäfts unterstützt, sondern mit den wesentlichen Services *Transport, Payment* und *Qualitätssicherung* wird auch eine aktive Unterstützung bei der Geschäftsabwicklung angeboten.

Die Kernkompetenz besteht zum einen in der Integration von eigenen Funktionen mit externen Services, um den Kunden ein umfangreiches Dienstleistungsspektrum aus einer Hand anbieten zu können. Zum anderen betreibt allocation.net ein weltweites Beziehungsnetzwerk mit leistungsfähigen Lieferanten und Abnehmern aus den Branchen Metall, Kunststoff, Chemie und Elektrotechnik und unterstützt dadurch aktiv die Geschäftsanbahnung.

Logistik

Die Kernaufgabe einer eBusiness-Plattform ist die Unterstützung der Ein- und Verkaufsvorgänge. Die reine Unterstützung des Kaufprozesses ist allerdings in vielen Fällen nicht ausreichend, um überhaupt einen Kaufvertrag zustande kommen zu lassen. Vor allem im grenzüberschreitenden Handel ist es erforderlich, dass beispielsweise eine funktionierende *Logistik* angeboten wird.

allocation.net – Die eBusiness-Plattform für den industriellen Mittelstand

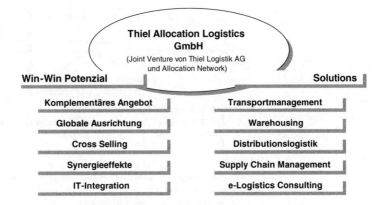

Bild 113: Joint Venture mit Thiel Logistik AG

Zu diesem Zweck betreibt allocation.net gemeinsam mit der Thiel Logistik AG die *Thiel Allocation Logistics GmbH*, ein vor allem auf die Nutzung der Informationstechnik ausgerichtetes, weltweit tätiges Logistik-Joint Venture. Diese Kooperation ermöglicht aufgrund des komplementären Serviceangebots ein weltweites Cross Selling der jeweiligen Produktpalette. Synergieeffekte in den Bereichen IT und Marketing sowie eine über das Joint Venture realisierte Integration der IT-Systeme ermöglichen es allocation.net, die Kunden im Logistikbereich umfassend und qualitativ hochwertig zu bedienen. Bild 113 zeigt die neben dem reinen Transportmanagement zusätzlich angebotenen Logistikdienstleistungen.

Finanzdienstleistungen

Neben Logistikdienstleistungen sind vor allem Finanzdienstleistungen Voraussetzung, um im internationalen Handel erfolgreich agieren zu können. Von Bedeutung sind hierbei im Wesentlichen zwei Services:

- Sichere Abwicklung der Zahlung
- Factoring oder Zentralregulierung

allocation.net – Die eBusiness-Plattform für den industriellen Mittelstand

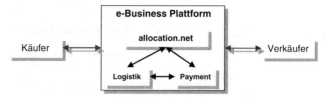

Integrierter „Logistik-Payment-Service":
- Einschaltung einer *trusted third party* zur Sicherung von Warenlieferungen und Zahlung

Ablauf:
- Vorauskasse des Käufers auf ein Konto der GTM GmbH
- Bestätigung der Warenauslieferung durch Thiel Logistik AG
- Weiterleitung der Zahlung an Verkäufer

Kundenvorteile:
- Gewährleistung der ordnungsgemäßen Abwicklung
- Einfach und schnell nutzbar
- Durch Tracking-Funktion ständige Kontrolle und Überblick über den einzelnen Zahlungsvorgang

Bild 114: Integrierte eBusiness-Plattform für sichere Zahlungsabwicklung

Eine sichere Abwicklung der Bezahlung ist dann zu gewährleisten, wenn z. B. zwischen Käufer und Verkäufer noch keine Geschäftsbeziehungen bestehen. Für diesen Fall entwickelt Allocation Network gemeinsam mit der GTM GmbH (Global Trade Management, ein Unternehmen der Deutsche Bank Gruppe) und der Thiel Logistik AG eine treuhandähnliche Lösung, die im 2. Quartal 2001 online zur Verfügung stehen wird. Die drei wesentlichen Schritte sowie die Vorteile für die Kunden zeigt Bild 114.

Neben der beschriebenen Zahlungslösung gewinnen das Factoring, also der Verkauf von Forderungen an ein Finanzinstitut, und die Zentralregulierung, also die zentrale Organisation des Einkaufs für ein Unternehmenspool, zunehmend an Bedeutung.

Im internationalen Handel eröffnen sich durch das integrierte Angebot, bestehend aus Online-Vertragsverhandlung, Organisation der Logistik und Handelsfinanzierung große Marktchancen für eBusiness-Plattformen. Allocation.net bietet offline bereits seit Dezember 2000 gemeinsam mit einem Finanzinstitut Factoring und Zentralregulierung an. Im März 2001 soll das Angebot auch online verfügbar sein.

Net-SCM - Network Supply Chain Management

Nachdem die Basisfunktionalitäten von eMarketplaces oder eBusiness-Plattformen bereits von einem breiten Anwenderkreis genutzt werden, entstehen zur Zeit mehrere neue Konzepte, die weitere Nutzungspotenziale eröffnen werden. Eines dieser Konzepte ist das sogenannte *Network Supply Chain Management*, kurz Net-SCM. Im Rahmen des Net-SCM sollen Funktionen zur Verfügung gestellt werden, mit denen Unternehmen auf privaten Marktplätzen beispielsweise Produktionsplanzahlen austauschen und Lieferabrufe tätigen können. In das Supply Chain Management sollen hierbei nicht nur Hersteller und Lieferanten, sondern auch VAS-Partner einbezogen werden (Bild 115).

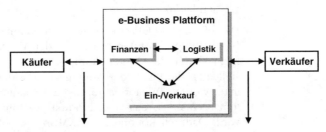

Bild 115: SCM in e-Business Plattformen (*Net-SCM*)

Um diese Funktionalität KMUn zur Verfügung stellen zu können, sind Standardschnittstellen notwendig. Zum einen muss über diese Schnittstellen der Informationsfluss innerhalb der integrierten Plattform abgewickelt werden, zum anderen ist auch der Datenaustausch zwischen der Plattform und den Kunden zu unterstützen. 1:1-Verbindungen zwischen Unternehmen, wie sie aus dem EDI-Umfeld bekannt sind, sollten hierbei vermieden werden. Vielmehr ist mit Hilfe der eBusiness-Plattform als Drehscheibe eine flexible *n:m-Verbindung* zwischen Unternehmen aufzubauen.

Die Funktionen zur Planung, Überwachung und Steuerung der Supply Chain könnten in diesem Szenario vom Betreiber als *Application Service Provider* (ASP) bereitgestellt werden, so dass bei den Kunden keine hohen Investitionen notwendig werden.

Vorteile für Ein- und Verkäufer

Je nach Beschaffungs- bzw. Vertriebsmechanismus ergeben sich für die beteiligten Unternehmen unterschiedliche Potenziale. Im Einkauf steigern fast alle Mechanismen die Effizienz in der Abwicklung. Durch die Einbeziehung der Lieferanten der Plattform steigt die Reichweite in der Beschaffung, und der Zugriff auf neue Lieferanten (z.B. Global Sourcing in den Emerging Markets) wird vor allem für KMU deutlich vereinfacht, da dies mit sehr wenig Zeit- und Kostenaufwand möglich ist. Die Preistransparenz im Marktplatz sowie neue Einkaufsmechanismen können die Einkaufspreise erheblich senken. Durch den großen Lieferantenpool von allocation.net wird weiterhin die Verfügbarkeit erhöht, da schnell und effizient auf viele Lieferanten zugegriffen werden kann.

Die eBusiness-Plattform bietet Unternehmen nicht nur auf der Beschaffungs-, sondern auch auf der Vertriebsseite Vorteile. So kann durch die Weiterleitung strukturierter elektronischer Bestelldaten die Phase der Auftragsklärung deutlich effizienter gestaltet werden. Weiterhin führt die Teilnahme am Marktplatz automatisch dazu, dass das Produktspektrum weltweit angeboten wird. Dadurch können auch KMUn sowohl im In- als auch im Ausland kostengünstig neue Kundenbeziehungen aufbauen. Vor allem beim Neukundengeschäft vereinfachen die ergänzenden Services der Plattform, wie beispielsweise Logistik, sichere Abwicklung der Zahlung und eine Qualitätskontrolle der Produkte vor Ort die Expansion von KMUn erheblich.

Als weiterer Vorteil ist der mögliche Verkauf von Überbeständen zu nennen. Über die Plattform können Produkte aus dem Materiallager oder dem Fertigwarenlager, die nicht mehr in die Produktion eingehen oder nicht in die angestammten Vertriebskanäle fließen, einem globalen Kundenkreis angeboten werden. Dadurch kann unnötig gebundenes Kapital freigesetzt und teurer Lagerplatz wieder zur Verfügung gestellt werden.

Private Marktplätze – Buy-Site und Sell-Site

Die Funktionen und Zusatzdienste können sowohl in *privaten Bereichen* der öffentlichen eBusiness-Plattform als auch in so genannten *privaten Marktplätzen* genutzt werden (Bild 116).

allocation.net – Die eBusiness-Plattform für den industriellen Mittelstand

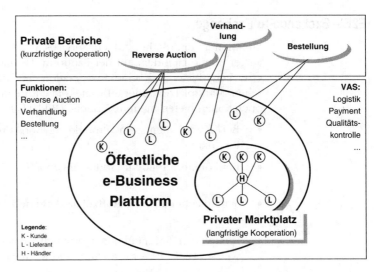

Bild 116: Private Marktplätze – Synergieeffekte durch gemeinsame Nutzung von Funktionen und Services

Während das Anbieten von Katalogprodukten häufig im öffentlichen Bereich erfolgt, finden Reverse Auctions, Verhandlungen und Bestellungen in einem privaten Bereich statt. D.h., weder Auktionen noch Verhandlungen oder Bestellungen können von anderen Plattformteilnehmern außer den direkt akkreditierten eingesehen werden.

Neben den *privaten Bereichen*, die vor allem für Einmal-Geschäfte genutzt werden, gibt es auch *private Marktplätze*, die wie Extranets organisiert sein können. Hier sind Unternehmen registriert, die langfristig zusammenarbeiten möchten. Den privaten Marktplätzen steht die volle Funktionalität und das komplette Serviceangebot der öffentlichen Plattform zur Verfügung. Bei Bedarf können allerdings auch eigene VAS-Partner integriert werden.

Private Marktplätze werden in Buy-Site- und Sell-Site-Lösungen unterschieden. In Buy-Site-Lösungen organisiert ein Unternehmen mit seinen Lieferanten die Beschaffung (eProcurement). In Sell-Site-Lösungen offeriert ein Unternehmen über einen eigenen online-Shop sein Produktprogramm über das Internet.

E2E – Exchange-to-Exchange

Funktionen und Value Added Services ist das eine Standbein, ausreichende Liquidität auf der Plattform das andere. Um dies zu erreichen, bietet sich eine Kooperation mit anderen elektronischen Marktplätzen oder eBusiness-Plattformen an. Solche Kooperationen bieten mehrere Vorteile (Bild 117):

- Bei komplementärem Produktangebot: Cross Selling von Produkten
- Bei konkurrierendem Produktangebot: Erhöhung der Liquidität
- Synergieeffekte beim Aufbau und Betrieb von Value Added Services
- Komplementäre Funktionen können gemeinsam angeboten werden (z. B. Reverse Auction und Kataloge).
- Gemeinsame Marketing- und Vertriebsaktivitäten sowie IT-Entwicklungen
- Profit-Sharing bei vermitteltem Geschäft.

Entscheidend bei diesen Partnerschaften ist eine überlappende Kundenausrichtung. Sind keine nennenswerten Überlappungen vorhanden, ist der Nutzen einer solchen Partnerschaft fraglich. Inwieweit Plattformen technologisch verknüpft werden sollten, hängt von der Art der Kooperation und von den jeweils eingesetzten IT-Systemen ab. Hier sind beliebige Lösungen denkbar. In elektronischen Marktplätzen erwartet der Kunde eine tiefere technische Einbindung als in eBusiness-Plattformen, bei denen die Betreiber eine deutlich aktivere Rolle bei der Geschäftsanbahnung und -abwicklung spielen.

allocation.net – Die eBusiness-Plattform für den industriellen Mittelstand

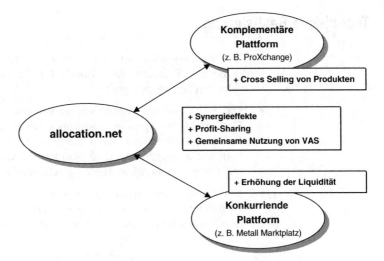

Bild 117: Nutzenpotenziale von Exchange-to-Exchange (E2E) Lösungen

Allocation.net kooperiert seit Februar 2001 mit Europas führendem online-Marktplatz für Gebrauchtmaschinen, ProXchange. Die gemeinsame Zielsetzung der Partnerschaft basiert im Wesentlichen auf dem oben beschriebenen Konzept. Technisch sind die beiden Plattformen über eine Zwischenseite verlinkt, in der die Partnerschaft erläutert wird. Kunden, die auf beiden Plattformen handeln möchten, müssen aufgrund der unterschiedlichen Nutzungsbedingungen auch an beiden Marktplätzen registriert sein.

Kurz nach Bekanntgabe der Partnerschaft konnten zwischen den Plattformen bereits Aufträge vermittelt werden. Im Rahmen der Kooperation ist das Profit-Sharing erfolgsorientiert, d.h. für jeden vermittelten Auftrag erhält der Kooperationspartner einen Anteil der Provision. Neben den ersten Erfolgen im Cross-Selling konnten auch frühzeitig Synergieeffekte erzielt werden. Im Marketing-Bereich haben beispielsweise Messekooperationen und gemeinsame Mailings beidseitig zu Einsparungen geführt. Weitere Synergieeffekte könnten im Laufe des Jahres beispielsweise bei der Nutzung von online-Zahlungslösungen noch folgen.

Technische Realisierung

In der eBusiness-Plattform allocation.net wird keine Standard-B2B-Software eingesetzt. Die Gründe für die Entwicklung einer individuellen Lösung waren:

- Da noch keine Best-Practice-Lösungen von eBusiness-Plattformen vorlagen, wurde von einer hohen Dynamik im Business Modell und damit auch in der Funktionalität der Software ausgegangen. Eine Standardsoftware kann dem oft nicht in ausreichendem Maße gerecht werden.

- Unternehmensintern ist das Know-how über die Prozesse vorhanden, so dass die Prozesse und Funktionen absolut praxistauglich konzipiert und umgesetzt werden konnten.

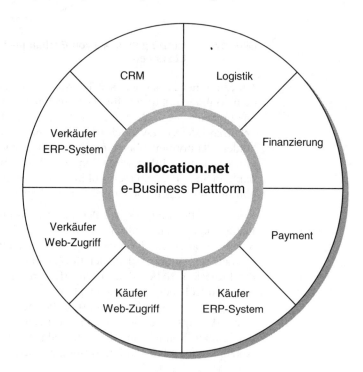

Bild 118: **Die eBusiness-Plattform als zentrale Drehscheibe für den Informationsaustausch**

Die Software ist auf Basis von Java Servlets entwickelt und läuft auf einer relationalen Datenbank. Zur Produktklassifizierung wird der *eClass Standard* als Basis verwendet, der allerdings kontinuierlich an die Anforderungen aus der Praxis angepasst wird.

Bild 118 zeigt die Einbettung des Plattformsystems in das interne und externe IT-Umfeld. Die Plattform ist die zentrale Drehscheibe der gesamten IT. Von ihr aus sind Austausch- bzw. Zugriffsmöglichkeiten zum CRM-System, zu den IT-Systemen der Logistik- und Finanzpartner sowie zu den Kunden zu schaffen. Zwischen den einzelnen Komponenten existieren, beispielsweise für den Payment Service, ebenfalls direkte Verknüpfungen.

Projektablauf und Erfahrungen

Projektablauf

Das Projekt *www.allocation.net* wurde im Juni 1998 gestartet. Nach der Durchführung von Marktstudien wurde mit der Entwicklung eines Softwareprototypen begonnen, der im März 1999 als Pilot einsatzfähig war. Da zum damaligen Zeitpunkt keine geeigneten Softwarelösungen für Allocation Network verfügbar waren, wurde ein strategischer IT-Partner gewählt, der das Unternehmen im IT-Bereich langfristig begleitet.

1999 wurde mit selektierten Unternehmen eine Testphase durchgeführt, um das Konzept, die Prozesse und auch die Softwarelösung zu evaluieren. In dieser Testphase wurden der Handel von Überbeständen, das Anbieten von regulären Produkten und die Bedarfsausschreibung erprobt.

Nach erfolgreichem Verlauf der Testphase ging die Plattform im September 1999 online. In den ersten Monaten des Betriebs wurde vor allem der Handel von Überbeständen angetrieben, da dieser für die mittelständischen Unternehmen einen einfachen und vor allem auch risikolosen Einstieg ins eBusiness bot.

Im Frühjahr 2000 hatte allocation.net knapp 1000 registrierte Mitglieder und machte den ersten Schritt in Richtung Beschaffung direkter Güter. Als erstes wurde der Bereich Metall aufgebaut. Die Branchen Kunststoff/Chemie folgten im Laufe des Jahres, bevor im Herbst 2000 schließlich mit der Elektrotechnik der Aufbau der vier geplanten Vertikale abgeschlossen und das Angebot für die Unternehmen komplettiert wurde. Zur Unterstützung des internen Vertriebsteams wurde vor allem für das *Global Sourcing* ein internationales Agentennetzwerk etabliert. Bis Ende 2000 wurde der Kundenstamm auf annähernd 2000 Mitglieder ausgebaut und Transaktionen in Höhe von 35 Mio. Euro wurden über die Plattform abgewickelt.

Datum	Ereignis
09/1999	Plattform Freischaltung mit Auktionen für Überbestände
03/2000	Über 1000 registrierte Mitglieder
06/2000	Online-Verhandlungsfunktion
07/2000	Relaunch mit überarbeiteter GUI
08/2000	Einkäufer Auktionen (Reverse Auctions)
09/2000	Joint Venture mit Thiel Logistik AG
10/2000	Erweiterung des Logistik Angebots
11/2000	Elektronische Kataloge und Entwicklung einer Payment Lösung
12/2000	Angebotserweiterung um Factoring Dienstleistung
01/2001	E2E-Partnerschaft mit ProXchange (Gebrauchtmaschinen)
02/2001	Private Marktplätze mit Consulting Partnern
03/2001	Start Subcon-Trading.de mit Deutsche Messe AG und BME

Bild 119: Projektablauf

Parallel zum Aufbau der vier Vertikale wurden die Transaktionsmechanismen und Value Added Services konsequent erweitert (Bild 119).

Erfahrungen

Der Auf- und Ausbau der eBusiness-Plattform war begleitet von einer hohen Dynamik im Umfeld, die auch auf das Unternehmen ausstrahlte. Da es für das Konzept und die Ausrichtung von allocation.net noch keine BestPractice-Lösungen gab, mussten viele Erfahrungen selbst gemacht werden. Mit potenziellen Kunden und Partnern waren langwierige Gespräche zu führen, um sie von dem hohen Potenzial von elektronischen Marktplätzen oder eBusiness-Plattformen zu überzeugen.

Durch den hohen Innovationsgrad der B2B-Lösungen war allerdings auch bei allocation.net ein wichtiger Lernprozess zu durchschreiten. Allocation.net hat sich basierend auf den Erfahrungen sehr schnell zum Ziel gesetzt, die offline praktizierten Vorgehensweisen detailliert zu analysieren und anschließend mit Hilfe von Internet-Technologien möglichst exakt abzubilden.

In dieser Phase war es essenziell, dass tiefes Branchen- und Prozess-Know-how vorhanden war und die eingesetzte Software die notwendige Flexibilität bot, um die Prozesse und Funktionen konsequent zu verbessern. Von diesen Vorteilen profitiert allocation.net auch heute noch beim kontinuierlichen Ausbau der Software.

Eng verbunden mit B2B-Plattformen ist das Thema „IT-Integration". Auch bei allocation.net stand das Thema lange Zeit ganz oben auf der Tagesordnung. Es hat sich allerdings gezeigt, dass bei den großvolumigen Produkten, die vorwiegend über die Plattform gehandelt werden, die notwendige Transaktionshäufigkeit, die eine IT-Integration in ERP-Systeme bei den Lieferanten oder Käufern rechtfertigen würde, oft noch nicht erreicht wird. Somit konnte auf tiefe ERP-Integrationen bis heute verzichtet werden. Statt dessen wurden Schnittstellen für den Austausch von strukturierten Daten definiert. Die Notwendigkeit, tiefe ERP-Integrationen zu implementieren, wird allerdings mit zunehmender Aufnahme von elektronischen Katalogen bzw. Lieferprogrammen steigen.

Die Erfahrungen zeigen auch, dass eBusiness nicht streng „elektronisch" gelebt werden kann. Allocation Network ist täglich mit Unternehmen in Kontakt, in denen das Internet noch nicht als selbstverständliches Hilfsmittel für die tägliche Arbeit gesehen wird. In einer offenen neutralen Plattform ist deshalb nach wie vor die Notwendigkeit gegeben, Anwender in die Systembedienung einzuweisen oder auch Kunden über konventionelle Medien wie Fax, Brief oder Telefon zu kontaktieren. Der Geschäftsabschluss steht im Vordergrund, nicht die konsequente Nutzung der IT. Selbstverständlich ist es nach wie vor das Ziel, die Kunden *eBusiness-fähig* zu machen, denn nur dann kann ein elektronischer Marktplatz oder eine eBusiness-Plattform langfristig profitabel betrieben werden.

Neben den Branchen- und Prozesskenntnissen ist auch ein funktionierendes Beziehungsnetzwerk Voraussetzung, um den Kunden einen wirklichen Zusatznutzen bieten zu können. Der Aufbau eines solchen Netzwerkes war nur dadurch möglich, dass über die persönlichen Kontakte von Mitarbeitern wichtige Knoten dieser Netzwerke eng an Allocation Network gebunden werden konnten.

Erfreulich ist, dass einige Unternehmen aus dem Finanz- und Logistikbereich im letzten Jahr die enormen Potenziale des B2B erkannt und teilweise größere Projekte initiiert haben. Bis allerdings ausreichend praxistaugliche Lösungen verfügbar sind, werden noch einige Monate vergehen. Grund hierfür ist ebenfalls der teilweise sehr hohe Innovationsgrad der Lösungen, die somit noch eine gewisse Reifezeit benötigen. Sobald erprobte Lösungen am Markt verfügbar sind, wird vermutlich vor allem der internationale B2B-Markt einen deutlichen Schub erfahren.

24 Kommunikationstechnik – Effizienzpotenziale durch eProcurement Outsourcing: Fallstudie einer ASP eProcurement-Lösung bei Huber+Suhner über den conextrade eMarktplatz (Swisscom/Conextrade, Huber+Suhner)

Roland Klüber, Guido Rabel, Dr. Stephan Hofstetter

Einführung

Zur Umsetzung von eProcurement in kleineren und mittleren Unternehmen (KMUs) eignen sich besonders Application Service Provisioning (ASP) Lösungen. Wir zeigen auf, wie Huber+Suhner zusammen mit conextrade eine solche Lösung erfolgreich umgesetzt hat. Das Beispiel beleuchtet den ASP-Aspekt einer eProcurement-Lösung, die potenzielle Integration einer bestehenden Einkaufsgemeinschaft und das erforderliche Projekt-Management. In der spezifischen Anwendungsumgebung konnte ein vielgestaltiger Kundennutzen generiert werden. Der Beitrag zeigt schliesslich die möglichen weiteren Entwicklungsschritte der Lösung auf.

Hohe Erwartungen beim Kunden Huber+Suhner

Huber+Suhner erwartet vom Pilotversuch einen erheblichen Erfahrungszugewinn für eine möglicherweise unternehmensweite Umstellung auf eine elektronische Beschaffung von C-Artikeln. Bereits in der Pilotphase rechnet das Unternehmen mit einer erkennbaren Reduktion der Prozesskosten und Durchlaufzeiten.

Die Schweizer Huber+Suhner Gruppe ist eine international führende Anbieterin von innovativen Komponenten und Systemen der Nachrichtentechnik sowie von technisch anspruchsvollen Polymer-Systemen. Die Gruppe erzielte im Jahr 2000 mit rund 3'900 Mitarbeitern einen Umsatz von 908 Mio. Fr.

Huber+Suhner hat sich zum Ziel gesetzt, nebst praxisnahen Erkenntnissen für eine Umstellung auf die elektronische Beschaffung von C-Artikeln, eine sichtbare Reduktion der Beschaffungskosten und Durchlaufzeiten zu erreichen. Ein weiterer wichtiger

Faktor ist die überzeugende Akzeptanz im Pilotbetrieb durch die dezentralen Bedarfsträger und Lieferanten, um die Entscheidung für eine unternehmensweite Einführung zu treffen.

Der traditionelle und damit typische Beschaffungsprozess vor Einsatz der elektronischen Beschaffungslösung basiert auf einem intensiven Austausch von Papier. Für C-Artikel füllen die Mitarbeiter für jede Bestellanforderung einen Bedarfszettel aus und leiten diesen an den zentralen Beschaffungsservice weiter, wo dieser vom operativen Einkäufer bearbeitet und dann per Telefon, Fax, eMail oder ausnahmsweise per Internet dem Lieferanten übermittelt wird.

Huber+Suhner ist überzeugt, dass die einzelnen Bedarfsträger die Bestellung von C-Artikeln vollständig selbst ausführen sollten, so dass innerhalb der Unternehmung eine Reihe nichtwertschöpfender Tätigkeiten eliminiert werden kann. Nur so werden die Einsparungs- und Effizienzziele erreicht. Die Beschaffung von C-Artikeln soll deshalb soweit wie möglich und kontrolliert an die Mitarbeiter verlagert werden, d.h. Bestellungen von C-Artikeln sollen an den jeweiligen Bedarfsträger delegiert werden. Innerhalb des Unternehmens wird klar zwischen der Beschaffung von indirekten, nicht-planbaren Gütern, die nicht in die Produktion eingehen und direktem, planbarem Stücklistenmaterial unterschieden. Das Stücklistenmaterial wird bereits dezentral mittels eines modernen ERP-Systems durch die Disponenten abgerufen. Die Abrufe basieren auf Rahmenvereinbarungen, die durch die strategischen Beschaffer ausgehandelt werden. Das ERP-System ist jedoch zu aufwendig und kostenintensiv für nicht-planbare und geringwertige C-Artikel.

Optimierungspotenzial durch eine ASP eProcurement-Lösung

Um diese aktuellen Ziele von Huber+Suhner zu erreichen, kann eine eProcurement-Lösung vom Unternehmen selbst beschafft und betrieben werden oder dies durch einen Outsourcing-Dienstleister erfolgen. Huber+Suhner hat sich für die letztere Variante zusammen mit conextrade als Application Service Provisioning Dienstleister entschieden. Conextrade ist ein auf den Business-to-Business Online-Handel spezialisiertes Tochterunternehmen der Swisscom AG. Als Technologieplattform setzt conextrade auf Commerce One. Das Projektziel von conextrade ist es, die Akzeptanz der eProcurement-Dienstleistungen im Betriebsumfeld zu verifizieren und zu optimieren. Gleichzeitig sollen die Prozesse für die Implementierung in der Praxis getestet werden.

Unter Application Service Provisioning (ASP) verstehen wir hier das Angebot des Applikations-Hostings unter Verbleib der Eigentumsrechte an der Software beim ASP-Anbieter. Zusätzlich werden häufig noch begleitende Beratungsdienstleistungen vom Anbieter bereitgestellt, um die Software zu kundenspezifisch anzupassen und kundenspezifische Ergänzungen für das Unternehmen vorzunehmen.

Die Implementierung und der Betrieb einer Hosted eProcurement-Lösung besteht für conextrade aus den Komponenten Setup, Customizing und Betrieb. Kunden einer Hosted eProcurement-Lösung gewinnen dadurch auf der Investitionsseite neben Einsparungen vor allem eine höhere Flexibilität, da Fixkostenblöcke für neue Softwarelizenzen, neue Hardware und zusätzliche IT-Personalkapazitäten im eigenen Unternehmen entfallen. Zu den qualitativen Vorteilen gehören eine höhere Sicherheit durch definierte Service Level Agreements und der Zugang zu aktuellen Erfahrungen und Fähigkeiten im eProcurement, die ohne eigene Aufbauzeiten schnell verfügbar gemacht werden können. Somit gelingt es dem Unternehmen durch die Partnerschaft, externe Ressourcen für eigene Zwecke zu erschliessen (virtuelle Integration).

Conextrade bietet die ASP-Dienstleistungen im Bereich eProcurement an. Conextrade versteht unter electronic Procurement (eProcurement) die geschlossene Prozesskette des elektronischen, interorganisationalen Beschaffungsmanagement. Dies umfasst neben Prozessen, Strukturen und den beteiligten Akteuren auch die Software Applikationen und (e)Services, um dieses Ziel zu erreichen.

Als Teilprozess des eProcurement lässt sich der elektronische Sourcing- und Bestellprozess in drei Kategorien unterteilen: katalogbasierter Einkauf, Online-Auktionen und Online-Ausschreibungen sowie auf intensivere Zusammenarbeit ausgerichtete Beschaffung von direkten Gütern (s. Bild 120).

Bild 120   Gesamtüberblick der eProcurement-Prozesse

Für indirekte Güter oder Maintenance, Repair and Operating Supplies (MRO-Supplies) eignet sich insbesondere die Katalogbeschaffung wegen der großen Vielfalt der Bedarfsanforderungen. Damit neben den allgemeinen ASP-Vorteilen auch noch Effizienz- und Effektivitätsvorteile in der Beschaffung realisiert werden können, hat sich Huber+Suhner für eine katalogbasierte eProcurement-Lösung entschieden.

Erfolgt die Beschaffung mittels elektronischer Kataloge in Verbindung mit einer durchgehenden Beschaffungssoftware, kann die Effizienz gesteigert werden. Die Beschaffungskosten sinken dank niedrigerer Einkaufspreise sowie erheblich geringerer Prozesskosten. Die elektronische Beschaffungslösung kanalisiert die Beschaffung auf die elektronischen Kataloge. Diese Kataloge von bevorzugten und stark integrierten Anbietern sollten sich durch ein breites und tiefes Sortiment auszeichnen. Dank einer einheitlichen Beschaffungssoftware lassen sich aussagekräftige Auswertungen über das Beschaffungsverhalten aufbereiten, die zur wirkungsvollen Unterstützung der Einkaufsverhandlung verwendet werden können. Die angestrebte Integration der Vorgänge der

Beschaffung von C-Artikeln mit den ERP-Systemen wird zudem erheblich erleichtert [vgl. Kalakota/Robinson 1999, 234].

Die elektronische Beschaffung steigert die Effektivität in mehrfacher Hinsicht. Eine größere, weltweite Auswahl potenzieller Lieferanten lässt sich durch die Integration in das Global Trading Web™, den weltweiten Verbund von auf Commerce One Technologie basierenden elektronischen Marktplätzen (eMarktplätze), erschließen. Gleichzeitig kann eine Konsolidierung der Lieferantenbasis vorgenommen werden. Es eröffnen sich neue Optionen zur Gestaltung des Beschaffungsprozesse, etwa elektronische Auktionen oder Ausschreibungen. Die Beschaffungskette wird transparenter und lässt sich dadurch besser kontrollieren. Die proaktive Aufbereitung von Beschaffungskennzahlen und -informationen wird erleichtert und dient als fundierte Basis für Beschaffungs- und Einkaufsentscheidungen.

Zusammenfassend lassen sich durch eProcurement Prozesskosten für die Beschaffung indirekter Güter einsparen und Fixkostenblöcke in der Informatik durch eine ASP-Lösung vermeiden oder weitgehend variabilisieren. Zusätzlich können qualitative Nutzeffekte erzielt werden. Mit diesen Ansätzen kann Huber+Suhner seine operativen Prozesse in der C-Artikel-Beschaffung elegant optimieren.

Elektronische Märkte zur Unterstützung von Einkaufsgemeinschaften

Beschaffungskooperationen bieten Huber+Suhner eine zusätzliche strategische Option in der Beschaffung [Hofstetter 2000, 443]. Unter Pooling verstehen wir generell die Bemühungen durch Kooperationen, Allianzen und Volumenbündelungen die strategische Beschaffungsposition im Markt zu verstärken. Somit kann ein Unternehmen unternehmensübergreifend seine Marktmacht ausweiten und verbesserte strategische Einkaufs-preise und -konditionen sowie eine Lastteilung bei der Verhandlungsführung realisieren.

Die Poolingvorteile lassen sich oft nicht ohne ein abgestimmtes Vorgehen der Partner realisieren. Die Einigung auf gemeinsame Lieferanten, eine abgestimmte Verhandlungsführung durch einen Partner oder die Bereitstellung und zuverlässige Aggregation der Beschaffungsdaten sind einige der Voraussetzungen [Brüllmann 1999]. Je stärker die Homogenität der Unternehmen und je enger die Zusammenarbeit, desto besser sind die Voraussetzungen. Die Kooperation in der Beschaffung zwischen verschiedenen Unternehmen kann durch die Nutzung oder die Bildung eines gemeinsamen eMarktplatzes erleichtert werden. Dies steigert die Attraktivität eines koordinierten Vorgehens für Käufer und Lieferanten und es ergeben sich für alle Beteiligten vielfältige Vorteile.

Huber+Suhner hat sich zur Realisierung dieser Vorteile mit den Unternehmen Baumer Holding AG, Geberit AG, Gretag Imaging AG, Lista AG, Santex Group, Schindler Aufzüge AG Schweiz zusammen geschlossen. Die Firmen haben zusammen das Industrial Sourcing Network gegründet. Die Zielsetzung umfasst die Bündelung von Volumina, Prozessoptimierung unter Beibehaltung der Leistungsqualität auf Lieferanten- und Auftraggeberseite. Das Aufgabenspektrum des Industrial Sourcing Network umfasst die Pflege der Kontakte zu potenziellen Beschaffungsmärkten sowie den zielgerichteten Informations- und Erfahrungsaustausch sowohl unter den Gesellschaftern wie auch bei den involvierten Lieferanten. Auf Basis eines gemeinsam definierten Materialgruppen-Managements werden transparente Ausschreibungsverfahren und Verhandlungen durchgeführt. Die Teilnahme am gleichen eMarktplatz kann zusätzliche Vorteile des Pooling erschliessen. Diese liegen in der vereinfachten gemeinsamen Pflege der Preise und gesteigerter Attraktivität für kleinere Lieferanten, sich am eMarktplatz zu beteiligen, um ein höheres Volumen absetzen zu können. Ein eMarktplatz kann den beteiligten Firmen des Pools auch mit Hilfe von Online-Ausschreibungen Preisverhandlungen erleichtern.

Lösungsansatz und Erkenntnisse von conextrade

Rahmenbedingungen

Folgende Rahmenbedingungen wurden für dieses Pilotprojekt festgelegt:

- Mit dem Full Service Pack eProcurement konfiguriert conextrade im Auftrag des Kunden die Applikation und administriert sämtliche Benutzer.

- Der Start des Pilotbetrieb wurde für bereits drei Monate nach Vertragsunterzeichnung vereinbart.

- Die Buyer Organisation BORG soll während des Pilotbetriebes vorerst 35 Bedarfsträger umfassen.

- Elektronische Kataloge von drei bis fünf Lieferanten werden auf dem eMarktplatz aufgeschaltet.

- Die Einkaufslimite pro Bestellung und Bedarfsträger werden für den Pilotbetrieb grosszügig festgelegt, so dass die meisten Bestellungen ohne eine Genehmigungsschlaufe über Vorgesetzte oder Einkaufsverantwortliche direkt zum Lieferanten übermittelt werden können. Damit findet sich das firmenspezifische Vertrauensprinzip von Huber+Suhner im Genehmigungsverfahren wieder.

Implementierungsstrategie und Meilensteine

Für die Implementierung der „BuySite Hosted Edition" wurde die Methodik von Commerce One gewählt.

Mit dem ersten Meilenstein wird der „Projekt Set-up" abgenommen. Damit ist das Projekt aufgesetzt, sind die möglichen Bedarfsträger und betroffenen Funktionen über die Grundzüge des elektronischen Marktplatzes informiert, und ist ein „Supplier Summit" mit potentiellen Lieferanten durchgeführt.

Bis zum zweiten Meilenstein, der als „Supplier Adoption" bezeichnet wird, sind die prioritären Lieferanten evaluiert, wird mit diesen ausgewählten Lieferanten über eine Teilnahme am e-Marktplatz verhandelt und werden das Kernsortiment, die kommerziellen Bedingungen sowie die logistischen Leistungen vereinbart. Zu dieser Projektphase gehört auch die Bereitstellung des Kataloginhaltes durch die Lieferanten. Die Kataloge müssen von conextrade standardisiert, kategorisiert und normalisiert werden.

Bis zum nächsten Meilenstein, der Freigabe des Pilotbetriebes, werden die technische Implementierung und Konfiguration sichergestellt. Die Bedarfsträger werden hinreichend geschult. Mit einer realen Testbestellung pro Lieferanten werden die Durchgängigkeit, Funktionalität und Prozesskonformität gemäss der Leistungsbeschreibung entlang der gesamten Beschaffungsprozesskette festgestellt und formell abgenommen.

In der anschliessenden Pilotphase wird die Akzeptanz des e-Marktplatzes durch die Bedarfsträger und die Lieferanten in der Praxis getestet. Ein wachsendes Transaktionsvolumen und die Prozesssicherheit werden erreicht. Der stabile Pilotbetrieb und die erfolgreiche ERP-Teil-Integration sind die Voraussetzungen für den vierten Meilenstein, die Freigabe der Betriebsphase.

Meilensteine	Abnahmekriterien
M1 – Projekt Set-up	Aktivitäten Phase I abgeschlossen – Projekt Set-up, Supplier Summit
M2 – Supplier Adoption	Kernsortiment von 3 bis 5 Lieferanten standardisiert, kategorisiert und normalisiert
M3 – Freigabe Pilotbetrieb	Aktivitäten Phase I + II abgeschlossen - Technische Implementierung, Konfiguration und Schulung der Bedarfsträger, durchgängiger Test einer Bestellung pro Lieferant
M4 – Freigabe Betriebsphase	Stabiler Pilotbetrieb, ERP Teil-Integration abgeschlossen
Stand per Januar 2000	Pilotbetrieb

Bild 121   Tabelle 1 – Meilensteine und deren Abnahmekriterien

Projekt Set-up

Die Auseinandersetzung mit eProcurement und die notwendigen Vorarbeiten bringen bereits einen großen Nutzen für das Unternehmen. Die Implementierung einer eProcurement-Lösung ist mit einem gegenseitigen Lernprozess verbunden. H+S hat von der elektronischen Beschaffungslösung profitiert. Conextrade hat sein beschaffungsspezifisches Prozessverständnis eingebracht und erweitert. Huber+Suhner muss die Prozesse neu definieren, da sich die Anwendung nach den Bedürfnissen der dezentralen Bedarfsträger und nicht nach denen der zentralen Einkäufer richtet. Mit dem Empowerment der Bedarfsträger sollen die administrativen Prozesswege verkürzt werden.

In den Pilotversuch eingebunden sind insgesamt 35 MitarbeiterInnen bei Huber+Suhner, die als so genannte Bedarfsträger direkt auf die Lieferantenkataloge zugreifen und Bestellanforderungen aufgeben können. Diese durchlaufen ein elektronisch unterstütztes, einfaches Bewilligungsverfahren, bevor Bestellungen bei den Lieferanten ausgelöst werden. Anstelle eines umfangreichen Bewilligungsverfahrens wurde im Pilotbetrieb lediglich ein Limit pro Bestellung für jeden Bedarfsträger gesetzt.

Supplier Adoption

Die strategische Bündelung der Lieferantenbasis in den relevanten Beschaffungskategorien sollte idealerweise vor dem Start eines eProcurement-Projektes abgeschlossen sein. Es können nur die bevorzugten Lieferanten einbezogen werden. Diese erhoffen sich ein Umsatzwachstum dank der weiteren Konsolidierung und lassen sich mit diesem zusätzlichem Geschäftsvolumen für eine Teilnahme motivieren. Die Lieferanten sind aber generell äußerst aufgeschlossen gegenüber eProcurement-Anwendungen, erhoffen sie sich doch auch Vorteile bei der Akquisition neuer Kunden via eMarktplatz. Huber+Suhner hat mit den Lieferanten nicht nur die kommerziellen Bedingungen, sondern auch den konkreten Servicegrad sowie das Format der Rechnung vereinbart.

In einer ersten Phase umfasst der Lieferantenkatalog die Kernsortimente der Unternehmen aepli office & promotion, Maag Technik, SFS Unimarket, 2W und Brütsch Rüegger. Die Integration weiterer Lieferanten ist geplant. An die Qualität der elektronischen Lieferantenkataloge werden hohe Anforderungen gestellt, damit die Artikel leicht gefunden werden können. Es bestehen benutzerfreundliche Suchhilfen zum schnellen Eingrenzen oder direkten Auffinden eines Artikels, der entsprechend den Anforderungen elektronisch hinterlegt ist.

Schulung

Alle 35 Bedarfsträger wurden jeweils in einem halbtägigen Kurs ausgebildet und mit Schulungsunterlagen dokumentiert. Je nach Qualifikation der Bedarfsträger musste für die Handhabung und Nutzung des elektronischen Beschaffungsmediums mehr oder kein Nachschulungsaufwand betrieben werden. Es lohnt sich, die Bedarfsträger nochmals direkt am Arbeitsplatz zu besuchen und sie bei einer ersten Bestellung zu betreuen und individuelle Unsicherheiten abzufedern.

Teilintegration in das ERP-System via File-Schnittstelle zur Schließung der Prozesskette

Die Erstellung einer File-Schnittstelle als Prototyp für den Abgleich im ERP-System war eine der Herausforderungen, da im Laufe des Projektes der Pilotstart von diesem Prototyp abhängig gemacht wurde. Anlässlich der durchgeführten Bedürfnisanalyse wurden die Spezifikationen für den Datenexport erstellt.

Diese Schnittstelle stellt periodisch die geänderten Bestelldaten zur Verfügung. Um nicht eine kundenspezifische File-Schnittstelle zu entwickeln, musste u.a. sichergestellt werden, dass dieser Datenexport für zukünftige Kunden als Standard verwendet werden kann. Dieser Prototyp wurde bis zum Pilotstart realisiert und implementiert. Mit der eProcurement-Lösung kann die Bestellung elektronisch an den Lieferanten übermittelt werden. Nach Erhalt der Ware wird die Empfangsbestätigung durch den Bedarfsträger für die Freigabe der Rechnungserstellung an den conextrade eMarktplatz geschickt. Huber+Suhner kann periodisch vom conextrade Markplatz per File-Transfer die notwendigen Bestelldaten, Kostenstellenzuweisung und die Empfangsbestätigung elektronisch abholen, um den Abgleich im ERP-System vorzunehmen. Der Lieferant erstellt periodisch eine Sammelrechnung.

Kritische Erfolgsfaktoren

Redesign der Beschaffungsprozesse adressieren

Es zeigt sich, dass bei der Einführung einer eProcurement-Lösung eine Anpassung der bestehenden Einkaufsprozesse und -organisation erforderlich wird, um die angestrebte Prozessverbesserung und Kostenreduktion realisieren zu können. Dies setzt voraus, dass die Bereitschaft zur Anpassung der Prozesse durch den zentralen Einkauf vorhanden ist und durch das Top-Management getragen wird. Zu empfehlen ist, dass der Transformationsprozess durch ein Change-Management-Programm begleitet wird.

Effizienz Supplier Adoption

Die Integration der Lieferanten innerhalb von weniger als drei Monaten war eine ambitionierte Herausforderung. Der Prozess für die Supplier Adoption dauert in der Regel minimal drei Monate. Aufgrund des Sortimentes und der Lieferung des Probekatalogs kann erst erkannt werden, wieviel Aufwand für die Erstellung des Content, d.h. der spezifischen Lieferantenkataloge, notwendig ist. Zudem ist die Kooperation und Bereitschaft des Lieferanten von entscheidender Bedeutung.

Der Lieferant sieht am Anfang seine zusätzlichen Kosten und den Nutzen vorwiegend beim Buyer. Dies hat zur Folge, dass der wirkliche Nutzen für den Lieferanten, die Zunahme des Absatzvolumens durch die Einschänkung der Lieferantenanzahl, klar aufgezeigt werden muss. Mittelfristig kann auch der Lieferant durch eine elektronische Integration seine Prozesskosten senken.

Qualität des Content

Die Erfahrung in der Praxis hat gezeigt, dass die Bedeutung der Qualität des Content massiv unterschätzt wird. Wird der Standardisierung (UN/SPSC Kodifizierung) und der Datenqualität zu geringe Bedeutung beigemessen, werden die Bedarfstäger die Artikel schwer oder gar nicht finden. Dies gefährdet die Akzeptanz der elektronischen Beschaffungslösung bei den Benutzern. Standardisierter Content und effiziente Suchfunktionalitäten sind der Schlüssel für das Auffinden der zu bestellenden Artikel.

Performance des Internet-Zuganges

Die Leitungskapazität für den Internet-Zugang ist in den USA als Standard (1,5Mbit/s) höher dimensioniert als in Europa. Die Leitungskapazität von 128kbit/s reicht für die Performance der Applikation nicht aus und wurde auf 512kbit/s erhöht. Dies führte zu einer markanten Verbesserung der Performance.

Nutzen für Einkäufer und Lieferanten

Durch die Einführung und Nutzung der eProcurement-Lösung und die Reduzierung von Prozessschritten konnten folgende Optimierungspotenziale ausgeschöpft werden:

Huber+Suhner konnte Prozessschritte und Durchlaufzeiten reduzieren und Medienbrüche verhindern, was zur Senkung der Transaktionskosten führt.

Durch die Bündelung der Einkaufsmacht und das Vermeiden von willkürlichen Bestellungen bei beliebigen Lieferanten (Maverick Buying) konnte die Lieferantenanzahl reduziert werden, was zu neuen Preisverhandlungen und zur Definition eines neuen Kernsortimentes führte. Der Nutzen für den Lieferanten besteht in der Erhöhung seines Absatzvolumens.

Mittels der implementierten File-Schnittstelle kann ein automatischer Abgleich der Rechnungsdaten erfolgen. Dies dient als Basis für die spätere automatische Verbuchung im ERP-System.

Eine weitere Verbesserung ist die Transparenz des Bestellprozesses sowie die erweiterten, komfortablen Kontrollmöglichkeiten. Die Papierabläufe verschwinden nun auch aus dem Beschaffungsprozess für C-Artikel, soweit die Artikel und Lieferanten bereits auf dem Marktplatz verfügbar sind.

Der Zentraleinkauf wird von operativen Aufgaben entlastet und kann seine Kapazität vermehrt für den strategischen Einkauf und das Lieferanten-Management einsetzen.

Drei Monate nach Projektstart war die eProcurement-Lösung implementiert und konnte für den Pilotbetrieb freigegeben werden.

Erfahrungen aus der Implementierung der Lösung

Zwingende Voraussetzung für die Akzeptanz ist eine einfach zu bedienende Applikation auf dem Client mit ausreichender Performance. Die Leitungskapazität des Internet-Zuganges ist von entscheidender Bedeutung für die Performance. Zu empfehlen ist eine Leitungskapazität von mindestens 512 kbit/s.

Um die Qualität zu gewährleisten, empfiehlt conextrade, keine Kataloge von Lieferanten auf den Marktplatz zu laden, die nicht den Qualitätsanforderungen genügen. Es ist unabdingbar, durch gezielte Information und Aufklärung die Lieferanten frühzeitig auf die Bedeutung hochwertigen Contents aufmerksam zu machen und entsprechend zu sensibilisieren.

Als Maßnahme wird bei zukünftigen Supplier Summit, d.h. beim ersten Kontakt mit dem Lieferanten, vermehrt auf die Wichtigkeit der Qualität beim Content hingewiesen und aufgezeigt, wie der Prozess mit der Qualitätskontrolle für die Erstellung des Kataloginhaltes abläuft. Zudem werden die notwendigen Entscheidungsgrundlagen für einen „make or buy"-Entscheid geliefert.

Für den Lieferanten ist die Integration von enormer Bedeutung, um Prozesskosten einzusparen. Anhand des zu erwartenden Bestellvolumens wird die optimale Integrationstiefe in Bezug auf Preis/Leistung durch conextrade aufgezeigt.

Ein interdisziplinäres Projektteam ist ein absolutes Muss. Die Informatik sollte kompetent im Projekt vertreten sein, um die technische Kompatibilität zu gewährleisten und das Projektteam vor Überraschungen zu schützen sowie die Abstimmung mit der IT-Strategie des Unternehmens sicherzustellen.

Eine Integration ins ERP-System kann durchaus erst nach den praktischen Erfahrungen mit der eProcurement-Lösung angestrebt werden. Derzeit sind noch wenige Praxisbeispiele in Europa als Referenz verfügbar.

Dieser Pilotbetrieb zeigt, dass nur durch regelmäßigen Austausch von Erfahrungswerten zwischen den Beteiligten (Bedarfsträger, Lieferanten, Systemlieferant, Systembetreiber) und dem Ausschöpfen des vorhandenen Optimierungspotenzials praxisbezogene Resultate gewonnen werden.

Ausblick

Conextrade konnte im Pilot einige Erfahrungen sammeln, Weiterentwicklungspotenziale aufzeigen und bei neuen Kunden bereits berücksichtigen. Nach Abschluss der Pilotphase, wenn die Pilotziele erreicht wurden, werden eine Evaluierungsphase sowie der Roll-out innerhalb der Huber+Suhner Gruppe folgen.

Weiters kann geprüft werden, ob online-Ausschreibungen für die strategische Beschaffung bei Huber+Suhner oder innerhalb der Einkaufsgemeinschaft von Interesse sind. Mit der gewählten Plattform können somit die strategische und operative Beschaffung schließlich auf die gleiche technologische Plattform zurückgreifen. Der strategische Einkauf kann für das Pooling elektronische Auktions- und Ausschreibungs-Services nutzen. Der dezentrale operative Einkauf kann die ausgehandelten Preise und Konditionen in Form von gemeinsamen Katalogen der Einkaufsgemeinschaft nutzen.

Eine zusätzliche Option ist, die eProcurement-Lösung mit eServices zu erweitern. Diese erlauben es, weitere Prozesse vollelektronisch mit minimalen Prozesskosten in den Beschaffungsprozess zu integrieren. Beispiele für solche Services können die weltweite Auswahl, Preisabfrage und Beauftragung von Logistikdienstleistern oder die Nutzung eines eService zur Abdeckung von Zahlungsausfallsrisiken sein. Diese Lösungen erweitern das derzeitige conextrade-Leistungsspektrum zur Steigerung des Kundennutzens.

25 Anlagenbau – Lösungen, nicht Produkte

Mathias Miedreich

Einführung

„Ein Kraftwerk wird man nie über das Internet verkaufen können": So oder ähnlich klangen viele Entscheidungsträger im Anlagenbau noch im letzten Jahr des ausgehenden Jahrtausends.

Heute ist jedoch absolut klar: eBusiness birgt gerade für diese komplexe Branche ein hohes Potenzial. Entlang der gesamten Wertschöpfungskette, vom Marketing über den Vertrieb, das Engineering, den Einkauf und die Errichtung sowie in der gesamten Betriebsphase einer Anlage stiftet eBusiness einen hohen Nutzen, indem Prozesszeiten, -kosten und –qualität durch elektronische Abwicklung optimiert werden.

Eine besondere Rolle spielen dabei elektronische Plattformen, die den Informationsfluss über die verschiedenen Prozessstufen optimieren.

Im Gegensatz zu den seit längerem etablierten elektronischen Markplätzen anderer Branchen (z.B. in der Automobil- oder Chemiebranche) geht es im Anlagenbau nicht (nur) um die Transaktion von Produkten, sondern vor allem um die Abwicklung komplexer Leistungspakete über die dortigen Plattformen. Sowohl in der Marketing- und Vertriebsphase (RFQ / RFP[65]) als auch im Engineering und der Errichtung werden für eine Transaktion im herkömmlichen Sinne sehr viele Informationen zwischen mehreren, oft weltweit verteilten Unternehmen ausgetauscht. Nicht das Auswählen und Bestellen bestimmter Produkte aus einem Katalog, sondern die (teil-) automatisierte Zusammenstellung von Leistungsbündeln (Systems, Services und Solutions) sowie die Unterstützung deren Abwicklung durch „Online-Collaboration-Plattformen" steht hier im Vordergrund.

---

[65] Request for Quote / Request for Proposal: Ausschreibung, Aufforderung zur Angebotsabgabe

Siemens wählt hier für seine Geschäfte im Anlagenbau einen durchgängigen Ansatz. Für jeden Schritt in der Wertschöpfungskette existieren Online-Plattformen, die dort die Prozesse optimieren. Insbesondere aber die übergreifende Vernetzung dieser eBusiness Tools in eine „eEnabled Supply Chain" steht im Focus der Siemens-Aktivitäten. Im folgenden Artikel werden die Teilaspekte dieses Ansatzes sowie deren Nutzenpotenziale vorgestellt.

Elektronische Plattformen im Anlagenbau

Wie bereits erwähnt, ist der Anlagenbau mit all seinen Facetten nicht mit produktorientierten Branchen zu vergleichen. Gerade wegen der enormen Komplexität dieses Geschäfts aber ist hier das Potenzial für Optimierungen durch elektronische Plattformen immens: Überall dort, wo eine Vielzahl von unkoordinierten Informationen zwischen den Beteiligten fließt (und das sind in Projekten mit einem Volumen von mehreren hundert Millionen Euro nicht wenige) können eBusiness-Technologien optimierend eingesetzt werden. In dem folgenden Kapitel werden die grundlegenden Strategien erläutert sowie aufgezeigt, welche Teile der Wertschöpfungskette hier durch elektronische Plattformen unterstützt werden können.

Strategien zur Komplexitätsreduktion

Wesentliche Voraussetzung und kritischer Erfolgsfaktor für eBusiness im Anlagenbau ist der erfolgreiche Umgang mit der hier vorherrschenden Komplexität. Prinzipiell kann man zwei hauptsächliche Strategien zu dieser Problemstellung erkennen:

1. **Komplexitätsreduktion der ausgetauschten Leistungen**
   Ähnlich wie in der Softwarebranche kann eine Standardisierung von Leistungspaketen beobachtet werden. Durch ein „Pre-Engineering" werden gewisse Anlagen(-teile) so vorentworfen, das sie mit wenigen „individuellen" Anpassungen den Anforderungen der Kunden (=Anlagenbetreibern) genügen. Somit schafft es Siemens, aus einer komplexen „Solution" ein einfacher über Marktplätze vermarktbares Leistungspaket zu machen. Durch diese Standardisierung werden die angebotenen Leistungen besser beschreibar und somit auch für (potenzielle) Kunden vergleichbarer.

   Neben der zu erzielenden Reduktion von Transaktionskosten wirkt sich eine Standardisierung natürlich auch auf die direkten Anlagenkosten aus, da ein einmal entworfenes Modul bei mehreren Projekten eingesetzt werden kann.

2. **Leistungssteigerung der Transaktionsplattformen**
Kaum eine der heute bestehenden elektronischen Handelsplattformen ist in der Lage, die Transaktion sogenannter „Engineered Components", d.h. komplexer Bündel aus Produkten, Systemen und Dienstleistungen, die nicht Bestandteil eines Katalogs sein können, abzuwickeln. Aus diesem Grund entstehen durch Initiativen der großen Anlagenbauer wie Siemens, GE, Bechtel oder FluorDaniel zur Zeit Plattformen, die den speziellen Anforderungen in dieser Branche genügen. Von der Abwicklung umfangreicher RFQ-/RFP-Prozesse über spezielle Auktions- und Bidding-Verfahren bis hin zu Collaborative-Engineering-Werkzeugen findet sich dort alles, was nötig ist, um Business-to-Business-Transaktionen auf elektronischem Wege zu optimieren.

Unterstützung mehrerer Wertschöpfungsstufen

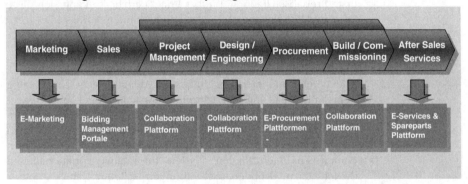

Bild 122   Unterstützung mehrerer Wertschöpfungsstufen

Betrachtet man eine typische Wertschöpfungskette im Anlagenbau, so findet man mehrere Ansatzpunkte:

Jedes Teilschritt dieser Kette kann durch entsprechende Online-Plattformen optimiert werden Ein Gesamtoptimum kann jedoch nur erreicht werden, wenn die in diesen Plattformen enthaltenen Informationen ohne Widerstände über die gesamte Prozesskette fließen können. Somit wird die Effizienz und Effektivität der Supply-Chain als Ganzes stark verbessert. Im Folgenden werden die Elemente der diesebezüglichen Vorgehensweise von Siemens dargestellt:

1. eMarketing

Die oben bereits erwähnte Standardisierung der Anlagen und das „Schnüren von Paketen" ist die Grundlage für eine Vermarktung der Lösungen auf den elektronischen Plattformen der Kundenbranchen. Durch die gute Beschreibbarkeit der Lösungen (Dokumentationen, technische Zeichnungen, Abbildungen) können diese auf vertikalen Portalen und Marktplätzen, evtl. ergänzt durch einfache Konfiguratoren, plaziert werden. Wenn der Informationsbedarf des Kunden bezüglich einer Lösung durch dieses Informationsangebot nicht befriedigt werden kann, so kann dies entweder auf dem „traditionellen" Weg geschehen oder über „Collaboration-Plattformen" (siehe oben.).

Wesentlicher Zusatznutzen aus Kundensicht ist hierbei die drastische Abkürzung des Anfrageprozesses. Vergehen heute noch drei bis vier Wochen, bis der Kunde nach seiner Anfrage eine erste Preisabschätzung („Budget Price") erhält, so kann sich diese Frist mit Hilfe des Internet auf wenige Minuten verkürzen.

2. Bidding Management Portale

Wie bereits mehrfach erwähnt, sind Anlagen nicht als „Catalog Items" über das Internet vertreibar. Anstelle von klassischen e-Markets treten hier Plattformen zur Abwicklung des komplexen Aussschreibungs- und Bidding-Prozesses auf den Plan. Dabei kann grundsätzlich zwischen informativen und transaktiven Funktionen unterschieden werden. Informative Funktionalitäten dienen dazu, Kundenausschreibungen („Request for Quotes", „RFQ") auf den jeweiligen vertikalen Portalen zu veröffentlichen. Diese „Ausschreibungsbörsen" haben das Ziel, Kunden und relevante Lieferanten zusammenzubringen.

Um den RFQ-Prozess an sich abzuwickeln, werden transaktive Funktionen benötigt. So können dem ausschreibenden Unternehmen bereits standardisiert beschriebene Anlagenmodule als Templates elektronisch zur Verfügung gestellt werden, die anhand der spezifischen Anforderungen zusammengestellt und konfiguriert werden. Der verbleibende, nicht standardmäßig hinterlegte Rest der geplanten Anlage wird mit individuell beigesteuerten, beschreibenden Dokumenten und Zeichnungen abgebildet. Im Ergebnis entsteht somit eine elektronische Ausschreibungsmappe, die den bietenden Unternehmen als Basis für ihr Angebot dient.

Nachdem die Bieter ihre Angebote über die entsprechende Plattform (z.B. Procurezone.com oder PrimeContract.com) eingesandt haben, werden diese normalisiert und vergleichbar dargestellt. Anhand dieser Daten kann bereits eine Vorauswahl der Bieter getroffen werden. Dieser „inner circle" wird dann zu einem Electronic Bidding eingeladen, in dem bei feststehendem Angebotsinhalt innerhalb eines definierten Zeitrahmens über den Preis geboten wird.

Das Ergebnis dieses mehrstufigen Prozesses ist im Idealfall die Auftragserteilung an einen der Bieter. Dem Nutzen, den der Kunde durch eine erhöhte Transparenz, ein schnelleres Ausschreibungsverfahren sowie eine aus seiner Sicht optimale Preisbildung hat, steht auf Anbieterseite insbesondere ein umfassenderes Wissen über am Markt getätigte Ausschreibungen gegenüber. Gleichwohl muss festgestellt werden, dass eine komplette elektronische Abwicklung heute noch ein Idealbild darstellt. Ohne einen gewissen Anteil an „Offline"-Verhandlungen und Vereinbarungen wird man wohl noch nicht auskommen. Einige Teilmodule wie die Information über Ausschreibungen oder die Unterstützung des Bidding-Prozesses werden aber heute schon intensiv genutzt. So konnte Siemens in diesem Feld sowohl als Bieter als auch als Ausschreibender bereits wertvolle Erfahrungen sammeln.

3. Collaboration-Plattformen

Projektdurchführung und -management heute

- Termine
- Unterlieferant
- Ingenieure
- Ordner
- Blaupausen
- Logistiküberwachung
- Projektleiter
- Stahlerrichtung
- Dokumentenstatus
- Lieferungsüberwachung
- Endkunde
- Komponentenangebot

- Kommunikation und Projektmanagement wenig effizient
- Geringe Integration in Geschäftsprozesse
- Unzureichende Transparenz bzgl. Projektstatus und Veränderungen
- Keine gemeinsame Projektdatenbank und -dokumentation

Internetbasierte Online Collaboration-Plattform

- Ingenieure
- Internetbasierte Online-Collaboration-Plattform
  - Projektmanagement
  - Collaborative Engineering
  - Dokumentenmanagement
  - Know-How-Management
- Projektleiter
- Stahl
- Endkunde
- Komponentenangebot

- Direkte Effizienzsteigerung durch extrem verbesserte Projektkommunikation und -Dokumentation
- Indirekte Effizienzsteigerung durch Verkürzung der Projektlaufzeit, gesteigerte Qualität, Projektkostenreduktion

Bild 123 traditionelle Projektdurchführung und moderne Online Collaboration

Die Nutzung von Internet-Plattformen zur Abwicklung des eigentlichen Leistungserstellungsprozesses birgt wohl die größten Potenziale im Anlagenbau: Die bei der herkömmlichen Projektabwicklung auftretenden Ineffizienzen bei der Verteilung der relevanten Informationen sind beträchtlich und steigen exponentiell mit der Anzahl der Projektteilnehmer. Auch die oft weltweite Verteilung der an einem Projekt teilnehmenden Unternehmen vergrößert diese Problematik. Aus diesem Grund wurden elektronische Plattformen entwickelt, auf denen die fragmentierten Informationsflüsse innerhalb eines Projekts zusammengefasst werden. „Collaboration-Plattformen" wie Citadon.com oder Industria.com bilden dabei im Wesentlichen vier funktionale Bereiche ab:

- Projektmanagement: Zentrale Koordination von Zeiten und Ressourcen über eine zentrale Funktionalität. Durch die Synchronisation der Projektplanungen der einzelnen Beteiligten wird eine optimale Abstimmung erreicht.

- _Collaborative Engineering:_ Funktionen zur gemeinsamen (Echtzeit-) Bearbeitung von technischen Dokumenten. Über 3D-Darstellungen können z.B. räumlich verteilte Projektmitglieder gemeinsam durch die dreidimensionale Darstellung einer geplanten Anlage gehen und dort virtuelle Besprechungen abhalten.

- Dokumentenmanagement: Zur Sicherstellung von konsistenten und non-redundanten Projektdokumenten werden diese in einem web-basierten Dokumenten-Managementsystem vorgehalten. Dokumente können hier nur mit den entsprechenden Berechtigungen bearbeitet werden. Im Gegensatz zu herkömmlicher Dokumentenkommunikation (eMail, Fax, Brief) herrscht somit nie ein Zweifel über die aktuelle Version eines Dokuments. Über die konsequente Protokollierung von Dokumentenzugriffen kann zudem expost der Nachweis über bestimmte Informationsstände geführt werden. Die Ausrede, das „Dokument nie vorgelegt" bekommen zu haben, ist dann nicht mehr wirksam.

- Knowledge Management: Die Sicherung der Erfolgsfaktoren eines Projekts oder der Erfahrungen über vermeidbare Fehler ist ein wichtiges „Abfallprodukt" der Nutzung einer Online Collaboration-Plattform. Da alle Abläufe und Dokumente in elektronische Form vorliegen, ist eine Extraktion der wesentlichen Parameter weitaus besser möglich als bisher.

4. eService & Sparepart-Plattform

Die Betreuung eines Anlagenbau-Kunden endet nicht mit der Errichtung der Anlage. Während der Betriebsphase sind weiterhin Interaktionen zwischen Lieferanten und Kunden notwendig. Diese betreffen Themen wie Maintenance, On-Call-Services bzw. Ersatzteilversorgung oder Modernisierungen. Auch hier können eBusiness-Technologien nutzenstiftend eingesetzt werden. So können z.B. die Ersatzteilbestellungen sowie das komplette Ersatzteilmanagement des Kunden über eine vom Lieferanten bereitgestellte Plattform abgewickelt werden. Auch die Möglichkeit, den Kunden via Internet selbst in die Lage zu versetzen, bestimmte Leistungen zu erbringen, ist von nicht zu unterschätzendem Nutzen. Beispiele aus anderen Branchen zeigen, dass ein „self-enabling" des Kunden in der After-Sales-Phase die Kundenbindung drastisch erhöht. Praktisch können dies einfache Online-Troubleshooting-Engines sein, die in einem Frage-Antwort-Spiel den Kunden zur Lösung seines Problems führen oder auch komplexe Remote-Maintenance-Lösungen, bei denen sich Servicetechniker unterstützend in die Kundenanlage „einklinken" können. Als sehr gutes Beispiel für die Online-Unterstützung von After-Sales-Beziehungen kann die Siemens-Lösung SIMAIN (http://www.simain.com) angeführt werden. In dieser interaktiven Webapplikation werden die Maintenance-Prozesse von Unternehmen einem Online-Benchmark unterzogen und dem Kunden somit Ansatzpunkte und Potenziale diesbezüglicher Verbesserungen innerhalb kürzester Zeit aufgezeigt.

Marktpositionierung: „Vertical" vs. „Horizontal"

Wie bei sämtlichen eBusiness Interaktionen stellt sich auch im Anlagenbau die Frage zwischen einer horizontalen (d.h. funktionsorientierten) oder einer vertikalen (d.h. branchenorientierten) Positionierung der Plattformen. Allgemein kann hier folgender Trend festgestellt werden:

Die oben beschriebenen, funktionalen Plattformen beschränken sich auf die Bereitstellung von relevanten Technologien ohne konkreten Fokus auf eine Kundenbranche und sind somit meist horizontal aufgestellt. Durch die Allianz mit vertikalen eMarkets oder Portalen bieten sie ihre Funktionalitäten dann in der jeweiligen Zielbranche an. Die „Verticals" entstehen dabei meist unter Beteiligung der wesentlichen Unternehmen einer Kundenbranche[66], die „Horizontals" werden oft auch durch Anlagenbauer (vgl. GE, Bechtel mit Citadon.com oder Babcock Borsig / mg technologies mit EC4EC.com) initiiert.

Welches der an einem Projekt beteiligten Unternehmen die dafür zu benutzende Plattform bestimmen kann, ist eine weitere interessante Frage. Ein Anlagenbauer wird in sehr dominanten Kundenbranchen (Automobilindustrie, Chemie, Oil & Gas) wohl nicht in der Lage sein, dies zu tun. Hier kommt es vielmehr darauf an, mit den Plattformen der Kunden optimal zu interagieren. In Branchen mit anderen „Machtverhältnissen" können jedoch auch lieferantendominierte Plattformen zum Zug kommen. Eine weitere Option sind neutrale Plattformen, die als Serviceprovider auftreten. Als Konsequenz ergibt sich daraus für die Anlagenbauer die Notwendigkeit, Szenarien für die von ihnen belieferten Branchen zu entwickeln, um so ein „Platform-Usage-Portfolio" aufzubauen. In Abhängigkeit von der genauen Konstellation und

---

[66] z.B. Covisint.com in der Automobilbranche, TradeRanger.com im Oil&Gas-Bereich oder Elemica.com in der Chemieindustrie

den Kunden in einem Anlagenbau-Projekt entscheidet sich somit die eingesetzte Plattform.

Strategische Implikationen

Verkürzte Projektlaufzeiten, gestiegene Qualität, reduzierte Kosten sowie eine gesteigerte Transparenz sind die direkten Auswirkungen von elektronischen Plattformen im Anlagenbau. Das Ausschöpfen dieser Potenziale geht aber mit einer Reihe von grundlegenden Veränderungen einher.

Modularisierung von Leistungen – Vom Aggregator zum Spezialisten

Klassischerweise ist ein Anlagenbauer ein Aggregator von Leistungen. Als Generalunternehmer koordiniert er alle Projektmitglieder und fungiert als Beschaffer aller Teilleistungen für den Endkunden, als Subcontractor vereint er die Leistungen seiner Zulieferer zu einem Gesamtgewerk. So besteht das gesamte Leistungsportfolio immer aus einer Kombination von Eigen- und Fremdleistung sowie deren Koordination und Integration. Diese Aggregationsfunktionalität ist nun ein Faktor, der von elektronischen Plattformen substituiert werden kann. Die Plattformen selbst übernehmen die Koordination aller Leistungspakete, die in den Anlagenentstehungsprozess einfließen. Die Anforderung an die zuliefernden Unternehmen konzentriert sich daher stärker auf die optimale Erfüllung der jeweiligen Kernkompetenz. Verfolgt man dieses Szenario konsequent weiter, so nehmen ad-hoc-Zusammenschlüsse aus Ingenieurbüros, Projektmanagern, Procurement- und technischen Dienstleistern die Rolle klassischer Anlagenbauer ein. Deren Koordinationskompetenz wird dann durch die Leistungen elektronischer Plattformen substituiert Das vielzitierte „virtuelle Unternehmen" spielt somit auch in der „eZukunft" des Anlagenbaus eine tragende Rolle.

Value Networking – Vom Partnerverbund zur Allianz

Die Zusammenarbeit mit mehreren Unternehmen in verschiedenen Projekten ist für Anlagenbauer nichts Neues. Eine wesentliche Veränderung aber ist die Tatsache, dass im Zeitalter von e-Business die Prozesse der an einem Projekt beteiligten Unternehmen stärker verwoben sind als bisher. Bei der Zusammenarbeit über Collaboration-Plattformen werden diese Verflechtungen elektronisch abgebildet.

Das Problem, das sich hierbei ergibt, ist das notwendige Vertrauen zwischen den teilnehmenden Unternehmen, die eigenen Grenzen für eine bestimmte Dauer und in einem bestimmten Umfang „niederzureißen". Dieses Vertrauen wird nicht zwischen allen Unternehmen herstellbar sein, zumindest wird es Zeit kosten. Erfolgreich werden also die Unternehmen sein, die sich in virtuellen Allianzen, in „Value Nets" zusammenschließen. Diese Netzwerke können als Gegenbewegung zu der oben beschriebenen Modularisierung angesehen werden. Das Idealbild einer sich ad-hoc bildenden Gemeinschaft von Unternehmen, die sich nach Beendigung ihres gemeinsamen Vorhabens wieder trennen und zwischen denen keine Reibungsverluste existieren, ist in dieser extremen Ausprägung wohl utopisch. Realistischer ist eher ein Szenario, in dem Unternehmen, die bereits positive Erfahrungen in gemeinsamen Online-Projekten gesammelt haben und zwischen denen somit eine gewisse Affinität herrscht, sich zu diesen virtuellen Gemeinschaften zusammenschließen. Deshalb muss es zu den strategischen Aufgaben der beteiligten Unternehmen gehören, frühzeitig diese Netzwerke aufzubauen und somit ein tragfähiges „Value Net" zu weben.

Online Collaboration – Transparenz in Prozessen und Projekten

Der durch eine konsequente Projektverlagerung auf Online Collaboration-Plattformen entstehende Kundenvorteil einer immens erhöhten Transparenz bezüglich Prozessen und damit auch Zeit und Kosten hat natürlich auch geänderte Anforderungen an die als Zulieferer beteiligten Unternehmen zur Folge. Jede Ineffizienz der Projektprozesse wird offensichtlich. Der Anlagenbauer als „gläsernes Unternehmen" nimmt Gestalt an. Die Reaktion auf diese Tatsache kann nur eine konsequente Optimierung aller Prozesse unter Einsatz eines SupplyChainManagement-Systems sein. Die aus produktorientierten Branchen diesbezüglich bekannten Methoden und Technologien sind jedoch nicht in der Lage, die komplexen und sich rasch verändernden Beziehungen in einer Projektumgebung abzubilden. An dieser Stelle arbeiten nun die Unternehmen des Anlagenbaus mit Hochdruck, um in Zusammenarbeit mit Softwareherstellern wie i2-Technologies oder SAP entsprechende Systeme zu entwerfen, die auch hier zur Optimierung der gesamten Wertschöpfungskette beitragen können.

Fazit

Elektronische Plattformen im Anlagenbau können dazu beitragen, die Prozesse in dieser Branche in allen Wertschöpfungsstufen dramatisch zu verbessern.

Im Vergleich zu produktorientierten Branchen müssen zur Ausschöpfung dieser Potenziale aber weitaus komplexere Szenarien betrachtet werden. Insofern kann der Anlagenbau von den Erfahrungen diese Branchen im elektronisch gestützten Vertrieb oder bei der Implementierung von Supply Chain Management-Lösungen nur bedingt profitieren.

Neben den direkt nutzenstiftenden Faktoren aus Kunden- und Anbietersicht ergeben sich zudem eine Reihe von grundlegenden Auswirkungen auf die Branche „Anlagenbau". Gesteigerte Transparenz, die Modularisierung von Leistungen sowie eine bisher nicht gekannte Prozessverflechtung stellen die beteiligten Unternehmen vor neue Herausforderungen. Die Fähigkeit, die richtigen Allianzen zur richtigen Zeit zu schließen, wird somit stärker als zuvor zur entscheidenden Kompetenz.

Ein Zusammenhang wird jedoch nicht verändert: die Korrelation zwischen Outputqualität und Unternehmenserfolg. Ein Unternehmen kann alle Möglichkeiten von eBusiness nutzen, um den Weg vom Erstkontakt bis zur fertigen Anlage zu optimieren. Wenn die Anlage aber in Puncto Qualität und Zuverlässigkeit nicht den Kundenerwartungen entspricht, wird der Errichter der Anlage auf Dauer nicht erfolgreich sein.

Das Know-how und Können der eigenen Mitarbeiter wird also durch eBusiness nicht obsolet, sondern im Gegenteil immer wichtiger. Nur durch die Kombination von Mitarbeiter-Knowhow und eBusiness-Technologien werden Unternehmen im Anlagenbau auch im Zeitalter des „e" langfristig erfolgreich sein.

26 ecement.com: Eine Fallstudie

Simon Lawson

Die Gelegenheit zur Wertschöpfung

e-cement.com ist ein Beschaffungsmarktplatz für Zement-Hersteller, auf dem alles erworben werden kann, was zur Herstellung von Zement notwendig ist. Aber bevor e-cement und seine Entstehung näher betrachtet wird, ist es lohnend, das Potenzial von e-Procurement in der Zementindustrie zu verstehen. Weltweit wird in der Zementindustrie (mit Ausnahme von China) ein jährlicher Umsatz von ungefähr $100 Milliarden gemacht. Direkte und indirekte Beschaffung betragen davon ca. $30 Milliarden, von denen ca. 30 % oder $9 Milliarden auf große, komplexe Wirtschaftsgüter (auf die sich e-cement spezialisiert hat) entfallen. e-cement hat diese Beschaffungskosten während des vergangenen Jahres um durchschnittlich 12 % gesenkt. Das bedeutet eine potenzielle Ersparnis von $1.08 Milliarden für die gesamte Industrie. Nicht enthalten sind hierbei Ersparnisse durch schnellere Durchlaufzeiten, reduzierte Kapitalbindung, Vermögensverkäufe, reduzierte Personalkosten, interne Rationalisierungsmaßnahmen oder jede andere Art von Einsparmöglichkeiten bei C-Artikeln. Dies bietet die Gelegenheit zur Wertschöpfung.

Der Start

Die Markteinführung von e-cement erfüllte alle klassischen Klischees von Markteinführungen – ehrgeizige Vision, über Wochen hinweg wenig Schlaf, Berge von Flip Chart Papier und Post-it-notes, permanente Veränderungen, eng verknüpfte Arbeitsgruppen, zu viel Pizza und Kaffee und eine Krise in letzter Minute, aber dann doch die pünktliche Markteinführung am 9. März 2000 um 8.00 Uhr.

Kurz nach 9.00h am Donnerstag, den 9. März 2000, gingen wir nach draußen und saßen in der Sonne am Trafalgar Square in der Londoner Innenstadt. Es war das erste Mal seit Wochen, dass einer von uns draußen am Tageslicht war.

„Wißt Ihr was? Die richtige Arbeit fängt jetzt erst an!" sagte jemand.

Die Gruppe stöhnte. Nach all den Nachforschungen, Diskussionen, Strategien, Verhandlungen und einer intensiven Entwicklungsphase wollte das Gründungsteam nur etwas Ruhe.

Die **Gründungs-Aktionäre** Blue Circle Industries plc (60%) und Just2Clicks plc (40%) verkündeten ihren Plan, einen Marktplatz zu entwickeln, auf dem die Baustoffgüterindustrie nicht nur die Möglichkeit zum Handel sondern auch zur Kapitalbeteiligung haben sollte. Die ursprüngliche Webseite bot lediglich Nachrichten, Informationen und die Vision, ein industrieller Beschaffungsmarktplatz zu werden, auf dem Zement-Hersteller alles kaufen können, was sie zur Zementherstellung benötigen.

Erste Reaktionen der Industrie beinhalteten Glückwünsche, Interesse, Überraschung und Skepsis. Die Verwirklichung der Konzepte würde bedeuten, die Entwicklung der notwendigen Technik, ein Team und die dazugehörige Infrastruktur aufzubauen und nicht zuletzt eine Industrie davon zu überzeugen, dass es für den Handel komplexer Wirtschaftsgüter einen effizienteren Weg gibt. Dazu muss Vertrauen zwischen Käufern, Verkäufern, Konkurrenten und Arbeitsgemeinschaften aufgebaut werden. Es mag sein, dass wir im Internetzeitalter leben, aber um all das zu schaffen, würde es gute Leute brauchen, um den Unterschied zu verdeutlichen.

Warum baut man einen Beschaffungsmarktplatz für die Zementindustrie auf?

Die Zementbranche ist eine geschätzte $100 Milliarden Industrie mit einem Beschaffungsvolumen von $30 Milliarden. Wie viele andere Branchen sieht man sich mit zahlreichen Aufgaben konfrontiert:

- Weltweite Fusion von Herstellern
- Erhöhter Wettbewerb durch Substitutionsgüter – einschließlich Stahl (wo durch eCommerce bereits erhebliche Produktivitätsfortschritte gemacht wurden)
- Ein stärkerer Fokus auf die Belange der Shareholder – erhöhter Wettbewerb um Investmentfonds
- Verbesserte Anlagennutzung – sowohl im Bereich der Kapazitätsauslastung als auch bei der Verringerung des Betriebskapitals

Während die gesamte Industrie die gleichen Punkte überdachte, gab es keinen einheitlichen Lösungsansatz und niemand hatte eCommerce als mögliche Lösung gesehen. Eine kleine Gruppe von Managern von Blue Circle Industries plc prüfte, entweder die Beschaffung oder das Fulfillment über das Internets zu steuern.

In der Beschaffung sah man die besseren Möglichkeiten:

- Globale Beschaffung steckt in der Zementindustrie noch in den Kinderschuhen
- Geringe Markttransparenz
- Prozesse sind übermäßig lang und uneffizient
- Hohe Transaktionskosten
- Bei bestimmten Anschaffungen erfindet jedes Unternehmen das Rad jedes Mal neu, z.B. bei der Informationsbeschaffung
- Die Produkte, die gekauft werden, entsprechen oft nicht den Anforderungen der Käufer (sie sind entweder über- oder unterspezifiziert)
- Die Lieferanten haben hohe Marktingaufwände, um sich bei den Kunden bekannt zu machen

Nachdem wir feststellten, dass es Möglichkeiten gibt, Ineffizienzen in der Supply-Chain der Zementindustrie zu lösen, betrachteten wir alternative Ansätze. Die Optionen waren die Einführung eines internes e-Procurement System bei Blue Circle, die Nutzung eines bereits existierenden Marktplatz oder der Aufbau eines eigenen Marktplatz für die Zementindustrie.

Wir verwarfen die Idee eines Extranets für Blue Circle, da es nicht alle potenziellen Vorteile eines offenen Systems erfüllen würde. Die Lieferantensysteme müssten die verschiedenen Standardschnittstellen der unterschiedlichen Käufer innerhalb der Industrie ansprechen können, um deren Bedarfe befriedigen zu können. Es gäbe kein Potenzial, Käufer- oder Verkäuferbedarfe zu bündeln, außerdem gäbe keine Synergieeffekte in der Forschung und dem Wissenstransfer. Daneben wären die Technologiekosten sehr hoch gewesen.

Eine Überprüfung der bereits bestehenden Marktplätze ergab, dass deren Entwicklung nur sehr schleppend voranging. Die Marktplatzbetreiber verstanden die Zementindustrie nicht und waren nicht auf die Bedürfnisse der Zementunternehmen zugeschnitten. Deren Strategie und Mittel waren nicht mit den Anforderungen der Zementindustrie vereinbar.

Wir entschieden uns, einen neuen Marktplatz zu bauen, ein für Käufer und Verkäufer in der Zementindustrie maßgeschneidertes Produkt, welches ihren speziellen Bedürfnisse und üblichen Standards entspricht. Der Marktplatz sollte es Käufern und Lieferanten ermöglichen, Leistungen und Kosten innerhalb der Industrie zu teilen und darüber hinaus dafür sorgen, dass zusätzliche Marktplatzteilnehmer für einen größeren Nutzen aller sorgen würden.

Nach der Entscheidung einen neuen Marktplatz aufzubauen, engagierten wir QPEC Consultants, um uns bei dem eProcurement-Projekt zu beraten und entwickelten schnell eine wichtige Partnerschaft. Wir betrachteten eine Vielzahl von Bereichen innerhalb der Lieferkette und die Möglichkeiten, die sich durch das eProcurement boten (siehe Bild 124). Wir entschieden fest, im ersten Schritt mit Supply Market Management zu beginnen und dann die Entwicklung einer effizienten Transaktionsabwicklung voranzutreiben. Wir untersuchten die Beschaffungsaktivitäten einiger Teilnehmer innerhalb der Zementindustrie und erstellten das Bild eines perfekten Marktes.

Bild 124   Mapping Business Impact versus the scope of eProcurement on the Supply Chain

Der perfekte Markt würde durch eine maximale Anzahl von Käufern und Verkäufern beschrieben werden. Er verfügt über vollkommene Informationen, bei minimalen Markteintritts- oder Marktaustrittsbarrieren. Die Idee war, eine Community sowohl für Käufer als auch Verkäufer zu schaffen, wo Informationen und Güter gehandelt oder ausgetauscht werden können und dadurch Wert und Effizienz für alle Teilnehmer geschaffen wird.

Frühe Planung und Entwicklung

Wir planten, den Marktplatz in Etappen zu entwickeln. Die anfänglichen Herausforderungen beinhalteten einen Mangel an Vertrauen zwischen den Teilnehmern, das Arbeiten mit Programmen, die noch im Entstehen waren, kaum verstandenen Grundsätzen, keine vereinbarten Standards und eine Bandbreite in der Bereitschaft und Fähigkeit der Branchenteilnehmer e-Commerce zu betreiben.

Entwicklungsablauf:

1. Basisinformation und Community
2. Dynamischer Handel – Auktionen und Ausschreibungen
3. Ersatzteilbörse
4. Katalogmanagement
5. Wissensmanagement

Basisinformation und Community – das war der erste Teil des Webauftritts, der entwickelt werden sollte. Es ist ein Bereich, wo Industrieteilnehmer etwas über die Branche und die sie beeinflussenden Faktoren herausfinden können. Er enthält alle Branchennachrichten und Details über bevorstehende Events und Konferenzen. Die Teilnehmer können ihre Best-Practices und Testtheorien austauschen.

Dynamischer Handel – Auktionen und Ausschreibungen – der erste kommerzielle Bestandteil des Marktplatzes, der entwickelt werden sollte, war der dynamische Handelsplatz. Dieser beschreibt die Art der Beschaffung, wie sie von der Zementindustrie gehandhabt wird. Die verschiedenen Bereiche können als Rohstoffe (Kohle, Öl, Gas, Elektrizität), Verbrauchsgüter (Förderband, Packpapier und -säcke, Schleifwerkzeuge), Ausrüstung (Trucks, Bagger, Maschinen, etc.) und schlüsselfertige Bau-/Ing.Projekte beschrieben werden. Die Beschaffung dieser Artikel kann effizienter gestaltet werden, indem man Software wie Workflow-, Ausschreibungsbewertungs- und Reverse-Auction-Tools nutzt.

Das Workflowtool erlaubt den Lieferanten, das Ausschreibungsdokument abzufragen, zu überprüfen und zu garantieren dass alle Lieferanten zur gleichen Zeit den gleichen Informationsstand haben. Es ermöglicht, Rückmeldungen, Veränderungen und Aktualisierungen an alle Teilnehmer zu kommunizieren und liefert eine Verlaufskontrolle des gesamten Prozesses.

Das Tool zur Bewertung von Ausschreibungen erlaubt, Mehrfachausschreibungen automatisch zu bewerten, indem es sicherstellt, daß die Käufer Zugriff auf so viele Lieferanten bekommen wie sie benötigen und diese objektiv, mit den ihnen wichtigen Faktoren, beurteilen können. Die Käufer legen die Beschreibung fest, was gekauft werden soll, mit einer Gewichtung für jeden einzelnen Bereich. Die Fähigkeit, in diesem Prozess auch remote zugreifen zu können ist zwingend, da das gesamte Projektteam an einer weltweiten Ausschreibung teilnehmen kann, egal wo es sich aufhält. Die Lieferanten antworten dann in einem gesicherten Bereich des Marktplatzes und die Käufer können die verschiedenen Ausschreibungen innerhalb von Minuten vergleichen, statt wie vorher in Tagen und Wochen. Eine sorgfältige Analyse erlaubt den Käufern einen Blick darauf, wo die Lieferanten über- oder unterspezifiziert haben oder eine signifikante Abweichung im Angebot vorliegt.

Ist der Käufer mit den gelieferten Spezifikationen zufrieden, könne die Ergebnisse der Ausschreibungsbewertung für eine Gewichtung in einer „reverse auction" genutzt werden.

Das Bewertungstool sollte alle Zusatzleistungen des Lieferanten berücksichtigen, und es dem Käufer erlauben genau zu bewerten, wie wichtig diese in diesem Bewertungsprozess sind. Nichtgreifbare Faktoren wie Marken, Beziehungen und Zuverlässigkeiten werden effektiv umgangen. Die Resultate fließen dann in die Gewichtung, die jeder Lieferant vor der Auktion erhält.

Die „reverse auction" ist nützlich, da sie den Preis festsetzt. Sie hat kein anderes Ziel. Lieferanten werden keinen niedrigeren Preis akzeptieren als sie wollen. Einfach gesagt, weiß jeder Lieferant genau, welchen Preis er bieten muss, um einen Geschäftsanteil zu bekommen. Es nimmt die Vermutung aus der Gebotsabgabe und schützt den Lieferanten davor, für einen Vertrag zu hoch oder zu niedrig zu bieten.

Auktionen und Ausschreibungen waren der logische Startpunkt für den Handel, weil es keinen dringenden Bedarf gab, sie in Back-End-Systeme zu integrieren und sie nur ein kleines Risiko sowohl für Käufer als auch für Verkäufer darstellen. Außerdem lieferten sie einen schnellen und effektiven Beweis der Vorteile des eCommerce und benötigt weder eine stetige noch branchenweite Nutzungsverpflichtung von Käufern oder Verkäufern, um zu funktionieren.

Ersatzteilbörse – Nachforschungen behaupten, dass es bei den Zementherstellern einen Ersatzteillagerbestand zwischen $5 und $10 Milliarden USD gibt. Unsere Analyse des Bestands ergab, dass durch die Entwicklung einer Onlinebörse die Hersteller ihre Bestände an zeitkritischen Ersatzteilen miteinander teilen und untereinander handeln können und so in der Lage sind, den Einsatz ihres Betriebskapitals zu halbieren. Zusätzlich können wir durch die Optimierung des Informationsflusses im Gebrauchtmaschinemarkt, eine größere Effizienz erzeugen und noch mehr Kapital freisetzen.

Katalogmanagement – Ist aus verschiedenen Gründen auf unserer Prioritätenliste niedriger angesiedelt. Die geringwertigen, hochvolumigen Einkäufe, die von elektronischen Katalogen profitieren, sind ein signifikanter aber kleiner Anteil am Beschaffungsvolumen der Zementhersteller. Um einen nennenswerten Vorteil zu erzielen, müßte die Anzahl der Lieferanten, die online gehen, die kritische Masse erreichen, was kurzfristig nicht möglich ist. Der größtmögliche Vorteil für alle Teilnehmer läge in der Integration in die Back-End und ERP-Systeme – einer ressourcen- und kostenintensiven Aufgabe für alle Teilnehmer.

Kataloge werden für unsere Teilnehmer in den Bereichen niedrigerer Aquisekosten, größerer Auswahl, Richtlinien und niedriger Transaktionskosten einen Vorteil bieten. Wir werden künftig Produktkataloge anbieten, aber momentan glauben wir, daß durch Ausschreibungen und Auktionen für große Beschaffungsvolumina ein unmittelbarer Vorteil erzielt werden kann.

Wissensmanagement – für e-cement.com eine Zukunftsvision. Wir geben zu, dass in der gemeinsamen Nutzung des in der Gruppe vorhandenen Wissens der größtmögliche Vorteil für alle Teilnehmer liegt. Dies zu ermöglichen wird das Kernstück unserer Zukunft sein.

Neben der Technologie- und Prozessentwicklung haben wir weitere Zeit darauf verwendet, off-line-Ressourcen aufzubauen.

Der Erfolg von e-cement liegt in der pragmatischen Herangehensweise. Dies beinhaltet ein klares Verständnis der Bedürfnisse unserer Kunden und dessen, was wir liefern können. Nicht überraschend, daß sie den größtmöglichen Erfolg bei einem minimalem Einsatz wollen.

Ein Resultat unserer pragmatischen Betrachtungsweise ist, daß wir keine Sklaven der Technologie sind. Wir sehen uns selbst als Anbieter von IT gestützten Beschaffungslösungen und nicht als technologiegeführtes dotcom-Unternehmen. Der Technologievorsprung ist kein wesentlicher Wettbewerbsvorteil im e-Commerce der Zementindustrie. Er ist wichtig, aber schwierig zu verteidigen und gar unhaltbar, wenn man nicht ein Softwarespezialist werden will. Wir wollen das nicht.

Aus ähnlichem Grund haben wir keinen Service online geschaltet, ohne den Vorteil, einen Prozess zu automatisieren, zu überdenken. Wenn es keinen Sinn macht, einen Prozess online zu schalten, machen wir es auch nicht. Konsequenterweise haben wir eine Mischform von online und offline Services entwickelt. Dies verdeutlicht die Notwendigkeit Beratungsunterstützung entlang der e-Procurement-Werkzeuge.

Bei e-cement werden diese offline Services durch unsere Marketmaker geliefert. Dieses Team von hochqualifizierten Beschaffungsexperten hat einen Hintergrund in der Blue Chip Schwerindustrie und der Beratung. Sie betreiben Forschung, beraten im Bereich e-procurement, Strategie und Spezialisierung, steuern Ausschreibungsverhandlungen, schulen Nutzer, verwalten die Technologie und begleiten Transaktionen zwischen $500k und $600m USD bis zu den endgültigen Verhandlungen und Vertragsabschlüssen. So hat zum Beispiel ein Hersteller, der alle zwei Jahre Fließbänder beschaffen muss, den Vorteil, mit einem Beschaffungsexperten zusammen arbeiten zu können, der jeden Monat Fließbänder beschafft. Die Marketmaker verstehen sich auf die Dynamik am Lieferantenmarkt, Produktentwicklung, Zuverlässigkeit und das Mehrwertpotential der Märkte, auf denen sie spezialisiert sind. Die Lieferanten haben immer noch das gleiche Kontakt- und Beziehungslevel zum Kunden, was sie vorher hatten. Jedoch bekommen zusätzlich jemanden, der ihr Angebot und seine Verwendung innerhalb des Zementherstellungsgeschäftes versteht. Die Marketmaker beraten Lieferaten, wie sie ihre Produkte für die Zementherstellern optimieren können. Die Marketmaker sind der Maschinenraum des e-cement Geschäfts.

Erste Transaktionen

Die ersten Transaktionen bei e-cement führten zu ermutigenden Ergebnissen mit geschätzten Einsparungen zwischen 12 und

20 % (siehe Bild 125). Auch wenn es voreilig wäre, endgültige Schlüsse zu ziehen, haben sich einige interessante Punkte ergeben:

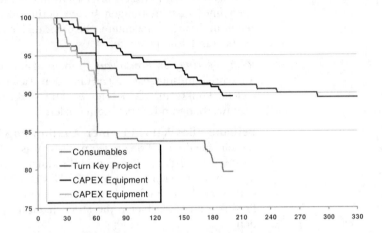

Bild 125   Ergebnisse der e-cement Auktionen im Jahr 2000

Woher kommen die Einsparungen? – Es ist einfach, aber falsch, den Schluss zu ziehen, die Einsparungen von 20 % resultierten daraus, dass die Lieferanten gezwungen waren, niedrigere Preise zu akzeptieren und für kleinere Profite zu arbeiten. Dies wäre nicht aufrechtzuerhalten. Kein Beschaffungsexperte würde seine Produkte von einem unprofitablen Lieferanten erhalten wollen – es wäre eine sehr kurze und riskante Beziehung. Trotzdem sind die Einsparungen in dieser Höhe nicht überraschend und haben eine Vielzahl von Gründen:

Bessere Spezifikation – Durch die Nutzung unseres Ausschreibungsbewertungstool, wird das Produkt besser an die Wünsche der Kunden angepasst. Dies stellt sicher, dass eine Lieferung, die über der Spezifikation liegt, verhindert wird. Der Käufer bezahlt nicht für eine Eigenschaft oder einen Nutzen, den er gar nicht will und der Lieferant liefert diesen nicht.

Besseres Wissen – Die Lieferanten haben ein klares Bild davon, was der Marktpreis für ein bestimmtes Produkt ist und was sie bieten müssen, um einen bestimmten Geschäftanteil zu bekommen, was besser ist, als das traditionelle Geschäft mit Bluff und Vermutungen.

Bessere Bezugsquellenfindung der Lieferanten – Wir beginnen mit einigen Zulieferern der Zementindustrie, sie bei ihrer Bezugquellenfindung zu untersützen.

Niedrigere Verkaufskosten für Lieferanten – Elektronische Auktionen und Ausschreibungen bieten geringere Auftragsdurchlaufzeiten und einen effizienteren Prozess, inklusive geringeren Kosten bei erfolglosen Geboten.

Reengineering von Produkten – Indem man einen elektronischen Ausschreibungsprozess nutzt und den Lieferanten rückmeldet, welche Punkte für die Käufer wichtig sind, werden Kosten für Eigenwerbung und Marketing reduziert.

Beinahe alles kann in einer Auktion angeboten werden – Als ein generelles Prinzip kann alles, was definierbar ist, auch versteigert werden. Wenn zwei Produkte nicht identisch sind, können sie gewichtet werden, so dass das bessere Produkt seinen Vorteil ausspielen kann. Die meisten Auktionssoftware-Produkte im Markt bieten die Möglichkeit für gewichtete Auktionen.

Es ist nicht die Art des Produkts, die generell darüber bestimmen wird, ob ein Artikel sich für eine Auktion eignet oder nicht, sondern die Struktur des Lieferantenmarktes. Wenn es auf dem Lieferantenmarkt keine ausreichende Liquidität gibt, ist es unwahrscheinlich, dass genug Wettbewerb entsteht, um dem Käufer ein befriedigendes Ergebnis zu liefern. Wenn es andererseits zu viele Bieter gibt, könnten die Lieferanten denken, der Ausschreibungsprozess wäre nicht effektiv genug gewesen, da das Feld zu wenig eingeschränkt wurde. Mit so vielen verbliebenen Lieferanten wäre der einzig kritische Punkt der Preis. In den meisten Fällen liegt die optimale Anzahl der Bieter bei einer Auktion zwischen 4 und 10.

Ein weiterer Grund, Auktionen nicht in Betracht zu ziehen, liegt in einem möglichen Absprachepotenzial. In einer vor kurzem stattgefundenen globalen Ausschreibung für ein Verbrauchsgut fand der Käufer heraus, dass einige Lieferanten ein Bieter-Konsortium gegründet hatten, um eine weltweite Lieferung sicherstellen zu können. Unglücklicherweise bedeutete das, dass einige der Lieferanten in mehren Bieter-Konsortien miteinander konkurrierten. Mit einem derart konfusen Lieferantenbild entschied der Kunde, nach dem elektronischen Ausschreibungsverfahren, offline zu verhandeln.

Strategie der Auktion – Die Idee, die Spieltheorie in Auktionen zu nutzen, steckt noch in den Kinderschuhen. Die meisten Auktionsteilnehmer arbeiten immer noch mit einer Reaktionsstrategie, d.h. sie warten, dass jemand etwas tut und reagieren dann darauf. Das ist möglicherweise nicht der effizienteste Weg, um ein erwünschtes Resultat zu erzielen, jedoch wird sich dieser Bereich in den nächsten Jahren weiter entwickeln, wenn mehr Unternehmen häufiger an Auktionen teilnehmen.

Außerdem scheinen viele Auktionsteilnehmer ihre Kostenstrukturen oder ihr Höchstgebot nicht wirklich zu kennen, bevor die Auktion beginnt. Die vollständige Kenntnis über die fixen, variablen und logistischen Kosten für die Lieferung der relevanten Artikel ist notwendig, um eine Auktionsstrategie zu entwickeln. Für Lieferanten, die sich um einen Vertrag bewerben, kann das bedeuten, andere Lieferanten in ein Bieter-Team mit einzubringen (abhängig von der Größe und der Wichtigkeit des Vertrages). Selbst der unerfahrenste Auktionsteilnehmer weiß, dass man einen Höchstgebot haben muss, über das man auf keinen Fall hinaus geht. Die Alternative ist zu stark konkurrieren zu wollen oder in der Aufregung zu viel zu zahlen oder zu wenig für einen Vertrag zu bieten.

Partnerschaften zwischen Käufern und Lieferanten – Dies ist immer noch eine wesentliche Aufgabe und, bei e-cement, versuchen wir den Kommunikationslevel zwischen Käufern und Lieferanten zu erhöhen, da dies zu besseren Produkten und einer höheren Effizienz führen wird. Erfolgreiche Lieferanten werden diejenigen sein, die Partnerschaften ernst nehmen und gleichzeitig daran arbeiten die Qualität zu verbessern und die Kosten zu senken. Elektronische Beschaffung wird einfach den für alle Parteien verfügbaren Informationsfluss erhöhen. Die erfolgreichen Unternehmen werden diejenigen sein, die den Wert dieser Informationen verstehen und sie nutzen, um ihr Angebot zu verbessern.

Was sind die Schlüsselfragen, die wir seit der Markteinführung gelernt haben?

Keep it simple

Wenn Kunden ihre ersten Erfahrungen mit e-Commerce machen, ist es viel einfacher, sich auf spezifizierte, klare und einfach zu zeigende Werte zu konzentrieren. Deshalb bieten Auktionen und Ausschreibungen den Unternehmen einen guten Platz, um mit dem Handel zu beginnen. Sie erfordern geringe Investitionen oder ein geringes Risiko, bringen ein unverzügliches Resultat und die Resultate können einfach bewertet werden. Wir waren uns bewußt, dass es keinen Sinn macht, zu versuchen, die Welt innerhalb einer Woche zu übernehmen, zu schnell zu expandieren oder eine so weit entwickelte Lösung zu programmieren, dass die Kunden nicht in der Lage wären, diese zu nutzen. Es klingt zwar sehr einfach, aber die Dinge verständlich zu halten, war während des ersten Jahres ein guter Prüfstein für uns. Das heißt, das alles was wir tun, sich auf die Wünsche der Kunden und direkte kurzfristige Wertschöpfung konzentriert. (Um J.M. Keynes zu zitieren „Langfristig werden wir alle tot sein. Was zählt ist die kurze Sicht)

Alles dauert länger als man denkt

Alles von der Entwicklung der Technologie bis hin zur Entscheidungsfindung hat länger gedauert als wir es uns vorgestellt hatten. Im Falle der Entscheidungsfindung in großen Organisationen ist es entscheidend, die komplexe Folge von Entscheidungen zu verstehen, die vollzogen werden müssen, bevor die Kunden in der Lage sind, mit uns zu handeln.

- Wer muss in den Entscheidungsprozess einbezogen werden?
- Glauben wir daran, dass wir durch dieses Angebot Gewinne erzielen werden?
- Werden dies kurzfristige oder langfristige Gewinne sein?
- Können wir diese bewerten?
- Welchen Einfluss hat das auf die mittlere Führungsebene?
- Müssen wir unsere Beschaffung globalisieren?
- Ist e-cement der bestmögliche e-Market, um uns dabei zu unterstützen?
- Sollen wir als Investor oder als Kunde auftreten?
- Sollen wir unseren eigenen e-Market entwickeln?
- Sollen wir ein internes Beschaffungs-Extranet entwickeln?
- Vertrauen wir ihnen?
- Werden unsere Daten vertraulich behandelt?
- Sind sie die richtigen Leute, mit denen man langfristig verbunden sein sollte?
- Wie gut passt dies zu unseren anderen Strategien?

Und all diese Fragen müssen geklärt sein, bevor sie sich mit den operativen Punkten beschäftigen, wie z.Bsp.:

- Ist das System sicher?
- Wie stabil ist die Technologie? Etc.

Die Rolle des e-Markets während dieses Prozesses muss es sein, sich gegenüber allen Organisationsstufen, inklusive gehobenem und mittlerem Management, Hauptverwaltung und lokaler Belegschaft, gut verkaufen zu können. Man verkauft sich an alle Bereiche, inklusive Sachbearbeitern und Betrieb, Technik und Beschaffung. Auch in einer relativ konsolidierten Branche wie der Zementindustrie ist das immer noch ein ressourcenintensiver Prozess.

Es verändert nicht die Grundlagen

E-Procurement handelt von Lieferantenqualität und Partnerschaften. E-Commerce ändert das nicht. Dass man die Auktion als ein preisbestimmendes Werkzeug nutzt, bedeutet nicht, daß der Preis die einzige Überlegung ist. Einige Lieferanten denken, daß Auktionen dazu gedacht sind, sie zu zwingen, einen niedrigeren Preis zu akzeptieren als sie wollen. Das ist nicht möglich – niemand kann jemanden zwingen etwas zu tun, was dieser nicht will.

Lieferanten hochwertiger Qualität werden gegenüber ihren Mitbewerbern immer einen Vorteil haben, solange die Käufer den Unterschied erkennen und zu schätzen wissen. Der einzige Unterschied ist, daß wir die Käufer bitten, festzulegen, wieviel ihnen der Unterschied wert ist. Der Ausschreibungsprozess, den wir nutzen, dient dazu, die Produkte und Services, die ein Lieferant anbietet, in ihre Komponenten aufzuteilen, und deren Wichtigkeit zu bewerten. So können wir zu einem objektiven Wert für ein Angebot eines Unternehmens kommen und diesen dazu nutzen, den Lieferanten im Auktionsprozess, der den Preis festlegt, zu bewerten.

Ähnliche Technologien werden den Bedarf an hochqualifizierten Beschaffungsexperten, sowohl in produzierenden Unternehmen, als auch in Organisationen wie e-cement.com nicht beseitigen. Die Technologie ist immer noch nur ein Werkzeug, das es den Beschaffungsexperten erlaubt, sich mehr auf Strategien und Partnerschaften zu konzentrieren als auf eher simplen Aktivitäten. Die Zukunft für Beschaffungsportale wie e-cement wird die Entwicklung zu einer durch Technologie ermöglichten Beschaffungsberatung oder einem ausgelagerten Zweig sein.

Wissen ist kritisch

Wissen ist und wird kritisch sein. Gemeint ist Wissen im Sinne von Beschaffungs- und e-Procurement-Prozessen, Käufermärkten, Lieferantenmärkten, Daten, Antworten auf und Richtlinien für Transaktionen und Verträgen. Grundlegend für den Erfolg eines jeden Beschaffungsmarktes wird sein, wo dieses Wissen zu finden ist, wie es erworben wird und wie einfach es angepasst und benutzt werden kann.

Vollintegrierte Lösungen brauchen länger

Vollintegrierte Kataloglösungen werden Nutzen in Form von reduzierten Transaktionskosten und höherer Erfüllung liefern. Dennoch wird es wahrscheinlich noch zwei Jahre dauern bevor viele Unternehmen in der Baustoffindustrie signifikante Erlöse erzielen werden.

Einer der Gründe für diese Verzögerung ist der Reifegrad der Lieferanten für e-Business. Selbst die enthusiastischsten unter den Lieferanten, welche ihre Kataloge online präsentieren wollten, gerieten in Schwierigkeiten, weil eine einzelne Artikelnummer verschiedene Produkte repräsentiert, je nachdem in welchem Land man sich aufhält oder aufgrund unterschiedlicher Preisstrukturen in verschiedenen Ländern. Dieses Beispiel ist kein isoliertes – allerdings betrifft es selbst einige der sehr fortschrittlich denkenden Unternehmen. Der Punkt ist, dass es noch eine Menge Arbeit zu tun gibt in den offline Prozessen, übereinstimmenden Standards, Integration und Ausbildung der User, bevor Kataloge den Nutzen liefern können, den sie versprechen.

Der größere Nutzen sowohl für Käufer als auch für Lieferanten wird ebenso der Umfang des Katalogs wie auch die Verbindung zwischen Katalogen sein. Dies setzt voraus, dass die Gewinner in diesem Sektor entweder große, finanzstarke Provider/Katalogmanager und einem reichhaltigen Angebot sind oder spezialisierte, stark konzentrierte Nischenanbieter, die einen Katalogservice liefern können, der einen wesentlichen Anteil der Käufer- als auch der Lieferantenwünsche befriedigt.

Neutralität und Unabhängigkeit

Im Bereich der e-Markets ist es wichtig wie die Schweiz zu sein. Unabhängigkeit von jeder speziellen Organisation oder Kunden und sich zwischen Käufern und Lieferanten neutral zu verhalten, ist absolut wichtig. Marktplätze werden nicht erfolgreich sein, wenn sie ihren Käufern, Lieferanten und sogar Zwischenhändlern keine Anreize anbieten. e-cement hat immer hervorgehoben, dass, um effektiv zu sein, sowohl Neutralität als auch Unabhängigkeit gewährleistet sein müssen. Das ist der Schlüssel, um das Vertrauen der Lieferanten und Käufer aufzubauen, den finanziellen Hintergrund abzudecken und Beziehungen mit starken Partnern aufzubauen.

Partner, Kontakte und Ratschläge

Viel wurde über die neue Ära der Zusammenarbeit und die Stärke von Partnerschaften geschrieben. Als eine Organisation würden wir hier bis zu einem bestimmten Ausmaß zustimmen. Partnerschaften sind unerlässlich für den Erfolg eines jeden e-Markets, aber sie müssen konzentriert werden, mit einem klaren Plan, vereinbarten Ressourcen und definierten Ideen über den Weg zu einem profitablen ROI für beide Parteien.

Die Kontakte, die wir und durch zwei Aktionäre und einen starken Aufsichtsrat sichern konnten, sind unschätzbar, um Verbindung zur höheren Managementebene der wichtigen Kunden zu bekommen.

Marken und Marketing

Für viele würde Marketing nicht oben auf der Prioritätenliste eines Unternehmens stehen, das einen Marktplatz für Zementhersteller prüft. Bei e-cement glauben wir, daß es unerlässlich ist. Ganz am Anfang haben wir vier Gruppen identifiziert, mit denen wir gerne kommunizieren würden – Zementhersteller (sowohl oberes Management als auch Sachbearbeiter), finanzielle Investoren (potenzielle und existierende), potenzielle Partner (e-commerce) und wichtige Angestellte (Beschaffungsexperten).

Abgesehen von einem kleinen Anteil von Handelswerbung, war die Hauptmarketingaktivität PR. Wir entwickelten eine Reihe von Markenwerten und hatten das Ziel, dass jede Kommunikation mit unserer Zielgruppe diese Werte widerspiegelt. Daraus resultierte eine sehr disziplinierte Vorgehensweise, die darauf zielte, uns von den Krach des e-Commerce Hypes des ersten Halbjahres

2000 abzugrenzen. Indem wir einen realistischen Blick auf die Industrie warfen, und uns selbst, indem wir nicht alle zwei Minuten eine Presseerklärung verschickten, nicht im Fachjargon sprachen und uns selbst als Wissensführer innerhalb des e-commerce unseres Industriesegments positionierten, haben wir eine wertvolle Nischenmarke gebildet.

Der First-Mover-Vorteil ist nicht alles

Es wird Tag für Tag klarer, daß es im B2B e-commerce nicht den gleichen Vorteil wie im B2C-Umfeld hat, „first mover" zu sein. Vorteile resultierten nicht daraus der erste zu sein, sondern daraus, sich auf das Denken und die Entwicklung der größten Umsatzbringer (Käufer und Verkäufer) einzustellen und es dann richtig zu machen. Viele Unternehmen haben versucht, zu viel zu schnell zu machen und fanden heraus, dass sie sich für ihre Nutzer zu schnell bewegt hatten. e-cement konzentriert sich auf ein überlegtes aber stabiles Expansionsprogramm in Verbindung mit den Zielen und Wünschen unserer Kunden. Sich als erster zu bewegen, ist nicht so kritisch wie flexibel genug zu sein, reagieren zu können und sich schnell zu bewegen, um eine Gelegenheit ergreifen zu können, wenn sie sich bietet. Die Fähigkeit, ein Geschäft schnell zu vergrößern ist eine maßgebliche Bedingung für die meisten B2B-Unternehmen mit beträchtlichen Ambitionen.

Kultur

Obwohl wir klare Vorstellungen über die Art der Kultur hatten, die wir innerhalb von e-cement bilden wollten , hat sie sich innerhalb des letzten Jahres entwickelt. Während die Sparte e-Commerce ist, konzentrieren wir uns mehr auf das „Commerce" als auf das „e". Konsequenterweise haben wir Mitarbeiter mit Geschäftserfahrung und Sachkenntnis rekrutiert, die unsere Kunden verstanden und pragmatisch vorgingen, einen Job ausführten und abschlossen, keine „Internetvisionäre". (Um den alten Witz zu zitieren : „With an Internet Visionary and a dollar... you can get a cup of coffee). Dies spiegelte unsere Überzeugung wider, dass die Technik eher etwas ermöglicht, als ein selbständiges Objekt zu sein. Der Pragmatismus, den wir einsetzen, repräsentiert auch einen Grad an Realismus – unsere Kunden haben eine sehr realistische Sicht auf ihre Branche und schätzen einen Ansatz, der dieser Sicht entspricht. Der Versuch, die Welt über

Nacht zu verändern, wird in der Baustoffindustrie nicht funktionieren.

Das heutige Geschäft

Stand heute haben wir uns als der führende elektronische Marktplatz für die Beschaffung von komplexen Wirtschaftsgütern innerhalb der weltweiten Baustoffindustrie bewiesen. Wir führen Transaktionen für eine Vielzahl von großen und mittleren Unternehmen in Europa, dem mittleren Osten, Afrika, Südostasien und Nordamerika durch. Wir sind weit in der Gewinnung neuer Kunden in Südamerika, Asien oder Ozeanien fortgeschritten. Unsere Erlöse sind immer noch relativ klein, sollen sich aber in jedem Quartal der vorhersehbaren Zukunft verdoppeln.

Eine Zukunftsvision

Der Zusammenschluss der Kunden wird fortgeführt, ebenso wie die Suche nach größerer Effizienz in ihren Prozessen. Komplexe Wirtschaftsgüter werden große Unternehmen immer beschaffen müssen und Unternehmen, die technologiegestützte Beschaffungslösungen anbieten, werden sie bedienen. Diese Firmen werden größtenteils Mischformen (Industrie/unabhängig) oder langfristig unabhängig sein, kurzfristig aber von der Industrie dominiert werden.

Die dafür notwendige Technologie wird vom heutigen Stand aus entwickelt, aber keinen signifikanten Wettbewerbsvorteil bringen. Vor zwei Jahren gab es lediglich ein oder zwei Unternehmen, die effektive Software für „reverse auctions" kommerziell im Internet anboten. Heute hat man die Auswahl zwischen ungefähr zwanzig. Alternativ ist es möglich, mit fünf oder sechs Entwicklern und sechs Monaten Zeit seine eigene maßgeschneiderte Lösung zu schreiben. Andere Software wie Ausschreibungsbewertung, Vertragsmanagement, intelligente Agentenprogramme etc. bieten einen größeren Entwicklungsspielraum, jedoch ist es unwahrscheinlich, daß der Wettbewerbsvorteil in diesen Werkzeugen liegen wird. Konsequenterweise müssen Marktplätze wie unserer weitere Produkte und Services entwickeln, um sich selbst von der Konkurrenz abzuheben. Diese Produkte und Services werden grundsätzlich Beratungs- oder Outsourcing Services sein, die entweder an andere Marktplätze oder an Endkunden verkauft werden und auf der Zusammenführung des Wissens einer weiten aber konzentrierten Spanne von Käufern und Lieferanten basieren. Diese Services werden den Kunden helfen, ihre

Gewinne zu maximieren und werden ihnen helfen, sich sowohl intern als auch extern zu entwickeln, um diese Gewinne zu realisieren.

Kritische Erfolgsfaktoren werden das Wissensmanagement im Bereich des Kunden- und Lieferantenmarktes, Bereichs und Beschaffungserfahrung sowie Technologieentwicklung sein. Die Fähigkeit, sich zusammenzuschließen und dann die Hauptquellen der Liquidität zu bewahren (die wichtigsten Käufer und Lieferanten) wird eine weitere große Herausforderung sein. Diese Lösungslieferanten werden durch die Resultate, die sie liefern, beurteilt werden und diese Resultate werden von dem Wissen und der Fähigkeit der Angestellten abhängen. So wird es letztendlich doch eine Sache der Menschen sein.

27 Kosten sparen beim Rohstoffeinkauf im Internet

Stefan Koch

Ausgangssituation

Der eMarketplace und die Kunststoffindustrie

Noch vor einem Jahrhundert galten Kunststoffprodukte als revolutionär, heute finden sie sich in jedem Haushalt. Es vergingen Jahre, bis der Kamm aus Kunststoff nicht mit der Zeit verlief und die Strumpfhose nicht mehr höchst brennbar war. Es vergingen Jahrzehnte bis zur Produktreife und noch mehr bis zur Marktdurchdringung.

Das Internet bietet den Unternehmen nicht so viel Zeit. Stillstand können sich die Marktplatzbetreiber nicht erlauben und in den Führungsetagen der Kunststoffbetriebe will man rasch von dem Potenzial des Internets profitieren. Man spricht von einem großen Einsparungspotenzial.

Was kann das Internet der Kunststoffindustrie bieten?

Das Internet bietet per se schnelle und präzise Kommunikation. Die wirtschaftliche Nutzung dieser Vorteile kommt beim eCommerce zum Tragen.

Für den *Kunststoffverarbeiter* bedeutet der Handel über das Internet:

- Senkung der Transaktionskosten
- Optimierung der Geschäfts-Prozesse
- Verbesserung der Verhandlungsposition
- Transparenz bei der Bestellabwicklung
- Optimierung der Einkaufsplanung
- Global Sourcing ohne eigene Recherche

Ausgangssituation

Die Vorteile des *Kunststoffherstellers* sind:

- Gewinnung neuer Kunden
- Senkung der Transaktions- und Vertriebskosten
- Optimierung des Kundenservices durch direkte Kommunikation

Was den Marktplatzbetreiber betrifft, so hat die Kunststoffindustrie interessante Merkmale: eine sehr fragmentierte Marktstruktur und eine interessante Marktgröße.

Die fragmentierten Strukturen zeigen sich in der starken Diskrepanz, die das Zahlenverhältnis der Lieferanten zu den Verarbeitern in der Kunststoffindustrie kennzeichnet. Während auf Herstellerseite einige wenige gemeinsam eine marktbeherrschende Position innehaben, ist die Anzahl der Verarbeiter sehr hoch. Allein in Deutschland sind es über 5.000, meist mittelständische Betriebe.

Das Marktvolumen in Europa für Kunststoffrohstoffe beläuft sich insgesamt auf rund DM 85 Mrd. Davon entfallen ca. DM 48 Mrd. auf die große Bandbreite der Thermoplaste. Diese wiederum teilen sich zu über 2/3 in Standardkunststoffe wie beispielsweise Polyethylen und Polypropylen und zu 1/3 in teils sehr komplexe Technische Kunststoffe wie Polyamid (Nylon) und Polycarbonat auf.

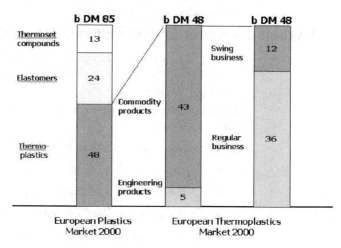

Bild 126   Marktvolumen

Anforderungen an einen eMarketplace

Die am meisten in der einschlägigen Literatur genannten Erfolgsfaktoren für einen funktionierenden eMarketplace sind:

- Ausreichende Marktgröße
- Fragmentierte Strukturen des Zielmarktes
- Abwicklungsineffizienzen im Procurement-Prozess

All diese genannten Faktoren finden sich in der Kunststoffindustrie. Für die neu gegründeten unabhängigen Marktplätze - und nicht nur für diese - gelten darüber hinaus grundsätzliche betriebswirtschaftliche Prämissen. Neben der obligaten Branchenkompetenz heißt dies insbesondere, zwingend auf ausreichendes Transaktionsvolumen, echten fakturierten Umsatz und die Erwirtschaftung von Erträgen hin zu wirken.

Business Model

Positionierung

ClickPlastics ist der erste und bis heute führende, neutrale, vertikale Marktplatz für die Kunststoffindustrie in Europa. Als Matchmaker verbindet der Marktplatz die Marktteilnehmer und sorgt somit für den Ausgleich von Angebot und Nachfrage. Nachfragerseitig richtet sich das Angebot an alle Kunststoffverarbeiter, unabhängig von Art und Größe. Angebotsseitig sind weltweit agierende Polymer-Hersteller, Compoundeure und Händler integriert. Handelbare Produkte sind die gesamte Bandbreite der Thermoplaste (Standard- und Technische Kunststoffe, Thermoplastische Elastomere). In einer zweiten Stufe sind kunststoffspezifische Hilfs- und Zusatzstoffe wie Glasfasern, Füllstoffe, Additive, Farben und Weichmacher geplant. Zusammengefasst sind die Positionierungsmerkmale der klare Fokus auf Kunststoffe (Rohstoffe), die Unabhängigkeit und die globale Ausrichtung. Unterstützt wird der Marktplatz bis dato in deutscher und englischer Sprache.

Systemelemente

Das Geschäftsmodell von clickplastics.com setzt auf den bekannten Strukturen der Wertschöpfungskette auf. Bild 127 verdeutlicht die einzelnen Elemente im Überblick:

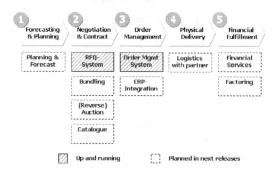

Bild 127   Geschäftsmodell und Systemelemente

Ausschreibungssystem

Im Rahmen des elektronischen Ausschreibungssystems fordern nachfragende Unternehmen Anbieter von Kunststoff-Rohstoffen zu einer Angebotsabgabe auf. Will ein Unternehmen seinen Einkaufsbedarf an Kunststoffen bei ClickPlastics ausschreiben, so muss es sich vor der ersten Nutzung des Marktplatzes registrieren. Um unter den Teilnehmern Vertrauen zu schaffen, arbeitet ClickPlastics mit der Creditreform zusammen. Dort werden alle Firmen, die sich auf der Website registrieren lassen möchten, auf Existenz, Kreditwürdigkeit und Zahlungsverhalten überprüft. Erst nach dieser Prüfung wird ein Teilnehmer auf dem ClickPlastics-Marktplatz zugelassen. So wird sichergestellt, dass trotz der Anonymität des Internet-Handels sichere Transaktionen durchgeführt werden können.

Bei der Erstellung der Bedarfsspezifikationen wird der Einkäufer durch ClickPlastics unterstützt. Spezifische Angaben zum gesuchten Produkt wie technische Anforderungen, Lieferumfang oder -termin können genau vorgegeben werden. Mit der Freigabe der Ausschreibung erscheint diese anonym oder offen auf der Plattform.

Abwicklungssystem

Im elektronischen Abwicklungssystem können Bestellungen, die im Ausschreibungssystem getätigt wurden, überwacht werden. Dies gilt sowohl für Rahmenverträge als auch für Einmalbedarfe. Zusätzlich können in dem System schnell und effizient neue Einmalbestellungen und Abrufe aus den Rahmenverträgen durchgeführt werden. Die Bestellung wird automatisch an den Anbieter weitergeleitet und bis zum Wareneingang überwacht.

Mit Hilfe des elektronischen Abwicklungssystems werden die Abläufe des gesamten Transaktionsprozesses standardisiert und automatisiert. Dies gilt speziell bei einer Integration der internen Planungssysteme in den Marktplatz.

Zusatzausstattung

Zusätzlich bietet ClickPlastics eine Reihe von anderen Diensten an, die nicht direkt oder nur bedingt mit den Transaktionen zu tun haben. Dazu gehören u.a. technische Anwendungshilfen, die Beratung vor Ort, eine telefonische Kunden-Hotline sowie die Benachrichtigung per eMail bei bestimmten Angeboten/ Gesuchen. Weiterhin werden redaktionelle Inhalte (Content), Newsletter sowie die Möglichkeit zur Auswertung der Transaktionen für jeden Teilnehmer (Management-Tools) bereit gestellt. Die genannten Zusatzdienste werden kostenlos angeboten. Bei Erreichung der kritischen Größe und entsprechender Attraktivität des Marktplatzes ist zu einem späteren Zeitpunkt denkbar, für bestimmte Zusatzdienste Gebühren zu erheben.

Preismodell

Das Preismodell von ClickPlastics ist grundsätzlich abhängig von der Nutzerrolle: *Lieferanten* zahlen bei erfolgreichem Geschäftsabschluß eine variable Kommission, die sich in der Regel aus der Einsparung bei den Transaktions- und Vertriebskosten finanziert. Die Höhe der Kommission richtet sich nach der Art des gehandelten Kunststoffs (Standard- vs. Technische Kunststoffe). Für *Verarbeiter* gibt es bezogen auf die gestarteten Ausschreibungen fixe Preisstaffeln, deren Höhe sich nach dem Umfang der Marktplatz-Aktivität richtet. Genauere Informationen werden dem interessierten Kunden nach erfolgter, kostenloser Registrierung zugeschickt.

Vermarktungsstrategie

Marketing Approach

ClickPlastics fokussiert seine Aktivitäten im Markt ganz deutlich auf den „Commerce". Die bereits erwähnten Zusatzausstattungen

"Content", "Community" und "Collobaration" runden das Angebot ab.

Die Ziele im Einzelnen:

„Commerce"

Hier geht es um die Etablierung als führende eCommerce-Plattform für die Kunststoffindustrie in Europa. Dieses Ziel wird auf dem Marktplatz erreicht durch zahlreiche, bedarfsgerechte Funktionalitäten, die der signifikanten Verbesserung von Transparenz und Effizienz der Abläufe dienen und letztlich zu einer deutlichen Einsparung von Zeit und Kosten führen.

„Content"

Kurz und bündig, vor allem bedarfsgerecht und auf die Branche zugeschnitten, sollen Informationen zu Märkten, Unternehmen, Personen und Produkten angeboten werden, um echten „added value" zu generieren. Dieses Ziel wird durch die Partnerschaft und redaktionelle Unterstützung eines der führenden Branchenmagazine, dem PlastVerarbeiter gewährleistet.

„Community"

Unserem Anspruch, zum „bevorzugten Treffpunkt der Kunststoffindustrie" zu werden, kommen wir mit der Einrichtung attraktiver Chatforen und Online Events nach. So werden u.a. durch externe Dienstleister wertvolle Beratungsdienstleistungen aus den Bereichen Werkzeugerstellung, Werkzeugauslegung und Logistik angeboten.

Unserer Maxime, unser Handeln von der „Kundenbindung" zur „Kundenintegration" weiterzuentwickeln, kommen wir mit den beschriebenen Bausteinen ein wesentliches Stück näher.

Eindrucksvoller Beleg für das rasante Wachstum und die Nutzung unserer Website ist der monatliche Zuwachs der Besucherzahlen. Folgt man der Statistik von Alexa©, dem unabhängigen, internationalen Webstatistik- und Webseiten- Informationsdienst, so belegt ClickPlastics.com weltweit eine führende Position bei den Online-Diensten zum Thema Kunststoff und Kunststoffverarbeitung.

„Collobaration"

Über die bisher beschriebenen Zielsetzungen hinaus bietet der ClickPlastics-Marktplatz noch die Möglichkeit der intensiven Zusammenarbeit der Teilnehmer untereinander, so z.B. bei der

Entwicklung neuer Produkte oder bei der Findung alternativer Produkte.

Content, Community und Colloboration sorgen dafür, daß den einzelnen Teilnehmern ein umfassender und relevanter Kontext geboten wird. Sie führen zu einer starken Bindung und schaffen Austrittsbarrieren für die Teilnehmer.

Kommunikation

In einem derart jungen Markt obliegt es ClickPlastics und seinen Wettbewerbern, auf verantwortungsvolle Weise den Markt zu entwickeln, Bewusstsein und Vertrauen für die Technologie zu schaffen und die damit verbundenen immensen Chancen aufzuzeigen.

Dieser Anspruch wird bis heute durch ein ganzheitliches PR-Konzept erfolgreich realisiert. Zentrales Element dieses Konzeptes ist die Ausrichtung von Branchenworkshops, die Teilnahme an Seminaren und Konferenzen. So wurden in den ersten neun Monaten seit Bestehen der ClickPlastics AG annähernd 2.000 Verarbeiter, Hersteller und Händler europaweit adressiert. Die konsequente Verbands- und Medienarbeit führte bislang zu empirisch gestützten Spitzenwerten bei Markenbekanntheit und Image. Weitere Maßnahmen sind diverse Direct Marketing- und Verkaufsförderungsmaßnahmen, die den Vertrieb wirkungsvoll unterstützen. Last, not least rundet die regelmäßige Teilnahme an internationalen Messen, wie der ePlastics, der Fakuma und der K-Messe, die umfangreichen Marketingaktivitäten ab.

Technologieentscheidung/Architekturdarstellung

Technologieentscheidung

Hinsichtlich der technischen Infrastruktur des ClickPlastics Marktplatzes orientieren sich die Anforderungen an folgenden Kriterien:

- Möglichst schnelle Implementierung eines ersten Releases des Marktplatzes
- Weitgehender Einsatz von erprobter Standardsoftware
- Skalierbare und erweiterbare Plattform
- Minimaler Aufbau von internen Entwicklungskompetenzen
- Betrieb des Marktplatzes bei einem ASP-Provider

Auf Basis dieser Anforderungen wurde zuerst die technische Plattform spezifiziert. Aufgrund der Marktsituation bezüglich der Verfügbarkeit von Lösungen und ihrer Skalierbarkeit wurde entschieden, von Beginn an auf Java-Technologie und Java-Applikationsserver zu setzen.

Die Anforderung nach dem weitgehenden Einsatz von Standardsoftware ließ eine Individualentwicklung ausscheiden. Die Vermeidung des Aufbaus von internen Entwicklungskapazitäten beschränkte die Möglichkeiten auf die Anbieter von Marktplatz-Standardsoftware und ließ Lösungen von Beratungsfirmen ausscheiden. Da der Marktplatz außerdem bei einem ASP-Partner betrieben werden sollte, war es zudem naheliegend, die Lösung mit einem Anbieter von Marktplatz-Standardsoftware zu implementieren, der auch selbst als ASP auftritt, um auch hier Reibungsverluste zu minimieren.

Nachdem mehrere Anbieter in diesem Segment evaluiert wurden, fiel die Entscheidung, gemeinsam mit der newtron AG eine Marktplatzlösung zu implementieren. Für newtron sprach neben der Erfüllung der bereits erwähnten Anforderungen insbesondere, dass bereits mehrere Marktplätze live in Betrieb genommen waren. Weiterhin überzeugte die Marktplatz-Standardsoftware als auch die ASP-Lösung auf Basis eines interessanten Preismodells. Durch eine rasche Implementierung der Technologie konnte der Vorteil eines „first mover" sichergestellt werden.

Architekturdarstellung (Infrastruktur und Software-Ausstattung)

Die Hardwareplattform des ClickPlastics-Marktplatzes basiert auf SUN Servern, die im Rechenzentrum von newtron betrieben werden. Newtron kümmert sich um die Wartung der Server und stellt die entsprechende Verfügbarkeit der Lösung sicher.

Was die Softwarekomponenten betrifft, so liegt der Marktplatzlösung eine Oracle-Datenbank zugrunde. Die eigentliche Applikation läuft in einem von newtron selbst entwickelten Applikationsserver und als Web-Server wird Apache eingesetzt.

Die Softwarearchitektur beruht auf einem Framework-Konzept, das die Entwickler mit vordefinierten Komponenten unterstützt und die Wiederverwendbarkeit von Programmteilen gewährleistet. Diese Frameworks unterstützen vor allem die Bereiche Web-Interface, Datenbankzugriffe, Sprachverwaltung und Nachrichtenaustausch.

Die Funktionalität des Marktplatzes ist in mehrere integrierte Server aufgeteilt, in einen Catalog Server, den Authentification Manager, den Message Server, den Auction Server und den Content Management Server:

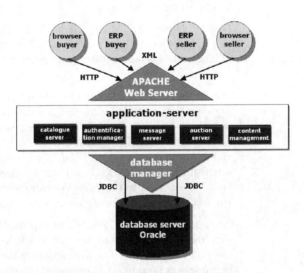

Bild 128   Marktplatzarchitektur

Für das erste Release wurden für den ClickPlastics-Marktplatz nicht alle zur Verfügung stehenden Module der newtron-Lösung genutzt. Jedoch erlaubt es die ständige Weiterentwicklung der Plattform durch newtron, hier bei Bedarf sehr rasch weitere Module freizuschalten.

Für die Administration des Marktplatzes durch ClickPlastics stehen zwei Tools zur Verfügung. Zum einen verfügt die Marktplatzlösung von newtron über entsprechende Administratoren Rollen, über die viele relevante Daten im Marktplatz über ein Web-Interface direkt gepflegt werden können. Da jedoch vor allem für Massendaten das Web-Interface nicht geeignet ist, existiert auch ein Oracle Client, mit dem diffizilere Administrationstätigkeiten durchgeführt werden können.

Status Quo

Die Zahl der registrierten Teilnehmer des ClickPlastics-Marktplatzes ist per 31.12.2000 auf knapp 200 gestiegen. Die Teilnehmerstruktur ist ausgewogen. Mehr als 100 Kunststoffverarbeitern mit einem Gesamteinkaufsvolumen von über 2 Mrd. DM stehen knapp 100 Lieferanten gegenüber, darunter mehr als zehn europäische Polymer-Hersteller, mehr als 20 Compoundeure und mehr als 50 Händler.

Das im Jahre 2000 abgewickelte Transaktionsvolumen liegt bei ca. 7 Millionen DM, der tatsächlich fakturierte Umsatz bei ca. 5 Millionen DM. Die Zahl der platzierten Ausschreibungen ist stark steigend.

Die Besetzung des Management-Teams mit branchenerfahrenen Experten ist abgeschlossen. Bei der Besetzung des Aufsichtsrates wurde zudem darauf geachtet, strategisch bedeutende Persönlichkeiten der Kunststoffindustrie zu gewinnen. In der Branche vielbeachtet, konnten mit Dr. Peter-Alexander Wacker (Geschäftsführender Gesellschafter der Wacker Chemie GmbH) und Dr. Uwe-Ernst Bufe (vormals Vorstandsvorsitzender der Degussa-Hüls AG) erfahrene Top-Manager gewonnen werden.

Entgegen verbreiteter Praxis bei Startup-Unternehmen orientiert sich die Personalausstattung von ClickPlasitcs an den tatsächlichen Erfordernissen. Dank einer schlanken, effizienten Aufbauorganisation kommt das Unternehmen mit zehn Mitarbeitern aus. Das Hauptaugenmerk beim weiteren Personalaufbau liegt im Bereich Sales und Technical Services.

Ausblick

Die Medien und auch die öffentliche Meinung haben in der Bewertung des eCommerce alle Valeurs, von übertriebener Euphorie bis zur radikalen Schwarzmalerei, bereits durchgemacht. In den nächsten Monaten wird sich ein realistischer Blick auf die Marktplätze durchsetzen. Die Konsolidierung im Internet wird weiter voranschreiten – übrig bleiben werden Marktplätze mit großer Liquidität und profitablen Geschäftsmodellen.

Die Strukturen der Kunststoff- als auch der Finanzbranche bieten Hemmnisse, aber auch großes Potenzial für die Zukunft der Marktplätze. Schwierigkeiten wie persönliche Bedenken und Eitelkeiten sind zu überwinden, langjährige „personal relationships" müssen verändert werden. Es kann Monate dauern, bis sich neu gestaltete Geschäftspraktiken etablieren und sich die Investitionen und Umstrukturierungen in den Unternehmen auszahlen.

Überzeugt von seiner Strategie wird ClickPlastics seinen Schwerpunkt weiter auf Kunststoff-Expertise verlagern und sein Angebot an Dienstleistungen für die Unternehmen der Kunststoffindustrie ausweiten. Die Palette reicht von der Vor-Ort-Beratung über technischen Service bis hin zur Produktentwicklung.

28 Der Gesundheitsmarkt und eCommerce

Oliver Buschmann, Dr. Paul Gromball

Einführung

Kaum ein Bereich des Internets erlebte an den Kapitalmärkten einen so stürmischen Aufstieg wie elektronische Business-to-business (B2B)-Marktplätze. 480 % Kurssteigerung am ersten Börsentag, riesige Marktkapitalisierungen von $ 9.5B am ersten Handelstag und Kurs-Umsatz-Verhältnisse von 450 und mehr wie dies z.B. bei FreeMarkets der Falls war, haben ein enormes Aufsehen erregt. Umso stärker war der Kursrückgang, der ab März diesen Jahres einen crashartigen Verlauf nahm. So hat der Kursrückgang der B2B-Marktplätze den bereits sehr starken Einbruch des Nasdaq-Index um das Zweifache überstiegen und für eine beispiellose Achterbahnfahrt gesorgt.

Auf der anderen Seite der Gesundheitsmarkt: Ein extrem großer, stark staatlich beeinflusster Markt, der ständig mit einem zunehmenden Kostendruck leben muss.

Wie passen diese beiden Märkte nun zusammen? Wie können elektronische Marktplätze die speziellen Bedürfnisse dieses Marktes befriedigen und wie sieht die Zukunft dieser speziellen Konstellation aus?

Diese Fragen sollen im Folgenden überblickartig beantwortet werden.

Der Gesundheitsmarkt in Deutschland

Der Gesundheitsmarkt ist einer der größten B2B-Märkte in Deutschland. Allein im Krankenhausbereich erwirtschaften ca. 2.200 Krankenhäuser mit ca. 570.000 Betten einen Jahresumsatz von ca. 120 Mrd. DM. In ihrem Gesundheitssystem unterscheiden sich die europäischen Länder wesentlich. Dabei hat Deutschland eines der komplexesten Systeme, in dem private und öffentliche Anbieter von Gesundheitsleistungen gleichberechtigt nebeneinander existieren. Die verschiedenen Spieler, Krankenhäuser, Ärzte, Apotheken und sonstige gesundheitliche Einrichtungen auf der einen Seite, sowie Pharmaunternehmen und Hersteller von medizinschen Produkten auf der anderen Seite sind in diesem System eng verflochten. Traditionell ist der Gesundheitsmarkt stark vom Staat beeinflusst und ein „interessenvermientes" Gebiet, auf dem viele Einzelinteressen in Einklang gebracht werden müssen. Vor allem aufgrund der fehlenden Anreize für den Patienten, Kosten zu sparen und die wenig marktwirtschaftlich geprägten Strukturen haben immer wieder zu starken Ausgabenerhöhungen geführt, die dann durch staatliche Eingriffe mit mehr oder weniger großem Erfolg gedämpft wurden. Bisher hat keines der vielen Gesetze dauerhaft zu Kostensenkungen geführt, so dass die Industrie ständig unter einem Kostendruck steht. Da die Verweildauer überproportional zu dieser Ausgabensteigerung sinkt, nimmt die Bettenkapazität ständig ab und es kommt zu einer zunehmenden Konsolidierung.

Ist dieser riesige komplexe und stark staatlich beeinflusste Markt überhaupt geeignet für eine Internet-Plattform?

Eignung für elektronische Marktplätze

Will man die Eignung des Gesundheitsmarktes für eCommerce beurteilen, so sind im Wesentlichen die Marktgröße und der so genannte Industrie- und Produktfit zu beurteilen. Vor allem die Marktgröße lässt auf ein sehr attraktives Umfeld für den Einsatz von elektronischen Plattformen schließen. Aber auch die Marktstruktur bietet einen sehr interessanten Nährboden.

Die Industriestruktur ist auf beiden Seiten, Nachfrager (Krankenhäuser, Apotheken, Ärzte und sonstige gesundheitliche Einrichtungen) und Lieferantenseite, extrem fragmentiert. Während die Nachfragerseite vor allem regional und lokal aufgestellt ist, sind auf der Lieferantenseite viele internationale oder globale Spieler zu finden.

Im Gegensatz zu konsolidierten Märkten, in welchen sich in der Regel ein Industriekonsortium der konzentrierten Seite durchsetzen wird, ist im Gesundheitsmarkt mit seiner beiderseitigen starken Fragmentierung mit einem Erfolg von unabgängigen Plattformen wie smartmission zu rechnen.

Bezüglich des Produktfits des Gesundheitsmarktes ist vor allem der relativ hohe Standardisierungsgrad vorteilhaft für die Etablierung einer B2B-Plattform.

Alles in allem ist der Gesundheitsmarkt somit grundsätzlich ein sehr attraktiver Markt für B2B-Plattformen im Internet. Allerdings muß man auch beachten, dass sich die Branche traditionell in der Adaption neuer Technologien relativ viel Zeit lässt und sich dies auch in der Erschließung und dem Gebrauch des Internets wiederspiegelt. Vor allem auf der Krankenhausseite ist dort noch viel Aufklärungsarbeit zu leisten.

Die speziellen Bedürfnisse und die Chance im Gesundheitsmarkt

Die speziellen Bedürfnisse im Gesundheitsmarkt basieren vor allem auf folgenden Umständen:

- Fehlen von integrierten IT-Systemen
- Die Prozesse laufen immer noch weitgehend papierbasiert ab
- Trennung von Produkt- und Informationsfluss
- Stark fragmentierte Industriestruktur

Dies führt dazu, dass der Gesundheitsmarkt bei gleichzeitigem starken Kostendruck sehr große Ineffizienzen aufweist. Die groß angelegte Studie „Efficient Healthcare Response" berechnet ein Einsparpotenzial von fast 50 % der ca. $23 Mrd. Supply Chain-Kosten, übertragen auf den Europäischen Gesundheitsmarkt.

Es sind vor allem drei Treiber, die dieses Einsparpotenzial heben können: Effizienter Warentransport, effizienter Informationsaustausch und effizientes Bestellmanagement.

smartmission als offene Industrieplattform für das Europäische Gesundheitswesen versucht nun, dieses Potenzial zu heben und für alle Spieler einen erheblichen Mehrwert zu bieten.

smartmission – die Lösung im Gesundheitswesen

Im Folgenden werden überblickartig der Hintergrund und die Entstehung von smartmission dargestellt. Darüber hinaus wird das Business Modell vorgestellt, d.h. die Art, wie smartmission den Gesundheitsmarkt angeht, um dessen spezielle Bedürfnisse zu erfüllen.

Smartmission-Hintergrund

smartmission kann bereits auf eine langjährige Erfahrung im Gesundheitswesen, im Technologieeinsatz und in der Logistik zurückblicken. Die Anfänge entstanden bereits Anfang der 80er

Der Gesundheitsmarkt und eCommerce

Jahre, in denen der Vorstandsvorsitzende Dr. Paul Gromball in seiner damaligen Position als CEO einer der größten Pharmagroßhändler die PC-Anbindung von Apotheken in Deutschland einführte.

Die Technologieentwicklung begann 1997 mit der Gründung von Healy Hudson, einem Softwareunternehmen spezialisiert in eProcurement und eSourcing-Lösungen. Nach den ersten Erfahrungen mit großen Corporates wie Daimler Crysler oder Siemens SPLS wurde schließlich smartmission Mitte 1999 als Marktplatzspezialist für den Gesundheitsmarkt ausgegründet.

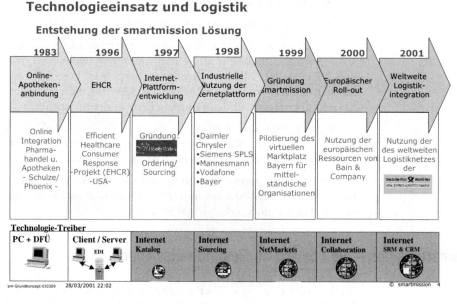

Bild 129   Entstehung der smartmission Lösung

Nach dem europäischen Roll-out Anfang 2000 wurden das Serviceangebot Anfang 2001 durch die Beteiligung der Deutschen Post auf den Logistikbereich ausgedehnt. Durch diese wesentliche Erweiterung, verbunden mit einer 1:1 Architektur mit individuellen Katalogen, wurde schließlich der Schritt von einem klassischen Marktplatzmodell zur offenen Industrieplattform vollzogen, worauf noch später eingegangen wird.

smartmission Business Modell

smartmission bietet seinen Kunden, Pharma- und Medizinprodukteherstellern, Krankenhäusern, Ärzten und anderen Institutionen im Gesundheitswesen, eine offene Industrieplattform an.

Dies bedeutet eine wesentliche Weiterentwicklung von traditionellen elektronischen Marktplätzen. Während vor Marktplätzen vor allem die vereinfachte Information im Vordergrund stand und bei traditionellen Marktplätzen der verstärkte Wettbewerb, zielt smartmission vor allem auf Synergien durch effiziente Zusammenarbeit ab.

smartmission ist Anbieter einer offenen Industrieplattform im Gesundheitswesen mit Komplettservice.

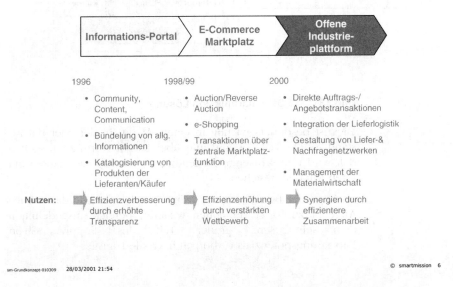

Bild 130   **Der Weg zur offenen Industrieplattform**

Ein wichtiger Punkt dabei ist die Unterstützung bestehender Beziehungen. Im Gegensatz zu konventionellen elektronischen Marktplätzen, welche Angebot und Nachfrage bündeln, bietet smartmission eine 1:1 Architektur mit individuellen Katalogen an.

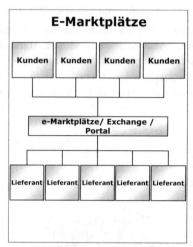
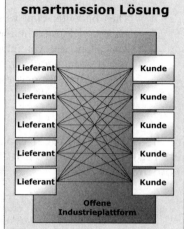

Bild 131   Die smartmission Lösung

Dies ist besonders wichtig in einem Markt, in dem der mit Abstand größte Teil der Einkäufe über Rahmenverträge ausgehandelt wird und sehr enge Beziehungen zwischen Lieferanten und ihren Kunden bestehen.

Im Zuge der Beteiligung der Deutschen Post wurde das Service-Angebot zusätzlich auf einen weiteren Bereich ausgedehnt, in dem ein sehr großer Teil des Supply Chain-Einsparungspotenzials verborgen liegt: die Logistik.

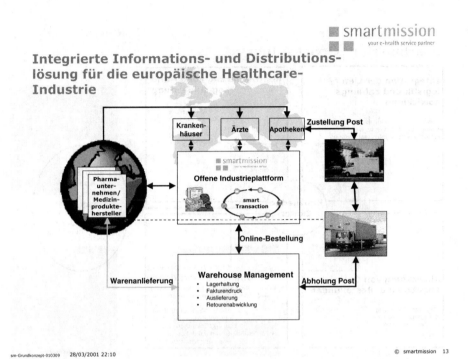

Bild 132   **Integrierte Informations- und Distributionslösung**

Zusätzlich zur Beteiligung der Deutschen Post wurde das Service-Angebot durch die Akquisition von zwei Unternehmen im Strategischen Einkauf und der Inhouse-Logistik von Krankenhäusern ausgebaut. Damit kann smartmission nun vom Strategischen Einkauf und der Ermöglichung von horizontalen Einkaufs- und Logistik-Beziehungen über das Bestellwesen inklusive elektronischem Zahlungsverkehr bis hin zur Logistik die komplette Lieferkette unterstützen. Dies wird unter anderem durch eine vollständige Integration der verschiedenen IT-Systeme erreicht. Mit diesem Angebot lässt sich nun die Lieferkette so unterstützen, dass nun sämtliche Potenziale von bestehenden Supply Chain-Ineffizienzen adressiert werden können.

Der Gesundheitsmarkt und eCommerce

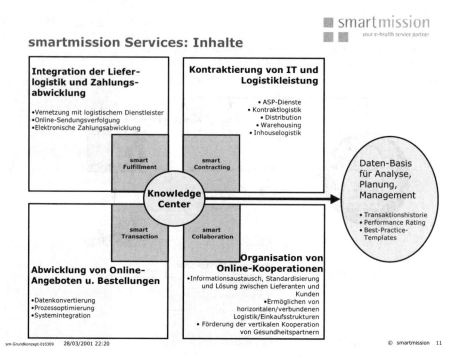

Bild 133 smartmission Services: Inhalte

Kritische Erfolgsfaktoren

Welches sind nun die kritischen Erfolgsfaktoren beim Aufbau und Betrieb einer Internet-Plattform im Gesundheitswesen? Die wesentlichen Faktoren werden im Folgenden kurz dargestellt.

Neben der Marktgröße und der grundsätzlichen Eignung des Marktes für elektronische Marktplätze, spielen vor allem ein ausgereiftes Geschäftsmodell, eine starke operative Umsetzung und gewinnbringende Partnerschaften die wesentliche Rolle beim Erfolg im Gesundheitswesen.

Zu einem ausgereiften Geschäftsmodell zählen vor allem value-added services wie Logistik oder sogenannte Collaborative Services, welche die Zusammenarbeit von verschiedenen Spielern in der Industrie unterstützen.

Daneben ist es insbesondere im Gesundheitsmarkt sehr wichtig, bestehende Strukturen nicht auseinanderzureißen und als neutraler Spieler aufzutreten. Dies wird neben der Unabhängigkeit von existierenden Spielern vor allem durch eine 1:1 Architektur erreicht, die bestehende Strukturen zusammenhält und wesentlich unterstützt. Die Frage der Unabhängigkeit macht vor allem Industriekonsortien, welche auf der Lieferantenseite entstanden sind, zu schaffen. Da sie zu stark von einer Seite bestimmt werden, haben sie von Natur aus mit Akzeptanzproblemen auf anderen Seite, d.h. der Nachfragerseite wie Krankenhäusern, Ärzten, Apotheken und sonstigen gesundheitlichen Einrichtungen zu kämpfen.

Als weiterer wesentlicher Erfolgsfaktor hat sich eine starke operative Umsetzung herausgestellt. Es ist unumgänglich, dass das Management nicht nur eine sehr tiefe Branchenkenntnis hat, sondern auch sehr umsetzungsstark ist. Die vielen Projekte müssen dabei sauber durchgetaktet sein und professionell umgesetzt werden. Smartmission hat sich hier vor allem dadurch hervorgetan, dass es bisher der einzige Spieler ist, der ein signifikantes Transaktionsvolumen bewegt. Sehr von Vorteil ist dabei, dass smartmission auf eine erprobte, langjährige eingesetzte Technologie bauen kann.

Wie auch im Bereich der New Economy allgemein, sind bei elektronischen Marktplätzen im Gesundheitswesen ebenfalls starke Partnerschaften insbesondere mit Unternehmen aus der sogenannten Old Economy ein wesentlicher Faktor für den Erfolg des Geschäfts. smartmission hat sich dabei vor allem auf Partner konzentriert, die strategisch das Business Modell weiterentwickeln können, wesentliche zusätzliche Kompetenzen einbringen und auf umfangreiche finanzielle Ressourcen zurückgreifen können. Auf der strategischen Seite wird smartmission von Bain & Company, bzw. dessen Venture Capital und Business Building Arm bainlab unterstützt. Auf der Seite der zusätzlichen Kompetenzen baut smartmission auf die Deutsche Post als starken Partner in der Logistik, sowie auf Healy Hudson als Technologiepartner. Daneben hat sich smartmission mit der Partners Group weiteres sogenanntes „Smart Money" in die Firma geholt.

Des Weiteren hat sich die europaweite Präsenz von smartmission als Erfolgsfaktor erwiesen. Gründe dafür sind vor allem, dass umfangreiche Skaleneffekte auftreten, so wie die Tatsache, dass Lieferanten oft europaweit agieren und nicht daran interessiert sind, in jedem Land andere Plattformen zu verwenden.

Ausblick

Nach einem enormen Hype und der anschließenden Ernüchterung in die umgekehrte Richtung stehen wir an einer Position, wo die Zukunft neu bestimmt werden muss. Wie geht es nun weiter mit den elektronischen Marktplätzen im Gesundheitswesen? Dies soll im Folgenden kurz umrissen werden.

Weiterhin ist auch im Gesundheitsmarkt von einem starken exponentiellen Wachstum des Transaktionsvolumens von B2B-Marktplätzen auszugehen. So kann z.B. smartmission seine Umsätze bereits seit einiger Zeit monatlich verdoppeln bzw. verdreifachen.

Dieses Transaktionsvolumen wird sich allerdings auf immer weniger Spieler verteilen. So ist bereits jetzt eine starke Konsolidierungswelle sichtbar, deren Beobachtung (nicht aus Schadenfreude, sondern wegen der wunderschönen Anwendbarkeit z.B. Schumpeter'scher Theorien) wohl jedem Volkswirtschaftler eine Freude sein wird.

So mussten bereits einige Unternehmen ihre Pforten schließen. Andere Unternehmen wurden von stärkeren Spielern aufgekauft. Beispielsweise hat smartmission im Zuge der Kapitalerhöhung zwei Firmen übernommen. Diese Welle wird sich in den nächsten ein bis zwei Jahren fortsetzen und weiter verstärken.

Auf der Service-Seite wird sich der Fokus weiter von der reinen Abwicklung von Transaktionen zu zusätzlichen Dienstleistungen verschieben. Wesentlich werden dabei die Entwicklungen zur Unterstützung des Fulfillment inklusive der Logistik und das Angebot zusätzlicher sogenannter Collaborative Services sein. Die Spieler im Gesundheitsmarkt werden in Zukunft wesentlich effizienter zusammen planen und gemeinsam an Projekten arbeiten können.

Zusätzlich werden die SupplyChain-Services auch auf weitere Bereiche der erweiterten Wertschöpfungskette ausgedehnt werden. Zulieferer von Pharmaunternehmen und Hersteller von medizinischen Produkten werden ebenfalls in Internet-Plattformen eingebunden werden. So bietet smartmission bereits jetzt eine duale Industrieplattform mit offener Architektur für Healthcare-Firmen an, mit welcher diese auch ihren Einkauf abbilden können.

Selbst die Kapitalmärkte dürften sich in einiger Zeit wieder an einigen Internet-Geschäftsmodellen erfreuen können. Denn trotz des Crashs stehen wir erst ganz am Anfang einer stürmischen Entwicklung der großen Möglichkeiten dieser neuen Technologien. Diese Entwicklung wird sich letztlich auch in der Marktkapitalisierung der führenden Anbieter niederschlagen. Zur Erinnerung: Auch Microsoft, Dell Computer und Cisco Systems erlebten in ihren Anfangsjahren Einbrüche ihres Börsenwertes von über einem Drittel. Der darauffolgende Anstieg um mehrere tausend Prozent kompensierte jedoch vielfach diejenigen Investoren und Unternehmer, die das Know-how und die Geduld mitbrachten, neue Technologien zu großen und starken Unternehmen weiterzuentwickeln.

29 Ausblick in die B2B-Welt von morgen

Oliver Lawrenz, Michael Nenninger

Einführung

Die B2B-Thematik befindet sich erst im Anfang ihrer Entwicklung, die obigen Beiträge sollten dazu beitragen, ein möglichst facettenreiches Bild heutiger Strategien, Konzepte und Architekturen aufzuzeigen.

Im Folgenden sollen kurz verschiedene Trends und Entwicklungen dieses dynamischen Marktes angerissen werden. Hier entstehen neue Netzwerkarchitekturen, durchgängige Unterstützung der Prozesse über die gesamte Supply Chain und neue eServices.

Peer-to-Peer (P2P)-Systeme

Werden P2P-Systeme bald eMarkets ablösen? Das P2P-Prinzip geht im Gegensatz zu eMarkets von einem gegensätzlichen Paradigma aus: Während bei eMarkets ein Netzwerkeffekt durch entsprechende Bündelung entstehen soll sowie der eMarket durch ein Portal zentral sichtbar gemacht wird, setzt das P2P-Prinzip auf gleichberechtigte, direkt verknüpfte Rechnersysteme, die in ihrer Gesamtheit ein sich selbst organisierendes Netz bilden. Ein Beispiel im B2C-Umfeld ist die Musikbörse Napster, bei welcher Musikdateien (MPEG3-Files) untereinander ausgetauscht werden können. Softwareagenten werden mit entsprechenden Nachfragebedürfnissen (meist Suchanfragen) ausgestattet und durchforsten entweder ein zentrales Repository oder aber dezentral die einzelnen angeschlossenen Rechner. Die Informationen werden dann direkt zwischen den Rechnern (Sender und Empfänger) ausgetauscht. Im Geschäftsumfeld würden durch den Einsatz intelligenter Agenten somit die großen Portale und Intermediäre überflüssig, die Rechner zwischen Unternehmen würden Bedarfe, Ausschreibungen und Geschäftsdokumente peer-to-peer, also ohne die Bündelungsstelle des eMarkets austauschen.

Erste Ansätze für die Verwendung der Agententechnologie gibt es bereits, zum Beispiel der eMarket-Plattformhersteller Living Systems. Hier wird mittels Agententechnologie eine Market-to-

Market- (M2M) bzw. synonym Exchange-to-Exchange- (E2E) Beziehung versucht, sekundäre Bedarfe, die beim Handeln via eMarkets entstehen, auf anderen eMarkets abzubilden. So soll zum Beispiel auf Logistik- und Finanzdienstleistungsmarktplätze verzweigt werden. Der Erfolg dieses Ansatzes hängt neben dem hohen technologischen Aufwand wohl vor allem davon ab, wie befriedigend das Angebot der sekundären eMarkets ist. Gibt es zu einem entsprechenden Transportbedarf kein entsprechendes Angebot, so kann womöglich das ursprüngliche Geschäft nicht zustande kommen.

Konvergenz von eMarket- und Supply Chain-Systemen

In vielen Bereichen schmelzen ERP-Systeme, Supply Chain Management-Systeme mit eProcurement- und eMarket-Systemen zusammen. Aus einer Geschäftsprozessbetrachtung heraus ist dies auch nicht verwunderlich. Viele Systemanbieter versuchen auch, diese Bereiche abzudecken, wie im Falle ARIBA & i2, SAP & CommerceOne, Oracle u.v.m.

Die Konvergenz von eMarket- und Supply Chain-Systemen kann analog der im Eingangsbeitrag erfolgten Differenzierung vorgenommer werden, die hier zur Erinnerung nochmals aufgeführt ist:

- eCatalog/Desktop Purchasing für Bedarfseinkauf im MRO-Bereich
- eRFQ/Ausschreibungen & Auktionen für Investitionsgüter und Rahmenverträge
- B2B Supply Chain Management-Lösungen für Direktmaterialeinkauf

Immer dann, wenn der eMarket mehr als nur C-Teile handeln soll, werden ERP- und SCM-Aspekte wichtig. Handelt es sich beispielsweise um geschäftskritische Reparaturgüter, so ist deren Beschaffung und Verfügbarkeit in Dispositions- und Instandhaltingssysteme zu integrieren. Bei kritischen Bauteilen, die in das Enderzeugnis eingehen, ist dies ohnehin der Fall.

Komplizierter wird es, wenn es nicht nur um Commodities geht, sondern um kompliziertere Produkte. Hier kommen dann Ausschreibungssysteme zum Tragen, welche die Angebote der Lieferanten vergleichbar machen sollen, wobei der Preis lediglich ein Differenzierungsfaktor von vielen ist. Wichtiger sind meist Verfügbarkeit und Produktspezifikationen.

Im Falle der gemeinsamen Kooperation mehrerer Unternehmen durch Collaboration verschmelzen SCM-Konzepte und eMarkets sehr eng miteinander.

Next Generation eServices

Das Verhalten der Unternehmen innerhalb der Wertschöpfungskette wird sich aber nicht nur im Geschäftsanbahnungsbereich (Ausschreibungen, Collaboration) ändern, sondern auch im Ausführungsteil (Execution). Systeme von Finanz- und Logistkanbietern werden nicht nur projektorientiert in eine kunden- bzw. eMarketlösung eingebunden, sondern die Fulfillmentanbieter aus den Bereichen Logistik, Versicherung, Zahlungsabwicklung, etc. entwickeln zur Zeit Konzepte, um ihre Leistungen als gehostete Services anzubieten. Diese Services werden dann nicht nur durch Portale angeboten, bei denen ja notwendigerweise ein Anwender eingreifen muss; vielmehr werden diese Services auf einem Applikationsserver gehostet, auf den dann ein anderer Applikationsserver – z.B. ein eMarket oder ein eProcurement-System – automatisiert und ohne notwendige Anwenderinteraktion – zugreifen kann. Diese Entwicklung zeigt eine Evolution von Services zu reinen eServices auf, die automatisierte Abwicklung dieser Services ohne das Eingreifen eines Anwenders wir als silent Commerce (sCommerce) bezeichnet.

Virtuelle Unternehmen und Meta-Netzwerke

Durch das Aufkommen von Marktplatz zu Marktplatz (M2M)- bzw. Exchange to Exchange (E2E)-Integration nimmt Vernetzung und Komplexität zu. Es entstehen virtuelle Unternehmen oder Meta-Netzwerke, die lediglich Brokerfunktionen wahrnehmen, wie z.B. das Auffinden von verfügbaren Produkten, das Sourcing oder das Vermitteln von Fulfillmentleistungen.

Diese Unternehmen werden Leistungen transaktions- also bedarfsgerecht anbieten, aber zugleich in der Lage sein, Bündelungseffekt zu erreichen, da sie diese Leistungen an verschiedene eMarkets vermitteln. Diese Unternehmen agieren potenziell „wie die Spinne im Netz" und werden über große Kundennähe (durch intime Kundenverhaltendaten) und Marktpreisführerschaft durch Bündelungseffekte verfügen, was Einfluss auf Wertschöpfungsketten und ganze Teile der Volkswirtschaft haben kann.

Anforderungen an das Management

Die Veränderungsgeschwindigkeit durch neue Marktstrukturen sowie neue Technologien (eServices) nimmt weiter zu und führt zu neuen Chancen und Risiken sowie zu einer höheren Komplexität und somit zum Zwang einer größeren Arbeitsteilung. Daher wird es wesentlich sein, vor allem dem Partnermanagement und Business Development eine viel stärkere Rolle in Netzwerkorganisationen und Net Market Maker-Unternehmen zu geben, da hier die erfolgskritischen Entscheidungen getroffen werden. Diese Manager sind dann auch verantwortlich dafür, den hier beschriebenen Kreis zu schließen und immer wieder neue Enabling-Phasen zu initiieren, die zur Erweiterung des Ausbaus und Betriebs eines erfolgreichen eMarkets führen werden.

Hinzu kommt, dass sich die handelnden Personen in einem Dilimma eines venetzten Spannungsfeldes befinden, welches zu einem Netzwerk von Zielkon- und Divergenzen führt. In diesem Sinne kommt den Managementstrukturen und –methoden wie auch den menschlichen Faktoren (Psychologie, Soziologie, Gruppenverhalten) entscheidende Bedeutung zu.

Neue Berufsfelder sind erforderlich, dabei existieren noch nicht einmal Referenzmodelle für eMarket-Geschäftsprozesse. Die Anforderungen an das Management (Alliance, Kooperation, Co opetition, Personal exchanges, etc.) ändern sich dramatisch.

Herausforderungen

Obwohl sich neuere Entwicklungen im Bereich eMarket abzeichnen, so z.B. die Konvergenz von eMarkets und der eSupply Chain, bleibt wohl kurz- und mittelfristig die größte Herausforderung, die bisherigen Geschäftsmodelle umzusetzen. Die Etablierung der eMarkets wird ähnlich verlaufen wie dies im Bereich der ERP-Systeme der Fall war, deren Entwicklung zwar Anfang der 90er Jahre bis auf wenige funktionale Aspekte (z.B. aus dem Produktionsplanungsbereich) abgeschlossen war und deren Umsetzung und Implementierung teilweise noch bis heute andauert. Im Gegensatz zu den ERP-Systemen spielt jedoch im Falle der eMarkets der Faktor Geschwindigkeit eine größere Rolle, was dazu führen wird, dass Implementierungserfolge und Konsolidierungen einzelner eMarkets vergleichsweise schnell zu beobachten sein werden.

So wie im Fall der ERP-Systeme werden eMarket-artige Konstrukte in unseren Geschäftsalltag Einzug halten. Die eSupply Chain, das eProcurement, Ausschreibungen & Auktionen, CRM-Systeme, eMarket sowie Leistungen Dritter aus den Fulfillmentbereichen mittels eServices werden miteinander verschmelzen die für den Anwender sichtbaren Systeme werden so nur noch schwer voneinander differenzierbar und vollkommen transparent. Die zu Grunde liegenden Geschäftsmodelle der einzelnen Anbieter bleiben allerdings weitgehend gleich, werden aber intensiver miteinander vernetzt. So ist es durchaus vorstellbar, dass Logistikanbieter sich zum ASP-Provider ihre Dienstleistungen entwickeln, indem sie ihre Dienstleistungen auf Basis gehosteter eServices direkt in eMarkets und eProcurementsysteme einklinken.

Es wird spannend sein zu beobachten, inwieweit intelligente Planungs- und Abwicklungssysteme – z.B. auf Basis von elektronischen Agentensystemen –, uns die Arbeit abnehmen werden und welchen Einfluss dies auf die Wirtschaftsstrukturen haben wird.

Autorenverzeichnis

Peter Bernard

Peter Bernard ist bei Ariba seit März 2000 als Marketing Director für Deutschland, Österreich und Schweiz zuständig. Davor war er bei Intel, DEC sowie Hewlett-Packard in unterschiedlichen Managementfunktionen tätig. Als geborener Österreicher lebt er seit drei Jahren nun in München und verbrachte davor weitere drei Jahre in Genf bei DEC Europa. (PBernard@ARIBA.com)

Georg Bleyer

Herr Georg Bleyer ist Geschäftsführer und Mitbegründer der UDO BÄR GmbH & Co KG, Duisburg, einem europäisch tätigen Katalog-Versandhandel für Büro- und Betriebseinrichtungen. In dieser Funktion verantwortet er die Bereiche Vertrieb und Informatik. Sein Fokussierungsschwerpunkt gilt dem eCommerce. Aus der Beratung kommend, leitete Georg Bleyer zuvor IT-Projekte des Versandhandels und der Fertigung.

Dr.-Ing. Stefan Brandner

Herr Dr.-Ing. Stefan Brandner ist bei der Allocation Network GmbH verantwortlich für die Bereiche Business Development und IT. Vor seiner Tätigkeit bei Allocation Network war er in der anwendernahen Forschung im Bereich eBusiness beschäftigt und hat dort bereits mehrere Marktplätze für den industriellen Mittelstand initiiert und aufgebaut. Weiterhin leitete er mehrere Beratungsprojekte in den Bereichen Produktentwicklung und Produktion.

Oliver Buschmann

Vice President Operations bei smartmission, einer der führenden offenen Industrieplattformen im europäischen Gesundheitswesen. Er betreut dort das operative Geschäft mit seinen sechs Ländergesellschaften. Zuvor hat er bei bainlab, dem Venture Capital und Business Building-Arm von Bain & Company, vorwiegend Internet-Unternehmen bewertet und Portfoliounternehmen betreut. Dabei hat er sich vor allem auf elektronische Marktplätze fokussiert. Begonnen hat er seine Laufbahn als Consultant bei Bain & Company in München.

Rainer Degen (Dipl. Wirtsch.-Ing.)

ist seit 7 Jahren in der Beratung tätig. Er ist als Managing Consultant seit zwei Jahren verantwortlich für den Bereich Transport und Logistik bei HP Consulting und begleitet Unternehmen auf dem Weg ins eBusiness. Bei Hewlett-Packard war er bisher in verschiedenen Funktionen in Marketing und Consulting tätig. Zuvor war er bei der Software AG Leiter des Geschäftsfelds Data Warehouse in Zentraleuropa.

Dr.-Ing. Helmut Dettweiler (Dipl.-Ing. Univ.)

ist BMW-interner IT-Berater für eBusiness-Projekte in der Zentrale der BMW AG in München. Nach Abschluss seines Studiums der Elektrotechnik in Stuttgart und München arbeitete er als wissenschaftlicher Assistent am Lehrstuhl für Datenverarbeitung in München und promovierte mit einer Dissertation über Sprachsynthese. Seit 1984 ist er bei der BMW AG in verschiedenen Funktionen beschäftigt. Er unterstützte Schlüsselprojekte des Entwicklungsbereichs, des Fertigungsbereichs und der BMW Bank. Seit Mitte 1999 konzentriert er sich auf eBusiness-Projekte. Er ist Mitglied des Projektmanagement-Teams und Berater des eProcurement-Projektes MeRCUR.

Mattias Drefs

Nach dem Abschluss des Maschinenbaustudiums an der Universität Hannover, war Herr Drefs bei SPACE / Baan Deutschland verantwortlich für die Implementierung von Baan ERP bei mehr als 14 Unternehmen und hatte zuletzt den Bereich Consulting Manufacturing / Distributions geleitet. Seit 1997 ist Herr Drefs bei ORACLE Deutschland GmbH. Es ist im Marketing verantwortlich für den Bereich B2B (Beschaffung, Supply Chain Management und Marktplätze).

Claudia Engelhardt (Dipl. Kfr.)

ist seit zwei Jahren Consultant innerhalb der KPMG eBusiness Unit in München mit dem Schwerpunkt eMarketplaces. Im Rahmen von mehreren eMarketplace-Projekten war sie an deren umfassender Planung, Entwicklung und Umsetzung beteiligt. Das Jahr 2000 verbrachte sie bei KPMG USA und unterstützte dabei die Planung, den Auf- und Ausbau eines globalen, unabhängigen, vertikalen eMarketplace für die Öl- und Gasindustrie. Weitere Fachgebiete sind Customer Relationship Management und Supply Chain Management.

Nils Ewers (Dipl. Kaufmann)

Nils Ewers arbeitet als Manager der Professional Service Organisationfür die EBS Holding AG in Köln. Davor war er bei der LOT Consulting GmbH als Senior Consultant in verschiedenen SAP R/ Einführungen teilweise als Projektleiter tätig und insbesondere im Bereich Materialwirtschaft und Produktionsplanung beschäftigt. Daneben baute er den Bereich eBusiness auf und war verantwortlich für die Qualifizierung einer Mittelstandslösung für Servicedienstleister bei der SAP.

Fatemeh Farzaneh (Dipl. Betriebswirtin (FH))

ist seit 1988 bei der BMW AG verantwortlich für zahlreiche IT-Projekte aus verschiedenen Fachbereichen. Neben dem Aufbau von Bestandsmanagement-Informationssystemen und Systementwicklungen hat sie auch umfangreiche Projekterfahrungen im Telekommunikationsgeschäft. Von 1990 bis 1994 war sie verantwortlich für den Aufbau der IT in der Fa. Axicon Mobilfunkdienste und betreute die Systeme Billing und Customer Care'. Von 1994 bis 1999 war die Betreuung der Systeme des Ersatzteilegeschäftes des Vertriebes und das operative Tagesgeschäft der Disposition Schwerpunkt ihrer Tätigkeit. Seit Mitte 1999 ist sie verantwortliche Projektleiterin für das Projekt MeRCUR – Marketplace for electronic Procurement im technischen Einkauf.

Markus Fichtinger (Dipl. Wirt.-Ing.)

Markus Fichtinger ist Partner der eBusiness Unit der KPMG Consulting AG in der Niederlassung München. Er besitzt langjährige Projekt- und Implementierungserfahrungen im SAP Supply Chain-Umfeld sowie ausgeprägteKenntnisse der Branchen Chemie/Pharma, Maschinen-/Anlagenbau und HighTech. Herr Fichtinger ist verantwortlich für die Bereiche elektronische Marktplätze, eProcurement und Business Communities. In dieser Position verantwortet Herr Fichtinger eine Vielzahl internationaler Großprojekte in den genannten Bereichen. Neben den strategischen Fragestellungen fokussieren die Projekte im eMarketplace-Umfeld auf Umsetzung der Wertbeiträge für Marktplatzbetreiber und Teilnehmer unter Nutzung der aktuellen Internet-Technologien und Softwarelösungen.

Holger Fiederling

Holger Fiederling hat nach dem Abitur an der technischen Universität Karlsruhe für zwei Jahre Wirtschaftsingenieurwesen studiert. Danach arbeitete er im familieneigenen Betrieb in der Unterhaltungselektronikbranche. 1990 wechselte er zur *Becker GmbH*, wo er bis zu seinem Wechsel zur *EBS Holding AG* im Oktober 2000 arbeitete. Bei der *Becker GmbH* übernahm er verschiedene Positionen, beginnend im internationalen Kundendienst. Zwischen 1993 und 1995 war er zur Fortbildung freigestellt. An der Karlsruher Fachschule für Elektrotechnik absolvierte er eine Ausbildung zum staatlich geprüften Elektrotechniker mit der Fachrichtung Datentechnik. Nach seiner Ausbildung kehrt er zu *Becker* in den Vertrieb zurück und übernahm unter anderem die Implementierung und Projektbetreuung für SKD-Fertigungen in Thailand und Malaysia. Ab 1997 war er verantwortlicher Produktmanager für die *Becker* Radio und Navigationsgeräte für den Handelsbereich. In dieser Position übernahm er auch die Projektleitung für die Entwicklung des ersten Navigationsgerätes mit Internetfunktionalität für den Handel und den Nachrüstbereich der Automobilindustrie. Seit Oktober 2000 ist er bei der *EBS Holding AG* als Entwicklungsleiter tätig.

Michael Gassner

Jahrgang 1969, hat eine abgeschlossene Bankausbildung, ist Diplom-Kaufmann und verheiratet. Er war DAAD-Stipendiat in Tunis für arabische Sprache. Er studierte an den Universitäten Siegen und Damaskus. Schon während des Studiums war er Mitarbeiter in der Jung-Stilling-Forschung und ist Gründer der Firma Auslandsmarketing.de, die auf dem Gebiet des Außenhandels tätig ist. 1997 startete er das Länderportal www.syria-net.com. Zahlreiche Referenzen liegen darüber in den Medien (u.a. CNN, ZDF) vor. Nach seinem Studium war Herr Gassner in der technischen Marktforschung in Frankfurt tätig. Derzeit ist er verantwortlich für Marktforschung in der EBS Holding AG in Köln.

Martina H. Gerst (Dipl. Kauffrau)

Martina H. Gerst arbeitet als Projektmanagerin für Content Management und Lieferantenanbindung im Bereich Global Services von Commerce One, EMEA. Davor war sie bei KPMG Consulting in Paris und München als Senior Consultant im Bereich Supply Chain Management und Electronic Commerce beschäftigt. Weitere berufliche Stationen von Frau Gerst waren der Zentraleinkauf der SIEMENS AG, der Bereich Operations bei ROLAND BERGER & PARTNER und die Bio-und Gentechnologie bei BASF AG.

Lars Gotlieb

ist Vertriebsleiter der UBIS AG. Vor seinem Wechsel zur UBIS im Jahr 1999 war der Diplom-Ingenieur für Akustik und Informatik bei Catalog International als Channel Manager für den Aufbau des deutschlandweiten Vertriebs zuständig. Zuvor war der gebürtige Däne als Sales Executive und Development Manager bei den Firmen Unisys Kopenhagen und Cray Communications A/S beschäftigt. Seine berufliche Laufbahn begann Lars Gotlieb als Leiter der Marineabteilung der Malling Kontrol A/S (Dänemark) und bei der Dataco A/S.

Paul Gromball

ist Gründer und Chief Executive Officer (CEO) von smartmission. Gromball zählt zu den Pionieren des elektronischen Einkaufs und hat bereits 1984 einen Online-Markt für Apotheken als Vorstand eines Pharmagroßhandels (Schulze/Phoenix) realisiert. Auch während vieler Jahre als Unternehmensberater, unter anderem für McKinsey und die Mitchell Madison Group, waren e-Commerce und Projekte im Bereich des elektronischen Beschaffungswesens Gromballs hauptsächliches Tätigkeitsfeld. Als Ideengeber und Gründer der Healy Hudson AG wagte sich Gromball 1987 schließlich aufs unternehmerische Parkett. Die beiden Internet-Produkte "Electronic Sourcing Workbench" und "Electronic Ordering System" von Healy Hudson werden inzwischen von namhaften Konzernen (unter anderem Dresdner Bank, InfraServ/Höchst, Mannesmann) eingesetzt. Jetzt kommt Gromball die Healy-Hudson-Technologie beim Aufbau von smartmission zugute. Paul Gromball studierte Wirtschaftsingenieurwesen in Karlsruhe und Management am MIT/Harvard in Boston. Gromball promovierte in Wirtschaftswissenschaften in Karlsruhe. Publizistisch hat sich Gromball als Co-Autor des Buches "Das Kunden-Kartell" einen Namen gemacht. Darin wird die Verschiebung der Machtverhältnisse zwischen Anbietern und Abnehmern in der Internet-Ökonomie analysiert.

Klaus Groß

Klaus Groß ist Geschäftsführer (CFO) der ePark elektronik business GmbH, Köln. Er studierte Betriebswirtschaftslehre mit den Schwerpunkten Wirtschaftsinformatik, Unternehmensforschung und Industriebetriebslehre an der Universität des Saarlandes,

Saarbrücken. 1987 startete er seine Karriere als Berater bei der IDS Prof. Scheer Ges. für integrierte Datenverarbeitungssysteme mbH, Saarbrücken, mit den Schwerpunkten CIM, Betriebswirtschaftliche Anwendungen (SAP) und Datenmodellierung. Im Anschluss war Groß als Leiter Finanz- und Rechnungswesen in einer mittelständischen Gesellschaft in der Textilbranche tätig. Von dort wechselte er zur ASKO Deutsche Kaufhaus AG, Saarbrücken, wo er in der Beteiligungsverwaltung Akquisitionen und Desinvestitionen begleitete. 1996 erfolgte der Wechsel zur METRO HOLDING AG (Schweiz), die Klaus Groß zum Hauptabteilungsleiter für Controlling und Reporting berief, zunächst im Kerngeschäft Warenhandel. Nach Ausgliederung der eCommerce-Gesellschaften und der handelsnahen Dienstleistungsgesellschaften in die BHS HOLDING AG (Schweiz) übernahm Groß das Controlling für diesen Bereich. Darüber hinaus war er mit Sonderaufgaben wie Unternehmensbewertungen, Due Diligences und Akquisitionsprojekten, der Konzeption und Einführung der Reportingsystemen sowie Synergieprojekten betraut. Anschliessend wurde Groß mit der Funktion eines CFO eBusiness Platforms in der EBS Holding AG betraut, die als Business Service Provider elektronische Services für B2B-eMarkets entwickelte. info@klausgross.com.

Carsten Haefeker

wurde 1964 in Hamburg geboren. Nach Abschluss des Studiums als Betriebswirt W.A. begann seine berufliche Laufbahn bei der Langnese-Iglo GmbH in Hamburg. Dort war er unter anderem Projekt Manager im IT-Bereich, dann als Supply Chain Consultant für die Konzernmutter Unilever in internationalen Teams tätig. Nach einem kurzen Ausflug in den Einkaufsbereich übernahm er die Projektleitung zur Einführung eines europaweiten zentralen Einkaufssystems in den Niederlanden. Danach Wechsel zur plan business in Hamburg, wo er jetzt den Bereich Marketplace Consulting leitet. Für CommerceOne ist er verantwortlich für das Program Management Professional Services des größten Kunden in Deutschland.

Stephan Hofstetter (Dr. oec.)

- Ehemaliger Principal von A.T. Kearney, International Management Consulting,
- Danach Strategischer Beschaffungsleiter im Regional Supply Base Management EMEA von AMP Inc.

- Derzeit Vice President Corporate Purchasing, Huber+Suhner Group, Schweiz

Carola Iksal

Nach dem Abschluss des Studiums der Betriebswirtschaftslehre an der Universität Siegen war Frau Carola Iksal als SAP-Beraterin für das Modul Materialwirtschaft (MM) und die Branchenlösung Retail (IS/R) bei einer Unternehmensberatung mit SAP-Logopartnerschaft tätig. Dort betreute sie eine Vielzahl von nationalen und internationalen Projekten in Großunternehmen unterschiedlichster Branchen bei der Implementierung und Migration der Software. Seit Juni 2000 ist Frau Carola Iksal bei der EBS Holding AG tätig. Sie ist Leiterin des Produktmarketings und verantwortet darüber hinaus im Produktmanagement logistische e-Services im B2B-Bereich.

Roland Klüber (Dipl.-Wirtsch.Inf.)

ist seit August 2000 bei conextrade im Business Development tätig. Seine Schwerpunkte liegen im Partnermanagement, eService Integration und der Geschäftsmodellweiterentwicklung. Zuvor hat er beim Institut für Wirtschaftsinformatik (Uni St. Gallen, Lehrstuhl Prof. Österle) als wissenschaftlicher Mitarbeiter im Kompetenzzentrum Business Networking Großunternehmen in den Bereichen eProcurement und eMarkets beraten. Vorher war er bei Coopers & Lybrand in Frankfurt SAP R/3 und Organisationsberater. Roland Klüber schließt parallel seine Dissertation zum Thema „eServices in Procurement" ab.

Stefan Koch (Dipl.-Kfm.)

ist seit April 2000 als Vice President verantwortlich für die Bereiche Marketing und PR. Nach Abschluss seines Studiums 1996 arbeitete er zunächst umsatz-, ergebnis- und personalverantwortlich als Produkt- und Vertriebsmanager bei der Nestlé Deutschland AG. Daran schloss sich 1998 eine weltweite Beratertätigkeit zu marketing- und vertriebsspezifischen Themen bei einem großen deutschen Automobilkonzern an, bevor er sich maßgeblich am Aufbau der ClickPlastics AG beteiligte.

Thomas Kutzli

Diplomarbeit 1992 zum Thema „EDIFACT im Flottenmanagement". Erste Erfahrungen bei der Einführung von EDIFACT in der Commerzbank, verschiedene Gremientätigkeiten im Bundesverband deutscher Banken rund um das Thema Electronic Banking von 1993-1996. 1996-1998 tätig als Teamleiter für Electronic Banking im Firmenkundengeschäft beim Schweizerischen Bankverein, spätere UBS. Von 1998-April 2001 als Abteilungsdirektor bei der Deutschen Bank, Zentrale, mit Themen wie Cash management, Electronic Commerce und Elektronische Marktplätze betraut. Ab Mai 2001 als Principal bei der IBM Global Services im Finanzdienstleistungsbereich tätig.

Oliver Lawrenz (Dipl. Wirtsch.-Inf. Univ.)

Oliver Lawrenz ist selbständiger Berater bei Konzernen und Start Up-Unternehmen. Er studierte an der Universität Bamberg Wirtschaftsinformatik mit den Schwerpunkten Systemanalyse & Modellierung, Unternehmensführung & Controlling sowie Psychologie. Nach Abschluss seines Studiums 1995 arbeitete er zunächst für die PRGA GmbH, ein SAP-Systemhaus, um 1997 zum SAP-Logopartner ORDO Unternehmensberatung GmbH ins internationale Projektgeschäft zu wechseln. Von April 2000 bis Anfang 2001 arbeitete er als Executive Vice President bei der EBS Holding AG im Bereich B2B Technologies. Oliver Lawrenz ist Lehrbeauftragter an der Fachhochschule Ludwigshafen sowie Referent und Moderator verschiedener internationaler Fachkongresse. Neben dem aktuellen Buch „B2B-Erfolg durch eMarkets" hat er zahlreiche weitere Beiträge zum Thema eBusiness veröffentlicht (u.a. die aktuell erschienene zweite Auflage des Buches „Supply Chain Management").

Simon Lawson

Simon Lawson was with Blue Circle Industries plc for four years prior to founding ecement. He has held a number of positions including both strategic and general management roles in the building materials industry. Prior to this, Simon´s main experience was in marketing, managing complex product launches for clients such as BMW and Honda. Simon has an honours degree in History from University College, London and MBA from Cranfield University. As Operations Director Simon is responsible for the day to day running of ecement and the development of business processes.

Katharina Lehmann (Dipl. EU Betriebswirtin)

Katharina Lehmann arbeitet als Business Development Managerin bei der EBS Holding AG in Köln. Nach dem Studium der Europäischen Betriebswirtschaftslehre an der European Business School

(EBS) in Paris, London und München war sie fast vier Jahre im internationalen Großkundengeschäft bei Compaq Computer EMEA GmbH in München tätig. Zunächst war Katharina Lehmann verantwortlich für die Konzeption und Implementierung der internationalen Preisstrategie und baute danach den eCommerce Bereich für die internationalen Großkunden auf.

Sabine Lisiecki

Sabine Lisiecki ist seit 1999 Mitarbeiterin der CommerceOne Solutions GmbH in Deutschland und im Bereich des Sales Engineering für die Entwicklung von neuen Business-Modellen mitverantwortlich. Ihre Erfahrungen im eCommerce hat sie v.a. durch ihre Consulting-Tätigkeit bei der Softlab GmbH und anschließend in den Vereinigten Staaten bei der Siemens Corporation erworben. Die virtuelle Einkaufsgemeinschaft der Siemens SPLS Nordamerika zählt zu einem der erfolgreichsten Referenzprojekte von CommerceOne.

Harry Longwitz

Nach dem erfolgreichen Abschluss des Wirtschaftsingenieursstudiums an der Fachhochschule für Technik in Esslingen arbeitete Herr Longwitz für ein Jahr in den Vereinigten Staaten von Amerika für die Lonza Inc. als Consultant im Bereich Life Cycle Management. 1995 begann er als Berater für SAP R/3 im Bereich Logistik mit Schwerpunkt Materialwirtschaft und Lagerverwaltung und führte hier mehrer nationale und internationale Projekte bei mulitnationalen Konzernen von Oslo bis Dubai durch. Seit Juli 2000 ist Herr Longwitz bei der EBS Holding AG als Produktmanager für eServices tätig und der verantwortliche Manager für den Bereich des Catalog Content Managements.

Daniel Messinger (Dipl.-Kfm.)

ist seit Juli 2000 als Produktmanager verantwortlich für die financial Services bei der EBS Holding AG. Nach der IT-Leitung bei einem SAP Logo Partner arbeitete er drei Jahre als Berater im Bereich Rechnungswesen, Controlling und Immobilienmanagement.

Mathias Miedreich (Dipl.-Kfm.)

ist seit Mai 2000 verantwortlich für Sell-Site eBusiness bei „Siemens Industrial Solutions & Services". Er ist seit fünf Jahren im eBusiness-Umfeld tätig. Nachdem er als Business Development Manager den Bereich eBusiness bei einem der größten deutschen Navision Solution Center aufgebaut hatte, wechselte er als Berater zu KPMG Deutschland. Dort war er vor seinem Wechsel zu Siemens im Competence Center eBusiness, Themengebiet eMarkets, tätig.

Wolfram Mueller (Dipl.-Ing. Univ.)

War 10 Jahre lang in der Automatisierungstechnik tätig, bevor er sich mit dem praktischen Einsatz der neuen Medien in der herkömmlichen Wirtschaft beschäftigte. Nach Tätigkeiten in der Vertriebsunterstützung und im Produktmanagement der Weltmarken Smar und Endress+Hauser baute er in Brasilien ein neues Vertriebsgebiet auf, bevor er in die Projektkoordination und Betreuung von Key-accounts wechselte. Bei der Goodex Deutschland AG ist er als Bereichsleiter verantwortlich für die Koordination der vertrieblichen Aktivitäten.

Michael Nenninger (Dipl. Wirt.-Inf.)

ist seit sechs Jahren im eBusiness-Geschäft und beschäftigt sich seit 1996 mit elektronischen Märkten, zunächst in den USA und später in Deutschland. Nach vier Jahre als selbständiger Berater wechselte er 1998 zur KPMG und baute dort den eBusiness-Bereich der KPMG Consulting Deutschland auf. Als einer der Initiatoren der deutschen KPMG eBusiness Unit war er für die deutschen Geschäftsfelder eProcurement und eMarkets verantwortlich und hat die KPMG im europäischen eBusiness Netzwerk vertreten. Anfang 2000 wechselte Herr Nenninger in die Geschäftsführung der EBS Holding AG (Tochter der Beisheim Holding Schweiz) als Executive Vice President Business Development und war verantwortlich für die Geschäftsentwicklung, den Vertrieb und das Marketing. Seit Anfang 2001 ist er als selbständiger Berater für B2B-Geschäftsmodelle bei Konzernen und Start Up-Unternehmen tätig. Neben dem aktuellen Buch „B2B-Erfolg durch eMarkets" hat er zahlreiche weitere Beiträge zum Thema eBusiness veröffentlicht (u.a. die aktuell erschienene zweite Auflage des Buches „Supply Chain Management").

Marc Possekel

studierte an der Universität des Saarlandes in Saarbrücken Betriebswirtschaftslehre. Nach Abschluss seines Studiums arbeitete er bei der Denkhaus Logistik GmbH, in Worms und Koblenz, um danach als Projektleiter zur Stinnes Baumarkt AG, Esslingen, zu wechseln. 1999 wechselte er als Produktmanager zur Nedlloyd Districenters GmbH. Im Januar 2000 arbeitete Herr Possekel als

Produktmanager Logistik und Procurement bei der pago eTransaction GmbH & Co. in Köln. Von Mitte 2000 bis Juni 2001 war er Leiter Produktmanagment b2b Technologies eMarket Factory (EBS Holding AG) in Köln. Heute ist er selbständiger Berater.

Guido Rabel (Dipl. Techn. Kaufmann u. Dipl. Betriebsökonom)

- Projektleiter Bankenprojekte bei Olivetti (Schweiz) AG – Einführung Bankomat beim Schweizerischen Verband Raiffeisenbanken
- Head of Professional Service bei conextrade
- Projektmanagement für Pilotprojekt Huber+Suhner

Achim Ramesohl

ist bei i2 als European Industry Director (HichTecch) für i2´s größte Branche (Industry) europaweit zuständig. In seinen Verantwortungsbereich fallen Halbleiter, Consumer Durables, Consumer Electronics, Computing & Electronics, Telecom Equipment und Telecom Service Provider. Vor seiner Tätigkeit bei i2 war Achim Ramesohl bei der Boston Consulting Group in San Franzisco und München tätig. Er hält ein M.B.A. und PhD cand. der Stanford University und ist Diplom Wirtschaftsingenieur (mit Auszeichnung) der Universität Karlsruhe. Achim Ramesohl wohnt mit seiner Familie in München.

Susanne Renner

studierte Betriebswirtschaftslehre an der Technischen Universität Berlin. Bei der UBIS AG beschäftigte sie sich im Bereich Marketing sowohl mit operativem als auch mit strategischem Projektmarketing und wirkte als Consultant in Projekten zur Modellierung und Optimierung von Geschäftsprozessen mit. Seit 1999 ist sie im Vertrieb des auf eBusiness spezialisierten Systemhauses UBIS AG tätig.

Silke Schau (Dipl.-Kauffrau)

ist seit Oktober 2000 zuständig für Corporate Communications und Marketing bei Covisint Europa. Nach Abschluss ihres Studiums 1997 arbeitete sie zunächst für die Daimler-Benz AG in Stuttgart. Im Jahre 1998 wechselte sie zu Mercedes-Benz USA, Inc., wo sie als Assistentin der Marketing-Geschäftsführung eingesetzt war. In ihrer heutigen Tätigkeit ist Silke Schau verantwortlich für den Aufbau der Marke Covisint und die Umsetzung der europäischen Marketingpläne.

Henning Schwinum

ist als Projektleiter verantwortlich für die Aktivitäten des Bayer-Konzerns im Zusammenhang mit dem Chemiemarktplatz Elemica. Bayer ist ein internationales Unternehmen der chemisch-pharmazeutischen Industrie, das bis Ende 2001 rund 100 Millionen Euro in den Aufbau von eCommerce-Strukturen investieren wird. Henning Schwinum hat in 13 Jahren bei der Bayer AG, Leverkusen und der Bayer Corp., Pittsburgh, USA verschiedene Bereiche durchlaufen, zuletzt als Supply Chain und eCommerce Manager im Geschäftsbereich Lackrohstoffe, Farbmittel und Sondergebiete. Als Projektleiter Elemica liegt der Schwerpunkt seiner Arbeit in der Prozessgestaltung zur effizienten Nutzung des Marktplatzes durch den Bayer-Konzern.

Dipl.-Kfm. Bernhard Soltmann

Bernhard Soltmann ist als Geschäftsführer zuständig für die Bereiche Marketing und Verwaltung. Vor der Gründung von Allocation.net 1998 war er mehrere Jahre in der Markenartikelindustrie im europäischen Ausland tätig.

Roman Strand Dipl. Betriebswirt (FH)

Nach der Ausbildung zum Bankkaufmann / Finanzassistent bei der Bezirkssparkasse Weinheim war Roman Strand als Sachbearbeiter in der Kreditabteilung tätig, studierte anschließend Betriebswirtschaftslehre an der Fachhochschule Ludwigshafen / Rhein im Fachbereich Organisation, Logistik und Informatik und schrieb die Diplomarbeit mit dem Thema: Entwicklung eines Referenzmodells für eMarket-Transaktionen anhand empirischer Untersuchungen" bei der EBS-Holding AG in Köln. Seit Januar 2001 ist Roman Strand bei der EBS-Holding im Produktmanagement im Bereich Financial Services beschäftigt.

Miro Vidosevic

Miro Vidosevic studierte an der Fachhochschule Ludwigshafen/Rhein Organisation und Wirtschaftsinformatik mit dem Studienschwerpunkt Logistik. Nach Abschluss seines Studiums erstellte er bei der EBS Holding AG in Köln die Diplomarbeit mit dem Thema: „Analyse von eServices für den Einsatz auf unterschiedlichen B2B eMarkets". Seit Januar 2001 ist er im Product Management der EBS Holding AG im Bereich eLogistic tätig.

Dr. Sebastian Wieser

ist Gründer und Vorstand der Mercateo.com AG. Er verantwortet die Bereiche Information und Technologie. Dr. Sebastian Wieser ist promovierter Physiker (Universität Wien) und startete seine berufliche Karriere 1996 in der Geschäftsführung des Softwareunternehmens ESD für Geschäftsentwicklung und Projektmanagement. 1998 wechselte er in die Unternehmensberatung McKinsey & Company, wo er die Entwicklung von EDV-Strategien im Bereich Banken und Handel leitete.

Dr. Marcus Windhaus (Dipl.-Chemiker)

Nach Abschluss der Promotion war Marcus Windhaus 3 Jahre im Ein- und Verkauf eines traditionellen mittelständischen Chemieunternehmens beschäftigt. Als Market Manager bei der Goodex Deutschland AG ist er für Einkaufsauktionen im Chemie- und Kunststoffbereich verantwortlich.

Reinald Wolff (Dipl. Wirtsch.-Ing.)

ist seit drei Jahren Bereichsleiter bei HP Consulting Deutschland und zuständig für die Management Consulting Practice. Sein Schwerpunkt liegt in der Beratung von Kunden aus Fertigungs- und Transportindustrie in der Umsetzung neuer Geschäftskonzepte unter Nutzung von eServices. Bei Hewlett-Packard war er bisher in verschiedenen Managementfunktionen in Materialwirtschaft, Marketing und Consulting tätig. Vor dieser Zeit arbeitete er als Management-Berater bei Arthur D. Little.

Index

MeRCUR – Marketplace for electronic procurement' 326
Absatz-/Umsatzplanung 99
Abwicklungssystem 430
Access 102
Aggregator 405
Aggregierung 173
Akkreditiv 234
Akkreditivabwicklung 236
Aktionsfelder 60
API 281
Applikationen 69
Architekturdarstellung 435
Ariba Buyer 7.0 332, 335
ARIBA Buyer 7.0 336
Ariba Commerce Services Network 334
Ariba Commerce Services Networks 333
ASP 149, 383, 385
Reverse Auctions als ASP 149
ASP-Provider 434
Auctions 322
Audits 351
Auftragsmanagement 344
Auktion 131
Auktionierbarkeit 142
Auktionsdienstleister 132, 135, 149
Auktionstyp 132, 135, 136
Betreuung 149
Eingliederung von Reverse Auctions 149
manueller Zuschlag 140
Market Manager 150
Reverse Auction 131
Reverse Auctions als ASP 149
Reverse Auctions Plattform-Lizenz 149
transparenter Bietewettbewerb 131, 140, 143
unabhängige (nicht oligopole) Bieter 144
Zahl der Bieter 142
Zuschlag automatisch an den Bestbieter 140
Zuschlagskriterium 142
Zuschlagsregel 143, 147
Auktionen 108, 266, 278, 297, 413
Ausfallsicherheit 197
Ausschreibung 13
Internet-Ausschreibung 133, 135, 147
Ausschreibungen 108, 413
Ausschreibungsprozess 14
Ausschreibungssystem 430
Auswahleinkauf 5
Authentification 435
Authentifizierung 333
Automatisierungspotenzial 4
Automobil-Marktplatz 313
B2B 271
B2B eCommerce 332
B2B-Ecosysteme 81
Bedarfseinkauf 5
Bedarfseinkauf (MRO-Beschaffung) 5
Beratungsunternehmen 64, 67
Beschaffung von C-Artikeln 383, 384, 387
Beschaffungsaufgaben 321
Beschaffungsmarktplatz 410
Beschaffungsprozess 241, 273
Beschaffungsstrategie 3
Best Practice 64
Best-Pratice 269
Beteiligte 60

471

Index

Beziehungsmatrix 61
Bidding-Prozess 400
BME 274
BMECat 177, 274
Bottom-up-Planung 94
Branchen 48
Brand-Management 268
Build-to-Order 265
Bundeskartellamt 315
bundling 231
Business Development 71
Business Model 429
Business Rules 331
Business Service 295
Business Service-Provider 94
Businessplans 89
Business-Services 112
Business-to-Business 384
Buy-Side 374
Case Study 66
Catalog Content
Aggregierung 183
Catalog Content Managements 169
Change Management-Maßnahmen 335, 336
Collaboration 14, 250, 279, 314
Collaboration Services 266
Collaboration-Plattformen 400, 402
Collaborative Engineering 282, 402
Collaborative Services 446
Collaborative-Engineering-Werkzeuge 399
Collobaration 432
COMMERCE 432
Commerce One 288, 289, 292, 313, 384, 389
Commerce Services 251
Commodities 274, 335
Community 226, 288, 432
Community Content 258
Compliance Check 217
conextrade 384, 388
Connectivity 152
Content 73, 154, 393, 394, 432

Content Engines 187
Content Factory 362
Content Management 169
Content Mangement 115, 161
Content Services 253
Content-Provider 154
Cost-Driver 89
Covisint 284, 291, 313
CRM 285
Cross Selling 371
Cross-Docking 262
Customer Council 314
Customer Relationship Management 69
Customizing 332, 333, 363
DaimlerChrysler 313
Datenanreicherung 180
Datenextraktion 173
Datenhaltung 199
Datenverifizierung 179, 185
Delkredererisiko 236, 237
Dell 258
Deutschen Telekom AG 293
Digitale Signaturen 195
direkten Gütern 385
Direktmaterialeinkauf 5
Distributionsstrukturen 350
Dokumenten Management 283
Dokumentenmanagement 403
Dot.Com 62
Dot.Corp 62
Dot.Ramp 62
DPS 329
dynamische 75
Dynamische Daten 188
Dynamische Ecosysteme: 76
dynamischen Preisfindung 330
Dynamischer Handel 413
E2E 278
eBusiness 257
eBusiness Partner KPMG 332
eBusiness-Netzwerke 257
eBusiness-Strategie 354
eBusiness-Vision 354

472

Echtzeit 280
eCl@ss 176
eClass 379
Ecosystem 76
efinance 225
eGateMatrix 263
Einkaufsauktion 131
Einkaufsmacht 2
Einsparpotenzial 345
Einsparpotenzialen 49
Einsparungen 328, 417
Einsparungsbereichen 328
Einsparungspotenzials 444
eInsurance 225
elektronische Ausschreibungsmappe 401
elektronische Beschaffung 287
elektronische Marktplätze 257
Elektronische Marktplätze 287
elektronischen Bezahlung 292
elektronischen Kataloge 296
elektronischer „Hub" 342
elektronischer Kataloge 288
eMarketplace 59
Englische Auktion 208
Enterprise Application Integrator 352
EnterpriseBuyer 292, 296
Entscheidungsprozess 420
Entsorgungshinweise 181
eProcurement 1, 292, 326, 330, 335, 383, 385, 391
eProcurement-Anbietern 331
eProcurement-Anwendung 330, 337
eProcurement-Lösung 326
eProcurement-Services 264
Erfolgsfaktoren 98, 352
ERP-Anbindung 351
ERP-Kernprozesse 330
ERP-System 391, 393
ERP-Systeme 334, 363
Ersatzteilbörse 413, 415
escrow 208

Escrow 221, 237
eService 403
Evaluierung 335
Exchange-to-Exchange 376
fabriklose Firma 268
Factoring 371
Factoring-Gesellschaft 239
Federal Trade Commission 315
Finanzdienstleistungen 371
finanzflussorientierte Services 211
Finanzplanungsmodell 90
Firewallsysteme 196
First-Mover 424
First-Mover-Advantage 68
Ford 313
fragmentierte Strukturen 428
FreightMatrix 262
Funktionsumfang 331
Genehmigungs-Workflows 333
General Motors 313
Geschäftsanalyse 275
Geschäftsbeziehungen 59
Geschäftsmodell 65
Geschäftsmodelle 75, 243
Global Purchasing 333
Global Sourcing 328, 379
Global Trading Web 155, 289, 300
Global Trading Web™ 387
Globale Sicht 330
GlobalNetXchange 284
Goldman Sachs 316
Gütergruppen 3
Gutschriftsverfahren 326, 328, 330, 335
Handel 302
Handlungsoption 75
Handlungsoptionen 86
hauptspeicherresident 268
Hochverfügbarkeit 197
Horizontal 404
Hosting 117
HTML 319

Index

https-Protokolle 333
Hub 279
Inbound- und Outbound-Systemen 61
indirekte Materialien 292
Ineffizienz 241
Infrastruktur 62, 69
Inhalt-Anbieter 81
Inkassounternehmen 239
Integration 60, 273, 289, 314
Integrationsmanagement 61
integrative Verbund 336
Integratoren 331
Integrierte Business Services 112
integrierte Logistiklösung 348
integriertes Planungsmodell 94
Internet
Internet-Ausschreibung 133, 135, 147
Reverse Auction 131
Internet Beschaffung 273
Internet Marktplatz 275
Internet Supply Chain Management 278
Internetbasierte Produktentwicklung 282
Internet-Technologie 313
Internetzeitalter 323
Interoperability 252
Investitionseinkauf 4
iStarXchange 264
Kapitalflussrechnung 94, 128
Kataloge 322
Katalogmanagement 169, 273, 288, 415
Herausforderung 182
Katalogtools 185
Kategorisierung 175
Kernkompetenzen 66
Kernmarktplatzprozesse 61
Key Figures Financials 129
Klassifizierungsmodelle 185
KMU 367
Knowledge Management 403
Kollaboration 258
kollaborativer Planung 258
Komplexität 61
Komplexitätskostenreduzierung 258

Komplexitätsreduktion 398
Konnektoren 189
Konsortien 53
Kontext-Anbieter 80, 83
Kooperationen 71
Kosteneffekte 328
Kostenplanung 92, 120
KPMG 62
kritische Erfolgsfaktoren 446
kritische Masse 90
kritischen Masse 17
kritischer Erfolgsfaktor 337
Kulturwandel 337
Kundenausschreibungen 400
Landed Cost 219
LDAP 333
Lead-Management 266
Lessons learned 365
Lieferantenaktivierung 157
Lieferantenaktivierungs-Strategie 159
Lieferantenintegration 72
Liefertracking 336
Liquidation Services 253
Lizenz 149
Load-Balance 334
Load-Optimierung 262
Logistics & Fulfillment Services 253
Logistik 211, 370, 444
Logistik-Ecosysteme 82
Logistikströme 350
logistische Lösungsansätze 214
Make or Buy 65
Management von Geschäftsbeziehungen 60
Mappings 363
Marken 423
Market Manager 150
Marketing 423
Marketplace 249
marketplace transformation 229
Marketplace-to Marketplace-Connectivity 267
MarketSet 292

MarketSite 292
MarketSite Platform 294
Marktaustrittsbarrieren 413
Marktplatz 278
Marktplatzanalysen 278
Marktplatzanbindung 332
Marktplatzbetreiber 65
Marktplätze 290
Marktplatzentwicklungen 73
Marktplatztypen 53
Markttransparenz 411
Materialfluss 208
Maverick Buying 329
Maverik Buying 8
Medienbrüche 336
Mehrwertleistungen 258
Mehrwertpotential 416
Menge
verfügbare 189
Methodik 64
Middleware-Technologien 332
Modularisierung 405
MRO 386
Multilieferantenkatalog 2
Multi-Lieferanten-Katalog 11
Multimedia 283
multimedialen Artikelkatalogs 330
MyAircraft 262
Nachfrageänderungen 258
Nachfragetendenzen 258
NetMarketMaker 291
Netzwerksicherheit 195
Neutralität 67, 71, 423
Nissan 313
non-catalog-item 328
Normalisierung 174
Nutzung von Standards 330
OAG 275
öffentliche Marktplätze 258
Oligopol 141, 145
On Boarding 63, 70

one-to-one Kommunikation 317
Online Collaboration 406
Online-Auktionen 385
Online-Ausschreibungen 385
Online-Hedging 239
Online-Kreditversicherung 238
Online-Storefront 277
Optimierungsfunktion 281
Oracle 313
B2B 271
Oracle Internet Procurement 273
Oracle Product Development Exchange 282
Oracle Supply Chain Exchange 280
Outsourcing 384
Payment 370
Payment Services 253
Pilot 360
PKI-Strukturen 194
Plan-Ergebnisrechnung 123
Planungsfunktion 281
Planungsintelligenz 263
Planungsmodell 89
Planungsstrukturen 121
Planungszeitraum 96
Preismodell 92, 431
Preisplanung 101
Preissicherheit 330
Private Exchange 289, 299
Private Exchanges 53, 74
Private Marktplätze 374
private Marktplätzen 258
Product Development Intelligence 283
product transformation 229
Produktentwicklung 319
Produktinformations-Management 283
Produktklassen 175
Projekt Collaboration 283
Projektmanagement 64, 67, 282
Projektplan 360
Prozessintegration 328

Index

Prozesskosten 132, 329
Prozessoptmierung 326
Prozessreengineering 328
Prozesstransparenz 328
Prozessveränderung 328
Prozesszeit 326
Public Exchange 291
Punch-Out 187
push –Ansatz 227
Qualitätssicherung 370
Rahmenverträge 430
Rationalisierung 174
Rechnungskauf 238
Rechtliche Sicherheit 193
rechtlichen Sicherheit 191
Redesign to Cost 267
Releasemanagement 331
Renault 313
Request for Quotes 400
Ressourcen 64
retrograden Logistikströme 213
Revenuemodell 96
Revenue-Modell 92
Revenue-Sharing 94
Reverse Auction 131
Reverse Auctions 369
RFQ 400
RFQ-Prozess 400
Rolloutplanung 335
Rückwärtsintegration 344
SAP AG 292
Schlüsselfragen 419
Scouting 309
Self-Service 273
Sell-Side 374
Serverzertifikate 196
Service-Fee 93
sichere Zahlungsabwicklung 372
Sicherheit 285
Sicherheitsmaßnahmen 334
Siemens AG 289
Single Sign-on 285
Skalierbarkeit 334

Solution Portals 341
Sourcing 253, 273
Sourcing Strategien 16
SpeedBuy 330
Spezifikationen 414
Spotgeschäfte 346
Spotmärkte 257
SSL 318, 333, 334
Staging 179, 185
Supplier Adoption 361
Supplier Agreement 157
Supply Chain 208, 244, 327, 341
Supply Chain Exchange 279
Supply Chain Management 15, 69, 288, 320, 373, 407
Supply Chain-Planung 344
Support 331
Swisscom AG 384
Task Displacement 266
technischen Sicherheit 191
Technologieentscheidung 434
Templates 269
Thiel Logistik AG 371
TIBCO 332
Time-to-Market 282
Top-down-Planung 92
Total Cost of Ownership 9
Tracing 262
Tracking 262
TradeMatrix 257
Trading Partner Directory 298
Trading Value 93
Traditionelle Beschaffung 9
Transaktionskosten 6, 411
Transaktionslücken 210
Transaktionsplattform 364
Transaktions-Plattform 334
Transaktionsvolumen 44, 90
Transformation 173
Transparenz 330
Transport 370
Transport- und Logistikbedarf 344
Transportversicherung 218

Umsatzplanung 94
Umschlagshäufigkeit 265
UN/SPSC 178, 393
Unabhängigkeit 423
Unternehmensportal 277
Unternehmensprofil 332
Updatefähigkeit 184
Value Added Services 368
Value Driver 94, 98
Value Net 406
Value Networking 405
Verfügbarkeit 281, 332
Verhandlung
intransparente, verdeckte Verhandlung 132
manuelle Verhandlung 134
verkürzter Verhandlungsprozess 141
Vermarktungsstrategie 431
Versorgungskette 242
Vertical 404
Vertikale Marktplätze 291
Vertrauen 226
Virenschutz 196
Virtual Project Workspace 319

virtuelle Plattform 59
Visibility 314
Vollintegrierte Lösungen 422
von Morgan Stanley 316
vorkonfiguriert 269
VPN 318
Währungsrisiko 238
Watchdog 331
Wertschöpfungskette 69
Wettbewerbsvorteil 258
Wirtschaftlichkeit 90
Wissensmanagement 415
Workflow 414
Workflowmanagement-Tool 331
Workflows 331
Workflowsystem 273, 275
XML 275, 295, 319
Zahlungsabwicklung 233
Zahlungsausfallrisiko 236
Zentralinstallation 328
Zentralregulierung 371
Zertifikate 195
Zug um Zug-Geschäfte 208
Zug-um-Zug 237

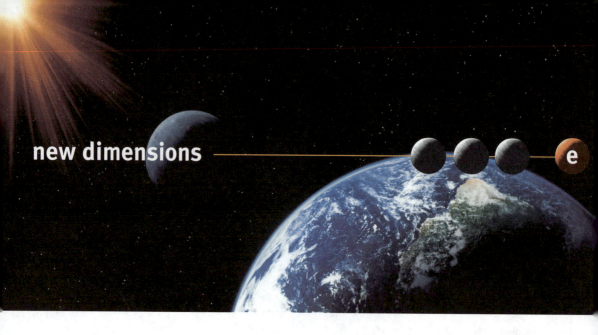

new dimensions

Wir machen
Ihr e-business fit
für den Sprung
in die e-market places
der Welt.

plan business

plan business AG
market enabling services
Admiralitätstraße 60
20459 Hamburg
Telefon +49 (40) 37 86 29-0
Telefax +49 (40) 37 86 29-29
www.planbusiness.de

e market enabling services

Mit ein paar Klicks von Sizilien aus Schafskäse in New York verkaufen? Wir machen die Welt immer kleiner!
ibm.com/de/employment/services

Wir wollen, dass unsere Welt immer kleiner wird. Sie auch? Großartig! Da wäre es doch eine gute Idee, dieses Ziel gemeinsam zu verfolgen. Denn ehrgeizige Profis oder Young Professionals der IT-Branche sind uns jederzeit willkommen. Für Sie die Chance, bei uns ein spannendes Kapitel Zukunft mit zu schreiben. Verstärken Sie also unser Team als

IT-Spezialist / IT-Architekt / Projektmanager / Principal (m/w)

Selbstverständlich bieten wir Ihnen alles, was Ihre Ideen zu Erfolgen macht. Zum Beispiel Freiräume, die auf Ihre Kreativität, Ihre Initiative und Ihr unkonventionelles Denken geradezu warten. Oder ein Innovationsklima, das diese Bezeichnung wirklich verdient – unsere weltweiten Patente sprechen für sich. Erleben Sie zudem eine Atmosphäre, in der Leistung Spaß macht und Teamgeist groß geschrieben wird. Schließlich konnten wir nur durch die Qualitäten unserer Mitarbeiterinnen und Mitarbeiter werden, was wir heute sind. Kommen Sie, bauen wir gemeinsam am Global Village!

Bitte senden Sie Ihre Bewerbungsunterlagen an: IBM Deutschland GmbH, PL Hiring Office 5421, 70548 Stuttgart. Informieren Sie sich über unsere Angebote. Ihr erster Schritt, Klick:
ibm.com/de/employment/services

unlimited

HOTT-Guides - Hands On HOTT Topics

SCN Education B.V. (Ed.)
Customer Relationship Management
The Ultimate Guide to the Efficient Use of CRM
2001. 406 pp. with 121 figs. DM 98,00   ISBN 3-528-05752-1
Introduction to CRM - How to integrate CRM in your business - CRM in practise - CRM in callcenters

SCN Education B.V. (Ed.)
Data Warehousing
The Ultimate Guide to Building Corporate Business Intelligence
2001. 336 pp. Softc. DM 98,00   ISBN 3-528-05753-X
Introduction to Data Warehousing - How to integrate Data Warehousing in your business - Strategical considerations - Data-mining

SCN Education B.V. (Ed.)
Electronic Banking
The Ultimate Guide to Business and Technology of Online Banking
2001. 204 pp. with 48 figs. Hardc. DM 98,00   ISBN 3-528-05754-8
Introduction to Electronic Banking - Electronic Banking in practice - Secure Banking - Internet Banking Products

Abraham-Lincoln-Straße 46
65189 Wiesbaden
Fax 0611.7878-400
www.vieweg.de

Stand 1.4.2001
Änderungen vorbehalten.
Erhältlich im Buchhandel oder im Verlag.